La guerre selon Clara

Clara Kramer
avec Stephen Glantz

La guerre selon Clara

Une enfant juive survit miraculeusement
à la terreur nazie

Récit

Traduit de l'anglais
par Isabelle D. Taudière

calmann-lévy

Titre original : *Clara's War*
Publié par Ebury Press, Londres, 2008.

ISBN : 978-2-7021-4015-4

Tu les répéteras à tes fils, tu les leur diras aussi bien assis dans ta maison que marchant sur la route, couché aussi bien que debout.

DEUTÉRONOME 6 : 7

À mes parents,
qui m'ont appris la compassion et le savoir-vivre ;
à ma petite sœur,
qui m'a montré ce qu'était le vrai courage ;
et aux Beck,
qui m'ont sauvé la vie et m'ont rendu foi en l'humanité.

La famille Reizfeld

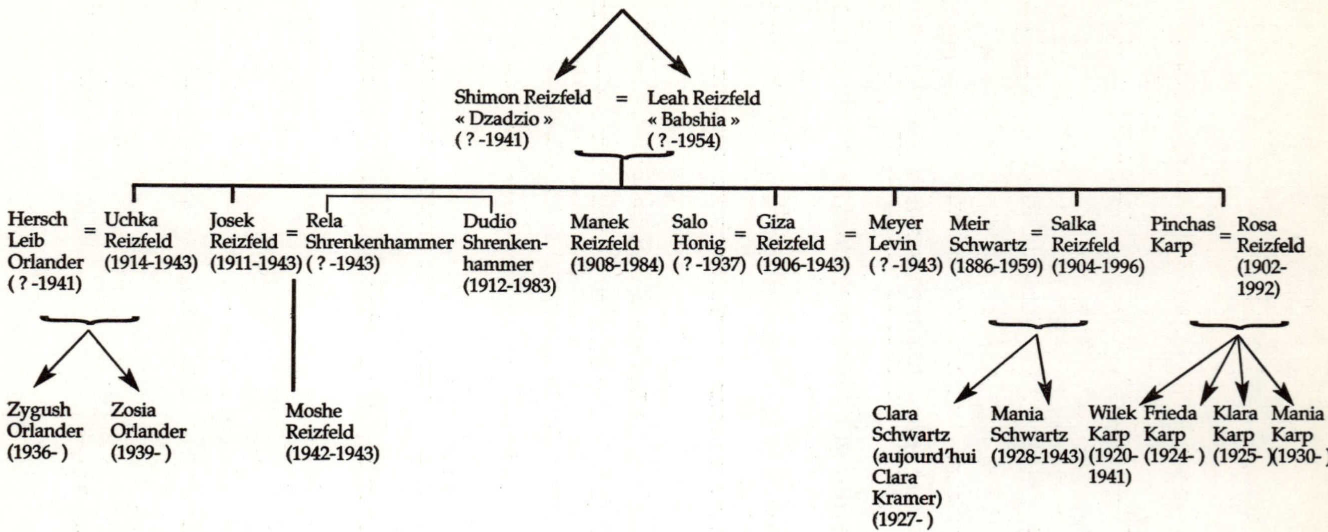

La maison

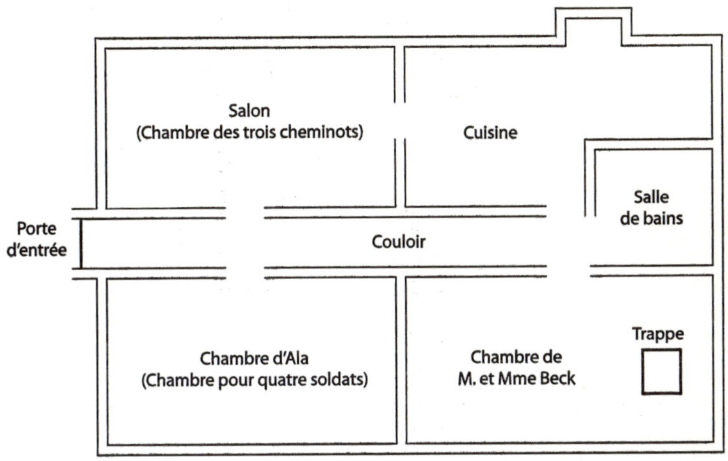

Le sous-sol de la maison

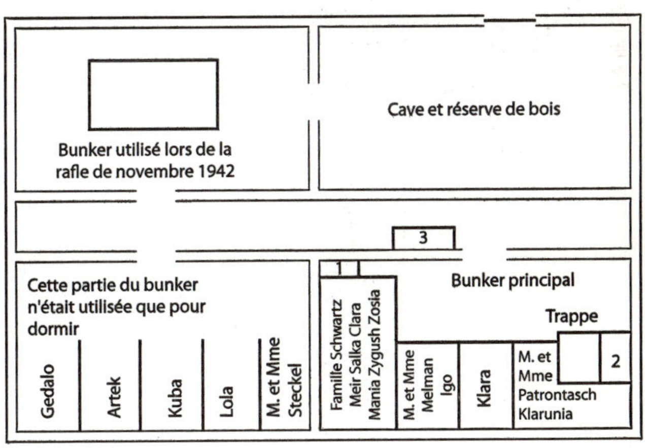

1 : Réchaud
2 : Table pour le stockage et la nourriture
3 : Seaux hygiéniques

(Le plan n'est pas à l'échelle.)

Note au lecteur

En écrivant ce livre, j'ai eu le sentiment d'ouvrir la porte de la cuisine de ma maison du New Jersey pour me retrouver aussitôt à Zolkiew, la petite ville de mon enfance. Bien que les événements que j'évoque au fil de ces pages remontent à plus de soixante ans, ils sont restés inscrits en moi et, comme beaucoup de survivants, je les revis au présent.

J'ai maintenant quatre-vingt-un ans et je suis de ceux qui ont eu de la chance. Depuis le jour où je suis ressortie du bunker, je me suis efforcée de donner un sens à ma vie. J'ai choisi de la consacrer à l'enseignement de la Shoah, car le privilège de la survie s'accompagne du devoir de donner à connaître l'histoire de ceux qui n'ont pas eu pareil privilège.

Tout dans ce livre correspond à ce que j'ai vécu et ce dont je me souviens et, fouillant dans ma mémoire, je me suis efforcée de reconstituer les dialogues le plus fidèlement possible. J'utilise par ailleurs pour les noms de lieux et de personnages de mon récit les graphies qui me sont les plus familières. Pendant les dix-huit mois que j'ai passés dans le bunker, j'ai tenu un journal qui est aujourd'hui conservé au Musée commémoratif de l'Holocauste de Washington. Je n'avais pour écrire que très peu de lumière, moins encore de papier et un tout petit bout de crayon. J'ai consigné dans mon journal tout ce que je pouvais et, si j'ai souvent parlé de ma vie, l'idée de la raconter dans un livre ne m'avait jamais effleurée. Je tiens ici à remercier Stephen Glantz qui m'a encouragée à le faire et qui m'a accompagnée lors de ce voyage sur les traces de mon passé à Zolkiew. Je lui suis aussi très reconnaissante d'avoir si bien rendu sur le papier ce qu'a été ma vie. Et je suis très heureuse à la pensée que mes arrière-arrière-petits-enfants pourront ainsi connaître ceux qui nous ont précédés.

De ma mémoire à la leur, et à la vôtre.

Les exergues de chapitres en italique sont extraits de mon journal.

Clara KRAMER

Prologue

1er septembre 1939

Ce soir, toute la famille est venue camper chez tante Uchka. Nous avons installé nos couvertures et nos édredons de duvet d'oie dans le jardin de derrière de sa petite maison. De toutes mes tantes, Uchka est ma préférée. De dix ans à peine mon aînée, elle n'est pas beaucoup plus grande que moi et je la considère plutôt comme une amie avec laquelle on partage tout. Du haut de ses trois ans, le petit Zygush, son fils, gambade dans le verger et s'amuse à ramasser les pommes vertes tombées des arbres. Son père, Hersch Leib, lui court après, mais le gamin lui file systématiquement entre les doigts. Ce manège dure déjà depuis une bonne vingtaine de minutes quand Uchka se résout enfin à intervenir. Abandonnant son bébé Zosia aux bras de ma grand-mère Babshia, elle se penche et, d'un geste leste, saisit en pleine course le garnement qui rit aux éclats.

Zygush ne comprend pas que ce n'est pas le moment de rire, de galoper et de jouer. Seul un biscuit parviendra à le calmer. Pour lui, ce n'est qu'un pique-nique nocturne, comme tous ceux que nous avons faits sur la colline du Paradis. Il ne sait pas que, ce matin-là, pendant que nous dormions encore, la Pologne a été envahie par les nazis. Aux abords de la ville, parmi les champs de seigle mûr, la maison de M. et Mme Gorski a été bombardée. Des avions continuent à passer au-dessus de nos têtes. Ils se dirigent vers Lvov, à trente-cinq kilomètres de là. Le bruit des moteurs est assourdissant, mais aucun d'entre nous n'ose ouvrir la bouche. En douze années de vie, je n'ai encore jamais vu ma famille réunie dans un tel silence ! Nous sommes tous pétrifiés à l'idée que les pilotes puissent nous repérer et décider de nous attaquer. Mania, ma petite sœur, ne tient plus en place. Quand elle court sous un pommier pour mieux voir ce qui se passe, maman ne se risque même pas à élever la voix et elle en est réduite à lui adresser de grands gestes inquiets pour la faire rasseoir.

Je ne sais pas de qui est venue l'idée de dormir à la belle étoile, mais elle s'est propagée plus vite qu'une traînée de poudre dans les rues de Zolkiew. Nous nous sommes dépêchés de sortir nos vieux édredons de plume des armoires où maman et Babshia les avaient rangés pour ne pas qu'ils se salissent. Puis nous avons fourré du pain, des fruits et du fromage dans un petit sac et les neuf membres de notre maisonnée se sont mis en chemin, parcourant un bon kilomètre à pied, jusqu'à chez Uchka. On aurait dit que notre ville avait été coupée en deux : une moitié, chargée de couvertures et de provisions, se lançait sur la route de l'exode, tandis que l'autre nous regardait passer en écarquillant de grands yeux ébahis, sans trop savoir s'il fallait nous imiter ou non. En passant devant chez les Gorski, j'ai été prise d'un élan de curiosité morbide. C'était la première fois que je voyais une maison bombardée et je mourais d'envie d'aller regarder de plus près, mais maman me l'a formellement interdit. Elle ne voulait surtout pas que nous nous séparions. Mania, fidèle à elle-même, a fait la sourde oreille et a couru à toutes jambes chez Uchka, alors que moi, je devais attendre les autres qui avançaient à peu près aussi vite qu'une procession d'escargots ! Avec leur forte corpulence, mes grands-parents, Babshia et Dzadzio, ont du mal à marcher si longtemps et, tous les trois pas, ils nous répétaient de ne pas nous inquiéter pour eux et d'avancer sans les attendre. Mais maman ne voulait pas laisser ses parents seuls, au cas où il y aurait eu un nouveau bombardement.

Dans la famille, tout le monde surnomme maman Salka la Cosaque, car elle traverse la vie comme ces fiers cavaliers, jouant du sabre pour abattre le moindre obstacle qui se dresse sur son chemin. Depuis sa table de cuisine, elle est capable de résoudre n'importe quel problème. Mais aujourd'hui, nous avons beau parler, discuter, réfléchir et retourner dans tous les sens cette nouvelle réalité qui nous tombe dessus, aucune question ne trouve de réponse.

Par-delà les champs, dans toutes les prairies et les fermes des environs de Zolkiew, des dizaines d'autres familles s'apprêtent à passer la nuit dehors. Malgré la tiédeur de cette soirée de septembre et l'odeur des foins frais qui flotte dans l'air, personne ne trouve le sommeil. L'épuisement finit toutefois par l'emporter sur la peur et, un à un, tout le monde s'endort, sauf moi. Petite fille tranquille et studieuse, je n'ai jamais été particulièrement nerveuse ni inquiète. Mais ce soir, en retenant mon souffle pour guetter l'arrivée d'autres avions, j'ai l'impression que je n'arriverai plus jamais à m'endormir.

Au loin, je distingue dans le noir les contours des églises baroques de Zolkiew, avec leurs bulbes tout ronds et leurs dômes dorés. Pas une lumière ne brille et ma petite ville si familière paraît étrangement désertée, presque hantée. On dirait que l'ombre de la guerre a littéralement obscurci Zolkiew. Ma famille est implantée depuis la nuit des temps dans ce coin de Galicie, dans le sud-est de la Pologne. Jamais je n'ai entendu Dzadzio et Babshia parler d'un autre endroit dans l'histoire de notre famille. Je n'imagine même pas pouvoir vivre ailleurs. Nous avons ici nos racines depuis plus longtemps que les bouleaux blancs et les pins de Russie qui rompent la monotonie de la plaine de quelques îlots boisés.

Du plus loin que je me souvienne, ma famille a toujours vécu et évolué en meute. Dans notre petite maison de pierre, c'est à peine si l'on peut se retourner sans se cogner à quelqu'un. Ce soir, couchés sous les pommiers, dormant les uns sur les autres, blottis ensemble sur nos lits de plume, la tête sur les genoux ou l'épaule de son voisin en guise d'oreiller, nous ressemblons plus que jamais à une meute de loups. Il ne manque que tante Rosa, partie vivre dans une région boisée du centre de la Pologne. Je me souviens que quand elle s'est fiancée avec Pinchas, Babshia a pris le deuil. Rosa est la plus jolie des sœurs Reizfeld et j'ai toujours entendu Babshia dire que si elle avait voulu, elle aurait pu épouser n'importe quel homme de Zolkiew. Non que Pinchas, un brave marchand de bois, ne fût un gendre qui ferait la fierté de toute mère, mais il habitait à Josefow, à l'autre bout de la Pologne, et Rosa l'a suivi.

Ma petite sœur Mania, la peau bronzée par le soleil d'été, dort à côté de moi. C'est elle qui a succombé la première à la fatigue et elle s'est endormie avant les petits. Il n'y a que quand elle dort qu'elle se tient tranquille. À dix ans, elle est plus turbulente que la plupart des garçons de son âge et ses bras et ses jambes maigres sont aussi solides que le fil de fer torsadé que les paysans utilisent pour lier leurs bottes de paille. La corde à sauter qu'elle porte en permanence en sautoir est tout près d'elle. Elle est allongée à côté de tante Giza, la plus jeune sœur de maman. Passionnée de théâtre et comédienne à ses heures, Giza ressemble à une vedette de film muet. Sur scène, pour jouer un personnage tragique, elle cerne ses yeux de khôl et se peint les lèvres en rouge. Hélas, la tragédie l'a rattrapée dans la vraie vie, car elle a perdu son mari à trente-trois ans. L'année suivante, quand elle est partie à Vienne, la ville d'origine de son mari, pour célébrer le *yahrzeit*[1], elle a fini par y rester une année entière.

Lorsqu'elle est enfin rentrée à Zolkiew pour s'installer chez mes grands-parents dans l'autre moitié de la maison que nous partageons, Babshia priait tous les jours le ciel pour que sa fille se remarie. Mais au lieu de lui donner des petits-enfants, Giza s'est lancée à son compte dans la confection de lingerie féminine. Cela avait eu le don de mettre Babshia

---

1 *Yahrzeit* : cérémonie du souvenir qui se tient chaque année à la date anniversaire de la mort d'un parent. (Toutes les notes sont de la traductrice.)

dans tous ses états. « Où donc es-tu allée chercher cette idée *fachoted*[2] ? s'était-elle écriée. *Oy ! Fardrai dich den kopf* — tu finiras par me rendre folle ! Tu verras, quand une robe neuve ne leur ira pas, c'est à toi qu'elles viendront le reprocher ! » L'enseigne que Giza installa sur la fenêtre donnant sur la rue avait achevé d'indigner et d'embarrasser ma grand-mère. Les clientes ne venaient pas simplement acheter une gaine. Elles s'asseyaient, prenaient le thé, mangeaient des pâtisseries et papotaient longuement avant de se décider à sortir leur porte-monnaie. Après quoi elles s'attardaient encore un peu autour de la table du salon. Notre maison était devenue tout à la fois l'atelier, la vitrine et le salon de thé de Giza. À l'époque, un important régiment de la cavalerie polonaise était cantonné au château de Zolkiew et, peu à peu, les épouses d'officiers envahirent notre salon. Dès que le bruit a couru que même les femmes de l'aristocratie polonaise portaient sous leurs robes les sous-vêtements de Giza, ma tante a été submergée par les commandes. Babshia continuait de pester et de maugréer, mais elle était bien entendu la meilleure cliente de Giza, et les sœurs Reizfeld n'étaient pas très loin derrière. Et elle ne manquait pas une occasion de rappeler à qui voulait l'entendre que toutes les grandes dames de Zolkiew portaient une gaine de chez Gizela — le vrai prénom de ma tante qui, pour l'occasion, faisait tout de même bien plus distingué que son diminutif !

Allongé près de Babshia, Dzadzio ronfle bruyamment. Je sais que mon grand-père est un vieillard, mais moi, je le vois comme un solide gaillard. Je lui

2 *Fachoted* : tordu.

voue un véritable culte. Depuis toute petite, dès que je reçois mon bulletin scolaire, je me précipite à la maison pour le montrer d'abord à Dzadzio. Il me prend invariablement sur ses genoux, secoue la tête en serrant les dents et soupire : « Clarutchka, Clarutchka, que vais-je faire de toi ? Encore des zéros ? » De ma vie, je n'ai jamais ramené aucune note au-dessous de 15, et je sais très bien que c'est sa façon à lui de me féliciter. Dzadzio continue d'aller réciter les prières tous les jours au *minyan*[3], mais il passe le reste de son temps assis dans son grand fauteuil devant la fenêtre, à regarder passer les gens.

Dzadzio a transmis à mon père sa part de l'huilerie qu'il gérait avec deux familles du quartier, les Melman et les Patrontasch. Franka Melman et Sabina Patrontasch, les épouses des associés de mon père, sont très amies avec ma mère. Elles partagent tout, y compris leur femme de ménage, Julia Beck. Julia n'est pas juive, mais elle fait aussi bien la cuisine juive que maman. Nous la connaissons depuis longtemps, car sa mère était non seulement la nourrice de maman et de Klara Patrontasch, la sœur cadette de l'associé de papa, mais aussi la femme de ménage de mes grands-parents. Klara et Julia ont été élevées ensemble comme deux sœurs et ce sont les meilleures amies du monde.

À quelques pas de Dzadzio, mes oncles Manek et Josek, qui vivent aussi avec nous, dorment sous un autre arbre. Je m'entends très bien avec eux et je les adore tous les deux. Maman dit qu'avec ses yeux bleu foncé et ses cheveux dorés qui chatoient comme la soie sous la lumière Josek est le don Juan de la famille.

---

3 *Minyan* : quorum de dix hommes de plus de treize ans, nécessaire pour la récitation de certaines prières.

Tant d'ailleurs que Dzadzio le tient à l'œil. Il y a quelques années, Josek était amoureux d'une autre sœur de M. Patrontasch, Pepka. C'était une jeune fille de dix-sept ans, belle à croquer, et Josek passait des heures à bavarder avec elle par-dessus la clôture du jardin. Dans notre petite ville, quand un garçon parle plus de deux fois à une fille, leurs parents courent chercher la *shadkhyn*[4] et commencent déjà à préparer le contrat de mariage. Au bout d'un moment, Dzadzio, qui surveillait tout cela depuis son observatoire derrière la fenêtre, en a eu assez de ce petit manège ; il est allé chercher Josek par le col en le réprimandant sévèrement : « Tu as l'intention de faire partir la réputation de cette fille en fumée ou bien de l'épouser ? » Chez nous, on ne badine pas avec les filles, et moins encore avec celle de son ami, associé et voisin !

Manek est tout le contraire de Josek, un sioniste passionné, qui s'est engagé dans un petit kibboutz créé par un groupe de jeunes de Zolkiew. Mania adore le suivre partout où il va et l'accompagne volontiers à ses nombreuses réunions. Elle est d'ailleurs si souvent fourrée au kibboutz qu'un jour quelqu'un lui a demandé si elle voulait être kibboutznik quand elle serait grande. La question lui a paru totalement ridicule. « M'enfermer dans un kibboutz, moi ? Jamais ! Il y a un monde immense à explorer ! » Manek est également un excellent danseur. C'est d'ailleurs lui qui nous a appris à danser. Dans les fêtes de mariage, maman, ses sœurs et toutes les filles de Zolkiew ont bien de la chance quand elles arrivent à valser avec lui, car Mania et moi faisons tout pour l'accaparer.

---

4 *Shadkhyn* : la marieuse.

Le mariage d'Uchka avait été magnifique. Sous leur *houppa*[5], Uchka et Hersch Leib ne semblaient pas avoir plus de seize ans. Uchka étant la plus jeune des sœurs Reizfeld, la tradition voulait que l'on fasse les choses en grand — et mes grands-parents n'ont pas lésiné sur la fête. Rosa est venue avec son mari Pinchas Karp et leurs quatre enfants, Wilek, Frieda, Klara et Mania. Les parents donnent souvent à leurs enfants le prénom de grands-parents ou autres membres de la famille décédés, et il n'est donc pas rare que plusieurs cousins et cousines portent le même prénom. Dans notre famille, nous avons ainsi deux Zygush, deux Wilek, deux Giza et même une troisième Mania. Mais personne ne se trompe jamais et aucun des enfants n'a l'impression d'avoir hérité de l'habit élimé de quelque ancêtre ! C'est au contraire quelque chose de tout à fait naturel, comme d'ailleurs bien d'autres aspects de notre culture qui laissent parfois les gentils perplexes.

À Zolkiew comme dans tous les villages polonais, les pauvres savent qu'ils sont toujours les bienvenus dans un mariage juif. Sur un côté de la salle de banquet, on avait prévu une longue table pour tous ceux qui avaient besoin d'un bon repas. Maman avait engagé un orchestre moderne de Lvov qui jouait des tangos et des valses. Je dansai avec tous mes oncles et tous mes cousins, mais avec Mania, nous avons monopolisé Manek pendant presque toute la soirée,

---

5 *Houppa* : dais sous lequel on célèbre la cérémonie de mariage. La fiancée doit lever le voile sur le visage du fiancé pour s'assurer qu'il s'agit bien de l'homme qu'elle veut épouser et qu'il n'y a pas eu substitution.

ne le laissant danser qu'une ou deux fois avec la mariée et ses sœurs. Vers la fin de la soirée, Manek, Josek et d'autres jeunes du village ont installé Uchka dans un trône d'osier et l'ont hissée sur leurs épaules, l'entraînant dans une folle farandole tout autour de la salle. Puis les mariés se sont éclipsés, bien avant les autres invités. Ils ne partaient pas en voyage de noces, mais allaient simplement passer leur nuit de noces à la maison, dans la chambre de Dzadzio et Babshia — celle où papa et maman et toutes les autres sœurs Reizfeld et leur mari ont passé leur première nuit ensemble. Mes grands-parents ont un immense lit d'acajou foncé dans lequel nous sommes tous nés : maman, ses frères et sœurs, Mania et moi et, plus récemment, Zygush (arrivé exactement neuf mois après le mariage) et Zosia.

Tout cela ne remonte qu'à trois ans. Et maintenant, au lieu de préparer la prochaine rentrée des classes et de papoter avec mes amies, voilà que nous nous préparons à une guerre.

Elle couvait depuis longtemps. Cela fait plusieurs années que nous entendons les vociférations d'Hitler crépiter dans le poste de radio de Dzadzio. Papa et maman saisissaient le sens profond de chaque mot de ces discours, mais ils se sont longtemps refusés à croire que quelqu'un d'aussi extrémiste puisse se maintenir éternellement au pouvoir. Ils étaient convaincus que le peuple allemand se soulèverait et le renverserait. Mais contrairement à leurs attentes, plus le temps passait et plus Hitler étendait son emprise. Malgré la montée de l'antisémitisme aux quatre coins de l'Europe, mes parents ne pensaient pas que l'horreur de l'Allemagne nazie puisse se propager jusqu'à Zolkiew. Notre petite ville a une longue tradition de tolérance, qui remonte à l'époque de Jean Sobieski, le légendaire roi de Pologne, sauveur de l'Europe, qui avait écrasé les Turcs à la bataille de Vienne. Au XVIe siècle, c'est à Zolkiew que sa famille avait choisi d'établir sa résidence officielle.

Je suis fière d'appartenir à cette tradition de Sobieski et j'aime à me dire que ses idéaux inspirés des Lumières restent profondément ancrés et vivaces dans notre ville. Zolkiew compte plusieurs dizaines d'organisations politiques et religieuses : sionistes, hassidiques[6], orthodoxes, communistes, bundistes[7], socialistes et j'en passe... Pour les Juifs de Zolkiew, la ville est un *shtetl*[8], soudé par un réseau dense d'écoles, de synagogues, d'associations caritatives, de clubs et de confréries. Nous sommes nourris de nos coutumes et de nos traditions, souvent jusqu'à l'indigestion. J'ai souvent entendu papa dire que nous sommes cinq mille Juifs avec dix mille opinions différentes ! Nous sommes en permanence en bisbille les uns avec les autres pour une chose ou une autre, mais notre ville n'en est pas moins une oasis de paix

---

6 Hassidisme : mouvement religieux juif fondé au XVIIIe siècle en Europe orientale. Les fidèles, appelés les *hassidim*, privilégient dans leur pratique la célébration, la joie, le chant, la danse, la ferveur et la prière.

7 Bund : Parti socialiste juif national, autonomiste et antisioniste fondé à Vilnius en 1897, regroupant les mouvements ouvriers juifs de Lituanie, Pologne et Russie.

8 *Shtetl* : diminutif yiddish de *shtot*, « ville », désignant une bourgade, une petite communauté en Europe orientale.

et de tolérance dans cette Europe orientale rongée par l'antisémitisme.

Depuis un peu plus d'un an, peu après que l'Allemagne a envahi l'Autriche, des réfugiés ont déferlé par vagues entières à Zolkiew. Il ne reste pratiquement plus une chambre ni un appartement de libre en ville. La Commission d'aide sociale soutient financièrement plus de deux cents familles de réfugiés et fournit deux repas par jour à plus de six cent quarante enfants. Nous aussi nous assurons notre part : tous les mercredis à midi, les Herzberg, un couple charmant arrivé de Vienne, viennent déjeuner à la maison. Autour de la soupe de poulet que maman sert dans la porcelaine des grands jours, les Herzberg nous ont raconté le cauchemar qu'ils ont laissé derrière eux. Ils nous ont parlé des synagogues que l'on détruisait, des Juifs passés à tabac en pleine rue, des pillages des magasins et des entreprises… Si nous avions encore quelques doutes sur les intentions d'Hitler vis-à-vis des Juifs, leurs récits ont achevé de les balayer.

L'année dernière, oncle Manek avait suggéré que nous émigrions tous en Palestine. Le monde était une poudrière prête à exploser, disait-il. Quand une grande société ukrainienne avait proposé d'acheter l'usine, Manek avait supplié papa et Dzadzio de vendre, leur assurant que c'était la chance de notre vie, mais ils n'avaient rien voulu entendre. Dzadzio en voulait tellement à Manek d'avoir songé à vendre l'œuvre de sa vie qu'il l'a mis dehors, et mon oncle a dû venir se réfugier chez nous pendant quelque temps. Manek n'a plus jamais abordé le sujet. Il savait parfaitement que c'était peine perdue.

Il y a moins d'une semaine, Molotov et Ribbentrop ont signé le pacte de non-agression. Papa m'a expliqué que cela signifie que l'Allemagne nazie a maintenant les mains libres pour envahir la Pologne et ouvrir un front oriental, et que les Russes ne feront rien pour les en empêcher. Ce pacte a stupéfié toute la Pologne. Personne n'a compris comment la Russie a pu ainsi renoncer à ses prétentions historiques sur notre pays. Nous avons l'impression que Staline a donné la Pologne à Hitler comme il lui aurait offert une oie farcie prête à rôtir. Après une occupation en pointillé de plus d'un siècle par le tsar et l'Empire russe, nous redoutions jusqu'à présent davantage les Russes que les Allemands. Mais l'ascension d'Hitler est en train de changer la donne : la Pologne a concentré l'essentiel de ses défenses sur sa frontière orientale avec la Russie, et elle n'aura désormais ni le temps ni les moyens de défendre sa frontière occidentale.

J'ai dû finir par m'endormir. Ce matin, en me réveillant, il m'a fallu un moment pour me rappeler ce que nous faisions dans ce verger. Nous avons ramassé nos édredons et reformé notre long cortège pour rentrer à la maison. Puis nous nous sommes massés autour du poste de radio de Dzadzio en espérant entendre la nouvelle d'une contre-offensive polonaise. Mais la radio n'a que des mauvaises nouvelles à nous annoncer : les Allemands avancent aussi vite que leurs chars le leur permettent. La cavalerie polonaise défend courageusement le moindre pouce de territoire national, mais elle est dépassée par le nombre. Notre armée ne dispose ni d'assez de chars ni de beaucoup d'avions et, pour ne rien arranger, pratiquement tout ce que nos usines d'armement ont produit a été exporté.

Les jours suivants apportent chacun leur lot de mauvaises nouvelles. Tous les soirs, nous repartons dormir au verger et nous regardons passer au-dessus de nos têtes les bombardiers allemands, qui obscurcissent le ciel comme des vols de sauterelles. Et chaque matin, nous repartons écouter la radio à la maison. 6 septembre : Cracovie capitule. 8 septembre : les troupes nazies assiègent Varsovie. D'autres informations nous parviennent avec de nouveaux contingents de réfugiés : les nazis poursuivent leur avancée. Dans certaines petites villes polonaises, les *Volksdeutsche*[9] accueillent les Allemands avec des drapeaux et des fleurs. Beaucoup de Polonais et de nationalistes ukrainiens les imitent. Il n'y a plus d'opposition dans le pays.

Le 18 septembre 1939, les nazis entrent dans Zolkiew. Fort heureusement, ce n'est que la Wehrmacht et pas un coup de feu n'a été tiré. Les soldats allemands sont très courtois et, à les voir se promener dans les rues, on les prendrait pour des touristes : ils gravissent l'escalier de bois des murailles du château, photographient les églises, achètent des boîtes de bouleau marqueté ou des nappes et des serviettes de dentelle qu'ils enverront à leur femme,

---

9 *Volksdeutsche* : personnes d'origine germanique envoyés coloniser l'Europe de l'Est aux XVIIe et XVIIIe siècles, qui, dans les territoires sous contrôle allemand, ont été intégrées d'office au Reich à partir de l'hiver 1943. La grande majorité des *Volksdeutsche* de Pologne se sont dans un premier temps ralliés à la cause allemande — avant d'être pris en étau entre les persécutions du régime nazi et celles des Soviétiques.

leur fiancée ou leur mère. Ils exhibent fièrement leurs armes devant des petits garçons ébahis et font la cour aux jeunes filles. C'est Manek, Josek et papa qui m'ont raconté tout cela, car Mania et moi avons tellement peur que nous n'osons pas nous aventurer au-delà des arrière-cours bien protégées de notre rue.

Moins d'une semaine après, nous apprenons que conformément à une clause secrète du pacte germano-soviétique Hitler contrôlerait dorénavant la Pologne occidentale tandis que Staline annexerait les provinces orientales. Zolkiew est à moins de cent kilomètres de la frontière russe. Toutes les familles juives de la ville sont tombées à genoux et se sont prosternées pour remercier Dieu de leur avoir épargné les nazis.

Quelques jours plus tard, de jeunes soldats russes aux joues rouges et rebondies comme des abricots de Crimée font leur entrée dans la ville, reprenant la place aux Allemands. Nous ne sommes pas dupes. Depuis des siècles, les Russes usent des mêmes méthodes pour mater les dissidents : ils les déportent vers les immenses déserts glacés de leur pays, d'où personne ne revient jamais. Le tsar a déporté tant de Polonais en Sibérie qu'il y a là-bas, dit-on, des villes entières plus grandes que Zolkiew où l'on ne parle que le polonais. Mais si nous ne bronchons pas, si nous n'offensons pas les Soviétiques et si nous ne les contrarions pas, ils ne nous feront aucun mal. L'idée de vivre sous le joug des communistes nous paraît tolérable. Nous devrons sans doute pratiquer notre religion en catimini et peut-être même renoncer à exploiter l'usine familiale, mais du moins échapperons-nous à la persécution des nazis.

Dans ce bel ensemble d'optimisme, seule une voix discordante s'élève : « Vous ne savez donc pas qui sont ces gens ? Vous ne les connaissez pas ? » tempête Dzadzio, en se donnant de grands airs prophétiques. Il déteste les Russes de toute son âme. Il détestait déjà les tsaristes, et il déteste maintenant les communistes. Il a été fait prisonnier par les Russes en 1914, à l'époque où il était soldat dans l'armée polonaise, et il a passé six ans dans un camp de concentration russe, dont quatre sous le régime tsariste et deux sous les bolcheviks. Il a connu l'enfer de Lénine. Dzadzio sait que les Soviétiques sont des prestidigitateurs, capables de changer le monde avec de simples paroles. De transformer les invitations en menaces. L'abondance en famine. La fidélité en peur. Les sourires en mensonges. Il n'a jamais raconté ce qu'il a subi dans le camp de concentration russe. Pas même à sa femme. Mais maman m'a dit que des cauchemars continuent de hanter son sommeil. Il lui arrive parfois de se réveiller en hurlant et tellement trempé de sueur que Babshia doit changer les draps en pleine nuit.

Quelques jours après l'arrivée des Soviétiques, tante Rosa, son mari et leurs quatre enfants débarquent à la maison avec leurs vêtements sur le dos pour tout bagage. Notre famille est enfin au complet. Dès lors, quoi qu'il nous arrive, nous resterons ensemble, comme une meute. C'est du moins ce que nous espérons.

Chapitre premier

MON GRAND-PÈRE

De mars 1940 à juin 1941

Pour ceux d'entre nous qu'ils n'ont pas expédiés en Sibérie, les Soviétiques ont fait venir la Sibérie à nous. Le moindre combustible, tout ce qui peut brûler, jusqu'au plus minuscule nid d'oiseau, est envoyé au front. Je passe le plus clair de mes journées dans mon gros manteau afghan gris doublé de fourrure de lapin. Ce manteau est mon salut. Par bonheur, tante Uchka a épousé un artisan fourreur : Hersch Leib a fait faire des manteaux pour tous les membres de la famille. Nous aurions pu choisir n'importe quoi, peut-être même la célèbre fourrure de Zolkiew, si prisée des Parisiennes. Mais pour les vents glaciaux qui soufflent des steppes, rien n'est plus chaud que l'agneau afghan, et c'est ce que nous portons tous dans la famille.

Six mois après l'arrivée des Soviétiques, l'étau glacial de notre premier hiver sous occupation ne s'est toujours pas desserré. Les nouvelles qui nous sont parvenues par le poste radio de mes grands-parents étaient tout aussi glaçantes : l'annonce de la neutralité des États-Unis a mis fin à tous nos espoirs. La France et l'Angleterre ont certes déclaré la guerre à l'Allemagne, mais l'occupation de la Pologne ne semble intéresser personne. La France a vaguement tenté d'envahir une province allemande mal défendue, mais elle n'a réussi qu'à pénétrer sur une douzaine de kilomètres en territoire ennemi avant de battre en retraite. Nous avons été abandonnés.

Après l'école, je fais généralement un détour par chez Uchka avant de rentrer à la maison. En chemin, je songe déjà à la brioche et au thé qui m'attendent et au plaisir de partager les jeux de Zygush et Zosia. À vrai dire, c'est avec Zosia que je m'amuse le mieux : j'ai troqué mes poupées pour des livres depuis belle lurette, mais je ne me lasse pas de jouer avec cet adorable petit bout de chou. Je n'aime rien tant que sa façon de poser sa joue contre la mienne et d'agripper mon visage quand elle est dans mes bras. Dans ces instants-là, je ne céderai ma place pour rien au monde ! Uchka m'appelle la *mammeleh* de Zosia, sa petite mère.

Il y a quelques jours, je n'ai trouvé personne en arrivant chez tante Uchka. Avant la guerre, je ne m'en serais pas étonnée, mais dans les circonstances actuelles, j'ai aussitôt imaginé le pire. Prise de panique, je me suis élancée par le labyrinthe de ruelles enneigées qui débouche derrière l'huilerie familiale puis, coupant par l'allée qui file derrière les murs roses du couvent, j'ai couru à toutes jambes jusqu'à la maison, priant pour que ma tante y soit avec ses enfants. J'ai gravi quatre à quatre l'escalier du perron et poussé fébrilement la porte de l'entrée qui sépare notre appartement de celui de mes grands-parents, débarrassant de la neige mes chaussures du mieux que je le pouvais. Malgré mon bonnet de fourrure enfoncé sur les oreilles, mon col de manteau relevé et mon écharpe chaudement nouée autour du cou, j'entendais des voix filtrer de la pièce voisine. J'en étais sûre : il était arrivé quelque chose. Personne ne m'avait vue entrer au salon. À mon grand soulagement, Uchka était assise dans un coin, ses enfants sur les genoux. Il m'a fallu un bon moment pour me rendre compte que tous les visages rayonnaient de bonheur.

Quand enfin maman m'a aperçue, elle a couru vers moi les bras grands ouverts, s'écriant : « Qui l'aurait cru ? Qui aurait pu s'en douter ?

— Qui se serait douté de quoi ? » demandai-je, abasourdie. Je ne comprenais vraiment pas ce qui pouvait les mettre de si belle humeur, mais leurs mines réjouies me disaient qu'au moins personne n'était mort ni n'avait été déporté. Maman finit par comprendre que je n'avais aucune idée de ce dont elle parlait.

« Comment ça, Clarutchka ? Tu n'es donc pas au courant ? Je pensais que toute la ville le saurait ! s'exclama-t-elle toute gonflée d'orgueil. Figure-toi que sur tous les enfants de Zolkiew c'est ta petite sœur qui a été choisie pour chanter la première aria du concert de printemps. Et en plus, elle est la plus jeune ! Tu te rends compte ? Mania ! La plus jeune ! Et une première aria ! Qui aurait imaginé ça ? »

Jamais de ma vie je n'aurais pensé entendre maman pavoiser comme une vraie commère ! Fallait-il qu'elle soit fière de sa fille ! Il est vrai que Mania a l'art et la manière de tirer des lapins de son chapeau. Nous ne savions même pas qu'elle avait passé une audition.

J'étais tout aussi stupéfaite que les autres. Comment aurais-je pu deviner que, sous ses allures espiègles, ma petite sœur savait si bien chanter ? Bien sûr, nous chantions des airs traditionnels aux repas de fête et des chansons enfantines à l'école. Mais une aria ? Un morceau d'un vrai opéra ? Quelle bénédiction d'avoir pareil talent dans la famille ! L'espace d'un instant, nous en avons oublié qu'il s'agissait d'un concert à la gloire du système soviétique. Même Dzadzio, qui ne porte pas les Russes dans son cœur, a eu un mot aimable pour eux. « Pour une fois, ils ont fait le bon choix », a-t-il marmonné. Il fallait que les Russes connaissent mieux ma petite sœur que nous pour lui découvrir ce talent caché ! À l'autre bout de la pièce, Mania était assise sur son petit lit d'enfant. D'un simple coup d'œil, je devinai ses pensées : elle s'en voulait d'avoir parlé du concert et, au lieu d'écouter les grands jubiler et se congratuler, elle aurait préféré aller faire de la luge dehors tant qu'il restait de la neige. Mais elle avait annoncé la nouvelle comme elle avouait ses bêtises, sachant qu'elle serait bien obligée d'aborder le sujet tôt ou tard : maman l'aurait de toute façon appris un jour ou l'autre, alors autant en finir une bonne fois pour toutes. Mania, elle, ne voyait vraiment pas de quoi en tirer gloire. On lui avait ordonné de chanter et elle chanterait, point.

Pendant les trois mois suivants, elle n'a plus chanté devant nous. Nous l'entendions tout au mieux fredonner. Elle fredonnait en sautant à la corde, en courant entre la maison et le jardin, ou quand maman lui faisait faire ses devoirs qu'elle déteste tant. La seule fois où maman lui a demandé de chanter, elle a refusé. Il était inutile d'insister, car Mania est aussi têtue que maman, Babshia et Dzadzio ! Nous devrions donc attendre le concert, comme tout le monde.

Entre-temps, dans l'esprit des gens de Zolkiew, l'occupation soviétique était presque passée au second plan. Dans les longues files d'attente qui se formaient sous les colonnades du marché, les mères parlaient haut et fort des chansons populaires ukrainiennes et russes que chanteraient leurs enfants. On ne trouvait plus une seule miche de pain, mais l'air bruissait de commérages. Je savais qu'elles tenaient secrètement leurs comptes : qui chanterait le plus long morceau ou l'air le plus connu ? Qui se produirait en solo ou dans un chœur ? Et surtout, que porteraient les mères pour le grand jour ?

Zolkiew n'est qu'un confetti sur la carte du monde, et en fait de rue, la nôtre n'est qu'un méchant chemin de terre recouvert de poussière en été et de boue ou de neige en hiver. Pourtant, avant la guerre, maman et ses sœurs mettaient un point d'honneur à s'habiller aussi élégamment que si elles vivaient dans une grande capitale, comme Varsovie ou Vienne. Tante Giza est la seule qui ait vraiment vécu à Vienne, et encore, elle n'y est restée qu'un an. Si Giza était la reine incontestée du sous-vêtement, d'après Dzadzio, la véritable Coco Chanel de la famille, c'était maman. Dès qu'il usait les coudes de son unique chandail, c'était à ma mère, Salka, qu'il demandait de lui en choisir un neuf — et peu lui importait que ce fût un *meshpucha*[10] ou le même

---

10 *Meshpucha* : littéralement, la famille étendue. Ici, un lointain parent.

chandail gris charbon que celui qu'il achetait tous les cinq ans. Avec Yom Kippour[11] et Rosh Hashana[12], le mois de septembre apportait les catalogues des grands magasins, venus par la poste de Paris, Berlin et Vienne. Dès que nous les recevions, nous nous installions autour de la table de la cuisine, armées de ciseaux. Maman me faisait découper le corsage dans un catalogue, le tissu dans un autre, la jupe dans un troisième, le col dans un quatrième, les rubans dans un cinquième et c'était ensuite à moi de composer ma tenue. Elle s'entendait à merveille avec sa couturière, Mme Hirschorn, une petite dame toute fluette et adorable. Et quand un mariage s'annonçait, elles élaboraient ensemble toute la garde-robe de la famille, avec autant de sérieux et de passion que si elles préparaient une campagne militaire. Dès que Mania et moi étrennions nos robes en société, les mères de nos amies s'empressaient de les copier et, quelques semaines plus tard, nous avions lancé une nouvelle mode ! Maman s'est toujours abstenue du moindre commentaire, mais au fond d'elle-même, elle était ravie.

---

11 Yom Kippour : le Jour du Grand Pardon. Jour de jeûne et de repentir, c'est la fête la plus importante du calendrier juif, avant même Rosh Hashana.

12 Rosh Hashana : fête du nouvel an qui se déroule sur deux jours, dits « Jours du Jugement », où Dieu décide du destin de chacun en fonction de ses actes. Les justes sont inscrits dans le livre de la vie, les mauvais dans le livre de la mort et les cas intermédiaires sont laissés en suspens. Ceux-ci peuvent encore influencer leur destin en faisant acte de repentir pendant les dix jours suivants, dits « Jours redoutables », qui s'achèvent avec Yom Kippour.

Mais depuis l'arrivée des Soviétiques, nous avons définitivement tourné la page de ces frivolités. Les soieries, satins, taffetas, sequins, plumes et autres dentelles sont désormais autant d'allers simples pour la Sibérie. Cette année, la grande vogue est à la laine rêche vert olive des uniformes. Le genre paysan n'est pas simplement une question de mode, mais de survie. Certaines amies de maman se sont même résolues à porter les vêtements de leur femme de ménage ! Maman, elle, a remisé ses magnifiques robes de soie dans notre grosse armoire d'acajou qui a déjà vu passer tant de révolutions, guerres et régimes dans notre coin d'Europe. Pour le concert, comme toute mère dont la fille fait ses débuts sur les planches, elle tient néanmoins à ce que sa tenue reflète son immense fierté. Ainsi, après bien des heures et trop de tasses de thé, les sœurs Reizfeld ont décrété qu'il était « casher » de porter leurs plus beaux *schmatteh*[13].

La question ne se pose ni pour moi ni pour Mania. Première aria ou pas, ma sœur portera le costume marin qui nous tient lieu d'uniforme scolaire, comme moi, et comme toutes les petites filles de Zolkiew. Pour compenser, maman les repasse avec tellement d'amidon qu'ils pourraient marcher tous seuls jusqu'à la salle de concerts. Nos cheveux ont droit aux mêmes soins. Maman lave et relave la crinière brune de Mania jusqu'à ce qu'elle brille tant que je pourrais presque y voir mon reflet. Résister à Staline

13 *Schmatteh* : haillons, chiffons.

est une chose ; mais résister à maman est une tout autre paire de manches !

Le jour J, notre petite maison est aussi bouillonnante qu'un samovar rempli à ras bord. La porte s'ouvre à grand fracas et Zygush apparaît dans l'encadrement, suivi de près par Zosia. Personne ne lui a jamais appris à frapper. Frapper à la porte est une offense, car cela revient à insinuer que des membres d'une même famille se méfient les uns des autres ou sont en délicatesse. Uchka arrive juste à temps pour voir ses enfants me sauter dans les bras, comme à chaque fois que nous nous retrouvons. Mais l'heure n'est pas aux démonstrations d'affection. Je n'ai pas le temps de les embrasser que, du fond de la pièce, j'entends résonner la voix autoritaire de maman : « Eh bien, qu'est-ce que tu attends ? Il te faut un carton d'invitation ? Et emmène les *kinder* avec toi. » Elle m'ordonne de m'habiller et de prendre Zygush et Zosia, mais je suis déjà prête depuis des heures.

Zosia, avec ses boucles blondes, ses yeux noirs et son caractère débonnaire est aussi facile à vivre qu'une petite poupée que l'on pose sur son lit. Pour mater Zygush, aussi trapu et brun que son père, il me faudrait en revanche une chaise, un fouet, une cage et une laisse. Il est déjà en train de me grimper dessus comme il aurait escaladé son noyer préféré dans le jardin.

Arborant dignement son costume noir et sa chemise blanche, l'habit juif orthodoxe qu'il porterait jusqu'à son dernier souffle, Dzadzio est le seul à garder un calme imperturbable dans cette maison en effervescence. Il est très fier de ma sœur mais refuse catégoriquement d'aller assister au concert.

Babshia et lui resteront à la maison. Je devine une lueur de regret dans ses yeux, mais ses grosses chaussures noires semblent puissamment plantées dans le tapis persan et il ne bougera pas d'un pouce. Depuis qu'il a été prisonnier des Russes en 1918, il refuse de respirer le même air que « ces gens-là ». Maman n'insiste pas, car elle sait qu'il est inutile d'essayer de lui faire changer d'avis et de discuter de questions de principe avec son père. Elle le respecte et comprend ses raisons d'agir ainsi.

Toutes les deux minutes, maman laisse ce qu'elle est en train de faire pour s'affairer autour de Mania. Ses doigts redressent un col, rajustent quelques mèches, s'attardent sur les épaules. Je lis à livre ouvert dans ses pensées. D'une caresse, elle prie pour transmettre toute la force de sa volonté à Mania — si tant est que ce soit possible ! Car ce soir, pour la première fois de sa vie, Mania volera de ses propres ailes. Elle sait ce qui est en jeu. Le spectacle est un « hommage » au talent des Soviétiques à faire de nous, enfants de capitalistes corrompus et de fanatiques religieux, de bons petits staliniens et léninistes. Et, si nous apprenons bien nos leçons, à nous hisser au rang d'espions, d'informateurs et de membres du parti. Mania sait que ses professeurs se sont arraché les cheveux pour sélectionner les chanteurs et qu'ils les regarderont dents et poings serrés, tremblants à l'idée d'avoir commis quelque impair. Elle sait tout cela. Du haut de ses onze ans, elle comprend parfaitement la situation. Personne n'a eu besoin de lui faire un dessin.

Mania ne pourra franchir le seuil de la maison avant de subir moult embrassades, étreintes et pincements de joues. Maman s'est plantée devant la porte d'entrée et lisse une dernière fois la robe bleu marine de sa fille. Elle vérifie le nœud en rosette de son uniforme et fait bouffer les pointes du foulard rouge noué autour de son cou. « Tiens-toi tranquille ! » peste-t-elle. Mania est aussi impatiente qu'un cheval de course dans les starting-gates. Elle doit se présenter tôt à l'opéra. « Ça suffit ! Arrête de gigoter comme ça ! » Babshia intervient pour libérer Mania des mains trop empressées de sa mère et, avec un baiser, lui ouvre la voie.

Je regarde ma petite sœur s'éloigner dans la rue. Elle marche calmement jusqu'à l'orphelinat des fillettes juives, à deux portes de chez nous. Puis elle se retourne, sourit, agite la main et détale ventre à terre. En temps normal, maman se serait lancée à ses trousses avec un chiffon et une boîte de cirage. Mais ce jour-là, elle reste figée sur place, impuissante, incapable d'articuler un mot, et ses protestations s'étouffent dans un soupir.

Une heure plus tard, dans la douceur du soir de printemps, notre groupe prend enfin le chemin de l'opéra. Les Russes n'ont pas réussi à nous enlever le parfum des lilas pour l'envoyer au front comme tout le reste. Si Mania et moi avions été seules, il ne nous aurait pas fallu plus de douze minutes pour arriver à destination. Mais nous sommes vingt-cinq et, tel un troupeau de bétail, nous progressons d'un pas lourd et traînant. Derrière moi, comme à leur habitude, maman et ses sœurs marchent de front en se tenant le bras. Une demi-douzaine de conversations s'entremêlent, mais dans ma famille, on ne sait pas marcher et parler en même temps. Nous faisons quelques pas et, pour peu que l'un d'entre nous salue un ami, c'est tout notre cortège qui s'arrête. Nous réussissons tout de même l'exploit de parcourir quatre cents mètres en un quart d'heure.

Devant le stade, nous rejoignons un océan de fillettes vêtues du costume marin et du foulard rouge des pionnières, mouvement dont, bon gré mal gré, toute petite fille saine de corps et d'esprit de Zolkiew se doit d'être membre et de porter haut les couleurs. Les rues déversent des flots ininterrompus de gens qui convergent vers les portes de l'opéra. Visiblement, tout le monde a eu la même idée : arriver en avance pour décrocher les meilleures places.

L'Aigle, notre salle municipale qui fait aussi bien office d'opéra que de cinéma, vient d'être repeinte de frais. De grandes bannières annonçant le concert drapent le fronton du bâtiment. Je n'ai jamais vu autant d'automobiles réunies en un même endroit. La rue est encombrée de voitures impeccablement astiquées et lustrées. Chacune est gardée par un détachement de soldats chargés d'éloigner les petits garçons comme Zygush, pour les empêcher de commettre des actes de sabotage en maculant les carrosseries étincelantes de traces de doigts. Les voitures appartiennent aux commissaires qui ont réquisitionné toutes les grandes demeures de la rue du Chemin-de-Fer, au pied du mur du château et en face du parc. Les anciens propriétaires, s'ils ne sont pas morts, sont maintenant quelque part en Sibérie. Si je n'avais pas craint pour la sécurité de Zygush, je l'aurais volontiers laissé patouiller leurs belles voitures.

Papa salue au passage des amis en lesquels il n'a plus confiance. Des amis qui ont dénoncé d'autres amis. Des Juifs qui ont dénoncé d'autres Juifs et envoyé des enfants à la mort en Sibérie. Il y a même des enfants qui dénoncent leurs propres parents. Mon père leur serre la main et fait mine de rire à leurs plaisanteries, échangeant quelques propos convenus sur la magnifique soirée qui s'annonce. Papa dit qu'il serait suicidaire de tourner le dos à ces « vieux » amis. À sa place, mon Dzadzio les aurait giflés et envoyés au diable. Sous les calicots, je reconnais les commissaires politiques qui viennent de temps en temps traîner dans les couloirs de mon école en fumant des cigarettes avec leurs camarades. Ils constituent des dossiers sur tout le monde, même sur les enfants. Quand le maître nous fait chanter *L'Internationale*, *Le Matin du 1er Mai* ou *Le Chant des partisans* en classe, j'essaie de me convaincre que ce ne sont que des chansons comme les autres. Mais au fond de moi-même, j'ai le sentiment de renier ma religion, et encore plus que quand je chante des chants de Noël.

Tous mes camarades d'école sont là avec leur famille et je meurs d'envie de rejoindre mes meilleures amies, Giza Landau, qui est aussi ma cousine issue de germains, Genya Astman et Klara Letzer, mais maman m'ordonne de rester avec Zygush et Zosia. Elle a le chic pour me féliciter de mon élégance et, dans la foulée, me traiter comme un bébé. Les officiers adressent un petit signe de main aux écolières et, d'un geste désinvolte, jettent leurs mégots sur les marches de pierre qu'une brigade de paysannes a passé des heures à laver et brosser.

Dehors, une fanfare militaire entonne un air tandis que nous nous frayons un passage parmi la foule en essayant de rester groupés. À l'intérieur, une autre fanfare prend le relais. Zygush et Zosia sont fascinés par les lustres qui font danser des éclats de lumière dans le grand hall. Les meilleures places ont été réservées pour les familles des officiers et des gradés de l'armée russe, du parti communiste et du NKVD[14] — la redoutable police secrète qui gère le goulag pour Staline. Nous arrivons tant bien que mal à l'étage et trouvons une rangée de fauteuils libres au balcon. Au passage, Zygush ne résiste pas à la tentation de promener ses petites mains sur chaque accoudoir de velours rouge. Nous avons une vue plongeante sur l'orchestre et les loges et nous nous régalons du spectacle de la salle. Parmi les épouses des notables russes, certaines portent de la lingerie. Ces pauvres femmes, dont beaucoup sortent tout droit des villages des vastes plaines qui s'étendent par-delà l'Oural où ni le téléphone ni les routes ne sont jamais arrivés, ne font aucune différence entre une chemise de nuit et une robe. Elles sont persuadées que ces élégants sous-vêtements de soie aux décolletés festonnés de dentelle se portent dans les rues de Paris, de Budapest ou de Berlin. Je dois avouer que je n'éprouve pas la moindre honte à observer d'un regard si insistant ces femmes russes qui se rengorgent sous mon nez. Pour elles, le communisme a vraiment été synonyme d'une vie

---

14 NKVD : Commissariat du peuple aux affaires intérieures. Placée sous l'autorité directe de Staline, c'était la police politique de l'Union soviétique, dont les agents étaient chargés de surveiller et de contrôler les populations. Le NKVD se rendra tristement célèbre par ses méthodes répressives et sa participation aux purges staliniennes.

meilleure. Dans l'ensemble, elles sont plutôt sympathiques et même gentilles, et je vais à l'école avec leurs enfants. Mais leurs maris nous inspirent tant de crainte qu'à Zolkiew, personne ne se risquerait à leur dire qu'en fait de robes de soirée, elles portent des sous-vêtements.

Avant le concert proprement dit, nous devons endurer les interminables discours politiques, émaillés de slogans. Les généraux et leurs commissaires feignent l'enthousiasme et nous faisons semblant d'être convaincus. « Nous devons nous unir dans notre opposition unanime aux réactionnaires. » « Les révolutions sont la locomotive de l'histoire ! » « L'allégresse est le caractère premier de l'Union soviétique ! » « Donnez-nous vos enfants pendant dix ans et nous vous rendrons un vrai bolchevik ! »

Maman, Rosa, Uchka et Giza ont toutes le même sourire idiot sur les lèvres. Le public du balcon me fait penser à un alignement de statues dans un cimetière. Zosia se tortille sur son siège et Zygush ne tient pas en place. Toutes les trois minutes, il me donne un coup de coude dans les côtes en me demandant quand Mania va chanter.

Au moment où elle entre enfin en scène, ils se figent, paralysés par l'émotion. Elle a l'air maigre et fragile comme un saule, et elle est toute petite par rapport aux autres chanteurs qui l'ont précédée. Au bout de notre rangée de fauteuils, j'entends un léger sifflement : maman est à deux doigts de la crise d'asthme. Elle est tellement *k'velen*[15] qu'elle peine à respirer. Quand Mania ouvre la bouche, la voix qui sort de sa

15 *K'velen* : gonflée d'orgueil, rayonnante de fierté.

gorge est si puissante et claire qu'un frisson me parcourt l'échine. *Les vents hurlent. Les arbres ploient. Mon cœur saigne. Et les larmes tombent d'elles-mêmes.* Je n'en reviens pas. Je ne reconnais pas notre garçon manqué. Je m'entends presque penser : « Est-ce bien elle ? Est-ce réellement ma petite sœur ? »

Le temps de son aria, tout n'est qu'harmonie et perfection. Tout le monde savoure le moment présent, sans penser à rien d'autre. Si seulement elle pouvait ne jamais s'arrêter de chanter ! Je sais que tant que sa voix — plus lumineuse que le soleil et débordante d'émotion pure — emplit cette salle, nous sommes en sécurité. Mais je sais aussi que dès que la dernière note tombera, les cœurs attendris de nos maîtres soviétiques redeviendront de pierre. Ma chère sœur ! Si tu savais combien je t'aime en cet instant !

Ce que les Soviétiques ne peuvent pas savoir, c'est qu'écouter Mania chanter ne fait qu'aiguiser notre nostalgie de la vie à laquelle ils nous demandent de renoncer. Nos implacables ennemis, les officiers russes et les dirigeants du parti qui nous exterminent, nous déportent et nous torturent, sont en fait de grands sentimentaux : en écoutant Mania, ils pleurent comme des enfants. Le tonnerre d'applaudissements s'éternise. La petite Mania salue comme on lui a appris à le faire et accepte un bouquet d'œillets rouges des mains d'un général soviétique. Après le concert, la famille ne parle plus que de la carrière que Mania pourrait entreprendre quand la guerre sera finie. Nous parlons d'avenir, mais je sais que ce ne sont que des paroles vides de sens. Elles ne sont là que pour apaiser nos souffrances dans le monde que nous affronterons à nouveau demain, et après-demain encore.

Ce soir-là en me couchant, je dis à Mania combien je suis fière d'elle. Je lui dis qu'elle nous a tous surpris par sa voix magnifique, et par ce secret qu'elle a su garder si longtemps. Malgré l'obscurité de notre chambre, je la vois esquisser un petit sourire malicieux. Je me demande combien d'autres secrets elle garde ainsi, comme les glands, les pétales de fleurs et les cailloux polis que maman sort régulièrement des poches de ses robes.

Cette journée mouvementée l'a tant épuisée qu'elle s'endort comme une masse, sans même trouver la force de prononcer le « nuit » de « bonne nuit ». Son triomphe me laisse toutefois un petit goût amer : par bien des côtés, ma sœur est une étrangère pour moi. J'en sais moins long sur elle que sur les personnages des romans que je dévore. Je brûlerais d'en apprendre davantage, mais je n'ai même pas osé lui demander ce qu'elle a ressenti ce soir sur scène. Je savais qu'elle n'aurait répondu que par un haussement d'épaules.

Demain à son réveil, elle attrapera sa corde à sauter, se précipitera au dehors et aura tout oublié du concert. Une nouvelle journée de printemps l'attendra derrière la porte.

Quelques semaines ont passé depuis le tour de chant de Mania. Les Soviétiques n'en sont déjà plus à essayer de nous amadouer par des concerts et la promesse d'un paradis des travailleurs. Ils sont passés à la vitesse supérieure et n'espèrent plus simplement nous soumettre, mais tout bonnement s'emparer de nos esprits. L'appareil sécuritaire de leur police secrète, leurs espions et leurs informateurs sont si bien infiltrés à tous les niveaux de la société que l'on redoute de croiser son propre reflet dans une glace de crainte d'être dénoncé. Le spectre de la déportation plane à chaque coin de rue.

Un à un, des amis ont disparu en pleine nuit, avec toute leur famille. La plupart ont été accusés d'être trop riches ou de soutenir les nationalistes polonais. D'autres étaient des intellectuels assez audacieux pour oser remettre en cause l'ordre communiste à Zolkiew. D'autres encore ont simplement commis l'erreur de critiquer le communisme il y a vingt ans, dans une conversation entre amis au comptoir d'un café. Tous les prétextes sont bons, et l'issue est toujours la même. L'occupant ne se contente plus de déporter des familles entières ; il les élimine purement et simplement, et tout se passe comme si elles n'avaient jamais existé. Elles sont définitivement rayées de la carte de la vie. Et dès le lendemain de leur disparition, au coucher du soleil, les Russes dorment dans leur lit et mangent leurs provisions laissées dans le cellier. Je reconnais parfois les vêtements de mes camarades de classe sur le dos de fillettes russes et je vois des garçons russes jouer avec les jouets de leurs petits frères. Mon amie Sonia Maresky, originaire de Silésie, a été déportée dans l'un des premiers convois, avec une centaine d'autres réfugiés juifs d'Autriche et de Pologne occidentale.

Maman veut que nous soyons préparés au cas où nous serions embarqués dans le prochain wagon à bétail pour la Sibérie. Dès qu'elle a un moment de libre, elle nous taille des musettes dans des chutes de toile vert olive et les remplit de chaussettes, de maillots de corps et de provisions, et glisse des roubles et des pièces d'or dans les poches secrètes. Ainsi, quand le NKVD viendra cogner à notre porte, sans doute en pleine nuit afin de nous tirer de nos rêves et mieux nous précipiter dans un cauchemar, les dix-sept membres de notre clan — ma sœur et moi, mes parents, mes grands-parents, oncles, tantes et cousins — rejoindront le sinistre cortège des condamnés avec des besaces bien garnies.

Malgré cette nouvelle menace, nous nous adaptons tant bien que mal à la vie sous occupation communiste. Seul Dzadzio ne se laisse pas fléchir. En dix-huit mois, il n'a pas appris à garder pour lui sa haine des Soviétiques. Maman s'occupe autant qu'elle le peut pour ne pas penser, mais elle se ronge les sangs, car si hier encore l'huilerie était notre assurance-vie, mon père n'est plus sûr du tout qu'ils ne se débarrasseront pas de lui du jour au lendemain.

Pour l'instant, les communistes sont bien obligés de le laisser exploiter son usine, car il n'y a pas un paysan, pas un soldat à la ronde qui soit capable de la faire tourner. Mon pauvre papa trime littéralement jour et nuit. Pour ne rien arranger, ils lui ont mis un garde-chiourme entre les pattes : sous son épaisse moustache à la Staline, Vasiluk, un gros Ukrainien paresseux avec quelques gouttes de sang russe dans les veines, passe ses journées avachi dans le bureau de mon père à espionner ses moindres faits et gestes. Les jours où il est d'humeur à « travailler », il lit le journal.

Papa dit que les roubles ne valent rien et que l'huile est une monnaie d'échange bien plus sûre. De ma fenêtre, je vois se former de longues files de gens qui viennent chercher leur ration d'huile à la raffinerie, près de l'usine. Dans notre cuisine, nous échangeons avec les paysans du coin de l'huile de l'usine de papa contre du fromage, des légumes frais, du fromage et des œufs. Puis nous apportons ces produits à l'épicerie du père de Genya pour les troquer contre de la farine, du sucre, du thé et autres produits de première nécessité. Au moins, nous ne manquons jamais de quoi manger.

Mon grand-père a été le premier de la famille à être emmené par les Russes. Cela s'est passé pendant mon séjour à l'hôpital, où j'étais opérée pour une appendicite. Un beau matin, une vieille voiture s'est arrêtée devant chez nous en pétaradant. Trois hommes en imperméable élimé, chapeau tiré sur les yeux, en sont descendus ; et ils ont emmené Dzadzio, en le traînant sur les quatre marches de notre perron avant de le pousser à l'arrière de la voiture. Quand maman m'a raconté cela, j'ai vu l'image de mon grand-père se chiffonner et se consumer lentement, comme une poupée de papier mâché mangée par les flammes. Effondrée, impuissante, je pleurais toutes les larmes de mon corps.

Au fil des jours, d'autres nouvelles tragiques nous parviendraient. Mon grand-père n'était pas le seul à s'être fait arrêter. Cette même nuit, le NKVD avait procédé à des rafles dans toutes les villes, tous les bourgs, tous les villages et tous les *shtetls* des nouveaux territoires sous juridiction soviétique. Il avait pris dans ses filets tous les anciens officiers de l'armée polonaise, tous les anciens hauts fonctionnaires, et des dizaines d'enseignants, de politiciens, d'intellectuels et d'hommes d'affaires.

Entre-temps, maman soudoyait les gardiens de prison pour avoir des nouvelles de son père. Quelques jours après son enlèvement, elle est venue m'annoncer que Dzadzio, qui souffre d'une maladie des reins, n'avait pas supporté ses conditions de détention et avait été transféré dans le même hôpital que moi. Un matin, on l'a autorisé à sortir au jardin, mais encadré par deux soldats en armes — chargés de s'assurer que ce vieillard en fauteuil roulant, vêtu d'une simple blouse d'hôpital et pieds nus, ne s'échappe pas ! Quand il m'a vue, ses yeux se sont embués de larmes. Il n'a réussi à me dire qu'une seule chose : « *Gey avek, gey avek, gey avek* — va-t'en, va-t'en, va-t'en ! ». Le cœur serré, il me faisait signe de m'éloigner, de retourner à l'intérieur. Je savais qu'il avait peur que les soldats me fassent du mal, mais ça a été plus fort que moi. J'ai couru vers lui et je me suis jetée dans ses bras. Je n'ai pu balbutier que quelques mots : « Comment vas-tu, grand-père ? » Rien d'autre. Car il n'y avait rien à dire. Rien à faire.

Nous ne pouvions plus discuter comme avant, mais j'étais heureuse d'être là, tout simplement, près de mon grand-père. Je l'ai revu les jours suivants, et je savais que les quelques instants que nous passions ensemble lui faisaient du bien à lui aussi. Une après-midi, nous étions assis en silence au jardin quand deux agents du NKVD sont arrivés vers nous. Mon grand-père devait les suivre. Il n'y avait aucune violence dans leur voix, aucune malice. Pour eux, il n'était qu'un colis aux yeux tristes. L'infirmière a couru chercher le docteur. Dzadzio n'était pas en état de quitter l'hôpital. Dzadzio m'a adressé un sourire rassurant. Je n'avais jamais vu un sourire humain plus triste.

Puis, il a blêmi et s'est mis à trembler de tous ses membres. J'ai hurlé, mais les gardes n'ont rien fait — parce que je n'étais rien. Les agents du NKVD ont chargé mon malheureux Dzadzio qui souffrait le martyre, les yeux emplis de terreur, à l'arrière d'une charrette tirée par des chevaux. Le médecin a mollement protesté, mais visiblement, le cœur n'y était pas. Terrifiée, impuissante, je me suis reculée. Je leur étais presque reconnaissante d'avoir déposé grand-père sur un matelas de paille. Et je suis restée là un long moment, immobile, comme pour arrêter le temps. Je savais que maman glisserait à nouveau quelques billets aux gardiens pour avoir des nouvelles de son père. Il ne me resterait qu'à attendre qu'elle vienne me raconter ce qui s'était passé.

Pendant trois longues journées, je n'ai eu aucune visite de maman. Au quatrième jour, je crus qu'elle portait le deuil en la voyant arriver. Elle m'avait apporté un peu de soupe. En me versant le bouillon dans un bol, elle m'a tout raconté. Le lendemain du jour où ils avaient emmené Dzadzio sur la charrette, un gardien de la prison était accouru chez nous pour lui dire que l'on emmenait son père et d'autres prisonniers politiques vers les trains. Avec sa sœur Uchka, elle a attrapé quelques petits pains et filé à la gare, espérant lui donner des provisions pour le long voyage qui l'attendait. En arrivant sur la grand-place sous les murs du château, elles ont vu Dzadzio marcher en rang dans une colonne de prisonniers encadrée par des soldats soviétiques. Elles lui ont jeté les petits pains, malgré l'interdiction expresse des soldats. Elles ont été arrêtées et jetées dans les cellules du donjon. Maman avait été libérée le matin même. Il y avait de la colère dans ses yeux. « Tu te rends compte, Clarutchka ! Ils ne l'ont même pas laissé ramasser un seul petit pain ! »

J'étais encore à l'hôpital quand ils sont venus chercher le reste de ma famille. Ils ont cogné à la porte en pleine nuit. Par chance, papa était à l'usine, de l'autre côté de la rue, comme toutes les nuits, et comme tous les jours. Et par chance encore, ils avaient un mandat d'arrêt au nom de Meir Schwartz. Maman, la gorge nouée, n'en dit pas plus. Je n'avais pas besoin de détails. J'avais compris. La famille de mon père est si profondément religieuse qu'elle n'a jamais jugé utile de faire enregistrer les mariages auprès de l'état civil. Du coup, bien que tout le monde nous appelle les Schwartz, tous nos papiers officiels, y compris mon acte de naissance, sont au nom de Gottlieb — sans doute le dernier de nos aïeuls marié devant les hommes ! Ma mère a montré ces papiers aux agents du NKVD, pour leur prouver que nous n'étions pas la famille qu'ils recherchaient. Elle en avait encore le rouge au front. Car les autres n'avaient pas eu autant de chance : le NKVD a emmené Babshia, oncle Manek, tante Rosa et ses quatre enfants. Oncle Josek et tante Giza avaient réussi à se cacher à la cave. Depuis, ils sont repartis à Lvov, où ils vivent terrés dans une cachette.

Maman est retournée à la gare, car cette fois-ci, les Soviétiques ont autorisé les familles et le Comité juif de rationnement à distribuer des vivres et des couvertures aux prisonniers. Maman a pu parler à Rosa et aux autres. Personne ne leur avait dit où on les emmenait, combien de temps durerait le voyage ni ce qui les attendait une fois à destination. Maman a fait ses adieux à Babshia, persuadée qu'elle ne la reverrait plus. Nous ne savions pas si ma pauvre grand-mère survivrait au voyage, et moins encore à quelle sauce les Soviétiques les mangeraient ! Rosa s'est efforcée de consoler sa petite sœur, lui assurant qu'elle avait bien fait de sauver sa peau et la nôtre. Visiblement, ces paroles n'ont pas suffi à réconforter maman, car ses traits sont marqués par le chagrin et la culpabilité.

Notre famille en était donc arrivée là ! L'impensable s'était produit : qu'une partie de la famille survive, en sachant qu'elle ne pouvait pas sauver l'autre. Je n'arrêtais pas de pleurer. Je n'avais plus envie que d'une chose : rentrer à la maison avec maman. Je ne voulais plus passer une autre nuit loin de ma famille. J'avais envie d'être dans mon lit, de dormir à côté de ma sœur et d'entendre la respiration rassurante de papa et maman au bout de la pièce. Quoiqu'il arrive, nous ne serions pas séparés.

Maman m'avait caché un autre secret. À mon retour de l'hôpital, il m'attendait sur les marches de notre perron arrière, sous les traits de deux enfants qui jouaient dans notre jardin. Elle me les a présentés : Stalina et Volodya Dupak. Stalina, une petite blondinette de quatre ans, est si grassouillette qu'elle en ferait saliver d'envie la sorcière d'*Hansel et Gretel*. Volodya a mon âge. Je le connais de vue, car il est dans la même école que moi. Il m'a saluée très poliment. Et, sachant que je rentrais de l'hôpital, m'a demandé des nouvelles de ma santé.

À l'intérieur, maman m'a prise à part et m'a chuchoté à l'oreille : « Les draps de Babshia et Dzadzio n'étaient pas encore secs qu'ils se sont installés chez eux. Leur père travaille pour le NKVD. » J'ai lu la suite de ses pensées dans son regard : « Dieu sait si ce n'est pas lui qui a fait déporter Dzadzio… »

Je m'étais préparée au grand vide qui m'attendrait à la maison, sans mes grands-parents. Leur présence, leurs voix et leurs rires, ainsi que les bonnes odeurs échappées de la cuisine de Babshia avaient toujours fait partie intégrante de mon univers. Je croyais que même s'ils n'étaient plus là, je sentirais encore les traces de leur présence. Mais la porte qui séparait les deux moitiés de la maison et restait jadis ouverte toute la journée s'était maintenant refermée. Je frémis en songeant que le NKVD dormait dans le lit de mes grands-parents.

Malgré tout cela, je suis soulagée d'être rentrée chez moi. Quand j'ai fait la connaissance de M. Dupak, un gros monsieur blond au visage pâle surmonté d'un crâne légèrement dégarni, il m'a gratifiée d'un sourire aimable. Et nous sommes tous aussi aimables avec lui. Les Dupak incarnent la famille communiste idéale. Grands gagnants de la politique expansionniste soviétique, ils sont persuadés d'apporter aux gens de Zolkiew une vie meilleure. M. Dupak part tôt le matin et ne rentre que tard le soir. Sa femme reste seule à la maison, et nous avons essentiellement des rapports avec les enfants. Tout ce qu'ils savent de la guerre, c'est que leur père est un homme puissant et que tous les enfants du village sont très gentils avec eux. Nous restons toutefois sur nos gardes. Jusqu'à présent, nous n'avions jamais songé à baisser la voix quand nous discutions entre nous. Maintenant, nous chuchotons plus que nous ne parlons.

À la mi-juin 1940, nous recevons enfin une lettre de tante Rosa. Voilà près de deux mois que nous attendions des nouvelles et maintenant, maman redoute de décacheter l'enveloppe. Les premières lignes apaisent nos pires craintes : ils ont tous survécu au voyage. Ils sont au Kazakhstan, quelque part dans l'immense désert d'Asie centrale, bien plus près de la Chine que de chez nous. Très loin de la guerre, en tout cas, à ce que nous dit Rosa. C'est un endroit isolé, qui paraît suspendu dans le temps, où l'on voit encore passer les caravanes de chameaux qui acheminent des marchandises d'une ville à l'autre. Nous sommes tous soulagés, et nous voulons croire que Rosa et les siens sont en sécurité, à des milliers de kilomètres de la guerre. Mais, poursuit ma tante, dès leur descente du train, on leur a donné l'ordre de trouver du travail. Or, il n'y avait pas de travail au Kazakhstan. Et ils ont bien failli mourir de faim avant qu'oncle Manek ne trouve enfin un emploi à Aktioubinsk, dans une huilerie qui avait désespérément besoin de spécialistes. Ils se sont donc établis dans cette ville isolée et inconnue, prêts à repartir de zéro. Rosa est surtout heureuse qu'ils soient tous ensemble : ils ont un toit, de quoi manger et ils survivront en famille. Si seulement sa lettre avait pu s'arrêter là…

Maman continue de lire mais au paragraphe suivant, un rictus lui crispe le visage. Rosa nous raconte que son fils Wilek avait lui aussi trouvé un emploi dans une usine. Comme il redoutait d'aller au travail sans salopette digne de ce nom, elle lui avait promis de lui en acheter une avant qu'il ne se présente à son poste. Mais dès la première heure de son premier jour de travail, sa ceinture s'est prise dans les rouages d'une énorme machine. Il a été entraîné dans le ventre de la machine, avalé comme par une bête sauvage. Son corps a été tellement déchiqueté que ses parents n'ont même pas pu l'enterrer selon les rites. Il n'avait que dix-neuf ans. Depuis que Rosa et sa famille étaient venus vivre à la maison en 1939, Wilek avait été comme un grand frère pour moi. Un grand frère tendre et protecteur. Maman pleure sur le malheur qui a frappé sa sœur et pleure encore plus sur la perte de son neveu. Quand elle nous a regardées, Mania et moi, je sais qu'elle n'a pu s'empêcher de remercier le Seigneur que ce ne soit pas à l'une de ses filles que cela était arrivé.

Tandis que l'été s'efface devant l'automne, je ne compte plus tout ce qui a changé dans notre vie sous ce régime de grisaille. Les cloches des églises ne sonnent plus. L'Aigle ne projette plus de films d'Hollywood. Les patriotes polonais dont nous étudiions l'histoire avant l'occupation sont devenus des criminels. Les gens ont peur d'aller à la synagogue et papa veille à ne pas se faire remarquer quand il traverse la rue pour aller réciter les prières chez les Melman. Notre usine d'huile végétale, qui était dans la famille depuis cinq générations, a été reprise par les Russes et papa est maintenant simple employé. Personne ne parle plus de rien en public. Les bonnes sœurs du couvent ont troqué leur habit brun pour de longues jupes. L'uniforme scolaire est obligatoire. La viande casher est livrée clandestinement de nuit. À l'exception de la presse communiste, tous les journaux ont cessé de paraître. Maman achète un stock invraisemblable de chaussettes de laine et de sous-vêtements. Les poches sous les yeux de papa sont plus violettes que jamais. Pour le dîner de shabbat, maman tire les rideaux avant que nous ne passions à table.

Je fais semblant d'être une bonne petite communiste. Je vis en permanence avec la peur au ventre. Mais le plus grand changement, ce sont les absences prolongées de maman. Elle a pratiquement disparu de notre vie. Presque tous les jours, elle prend l'autocar pour Lvov et écume les bureaux de tous les commissaires, cadres du parti et politiciens qu'elle trouve, pour avoir des nouvelles de son père. Elle rentre parfois très tard le soir, et il arrive même qu'elle ne revienne qu'au bout de plusieurs jours, mais elle porte chaque fois un peu plus le poids de la défaite et de l'épuisement sur ses épaules. Ses interlocuteurs prennent l'argent de papa, la bercent de promesses, pour ensuite lui barrer l'entrée de leur bureau. Je sais combien elle aime son père. J'espère que Dzadzio, où qu'il se trouve, sait à quel point sa fille l'aime.

Je sais aussi que papa et maman s'efforcent de nous protéger physiquement, mais aussi moralement. Leurs paroles de réconfort ne pèsent toutefois pas bien lourd face à l'irrésistible percée des nazis en Europe. Il y a deux ans, il ne me serait jamais venu à l'esprit de me demander à quoi pouvait ressembler la guerre, vécue de l'intérieur. J'associais la guerre aux romans de Tolstoï, certainement pas à ma vie. Personne n'aurait pu me convaincre que, malgré les pogroms sporadiques, notre petite ville abritant ses cinq mille Juifs dans un coin de Galicie n'était pas le meilleur des mondes. Pendant sept cents ans, une demi-douzaine de nations et d'empires ont joué avec nous comme un chat avec une pelote de laine, nous brimbalant entre leurs frontières. Nous avions changé de nationalité comme, dans des temps meilleurs, maman changeait de robe. Jusqu'à présent, je croyais naïvement qu'à l'avenir comme par le passé nous nous en tirerions toujours, mais je suis maintenant une autre personne, avec d'autres convictions, d'autres espoirs. Même les petits plaisirs de la vie — la lecture, l'école — ne suffisent plus à apaiser ce tiraillement dans le creux de l'estomac. Malgré les louches d'optimisme dont nous gavent nos parents, mille et une questions se bousculent dans mon esprit. Comment aurais-je pu me plonger dans un roman au moment où Hans Frank, le gouverneur général de Pologne, déclarait : « Je ne demande rien d'autre aux Juifs que de disparaître » ? Qu'était devenu mon grand-père ? Et nous, qu'allions-nous devenir ? Nos musettes vert olive ne suffiraient sans doute pas à nous sauver. Nous sommes pris en étau entre deux grandes puissances qui nous détestent autant l'une que l'autre. Les Russes parce que nous n'adhérons pas à leurs principes communistes, et les nazis à cause de notre religion.

Avant la guerre, quand les adultes se faisaient des messes basses, c'était généralement pour parler d'un cadeau pour l'un d'entre nous ou échanger quelques ragots. Rien de tout cela ne m'intéressait. Maintenant, j'ai envie de savoir exactement ce qu'ils se disent, même si cela doit inviter les démons dans mon sommeil. L'angoisse de ne pas savoir est pire encore. Je grappille des informations, des faits, du concret et du solide, car j'ai besoin de connaître la vérité.

L'an dernier, la France a été envahie, tout comme la Hollande, le Luxembourg et la Belgique. L'Italie et le Japon ont rejoint l'Allemagne pour former les puissances de l'Axe. La Hongrie, la Roumanie et la Slovaquie se sont alliées à l'Allemagne. Et, à Varsovie, à Cracovie et à Lublin, près d'un million de Juifs ont été parqués dans des ghettos. Les Alliés n'ont pas encore lancé la moindre offensive contre les nazis, qui se prévalent de leur invincibilité. Les réfugiés repoussés par leur avancée affluent jour après jour à Zolkiew, où il ne reste pratiquement plus de place pour les accueillir. Les récits d'horreur se propagent aussi vite que la peste. Et malgré les apartés de mes parents, je sais.

Seules l'école et la lecture donnent à ma vie un semblant de normalité. Chaque jour ou presque, je fais la tournée des bibliothèques : celles des églises, remarquablement fournies, des écoles, ou encore de diverses institutions privées. Les bonnes sœurs rendues à la vie civile et M. Appel, un vieux bibliothécaire juif, m'attendent et me préparent des titres susceptibles de me plaire. Cette année, je me régale de grands classiques : Victor Hugo, Charles Dickens, et bien entendu des grands romanciers russes, Tolstoï, Tourgueniev, Dostoïevski et Gogol. Je choisis les romans en fonction de leur taille et de leur poids, privilégiant les plus épais et les plus lourds. J'essaie de plus en plus de fuir ce monde par la littérature.

Au printemps 1941, presque un an jour pour jour après sa déportation, je reçois une lettre de mon amie Sonia Maresky. Elle décrit le froid mordant et âpre, et le travail éreintant auquel est astreinte sa famille dans les mines de charbon. En règle générale, explique-t-elle, les ouvriers ne tiennent pas plus d'un an. Je me souviens que la communauté juive de Zolkiew s'était mobilisée pour obtenir l'autorisation de leur envoyer des *matsoth*[16] pour Pessah[17]. Elle termine sa lettre sur une note morbide : « Quand cette guerre sera terminée, seules les fosses communes témoigneront qu'il y eut jadis un peuple qui vivait là. »

Maman continue de remuer ciel et terre pour avoir des nouvelles de son père. Début mai, elle finit par tomber sur Wanda Vachilevski, une commissaire très haut placée au NKVD. Fallait-il qu'elle soit désespérée pour oser s'adresser directement au NKVD ! La commissaire Vachilevski, nous dit-elle, a l'air d'être quelqu'un de bien. Elle était allée droit au but : « Je suis désolée de ce qui vous arrive, mais je vais être franche avec vous : vous devez savoir que seul l'officier qui a ordonné son arrestation peut libérer votre père. Mais j'essaierai. Vous ne saurez si j'ai réussi que s'il revient. » Nous reprenons un peu espoir, mais papa nous met en garde : comment savoir si cette Vachilevski est sincère ou si elle est aussi fourbe que les autres ?

---

16 *Matsoth* : galette de pain azyme, élaborée sans levain, que l'on mange à Pâque.

17 Pessah : la Pâque juive. La fête, qui se déroule sur huit jours, débute le 15 de Nissan (mars-avril). Elle commémore la sortie d'Égypte. Le mot « Pessah » évoque littéralement « le passage » de Dieu, qui épargna les maisons des enfants d'Israël lors de la dixième plaie.

À la mi-juin, nous recevons la visite de M. Ratusinski, un voisin sympathique qui enseignait le polonais au lycée. Il avait été arrêté en essayant de passer clandestinement en Roumanie pour fuir les Soviétiques et il vient d'être libéré de la prison Brigitka de Lvov. Là-bas, nous dit-il, les prisonniers sont placés dans des cellules par ordre alphabétique, et celle de mon grand-père était à deux pas de la sienne. Quel soulagement ! Dzadzio est donc vivant ! Et en plus, il n'est qu'à trente-cinq kilomètres de chez nous ! Nous prions et rendons grâce à Dieu pour sa miséricorde. C'est un miracle ! Maman invite M. Ratusinski à s'asseoir et lui demande de tout nous raconter, jusque dans les moindres détails. Dzadzio avait été transféré à la prison depuis un camp d'internement situé quelque part à l'est du pays. Il a beaucoup maigri, mais il est relativement en forme et il se peut qu'avec un peu de chance il soit bientôt libéré. Maman prend M. Ratusinski dans ses bras, l'étreint comme un frère retrouvé après une trop longue absence, et lui bourre les poches de billets avant de le laisser repartir. Que ce soit par compassion ou par appât du gain, la camarade Vachilevski avait donc réussi !

Le lendemain matin, maman prend le premier autocar pour Lvov. Elle va remercier la commissaire et tenter d'accélérer la libération de son père. Après quelques vérifications d'usage, la camarade Vachilevski lui explique qu'il y a un petit problème administratif mais que tout se passera bien. Ce n'est qu'une affaire de quelques jours. Maman passe le reste de la journée à préparer le retour de Dzadzio, trop heureuse d'avoir enfin de quoi s'occuper les mains et l'esprit. Elle lui nettoie de fond en comble le petit appartement de notre sous-sol, lave et repasse ses vêtements, et troque un peu d'huile contre une poule pour la soupe. En l'aidant au ménage et à la cuisine, je ne pense plus qu'à l'instant où Dzadzio franchira le seuil de la maison. Les mois d'exil et de prison n'auront certainement pas entamé sa haine des Russes, et il sera bien entendu furieux d'apprendre que l'homme qui l'a peut-être expédié vers cet enfer et a déporté sa femme et sa fille habite chez lui, dans ses meubles. Maman redoute sa réaction. Il y a vingt ans, tournant le dos à ses convictions religieuses, il avait pris les armes pour aller se battre contre les Russes. Seule la peur de ce qui pourrait nous arriver s'il laissait exploser sa colère pourrait le rendre à la raison.

Le 21 juin, nous sommes réveillés par un branle-bas de combat chez les voisins : des bruits de pas précipités résonnent sur le plancher, les portes claquent… De notre fenêtre, nous voyons les Dupak charger fiévreusement des cartons et des valises dans un camion de l'armée soviétique, puis madame et les enfants s'engouffrent dans une voiture. Les visages de Stalina et Volodya se découpent dans l'encadrement de la vitre arrière et je suis frappée par leurs regards tout à la fois tristes et terrifiés.

Nous les regardons déménager avec un certain soulagement. Dzadzio ne verra pas sa maison occupée par ses bourreaux et il pourra se réinstaller chez lui. Le camarade Dupak embrasse sa femme et ses enfants, et regarde le camion et la voiture s'éloigner. Puis il vient frapper chez nous et nous annonce qu'il a envoyé sa famille vers l'est et qu'il ne tardera pas à les rejoindre. Hitler a rompu le pacte de non-agression et envahi les territoires polonais occupés par les Soviétiques.

En l'espace de quelques secondes, j'ai totalement changé d'avis sur les Russes : moi qui les craignais tant et leur en voulais d'avoir séparé notre famille, voilà que je les aurais suppliés de rester. L'arrivée des Allemands n'augure rien de bon pour nous. Et cette fois-ci, ce ne serait plus la Wehrmacht qui viendrait se baguenauder en ville pendant quelques jours. Nous ne savons que trop bien à quoi nous attendre, et la perspective nous terrifie. Rosa et les autres réfugiés qui avaient fui vers l'est ont déjà vu l'occupant allemand à l'œuvre. Ce seraient les SS, les déportations et les ghettos. Les provinces annexées par les nazis, derrière la ligne du Bug, sont à moins de soixante kilomètres de Zolkiew. Et à en juger par le climat de panique dans lequel les Russes évacuent leurs familles, personne ne tirera le moindre coup de feu pour nous défendre. Nous sommes abandonnés. Papa envisage un moment de suivre les Soviétiques dans leur retraite. Il va se renseigner, mais revient presque aussitôt : c'est impossible. Il vient d'assister à une scène terrible : Malka et Rosa, deux jeunes femmes juives mariées à des soldats russes, montaient dans des camions, aidées par leurs maris respectifs, mais les femmes russes les ont immédiatement obligées à redescendre.

Papa n'a pas achevé son récit qu'Uchka arrive en trombe chez nous, visiblement paniquée. Oncle Hersch a reçu l'ordre de se présenter aux autorités sur la grand-place. L'armée russe passe de maison en maison pour mobiliser tous les hommes valides de dix-sept à quarante-cinq ans. Ils vont les envoyer directement sur le front. Elle s'étonne que mon père n'ait pas été emmené, lui aussi. Comment se fait-il qu'il ait échappé à la mobilisation générale ? Nous l'ignorons. Peut-être le camarade Dupak a-t-il intercédé en sa faveur. Mania et moi aurions voulu aller faire nos adieux à oncle Hersch sur la grand-place, mais maman nous ordonne de rester bouclées à l'intérieur. Oncle Hersch est à peine plus grand que le fusil qu'on lui a mis entre les mains et, avec ses grands yeux noirs d'enfant et son caractère débonnaire, je le vois mal se battre. En revenant, Uchka nous dit qu'ils ont quitté la ville par la porte donnant sur la colline du Paradis, ainsi nommée par le roi Sobieski qui avait trouvé que c'était le plus bel endroit de la terre. Je me demande ce qu'oncle Hersch a pu ressentir lorsque, marchant avec l'armée qui avait emprisonné son beau-père mais qui combattait l'ennemi nazi, il avait levé les yeux sur les forêts épaisses et sombres où nous pique-niquions presque tous les samedis et où son fils avait fait ses premiers pas. Ces pensées me nouent l'estomac. La malheureuse Uchka s'inquiète pour ses enfants, qui sont tout à la fois tristes et surexcités. À deux ans et quatre ans à peine, Zosia et Zygush ne comprenaient pas trop pourquoi ils agitaient la main en regardant leur père, un visage hébété parmi des centaines d'autres, s'éloigner vers l'oubli. Uchka s'efforce de ne pas leur transmettre son angoisse, mais elle sait que c'était sans doute la dernière fois qu'elle voyait son mari. Nous aurions tellement voulu être fiers d'Hersch qui partait au pas cadencé pour nous protéger et défendre son pays. Mais nous ne pensons qu'aux nazis et à tout ce que ces bruits de bottes impliquent pour notre avenir.

Les Russes ont réquisitionné toutes les voitures, toutes les charrettes et tous les chevaux. Un indescriptible chaos s'est emparé de Zolkiew. Jour après jour, de plus en plus de Russes évacuent la ville. Ils embarquent tout ce qui leur tombe sous la main : des machines à coudre, de la ferraille, du bois, des baignoires, des céréales, du mobilier de bureau. Nous avons l'impression de voir la ville se vider sous nos fenêtres. Le camarade Dupak revient chercher ses affaires, tenant en laisse un berger allemand muselé. Les nazis sont aux portes de Lvov et il est sur le départ. Il nous dit qu'il a été heureux de nous avoir pour voisins et il espère que nous nous reverrons après la guerre. Il salue mon père d'un *dasvidanya* empreint d'émotion et lui serre chaleureusement la main.

Peu après son départ, une vague de panique déferle sur la ville et des plaintes déchirantes s'élèvent des rues. Nous pensons tout d'abord que les nazis sont là, mais nous aurons bientôt le fin mot de l'histoire : avant de partir, les hommes du NKVD ont vidé les prisons et abattu les prisonniers politiques avant de les livrer en pâture à leurs bergers allemands. Les chiens se sont jetés sur les cadavres, leur dévorant le visage. Je n'arrive pas à croire que le camarade Dupak, sous ses airs de monsieur-tout-le-monde, avec son crâne dégarni et son sourire gentil, ait été capable de commettre de telles atrocités. Maman est bouleversée et commence à craindre le pire pour son père. Elle est d'autant plus inquiète que, depuis plusieurs jours, elle n'arrive plus à joindre Wanda Vachilevski. Elle apprendra bientôt que, comme les autres, la commissaire a fui dans le sauve-qui-peut général.

Nous n'avons plus aucun moyen de savoir si Dzadzio a été libéré ni même s'il est vivant. Nous n'osons pas imaginer ce qui a pu lui arriver. Aucun moyen non plus de reprendre contact avec Josek et Giza, qui sont à Lvov depuis un an. Maman n'a d'autre choix qu'attendre. Mais elle est convaincue que son frère fera tout ce qu'il pourra pour retrouver leur père.

Deux semaines plus tard, Josek rentre à Zolkiew avec sa nouvelle épouse Rela, Giza et une partie de sa belle-famille, parmi lesquels Dudio, son beau-frère. Leur mine défaite suffit à nous faire comprendre ce qui est advenu de grand-père, et aussi le sort qui nous attend.

Josek nous raconte l'indescriptible confusion qui régnait à Lvov. L'armée et les commissaires jetaient des civils des trains et les abattaient d'une balle s'ils ne déguerpissaient pas assez vite. Les Russes se sont approprié tous les wagons, camions et voitures de la ville pour fuir vers l'est. Puis la première initiative des SS a été de recruter autant de Juifs que possible pour travailler dans les prisons. Josek s'est porté volontaire, espérant ainsi retrouver Dzadzio.

Il nous raconte cette odeur de mort qui l'a pris à la gorge quand il a pénétré dans la prison Brigitka ; et les cadavres amoncelés dans les couloirs, dans les cellules, dans la cour… À Lvov comme à Zolkiew, les agents du NKVD se sont employés à massacrer et défigurer tous les prisonniers politiques avant de partir, afin que les nazis ne puissent pas les identifier. Ils protégeaient leurs arrières, mais dans le même temps, ils ont laissé filer les vrais criminels, les assassins, les violeurs, les voleurs.

Nous devinons hélas la suite de l'histoire. Après avoir abattu les prisonniers, ils ont lâché les chiens. Et comme ils avaient rasé la barbe des Juifs orthodoxes avant de les jeter dans leurs geôles, il était impossible de distinguer les Juifs des autres. À défaut de retrouver son père dans cet atroce charnier, Josek n'a même pas eu la consolation de pouvoir donner une sépulture décente à un autre Juif. Avec ses collègues d'infortune, il s'est mis à la tâche, emportant les corps dans la cour où les familles éplorées cherchaient désespérément à reconnaître les traits d'un être cher. Il y avait plus de trois mille cadavres. Beaucoup d'enfants, mais aussi des femmes enceintes auxquelles on avait tranché les seins et ouvert le ventre, des religieuses et des prêtres. Fossoyeurs malgré eux, Josek et les autres Juifs ont creusé des fosses communes dans le cimetière ukrainien. Ils y jetaient les corps, les recouvraient de chaux vive puis achevaient de combler les charniers. Mais cette sinistre besogne n'allait pas assez vite pour les nazis, qui leur ont ordonné de laisser les cadavres dans les culs-de-basse-fosse, de les asperger de chaux vive, puis de murer toutes les ouvertures. Les restes de Dzadzio reposent-ils dans une fosse commune ou dans les cachots souterrains de Brigitka ? Nous ne le saurons jamais.

Josek et les siens ne sont rentrés que depuis quelques jours quand nous apprenons que, encouragés par les nazis, les nationalistes ukrainiens ont massacré quatre mille Juifs à Lvov. Intimement convaincus qu'historiquement la Galicie leur revient de droit, ils considèrent les Polonais et les Juifs comme des envahisseurs de leur patrie. De plus, Staline ayant sciemment laissé mourir de faim des millions d'Ukrainiens, les nationalistes se réjouissent du départ des Soviétiques et accueillent les nazis en libérateurs et en alliés. Josek, Rela et les autres ont eu beaucoup de chance de sauver leur peau et d'arriver sans encombre à Zolkiew.

Nous sommes totalement effondrés par ces terribles événements. Au chagrin s'ajoute le pénible sentiment de ne plus avoir la moindre prise sur notre vie. Jour après jour, nous voyons notre horizon s'obscurcir et nous sentons approcher l'orage. Il nous semble que dorénavant plus rien en ce monde n'aura de sens. Pour ne rien arranger, nous apprendrons un peu plus tard que tous les officiers de la génération de Dzadzio qui avaient été emmenés vers l'est et internés en camps de concentration ont été libérés et ont retrouvé leur famille. Les Soviétiques ont fini par comprendre — mais trop tard pour nous — qu'ils étaient trop vieux et trop mal en point pour leur donner du fil à retordre. Si maman n'avait pas remué ciel et terre et dépensé tant d'argent pour tenter de sauver son père, peut-être coulerait-il maintenant des jours heureux au Kazakhstan avec sa femme et le reste de sa famille…

Chapitre 2

SE CACHER À TOUT PRIX

De juillet 1941 à novembre 1942

La terreur et la panique se sont emparées de la ville. Les Juifs construisent toutes sortes d'abris, dans des caves, des doubles cloisons, et jusque dans les moindres recoins secrets des maisons. D'autres cherchent de l'aide auprès des gentils[18]*. D'autres encore pleurent désespérément la mort de leurs proches... Une rumeur prétend que les prisonniers sont asphyxiés au gaz. D'autres disent qu'ils sont électrocutés, brûlés vifs ou fusillés. Une chose est certaine : personne ne revient de cet enfer.*

Je commence à compter les morts.

Wilek, Dzadzio. Les fils de M. Malinovski, un voisin qui vivait à deux pas de chez nous, juste en face de chez M. Melman, ont connu le même sort que Dzadzio. Je sais que ce n'est qu'un début. Les nazis vont arriver à Zolkiew d'un jour à l'autre, et peut-être même d'un instant à l'autre.

---

18 Les gentils : les non-Juifs.

Nous ne mettons plus le nez dehors. Seul papa continue de traverser la rue tous les jours pour aller travailler. Mais lui non plus ne s'aventure pas beaucoup plus loin. Les paysans essaient de faire presser autant de céréales que possible avant l'arrivée des nazis. Papa sait que chaque zloty peut nous sauver la vie et il fait tourner l'huilerie à plein régime jour et nuit. Nous n'avons pas besoin que l'on nous interdise de jouer dans la rue. Malgré le soleil radieux d'été, même Mania reste à l'intérieur, le nez collé à la fenêtre. Je n'arrive plus à me concentrer sur mes livres. Personne n'est d'humeur à bavarder. Maman cuisine. Nous faisons nos lits. C'est à peu près tout ce que nous arrivons à faire. Nous sentons poindre une catastrophe inévitable, mais nous ne pouvons qu'attendre, impuissants. Chaque heure est une éternité lancinante. Notre quotidien ressemble à ces mauvais rêves dans lesquels on essaie de fuir devant une menace invisible, mais pour peu que l'on se mette à courir, le sol nous engloutit les jambes et nos hurlements restent muets. Nous avons les nerfs à fleur de peau. Le soir, je sens Mania frissonner à côté de moi et, à l'autre bout de la pièce, j'entends papa et maman se retourner et gigoter dans leur lit.

À l'aube du 5 juillet, les pétarades d'un cortège de motos nous tirent de notre sommeil agité. Nous courons à la fenêtre et, tels des maréchaux passant leurs troupes en revue, nous assistons à un véritable défilé militaire : une interminable file de camions d'abord, puis des colonnes de soldats qui font trembler le sol sous leurs bottes à chaque pas. C'est à nouveau la Wehrmacht. Papa va aux nouvelles et revient bien vite : comme en 1939, nous raconte-t-il, ils se promènent tranquillement en ville, et prennent des photos du château et des églises comme de simples touristes. Ils distribuent des bonbons aux enfants et des cigarettes aux hommes, et assurent à qui veut l'entendre que nous n'avons aucune raison de nous inquiéter. Pour autant, nous ne nous risquons toujours pas à sortir. Le surlendemain, papa revient en courant de l'usine : la Gestapo et les SS arrivent ! Il a entendu dire que notre grand rabbin, un homme respecté dans toute l'Europe de l'Est pour sa piété et son érudition, est allé les attendre aux portes de la ville, à un kilomètre à peine de chez nous, avec les membres du kahal[19] de Zolkiew. Ils veulent négocier avec les SS et les supplier de nous épargner. Nous attendons le résultat de cette rencontre avec beaucoup d'appréhension. Nous n'avons pas à attendre longtemps : au loin, un crépitement de mitraillettes retentit, à peine plus fort que des bouchons de champagne. Aussitôt, une clameur étouffée s'élève sur la ville — des hurlements, des lamentations à peine audibles, mais qui nous transpercent pourtant jusqu'à la moelle : notre cauchemar a commencé.

Nous apprenons un peu plus tard ce qui s'est passé : le grand rabbin n'a pratiquement pas eu le temps d'ouvrir la bouche que l'officier SS l'a abattu. Les sages du kahal qui l'accompagnaient ont été arrêtés. Parmi eux, le père de Giza Landau. L'officier SS s'est ensuite rendu avec sa Jeep à la synagogue et a ordonné à ses hommes de piller jusqu'au dernier

---

19 Kahal : conseil des notables chargé de la gestion de la communauté.

gramme d'or et d'argent et d'emporter tous les objets de valeur. Une foule de Juifs s'est massée dans les rues et, horrifiée, les a vus embarquer dans leurs camions les poignées des rouleaux de la Torah[20], la précieuse couverture de la Torah brodée de fil d'or, les chandeliers et les plaques d'incrustations des piliers. Pour protester contre cette profanation, les nombreux hassidim et orthodoxes présents ont déchiré leurs vêtements, comme on le fait en signe de deuil. Ils savaient qu'ils auraient mieux fait de se cacher, mais leur foi était plus forte. Quand il ne leur est plus rien resté à voler, les SS ont versé de l'essence dans toute la synagogue, sur les bancs, les rampes, les livres de prière, les Torahs, les talliths[21] et sur tout ce qui pouvait brûler. Puis, ils ont aspergé les murs intérieurs et extérieurs et ont lancé des dizaines de brandons dans l'édifice et ont mitraillé les fenêtres pour alimenter le brasier. Notre *schule*[22] Sobieski s'est enflammée comme une torche. C'était un spectacle atroce : d'immenses flammes léchaient les murs et s'échappaient par les fenêtres. Quand elles ont consumé tout le bois et le papier, elles se sont attaquées aux murs, carbonisant la peinture sans réussir à entamer la pierre. Un SS est entré dans une

20 Torah : le livre saint édictant la Loi juive. Il est composé des cinq premiers livres de l'Ancien Testament (la Genèse, l'Exode, le Lévitique, les Nombres, le Deutéronome), que les chrétiens appellent le Pentateuque.

21 Tallith : châle ou manteau de prière orné de franges et brodé de fils d'argent ou d'or.

22 La *schule* : littéralement, le lieu d'étude en yiddish ; désigne la synagogue.

colère noire et a ordonné à ses hommes de jeter sur les braises les Juifs qui se lamentaient pour raviver l'incendie, espérant peut-être que la chair des Juifs suffirait à réduire la brique en cendres. Par chance, à cet instant, un officier de la Wehrmacht passait par là dans sa Mercedes. Il s'est arrêté, frappé d'horreur devant cette scène inhumaine. Il est descendu de voiture et, furieux, a ordonné aux soldats de sortir les Juifs des flammes. Le SS a bien été obligé de laisser faire son supérieur hiérarchique et quelques Juifs ont ainsi pu être sauvés… Mais qui sait pour combien de temps ? D'ailleurs, dès que la Wehrmacht a tourné le dos, les SS ont attisé le feu dans la synagogue, mais les murs leur ont à nouveau résisté.

En d'autres circonstances, on aurait crié au miracle. Mais pour moi, le fait que la *schule* soit encore debout n'a rien d'un miracle. Depuis que cette guerre a commencé, j'attendais secrètement un miracle, un vrai. Je n'ai osé en parler à personne. Ni à mes parents, ni à Mania, ni même à une seule de mes amies. J'ai une telle foi en Dieu, et j'ai prié avec tant de ferveur que c'est rien moins qu'un prodige de dimension biblique que j'attendais. Le meurtre du grand rabbin et l'incendie de notre synagogue ont mis fin à tous mes espoirs : non, décidément, Dieu ne viendra pas à notre secours. J'ai le sentiment que l'Être que je révère tant et vers lequel s'élancent toutes mes prières nous a bel et bien abandonnés. Nous ne sommes plus que tous les quatre — maman, papa, Mania et moi — contre le IIIe Reich.

Les SS ne libéreront les membres du kahal vivants que contre rançon. La nouvelle avait déjà fait le tour de la ville quand ils sont venus nous demander notre obole. Quand maman m'a annoncé la quantité d'or et d'argent qu'ils exigeaient, je n'en revenais pas : je n'aurais jamais cru qu'il puisse y avoir tant d'argent sur cette terre. Maman a donné nos hanoukkias[23], sa bague de fiançailles, des plateaux et des bougeoirs en argent. Puis tous les objets arrachés à chaque famille ont été transportés par brouettes entières jusqu'à notre ancienne mairie, le château de Sobieski, où les SS ont établi leur quartier général. Les fenêtres de leurs bureaux donnent directement sur la fontaine de la Vierge et les deux plus grandes églises de la ville. Mais le caractère sacré de ces monuments les laisse de marbre. Ils ne respectent rien. Ils ont libéré nos sages et les ont nommés d'office au Judenrat[24]. Désormais, ce sont eux qui seront chargés de gérer les affaires de la communauté, mais surtout de veiller à ce que les ordres des SS soient respectés à la lettre.

Les nazis ont placardé tous les murs de la ville d'affichettes. C'est la proclamation des lois raciales, imprimée en caractères gothiques — cette écriture qui nous donne la chair de poule et qui, à elle seule, est devenue une arme de haine. Nous connaissions déjà ces lois par cœur bien avant l'arrivée des nazis : les enfants n'ont plus le droit d'aller à l'école ni au parc. Tous les Juifs sont soumis à un couvre-feu. Nous ne devons plus marcher sur les trottoirs, mais au milieu de la rue. Comme tous les chefs d'entreprise de la ville, mon père s'est fait confisquer son

---

23 Hanoukkia : chandelier à neuf branches utilisé pour la fête de Hanoukka.

24 Judenrat : Conseil juif installé par les nazis dans les ghettos, de manière à n'avoir qu'un seul interlocuteur, et chargé de faire appliquer leurs ordres.

usine par les nazis. Nous devons porter le brassard blanc avec l'étoile juive bleue sur le bras droit[25]. Toute infraction est passible de la peine de mort. Le jour où le port obligatoire du brassard est entré en vigueur, nous avons dû attendre que maman ait fini de les coudre pour quitter la maison. Il lui a fallu plus de deux heures par brassard. Je bouillonnais de colère en voyant ma pauvre mère, d'ordinaire si fière, réduite à confectionner les emblèmes de notre humiliation. Elle en a cousu un pour chacun d'entre nous, mais aussi pour Giza, Josek et pour la malheureuse Uchka qui ne sait pas tenir une aiguille. Comment ma tante va-t-elle bien pouvoir expliquer cela à Zygush et Zosia ?

Il y a quelques jours, l'une de mes meilleures amies, Helena Freymann, a été abattue en pleine rue, juste devant chez elle. Un Polonais, qui connaît sa famille depuis des années et qu'elle saluait toujours d'un sourire quand elle le croisait, l'a dénoncée à un soldat allemand qui ne faisait même pas partie de la SS. L'homme a simplement dégainé son pistolet et lui a tiré dessus, d'un geste aussi naturel que s'il allumait une cigarette. Elle avait oublié son brassard. Cela s'est passé à une rue de chez nous, le lendemain de la proclamation des lois juives. Nous savons maintenant que le Polonais ou l'Ukrainien qui nous livrera ne sera pas forcément un inconnu. Ce sera quelqu'un qui nous connaît. Quelqu'un dont les enfants vont à l'école avec nous, dont le père connaît

---

25 À partir de 1941, les nazis imposèrent le port du brassard à l'étoile bleue aux Juifs du Gouvernement général de Pologne, et de l'étoile jaune à ceux du reste de l'Europe.

nos pères, et dont le grand-père a connu nos grands-pères. Au bout du compte, bien sûr, être trahi par un ennemi ou un ami ne change pas grand-chose. À ceci près que, dans les quelques fractions de seconde qui précèdent la mort par balle, un étrange goût d'amertume doit nous serrer le cœur.

Le commandement allemand promulgue des ordres et des décrets à tour de bras. Il y en a tant qu'il est pratiquement impossible de se tenir à jour. Dans le dernier en date, ils convoquent tous les hommes sur la grand-place pour un examen médical. Les hommes valides sont classés en catégorie A ; ceux qui ne peuvent effectuer que des tâches faciles en catégorie B ; et les malades, les vieux, les handicapés ou les plus fragiles en catégorie C. Maman a supplié papa de glisser quelques billets aux médecins ukrainiens pour se faire inscrire en catégorie C, comme le font beaucoup de nos amis. Mais il a catégoriquement refusé : « Crois-moi, pour les nazis, je ne veux surtout pas être invalide ! » J'ignore encore que cette décision nous sauvera la vie. Nous sommes désormais une race de reclus, et si la situation que nous vivons dans notre chère petite ville a déjà de quoi nous déprimer, les nouvelles des journaux et des stations de radio nazies ne font rien pour nous remonter le moral. Pendant l'été 1941, les nazis ont pris Kiev, Kharkov, Minsk et toute la Crimée, ne rencontrant qu'une très faible résistance soviétique. De la fenêtre de notre salon, cachée derrière les rideaux, je regarde de jeunes garçons juifs de mon âge, voire plus jeunes, descendre la rue en poussant à grand-peine des carrioles et des brouettes chargées à ras bord de pierres broyées. Ce soir-là, papa nous raconte que ce sont des stèles du cimetière juif qui ont été concassées pour paver les routes en prévision de l'arrivée des blindés allemands. Certaines de ces stèles avaient plus de trois cents ans. Ils ont même détruit la toute première pierre tombale, celle que Jean Sobieski avait offerte aux Juifs de Zolkiew. Cette profanation est d'autant plus douloureuse que le devoir premier d'une communauté juive est de trouver un sol consacré pour enterrer ses morts. Nous sommes tenus de créer un cimetière avant même de construire des écoles, un *mikveh*[26] ou même une synagogue. Nous avons plusieurs dizaines de parents qui reposent sous cette terre. Maman est inconsolable.

Nous sommes bien conscients que nous ne recevrons plus de lettre de Rosa et de Babshia, mais du moins avons-nous la consolation de les savoir en sécurité, loin du fracas de la guerre. Uchka n'ose plus espérer de lettre de son mari. Jour après jour, les enfants la pressent de questions : « Quand va-t-il rentrer ? Pourquoi ne nous écrit-il pas ? » Zygush est trop petit pour comprendre, mais assez grand pour tarabuster sa mère. Le plus triste, c'est quand il arrête.

Aujourd'hui, tous les hommes dont le nom de famille commence par S sont convoqués sur la grand-place. Au moment où papa s'apprête à y aller, un soldat se présente chez nous et lui ordonne de

26 *Mikveh* : bain rituel pour la purification des femmes avant le mariage, et après les périodes de menstruation ou l'accouchement. C'est l'un des lieux centraux de la vie communautaire juive, avec la synagogue et l'école religieuse.

le suivre à la mairie. Nous sommes terrifiées. C'est à peine si nous osons respirer en attendant son retour. À notre grand soulagement il reparaît enfin : les autorités lui ont demandé de continuer à faire tourner l'usine, mais sans salaire, naturellement. Ce n'est pas une proposition mais un ordre. Il prend à peine le temps de nous annoncer la nouvelle et file à l'huilerie, où les ouvriers l'accueillent à grand renfort de poignées de main et de tapes dans le dos. Ils étaient perdus sans lui et ne parvenaient pas à faire correctement fonctionner l'entreprise. Ils avaient surtout peur que les SS ne les prennent pour des incapables et les fusillent sur-le-champ. C'est pour cela qu'ils ont tous signé la pétition réclamant son retour. L'important, nous explique papa, c'est que les nazis ont besoin d'huile ; tout comme la police et les SS. Avec un peu de chance, son travail nous laissera un peu plus de temps pour trouver une solution.

M. Melman et M. Patrontasch ont eux aussi échappé à la conscription pour travailler à l'usine. Papa et ses deux anciens associés ont lancé ensemble un petit commerce d'huile de contrebande. Papa et M. Melman font tourner les pressoirs à plein régime plusieurs nuits par semaine, tandis que M. Patrontasch établit des contacts avec les réseaux de marché noir. La rumeur n'a pas tardé à se propager auprès des paysans. Ceux qui apportaient leurs céréales à l'usine depuis des générations viennent désormais faire presser de nuit. Ils paient avec des sacs de pommes de terre, des œufs, du fromage, des oignons, et tout ce qui peut trouver preneur sur le marché noir. Les Russes ont facilité la tâche à papa en déplaçant une partie de l'usine de notre côté de la rue, à six maisons à peine de chez nous : le soir, il sort par la porte arrière et coupe par les jardins, sans risquer de se faire repérer.

Uchka, qui n'a pratiquement plus remis le nez dehors depuis que le port du brassard est obligatoire, arrive chez nous en larmes. Elle pleure tant que nous comprenons immédiatement qu'il est arrivé quelque chose à Hersch. Entre deux sanglots, elle nous raconte qu'un paysan d'un petit village qui apporte son grain au pressoir de mon père a entendu dire qu'Hersch Leib a été tué quelques jours à peine après son départ de Zolkiew. Son unité se dirigeait vers Tarnopol quand elle a été décimée par des bombardiers allemands. Sans ce paysan, nous n'aurions jamais rien su. Sur leur photo de fiançailles, Uchka et Hersch partagent la même expression rêveuse, le même sourire aux lèvres, les mêmes yeux noirs perdus dans le lointain. Ils n'étaient mariés que depuis quelques années. Zygush me rappelle beaucoup Hersch quand il fronce les sourcils, en s'efforçant d'imaginer ce monde inconnu dans lequel il n'aura plus de père.

Je réalise peu à peu que lorsque nous perdons un être cher, ce n'est pas tant sa mort que nous pleurons, que cette part de nous-même qui s'en va avec lui. Dans la tradition hassidique, on récite le kaddish[27] des morts pendant les onze mois prescrits par la Loi

---

27 Kaddish : prière en langue araméenne que l'on récite à la fin des passages importants de la liturgie synagogale.

pour aider l'âme des défunts à se détacher de tous ceux qu'ils ont laissés derrière eux, à se consoler de tout ce qu'ils n'ont pas eu le temps de dire et de faire, à éteindre l'étincelle de leurs péchés qui brûle encore. Seule la récitation du kaddish pendant ces onze mois peut les assurer que nous les aimons et nous les révérons suffisamment pour libérer leur âme et leur permettre de monter au ciel.

Nous sommes tous en état de choc. Avec Hersch Leib, c'est le troisième membre de notre famille que nous perdons et nous savons que d'autres suivront. Uchka est effondrée, mais elle affronte le malheur avec courage. Sans mari et avec deux enfants en bas âge à nourrir, elle doit trouver le moyen de gagner sa vie. Elle emprunte un peu d'argent à mon père pour ouvrir un commerce de vêtements d'occasion. Elle vendra des vêtements juifs aux gentils.

Vers la fin de l'été, nous commençons à sortir de notre engourdissement. Uchka s'est forgée une telle réputation que les femmes viennent désormais des villes voisines pour faire leurs emplettes chez elle. Mania et moi n'avons jamais passé autant de temps ensemble, mais nous sortons rarement par la porte donnant sur la rue. Comme papa, nous nous déplaçons de jardin en jardin, franchissant des clôtures dont nous avons décloué quelques lattes pour nous ménager un passage. Nous allons soit chez mon amie Genya, soit à l'orphelinat, où nous jouons avec les enfants. Je dévore tous les livres qui me tombent sous la main.

Malgré notre situation désespérée, je suis bien consciente que nous sommes privilégiés : nous sommes tous ensemble, nous avons de quoi manger et nous vivons dans une ville riche. Les sages du Jundenrat ont conclu un accord avec le commandant de la SS de Lvov : un samedi par mois, il vient chercher son tribut à Zolkiew. De l'or, des pièces de monnaie, des lingots, de l'argenterie de famille, des montres, des étoffes, des fourrures, du bois de chauffe, des vêtements, des timbres, des œuvres d'art, des livres rares. D'un mois sur l'autre, nous trouvons tant bien que mal de quoi acheter notre survie. D'autres n'ont pas cette chance. Tous les villages environnants se vident les uns après les autres ; quand ils ne sont pas massacrés, les habitants sont envoyés dans les ghettos de Lublin ou de Lvov. Nous savons que notre sécurité ne tient qu'à un fil. Nous sommes dans l'œil du cyclone.

Cet automne, la rentrée scolaire ne nous concerne pas. Maman tient toutefois à ce que nous poursuivions nos études et elle organise une école clandestine pour les six fillettes du quartier : Mania, moi, et mes amies Giza, Genya, Klara et Lipka. Par souci de sécurité, nous nous retrouvons chaque jour dans une maison différente. Nous étudions l'hébreu avec Gershon Taffet, les mathématiques avec un célèbre professeur d'université de Varsovie venu se réfugier à Zolkiew. Nous avons même des cours de latin. Nous n'avons jamais mis plus de zèle à étudier que durant tous ces mois.

L'entrée en guerre des États-Unis en décembre 1941, après l'attaque de Pearl Harbor, a fait souffler un vent d'optimisme — mais il a tôt fait de retomber. Car l'engagement américain ne change rien pour nous, à Zolkiew. En février 1942, plus personne n'a de quoi soudoyer les SS. Le commandant a saigné la communauté aux quatre veines. Le 25 mars, tous les hommes inscrits en catégorie C et leurs familles ont été conduits à la gare comme un vulgaire troupeau de cochons. Des wagons à bestiaux les attendaient. Les nazis les expédiaient dans les camps. Maman a tout vu. Ceux qui n'avançaient pas assez vite étaient abattus sur place. Les rues étaient rouges de sang. Quand ils sont passés par la rue du Chemin-de-Fer, le quartier le plus huppé de la ville, l'épouse du chef de la Gestapo a couru à son balcon et, s'arrachant les cheveux, a hurlé : « Qui va payer pour tout ça ? Qui va payer ? » Elle savait qu'un jour, l'heure du Jugement viendrait. Ce convoi a emporté au moins une douzaine de mes amies et camarades d'école. Laquelle pleurer la première ? Comment les pleurer ? Je ne sais plus par quel bout prendre ce chagrin qui me submerge.

Tôt ou tard, nous finirons tous par suivre le même chemin que les catégories C. Qu'est-ce qui les attend au bout de la ligne ? Nous ne le savons pas exactement. Personne ne sait où ce train les emmène. Quelqu'un a payé des paysans pour le suivre. Ils reviennent au bout de quelques jours et nous apprennent que le convoi s'est arrêté près de Belzec, où les nazis ont construit un camp en pleine forêt. Ils n'ont pas pu approcher de trop près, car il y avait trop de soldats en faction. Ils étaient encore à plusieurs kilomètres, et ils ont senti l'odeur âcre et fétide de la chair humaine qui brûlait.

Nous n'avons plus aucune illusion. Toutes les familles que nous connaissons cherchent par tous les moyens à fuir Zolkiew. Certaines se font établir à prix d'or de faux papiers ; d'autres essayent de passer en Roumanie ou en Hongrie, les deux derniers pays voisins qui ne sont pas encore envahis par les nazis. Nous continuons à vivre au jour le jour, mais nous savons que notre temps est compté. L'huilerie ne nous sauvera pas éternellement. De nous tous, c'est Mania qui exprime le plus ses inquiétudes. Elle ne lâche plus papa et maman. Elle les harcèle, ne leur donnant aucun répit : « Papa, papa, je t'en supplie, attends… Écoute-moi. Nous devons absolument nous cacher. Papa, s'il te plaît, dis-moi que nous allons partir d'ici. »

Mon pauvre père remue ciel et terre pour trouver des papiers, chercher un abri ou organiser notre fuite, mais en vain. À chaque supplique de Mania, la douleur lui creuse un peu plus le visage.

« Mania, arrête ! Ça suffit !

— Tu as trouvé quelque chose ? Alors, tu as trouvé ? Je t'en prie, dis-moi simplement que nous allons partir.

— Je fais tout ce que je peux.

— Qu'est-ce que ça veut dire, papa ? Ça veut dire que nous allons partir ou que nous allons mourir en attendant que tu trouves ? »

Chaque soir, elle épie son retour, portant sur lui un regard lourd d'attentes et d'espoir. À chaque fois que quelqu'un réussit à passer la frontière, elle s'empresse d'aller annoncer la nouvelle à papa et maman. Ce n'est pas une information. C'est une accusation.

Il faut une fortune pour se cacher, fuir, ou obtenir de faux papiers. Je ne sais pas combien d'argent il nous reste, mais je sais que grâce au marché noir nos trois familles sont riches. Les Melman et les Patrontasch mettent tout leur argent de côté. Mais papa n'a pas le temps de gagner trois sous que maman les a déjà dilapidés : elle dépense tout en nourriture, car elle a ouvert une soupe populaire pour les réfugiés et les Juifs plus pauvres que nous qui ont déjà épuisé toutes leurs économies. La disette règne en maître sur la ville. Le Judenrat gère déjà une soupe populaire, mais maman estime qu'il ne peut pas nourrir tout le monde et a décidé d'accueillir elle aussi des malheureux. Elle a ressorti l'énorme lessiveuse, presque aussi grosse que notre cuisinière, dans laquelle nous faisions bouillir et blanchir les draps. Et tous les jours, elle la remplit de gruau de sarrasin récupéré à l'huilerie, et de tout ce qui peut encore lui tomber sous la main en ces temps de pénurie et, quand la soupe est prête, elle la sort sur le perron de notre jardin, où des gens affamés font déjà la queue depuis des heures. En haut des marches, Mania et moi remplissons les pauvres assiettes que nous tendent des mains tremblantes et trop tôt décharnées.

Mme Mandlova, l'une des plus proches amies de maman, s'affole en voyant la foule qui se presse derrière chez nous. « Salka, tu finiras par te faire repérer par la Gestapo ! »

Il en faudrait davantage pour que maman se laisse abattre. « Si Dieu veut m'ôter la vie parce que je nourris ceux qui ont faim, eh bien, qu'il ne se gêne pas ! »

Mon père l'a suppliée, s'est mis en colère, a tenté de la raisonner, mais elle ne veut rien entendre. Elle est aussi têtue que Dzadzio, même si elle refuse d'en convenir.

Mania et moi passons maintenant tout notre temps à aider d'autres Juifs. L'école est un luxe depuis le départ des catégories C. Nous sommes en guerre et nous ne pouvons pas rester les bras croisés, bien au chaud dans notre maison, pendant que d'autres Juifs souffrent. Entre l'hiver et le printemps, les convois n'ont cessé de se multiplier. Bientôt, c'est un train par jour qui passe à Zolkiew sur la ligne Lvov-Lublin. Après chaque passage, nous voyons errer en ville des « sauterelles » — des fugitifs qui se sont jetés des trains en marche. Des adolescents patrouillent les voies ferrées près de la gare pour secourir ceux qui se sont blessés en sautant. Ils repèrent les plus mal en point, qui ont parfois des fractures ouvertes, et les conduisent chez Pepka Fisch. Hélas, beaucoup n'ont pas survécu à leur chute ; des familles entières ont été dispersées sur des centaines de mètres, et l'on retrouve parfois des bébés qui s'accrochent en pleurant au corps sans vie de leur mère.

Pepka a recruté une armée de jeunes filles pour l'aider à soigner les blessés. Depuis quelque temps, Mania et moi faisons partie de son équipe. J'ai appris beaucoup de choses lors de mon séjour à l'hôpital, l'an dernier. Dès que j'ai pu sortir de mon lit, je me suis promenée dans tous les services, suivant les infirmières et les observant. Du coup, quand j'ai commencé à travailler aux côtés de Pepka, j'étais beaucoup moins impressionnable que beaucoup d'autres filles. Elle m'a très vite confié un vrai travail d'infirmière. Les récits des fuyards sont si atroces que nous avons peine à les croire, et même à les comprendre. La vérité est pourtant là, sous mes yeux, nue, ensanglantée, terrifiante. Il paraît qu'il y a un camp d'extermination à Oswiecim[28], une petite ville à moins de cent cinquante kilomètres au nord-ouest de chez nous. Ils ont entendu dire à la radio qu'un million de Juifs ont déjà été tués. Des commandos de la SS massacreraient les Juifs par milliers. Abasourdie, j'écoute ces récits qui tombent de leurs lèvres comme des prophéties en suspens.

Pepka est infatigable et sa réputation dépasse bientôt les limites de notre ville. Certains fugitifs ont choisi de tenter leur chance près de Zolkiew, parce qu'ils ont entendu parler de l'infirmière bossue qui sait aussi bien que n'importe quel médecin remettre des os en place. Nous apprenons à faire des attelles et des pansements et à nettoyer les plaies. Un jour, mon amie Genya Astman arrive en courant à la maison : je dois me rendre chez Pepka de toute urgence. Elle a recueilli Hela Ornstein et sa mère. Hela ! Elle était à l'école avec moi. Elles ont donc réussi à sauter et elles sont vivantes ! Je me précipite aussitôt chez Pepka. Hela ne s'en tire qu'avec quelques contusions et de méchantes égratignures, mais Mme Ornstein est à moitié défigurée. La famille de Genya a accueilli les deux rescapées sous son toit.

Juin 1942. Josek et Rela viennent d'avoir un petit garçon. Le beau Josek, le don Juan de la famille, nous avait déjà surpris en épousant une fille simple avec un gros cœur, et il nous a encore plus surpris l'hiver dernier en nous annonçant que Rela était enceinte.

---

28 Oswiecim : nom polonais d'Auschwitz, où les Allemands ont construit le camp de concentration et d'extermination d'Auschwitz-Birkenau.

Le moment nous paraissait mal choisi. Comment pouvait-on songer à mettre au monde un enfant en ces temps de guerre et d'horreur ? Mais nous nous sommes scrupuleusement abstenus de tout commentaire. Ils ont appelé leur fils Moshele. C'est un magnifique bébé, blond aux yeux bleus, rayonnant de santé. Nous n'avons pas résisté au plaisir de fêter l'événement en famille et, huit jours après la naissance, d'organiser un brit-milah[29] pour circoncire l'enfant, comme le prescrit notre Loi. Pour l'occasion, ma mère avait préparé le dessert traditionnel, un gâteau au miel, censé assurer à l'enfant une vie pleine de douceur. C'était une fête magnifique. Si nous avions su... Si seulement nous avions su ce qui nous attendait, jamais nous n'aurions fait circoncire cet enfant pour faire de lui un vrai Juif. Sans ce stigmate, il aurait aisément pu passer pour un petit Aryen, et il aurait alors été épargné.

Mais pour l'heure, nous sommes tous en adoration devant le bébé et nous ne nous lassons pas de le cajoler, de le prendre dans nos bras et de lui faire des risettes, surtout Mania et moi. Il y a quelque chose dans sa façon de nous regarder qui parvient à nous faire oublier tout le reste. Ses yeux nous disent combien il est heureux d'être dans les bras de quelqu'un qui l'aime, mais dans son bonheur de découvrir le monde, il ne sait rien de l'enfer dans lequel il vient de voir le jour.

Nos perspectives ne sont guère réjouissantes. Papa n'a trouvé personne pour nous aider à fuir la

---

29 Brit-milah : pacte d'alliance de Dieu avec son peuple, scellé par la circoncision rituelle des enfants mâles au huitième jour suivant la naissance.

Pologne ; il cherche maintenant quelqu'un qui veuille bien nous cacher. En attendant, je me réfugie aussi souvent que possible chez mes amies. Giza Landau habite à plusieurs pâtés de maisons de chez nous et ne peut plus venir nous voir, car il est trop dangereux de se promener seule dans la rue. Mais il y a Genya, Libka, Mushka et Klara Letzer dans le voisinage, et elles sont encore vivantes. Un jour, chez Genya, nous nous sommes rendu compte que nous sommes les dernières du petit groupe d'inséparables que nous formions autrefois. Nous avons déjà perdu tant d'amies ! Nous en sommes à nous demander laquelle d'entre nous sera la prochaine sur la liste. En évoquant le souvenir de nos amies disparues, nous étions surtout tristes de pas avoir la moindre photo pour immortaliser tous ces moments que nous avons vécus ensemble. C'est là que nous avons décidé d'aller toutes ensemble chez le photographe, M. Domanski. S'il pouvait nous faire quelques portraits de groupe, nous garderions au moins une trace de notre amitié. Et nous avons envie que cette trace survive à la guerre, même si nous sommes condamnées à mourir. Mais le jour du grand rendez-vous, j'étais à peine sortie de chez moi que, dans la rue, un garçon m'a traitée de « sale Juive ». J'en étais tellement retournée que j'ai aussitôt fait demi-tour pour me réfugier à la maison, en refermant bien la porte derrière moi. Quelques jours plus tard, quand nous sommes enfin allées nous faire photographier, Mania nous a suivies. Elle n'aurait manqué cela pour rien au monde, et elle tenait à avoir, elle aussi, ce qui serait peut-être notre dernière photo. Nous avons choisi de ne pas nous habiller trop élégamment, mais nous avons tout de même pris soin de nous faire de belles tresses. M. Domanski a pris une photo de groupe ainsi que des portraits individuels de chacune d'entre nous. Le lendemain, les tirages étaient prêts. En regardant ma photo, je n'ai pu réprimer un petit cri de stupeur. J'essayais de sourire, mais je ne souriais pas. C'est la seule photo de moi où je ne souris pas. En rentrant chez Genya, nous avons échangé nos portraits, en inscrivant notre nom et la date au dos. Nous avons bien pensé écrire sur chacune un petit mot aussi, mais à quoi bon ?

Papa a contacté presque tous les gens de confiance qu'il connaît à Zolkiew, mais personne ne veut prendre le risque de nous cacher. Les Melman et les Patrontasch sont dans une situation tout aussi désespérée. Eux aussi ont épuisé toutes les possibilités. Faute de mieux, tous trois décident d'aménager un abri provisoire sous la maison des Melman. C'est la plus grande de nos trois maisons et en nous serrant un peu, nous devrions tous y passer. Il n'y a pas de cave, et il faudra donc se contenter du vide sanitaire. M. Patrontasch qui est excellent menuisier, a découpé une trappe d'accès dans le parquet de la chambre. Une fois refermée, elle est aussi invisible que le couvercle d'un coffret chinois. Mais le vide sanitaire n'est pas assez haut de plafond pour permettre à des adultes de s'y glisser. Avec Mania, Igo Melman et Klarunia Patrontasch qui ont tous les deux huit ans, nous sommes désignés pour aller ramper dans ce minuscule espace, avec une mission bien précise : nous devrons dégager un passage vers l'autre extrémité de la maison, où nous pourrons ensuite creuser une cave assez grande pour accueillir nos trois familles.

Nous sommes en plein été et il fait une chaleur étouffante sous la terre. L'espace n'est pas ventilé et nous travaillons tous les quatre en petite culotte. Cela n'a rien d'extraordinaire pour Mania et les autres enfants, car en été ils se promènent presque toujours à demi-nus à la maison et au jardin, mais moi qui suis d'une pudeur maladive, je n'ai jamais osé enlever ma robe. Mais maintenant, dans la touffeur de ce souterrain, je n'ai plus le choix. Je me console en me disant qu'il fait tellement noir là-dessous que personne ne me voit !

Nous avons creusé pendant deux semaines d'affilée, d'abord avec les mains, comme des petits chiens déterrant leur os, puis avec des casseroles, des poêles et des pelles. J'ai les mains aussi calleuses que les vieux paysans, des ampoules plein les doigts et les paumes, les ongles cassés, de la terre incrustée sous les ongles et jusque dans les replis des lignes de la main. M. Patrontasch nous a donné des consignes très strictes : nous ne pouvons pas sortir la terre de remblai à mesure que nous creusons, et nous devons donc l'étaler uniformément sur toute la surface du vide sanitaire. Nous travaillons à la lumière de lampes à kérosène, qui nous disputent un oxygène déjà raréfié. Par moments, j'ai l'impression d'être à deux doigts de m'évanouir. Les murs de terre semblent parfois se resserrer sur moi pendant que je creuse. Je voudrais que tout ceci ne soit qu'un mauvais rêve, et j'aimerais me réveiller sous la brise fraîche et parfumée d'un matin d'été qui viendrait caresser mes draps et mon oreiller. Mais je ne suis pas dans une maison de poupée et je ne suis plus une enfant.

Nous sommes très fiers de notre travail, mais cet endroit nous glace le sang. Le bunker fait trois mètres sur trois et un mètre cinquante de haut. Il y a juste assez de place pour nous dix, allongés côte à côte. Au cas où quelqu'un découvrirait un jour la trappe de la chambre et aurait la mauvaise idée de pénétrer dans le vide sanitaire pour voir si quelqu'un s'y cache, M. Patrontasch a fabriqué un couvercle pour dissimuler notre abri souterrain. Il a d'abord construit un carré de bois, de trois mètres sur trois. Puis il a fixé sur les quatre côtés des planches de trente centimètres de haut. Le couvercle ressemble ainsi à un bac à sable vide. Nous l'avons ensuite rempli de terre et, quand nous avons eu fini, nous l'avons placé pardessus le bunker. Il s'ajustait parfaitement à la pièce. Quand il est bien en place, on ne fait plus la différence entre le couvercle et le sol de terre battue. Nous avons construit un tombeau. À l'intérieur, nous avons mis des allumettes, des bougies et de l'eau.

Le temps nous est compté. Certains soirs, papa est au bord des larmes en rentrant du travail. Il panique en voyant maman continuer à dépenser sans compter pour sa soupe populaire. Dans notre lit, Mania et moi les entendons se disputer. Ce sont toujours les mêmes récriminations qui reviennent, les mêmes disputes, nourries de désespoir plus que de colère. Ils n'échangent aucune parole méchante, ni même blessante ; je n'ai jamais entendu la voix de papa trembler comme cela. Il s'inquiète pour notre avenir et veut avoir les moyens de nous sauver la vie.

« Salka, Salka, tu es en train de me tuer. Je n'ai pas le temps de gagner cet argent que tu as déjà tout dépensé. Et plus !

— Parce que d'après toi, nous devrions manger pendant que d'autres meurent de faim ?

— Le Judenrat a déjà une soupe populaire.

— Tu sais très bien qu'ils n'en ont pas assez pour tout le monde. Ils font ce qu'ils peuvent, mais leur soupe ressemble à de l'eau. Tu serais heureux si Clara et Mania n'avaient qu'un bol de bouillon clair à se mettre dans l'estomac tous les jours ? Et tu as pensé à ces dizaines de familles qui sont trop fières pour demander la charité ou aller à la soupe populaire ? Eux aussi devraient mourir de faim ?... Pourquoi ils n'y vont pas ? Parce que les hommes préféreraient voir leurs enfants mourir qu'accepter la charité. Allons, ne pleure pas ton argent, tu en gagneras d'autre !

— Salka !

— Il n'y a pas de Salka qui tienne ! Si Dieu veut m'enlever la vie parce que je donne à manger aux pauvres, eh bien, qu'il ose ! Je le mets au défi ! »

Dans ces moments de fureur, elle frôlait le sacrilège, mais c'était sa formule magique pour couper court aux réflexions et faire taire tous ceux qui l'imploraient de mettre un terme à cette folie.

Papa cesse alors de parler de la soupe populaire et renonce à raisonner maman. Tante Giza, elle, est convaincue que maman est une *tsaddik*[30] et que, grâce à elle, Dieu nous protégera.

Quand ils arrêtent de crier et que le calme revient dans la maison, Mania s'endort enfin et je finis aussi

30 *Tsaddik* : personne pieuse, juste.

par céder au sommeil. Nous sommes installées côte à côte dans la chambre commune. Moi dans mon grand lit d'acajou brun, aussi solide qu'un navire, sous mon édredon de duvet d'oie, si léger qu'il semble flotter comme un nuage quand on le secoue pour faire le lit. Et elle, dans son petit lit d'enfant où, derrières les volutes de fer forgé, elle ressemble à une grosse poupée. Au réveil, nous apercevons toutes les deux les arbres fruitiers du jardin à travers les rideaux de dentelle. Et bien que nous vivions dans un monde différent pendant la journée, le simple fait de dormir l'une à côté de l'autre nous rapproche et les mots deviennent presque superflus entre nous. Comment se fait-il que tout paraisse si normal dans cette maison alors qu'à l'extérieur le monde marche sur la tête ?

Mais ce soir, ma petite sœur ne s'endort pas. Elle a envie de parler.

« J'ai bien réfléchi. Nous devrions aller chez les religieuses. Beaucoup de nos amies y sont déjà.

— Je sais.

— Nous serons en sécurité, insiste-t-elle. Papa et maman veulent que nous soyons en sécurité. »

Mania est capable de prendre des décisions importantes, d'agir sur un coup de tête, de réfléchir par elle-même sur les sujets les plus graves. Moi, je me complais davantage dans ce cocon où papa et maman prennent toutes les grandes décisions pour moi. Je ne remets rien de ce qu'ils disent en question, car je sais qu'ils m'aiment et qu'ils ne veulent que mon bien. Mais désormais, dans ce monde en plein chambardement, papa a l'air dépassé par les événements. Aller chez les religieuses, c'est risquer de les perdre, et pour toujours, peut-être.

« Je ne sais pas. Je ne sais pas si j'ai envie de quitter papa et maman.

— Clara, tout le monde est en train de disparaître. Tout le monde va quelque part. Nous nous faisons massacrer à chaque coin de rue. Nous savons ce qui est arrivé ailleurs ! »

Mania est sincère, franche et directe, comme à son habitude. Si nous choisissons d'aller chez les religieuses, je sais que mes parents ne nous en empêcheront pas. La balle est désormais dans mon camp. Nous restons éveillées un long moment, mais nous ne disons pas grand-chose d'autre. La proposition de Mania me tombe comme un poids sur la poitrine — un poids si lourd, si opprimant, que je cherche ma respiration. Non. Quoi qu'il arrive, il faut que nous soyons ensemble, en famille.

L'été tire à sa fin quand les nazis nous expulsent de chez nous. Nous déménageons chez Uchka, qui vit dans une petite maison avec la tante d'Hersch Leib, une vieille dame qui l'a élevé après le décès de ses parents. Nous avons quitté notre maison sans rien dire ; tout comme nous n'avions rien dit de l'enfant de Josek et Rela. Tout cela est beaucoup trop douloureux pour que nous puissions en parler. Mais nous ne faisons que passer les journées chez Uchka. Le soir, nous allons dormir chez les Melman, avec les Patrontasch. Nous redoublons de prudence, car nous ne savons que trop bien que les nazis préfèrent venir tôt le matin, espérant surprendre leurs victimes au moment où elles sont désorientées et vulnérables.

Durant les mois d'octobre et de novembre, papa a continué de chercher quelqu'un qui accepte de nous cacher. Il est allé voir toutes les familles que nous avons aidées depuis toutes ces années, toutes celles que nous avons employées, tous les paysans à qui nous avons fait crédit et dont nous avons moulu le grain gratuitement dans les moments difficiles. Mais personne ne veut de nous. Nous comprenons les raisons qu'ils avancent, et nous ne les en respectons pas moins. Josek et Rela sont dans la même situation que nous. Nous avons aménagé un bunker dans le sous-sol de l'usine au cas où ils seraient obligés de s'y réfugier. Uchka, elle, a trouvé une famille polonaise, les Skibicki, qui a accepté de l'accueillir avec ses enfants. Eux au moins seront en sécurité. C'est déjà un grand soulagement.

Le bruit court en ville qu'une *akcja*[31] se prépare. Je ne sais pas d'où vient la rumeur ni par qui elle nous est parvenue, mais elle s'est propagée comme une traînée de poudre. Au petit matin du 22 novembre, chez les Melman, les hurlements de M. Patrontasch me réveillent en sursaut :

« Préparez-vous ! Je viens de voir deux camions de la Gestapo et la police juive[32] ! De Lvov ! Ils arrivent par ici ! »

M. Patrontasch est insomniaque et il a encore dû passer la nuit à guetter le moindre mouvement

31 *Akcja* : littéralement, une opération, en polonais. Dans ce contexte, une rafle et, par extension, une déportation de masse ou un massacre.

32 Créée par les Allemands, la police juive était chargée de faire régner l'ordre dans les ghettos.

derrière la fenêtre. Nous avons à peine le temps de nous extraire de notre sommeil et d'enfiler nos chaussures qu'il repart en courant et reparaît presque aussitôt, hors d'haleine. « C'est une *akcja* ! Ils regroupent tout le monde dans la rue ! »

Dehors, les coups de feu se mêlent aux aboiements et aux bruits de bottes des agents de la Gestapo. M. Melman se précipite dans le jardin pour avertir ses amis les Britzwitz, qui habitent juste à côté. Ils sont à table et prennent tranquillement leur petit déjeuner. Eux aussi ont préparé un bunker, mais la Gestapo cogne déjà à leur porte. M. Britzwitz s'adosse puissamment à la porte pour la bloquer en attendant que sa famille ait le temps de se cacher. Puis il laisse entrer les Allemands et s'enfuit en courant dans la rue. La Gestapo l'abat d'une balle dans le dos, mais ses proches sont en sécurité. M. Melman a eu beaucoup de chance de s'en sortir vivant et de réussir à revenir chez lui sans se faire repérer.

Nous n'avons pas le temps de courir au bunker de l'usine. Il faut réagir vite. M. Melman nous guide vers sa chambre à coucher et nous nous glissons tous par la trappe dans le tombeau creusé sous la maison. Il fait nuit noire dans ce souterrain et il y a si peu d'air que nous ne pouvons pas allumer les bougies que nous avons stockées. Je connais ce bunker comme ma poche pour l'avoir creusé, mais c'est la première fois que j'y reste assise sans bouger, dans le noir, avec tant de monde autour de moi. Je ne m'attendais pas à cette promiscuité, à cette obscurité angoissante, à cette odeur de terre humide, à cette atmosphère asphyxiante. Nous sommes dix dans ce minuscule espace, et à mesure que la chaleur de nos corps fait monter la température, je sens la transpiration imbiber mes vêtements, qui bientôt me collent au corps, comme une deuxième peau.

Nous sommes restés là pendant deux jours entiers, sans seau hygiénique, et avec pour toutes réserves quelques quignons de pain et un peu d'eau. Le bunker est si exigu que personne ne peut bouger. L'agitation semble être retombée au dehors. M. Melman et M. Patrontasch se fraient un passage jusqu'à la trappe et vont voir ce qui se passe. Ils reviennent précipitamment. La rafle n'est pas terminée. Les Allemands ont tué un voisin, M. Lockman, qui tentait de s'enfuir. Nous passons une nuit de plus terrés dans notre abri. À l'aube, le plus jeune frère de M. Patrontasch, Laibek, arrive à la maison. Il sait que nous sommes là et nous annonce à mi-voix que tout est fini, que le train est déjà parti. Avant d'oser sortir, nous restons encore une heure dans le bunker, tendant bien l'oreille, pour nous assurer que le danger est vraiment passé.

Un linceul a recouvert la ville. Des charrettes traînant des empilements de cadavres se dirigent vers le cimetière. Tout le monde est en état de choc. Des voisins nous racontent qu'ils ont vu des membres de leur famille s'effondrer sous les balles en essayant de se sauver. D'autres ont été fusillés sur la grand-place simplement parce qu'ils tentaient de se relever alors qu'on leur avait ordonné de rester à genoux. D'autres encore ont été abattus en sautant du train. Ou trahis par les Polonais qu'ils avaient suppliés de leur donner asile.

Tante Rela a perdu sa mère, son père et sa belle-sœur. La sœur cadette de M. Patrontasch, Pepka (celle-là même à qui Josek faisait la cour avant d'épouser Rela), a aussi péri avec son bébé. Elle courait chez un ami polonais qui avait promis de la cacher, mais quand elle est arrivée devant sa porte, il ne l'a pas laissée entrer. M. Taub, un ami de papa, l'a vue, baignant dans une mare de sang. Quand ils ont voulu récupérer son corps, ils ne l'ont pas retrouvé. Mon amie Klara Letzer et sa famille ont été emmenées, mais sa mère et elles ont réussi à sauter du train et à revenir. Son père a été abattu dans sa fuite.

Nous nous estimons heureux d'être encore tous en vie, mais nous ne savons plus trop que faire. Tôt ou tard, les nazis reviendront prendre dans leurs filets tous ceux qui leur ont échappé. Mania lance un regard implorant à papa, mais elle ne trouve plus rien à dire. Les religieuses sont à deux pas d'ici. Nous voyons le clocher de leur couvent d'ici. Mais nous n'avons plus jamais reparlé de nous réfugier chez elles. Notre seul espoir est de trouver une famille polonaise disposée à nous cacher. Autant dire que nous n'avons plus d'espoir : papa a déjà tout essayé.

Nous retournons chez Uchka. Elle a de mauvaises nouvelles : après la rafle, la famille qui devait l'accueillir a pris peur. Mais l'une de ses clientes polonaises d'une ville voisine a proposé de prendre Zosia qu'elle adore et qui, avec ses boucles blondes, pourrait passer pour une petite fille polonaise. Uchka la lui a confiée, mais à la gare la petite hurlait de terreur en voyant sa mère s'éloigner. Ces cris lui arrachaient le cœur et elle s'en voulait de l'abandonner ainsi, mais au moins, sa fille serait en sécurité.

Le lendemain, la dame lui a ramené Zosia. La petite avait pleuré toute la nuit et était inconsolable. Elle réclamait sa mère.

Papa continue de chercher un endroit où nous cacher. Entre-temps, les Allemands ont pris Stalingrad, la ville à laquelle Staline a donné son nom, le symbole par excellence de l'empire soviétique. Papa est convaincu que les Soviétiques ont fait tout ce qu'ils ont pu pour la défendre. Et si même Stalingrad est tombée, dit-il, comment pouvons-nous espérer tenir ?

La Kommandantur publie bientôt un nouvel arrêté : tous les Juifs de Zolkiew doivent avoir rejoint le ghetto avant le 1er décembre. Le 1er décembre ? Ce n'est que dans une semaine ! Et il est hors de question d'aller au ghetto : c'est une souricière, entièrement quadrillée par les Allemands. Nous savons que nous n'en ressortirions jamais. Le surlendemain, nous recevons une visite inattendue chez Uchka. Papa va ouvrir. Sur le perron, un grand bonhomme tortille son chapeau entre ses mains de géant. Il porte un pantalon élimé et une chemise de lin grossier très sale. C'est Pavluk. Son sourire timide disparaît sous une épaisse moustache, caractéristique des paysans ukrainiens. À une certaine époque, Pavluk a fait de la prison pour meurtre. À sa sortie, il cherchait du travail et s'était présenté à l'usine. Papa était allé demander son avis à mon grand-père. Dzadzio n'avait pas hésité une seconde : « Embauche-le. Et je te garantis qu'il t'en sera reconnaissant toute sa vie. »

Dzadzio ne s'était pas trompé. Pavluk est venu dire à papa qu'il veut nous cacher. Papa ne répond pas tout de suite. Il lui prend simplement la main et l'invite à entrer.

« Merci. Tu n'imagines pas ce que cela signifie pour nous. Mais nous ne pouvons pas accepter. »

Maman, Mania et moi n'en revenons pas. Mais pourquoi diable papa refuse-t-il ? Nous nous regardons, interloquées, puis nous tournons toutes les trois vers lui un regard mi-accusateur, mi-interrogateur. Mania, indignée, remue les lèvres, mais se ravise et étouffe sa protestation. Une immense déception voile ses beaux yeux noirs.

« Tu as six enfants, Pavluk, reprend papa d'une voix douce. Et il n'y a que deux chambres, chez toi. Tu n'as pas assez de place pour nous cacher. »

Nous aurions tellement voulu qu'il accepte ! Mais nous savons qu'il a raison. Nous n'avons pas le droit de mettre six enfants en danger. De tous les Polonais et les Ukrainiens que ma famille connaît et a aidés depuis des générations, Pavluk est le seul qui soit venu nous proposer de l'aide.

Pavluk, tout triste, baisse les yeux. Il s'en veut de ne pas avoir pensé à tout cela. « Je veux faire quelque chose, je veux vous aider », marmonne-t-il. Maman est émue par son chagrin. Nous avons déjà caché tous nos objets de valeur dans les doubles cloisons de la cave de nos voisines, les deux sœurs célibataires, mais elle confie à Pavluk deux oreillers de duvet et un édredon de plume, et lui demande de nous les garder.

Notre literie survivrait aux nazis.

Chapitre 3

NOTRE ANGE GARDIEN

De fin novembre à début décembre 1942

Il y a d'atroces tragédies, des tragédies inimaginables… Une pierre en pleurerait, mais hélas, les larmes des Juifs laissent la Gestapo de marbre. Ils tuent aveuglément les malheureux qui sautent des trains en marche, vieux ou jeunes… Sur la grand-place, ils ont fait agenouiller des hommes et des femmes, et ont froidement tiré sur tous ceux qui ont tenté de se relever. Des charrettes convoient les cadavres de tous ces pauvres gens, et d'autres encore, trahis par les gentils.

Plus que quelques jours avant l'ultimatum, et nous n'avons toujours aucune solution. Nous sommes donc condamnés à trouver une place dans le ghetto. Le frère de mon père, David, a déniché un atelier, mais il a six enfants et il n'y a pas de place pour quatre personnes supplémentaires.

Tante Giza et son nouveau mari, Meyer Levin, ont quitté Zolkiew pour la petite ville agricole de Mosty Wielkie. Il y a un camp de travail là-bas, et on dit que l'endroit est sûr. Le commandant allemand de la place, un certain Krupp, protège les Juifs. Il veille à ce qu'ils aient assez à manger et à ce qu'ils mènent une vie aussi normale que possible.

Josek et Rela ont trouvé un appartement dans le ghetto, mais ils avaient peur pour la vie de leur petit Moshele. Par chance, comme le petit a le teint clair et les cheveux blonds comme les blés, Sluka, un paysan polonais, a accepté de le garder moyennant finance. Josek s'est porté volontaire pour travailler dans la police juive, ce qui lui permettra de quitter le ghetto pour aller voir son fils de temps en temps. Uchka et les enfants habiteront avec la tante d'Hersch, qui a trouvé un appartement sur la rue Turiniecka, qui marque la limite du ghetto. Un côté de la rue est dans le ghetto, l'autre dans le quartier polonais et ukrainien. Nous préparons nos baluchons, tandis que papa continue de chercher, désespérément.

En ce début d'hiver, avec la chute des feuilles, la maison d'Uchka a perdu son écrin de verdure. Elle est maintenant exposée à tous les regards. Postée derrière la fenêtre, je vois un camarade d'école, Bolek, arriver dans la rue avec son cheval et une remorque improvisée à partir de planches de récupération. Bolek a un an de plus que moi, mais je connais bien sa sœur, Anka, qui était dans ma classe. Ils sont tous les deux petits pour leur âge, deux petits lutins aux cheveux roux, aux yeux verts et au nez couvert de taches de rousseur. À mon grand étonnement, il arrête son cheval juste en face de chez Uchka. Il met pied à terre et, avec un air de petit monsieur, entre dans la maison le plus naturellement du monde, sans un bonjour, sans même un regard pour moi. Je suis transparente. À deux pas de moi, il soulève un gros coffre d'osier qui contient toutes nos affaires et l'emporte, comme s'il récupérait quelque chose qui lui a toujours appartenu. Il le charge sur sa remorque, déjà bien remplie de commodes, de coffres, de lampes, de malles, de tapis, de lits et de couvertures.

Nous le regardons faire avec résignation. En temps normal, n'importe quel garnement qui se serait permis un dixième de cela aurait pris une bonne fessée. Mais les temps ont changé. Nous avons même peur des enfants. Et celui-ci, pas plus grand qu'un gamin qui viendrait de fêter sa bar-mitsva[33], aurait pu faire de nous ce qu'il voulait. Nous passer à tabac ou nous tuer. Personne n'aurait levé le petit doigt. Sans même m'en rendre compte, je me retrouve dans la rue, à lui courir après. Ma propre voix me surprend quand je m'entends le supplier : « S'il te plaît, Bolek, il y a une boîte en bois avec des photos dedans. Je peux la garder ? » Il hésite, ouvre le coffre et sort la boîte. Il n'a toujours pas desserré les dents, mais il me regarde enfin dans les yeux. C'est une boîte sculptée dans du bouleau de Russie et incrustée de motifs délicats. Il sait qu'elle a beaucoup de valeur. Moi, je me fiche bien de sa valeur. Je veux simplement garder les photos qui prouvent que notre famille a existé un jour, a été heureuse et s'est aimée. Toute notre vie est là-dedans. Les mariages, les brit-milah, les vacances dans les Carpates, les séjours à

---

33 Bar-mitsva : littéralement, « fils du commandement ». Cérémonie par laquelle, à treize ans, le garçon s'engage à accomplir les devoirs prescrits par la Torah, confirmant ainsi sa maturité religieuse.

la campagne, chez Rosa. Et même la photo de nous quatre, en promenade à la colline du Paradis. Il y a des dizaines et des dizaines de photos.

Bolek regarde la boîte comme si elle était restée dans sa famille depuis des générations, et finit par me la tendre. Il repart avec sa carriole, et s'arrête devant la maison suivante. Ce pillage est un affront de plus dans la succession d'humiliations qui a commencé avec les brassards et ne semble pas près de s'arrêter.

Peu après le passage de Bolek, toujours en l'absence de papa, nous recevons une autre visite. Celle de Bachia, une amie polonaise d'Uchka. Nous ne cachons pas notre surprise. Que fait-elle ici ? Elle ne sait donc pas qu'il est très dangereux de se promener toute seule dans les rues, par les temps qui courent ? Sauf urgence ou nécessité absolue, plus personne ne sort, d'ailleurs. Uchka est tellement heureuse de voir une amie qu'elle insiste pour lui offrir le thé… Comme il se doit, la conversation passe rapidement aux sujets de vie et de mort. La maison est si petite que nous entendons chaque mot. Bachia, la voix brisée, parle de toutes les amies juives qu'elle a perdues. S'il arrivait quoi que ce soit à Uchka ou à ses enfants, dit-elle, elle ne s'en consolerait jamais. « J'aimerais tant garder un souvenir de toi. Ta chambre, par exemple… »

Uchka se lève d'un bond et s'étrangle. Elle n'a pas de mots pour crier son indignation. « Sinon, ce sont les nazis qui la prendront… », poursuit Bachia.

Maman et moi voyons Uchka traîner Bachia par le col jusqu'à la porte et la pousser violemment sur les marches du perron.

Maman hurle, en secouant sa sœur par les épaules. « Mais qu'est-ce que tu as fait ? Pourquoi as-tu fait ça ?

— Je dois déjà supporter cela des nazis, mais je ne suis pas obligée de le tolérer de cette moins que rien ! » réplique Uchka en yiddish.

Jamais encore je n'avais vu la peur dans les yeux de maman. Personne n'ose reparler de l'incident. Maman retourne à la cuisine et continue à préparer sa soupe en silence.

En fin d'après-midi, papa revient en courant avec, visiblement, une grande nouvelle. Il parle tellement vite que nous ne comprenons rien à ce qu'il essaie de nous dire. Il s'interrompt pour reprendre haleine et ralentit son débit : Julia Beck et son mari ont accepté de nous cacher, avec les Melman et les Patrontasch. Nous n'en croyons pas nos oreilles ! Les Beck ? Eux ? M. Beck a si mauvaise réputation que nous n'avons même pas songé à leur demander quoi que ce soit. Faut-il accepter ? Peut-on leur faire confiance ? Mes parents réfléchissent, pèsent le pour et le contre… Je n'ai jamais rencontré M. Beck. Tout ce que je sais de lui me vient de bribes de conversations à voix basse que j'ai chipées çà et là. C'est un alcoolique. Un coureur de jupons. Incapable de garder un emploi. Il doit de l'argent à tout le monde et ne rembourse jamais un zloty. Il dit du mal des autres. Et est, paraît-il, antisémite. Pouvons-nous prendre le risque de remettre notre vie entre les mains d'un homme pareil ?

Après mûre réflexion, les adultes décident d'accepter la proposition des Beck. Nous sommes tous bien conscients que nous cacher ne sera qu'un sursis, mais nous n'avons de toute façon aucune alternative et nous avons tous confiance en Julia Beck. Elle était notre femme de ménage, et sa mère travaillait déjà pour ma grand-mère. Elle venait chez nous une ou deux fois par mois, et il lui arrivait de rester trois jours d'affilée, voire plus s'il le fallait, pour laver tout notre linge et battre les tapis. Ce petit bout de femme avait une énergie sans borne. Avec maman, elle faisait bouillir les kilos de draps et de linge dans de grandes lessiveuses, puis les passait dans l'essoreuse, qu'elle faisait tourner à la main. C'était une corvée éprouvante, qui avait crevassé les mains de Julia, déjà torturées par l'arthrite. Maman ne considérait pas Julia comme une bonne, mais davantage comme une aide précieuse que nous avons eu la chance de pouvoir nous offrir pendant de longues années. Maman et elle bavardaient pendant des heures en travaillant, mais, étant dispensée de les aider, je préférais généralement m'éclipser discrètement pour aller lire dans un coin. De toute ma vie, je n'ai jamais dû échanger plus de cinq mots avec Julia, mais aujourd'hui, en sautant au cou de mes parents, j'aimerais tant qu'elle soit là pour pouvoir la serrer dans mes bras, elle aussi. Nous ne l'avons pas revue depuis que nous avons dû nous séparer d'elle après l'arrivée des Russes. Et voilà que cette femme et son mari, un *Volksdeutsch* pur et dur, viennent nous sauver la vie. Pour combien de temps ? Une heure, un jour, ou un mois peut-être. Mais qu'importe ? Car durant cette heure, ce jour ou ce mois, tout peut arriver. Qui sait ? La guerre se terminera peut-être. Ou bien papa aura trouvé des papiers. Il se passera forcément quelque chose. Et pourquoi pas un miracle, même ?

Cette chance a un petit goût amer, car Uchka et les enfants ne sont pas invités à nous rejoindre. Jusqu'à présent, notre chance a toujours été la leur aussi. Si nous étions sauvés, ils le seraient aussi. Et voilà qu'aujourd'hui nous devons soit renoncer à être sauvés, soit les abandonner. Mon Dieu, comment prendre une pareille décision ?... Le cœur gros, je regarde mes petits cousins. Je les aime tant ! Eux, bien sûr, ne comprennent pas. Comment le pourraient-ils ? En toute conscience, nous savons que nous n'avons pas d'autre choix. Ce n'est pas à nous de décider. Nous ne pouvons pas nous cacher avec de si petits enfants. Ils feraient nécessairement du bruit et ils mettraient les Beck en danger, et nous avec. Personne ne fait le moindre commentaire, personne ne proteste. C'est entendu : Uchka et les enfants devront donc aller dans le ghetto. Nous n'y pouvons rien.

Papa nous explique le détail du plan qu'il a mis au point avec les hommes. Nous l'écoutons dans un silence religieux. Nous allons agrandir le bunker que nous avons commencé sous la maison des Melman. En tant que *Volksdeutsch*, Beck peut se faire attribuer la maison qu'il veut. Il est allé voir les autorités allemandes et a demandé celle des Melman. On ne lui a posé aucune question. Trois minutes plus tard, la maison était à lui. C'était aussi simple que cela.

Papa reprend confiance. Il suggère à Beck de faire courir en ville le bruit que nous sommes tous partis au camp de Janowska[34], à Lvov, car nous avons entendu dire qu'il y avait du travail là-bas. Reste à espérer que les autorités ne se doutent de rien, car il leur serait très facile de vérifier s'il dit vrai ou si c'est une ruse.

L'idée même d'échapper au ghetto nous a ragaillardis. En fait, depuis dix-huit mois, nous n'avions plus retrouvé autant d'énergie. Et je suis très fière de mon père. En le regardant préparer avec M. Melman et M. Patrontasch un plan ingénieux pour garantir notre survie, je me sens redevenir une petite fille, la fille de mon père. Je puis à nouveau plonger mon regard dans ses yeux noirs et me sentir protégée et aimée. Le simple fait d'être à nouveau maîtres de notre destin nous rend à tous notre dignité.

L'échéance fatale approche : dans quelques jours, tout le monde devra se présenter au ghetto. L'arrière-rue de chez Uchka est prise d'assaut par des familles qui transportent le peu de choses qu'il leur reste sur des carrioles et défilent devant nous en une lente migration. Leur vie est réduite à ce qu'ils peuvent emporter dans leurs valises. Ils ont tous un visage fermé. Aucun n'ose lever les yeux vers les soldats en uniforme, qui arborent une tête de mort sur le col et semblent être partout.

Ce sont surtout des vieillards qui vont au ghetto. Ils ont choisi d'obtempérer pour donner aux jeunes

---

34 Créé en 1941 par les nazis comme camp de travail forcé pour fournir en main-d'œuvre une usine d'armement allemande, Janowska est devenu dès 1942 un camp de transit vers les camps d'extermination.

une chance de passer dans la clandestinité. Aux portes du ghetto, des parents font leurs adieux à leurs enfants et à leurs petits-enfants, tandis que ceux-ci partent se terrer dans les cachettes qu'ils ont pu trouver. C'est le dernier cadeau de ces vieillards à leurs enfants, leur héritage en quelque sorte : ils les déchargent du fardeau de leur propre vie, qui serait une menace pour la survie des générations suivantes. Ces parents aimés et respectés ne veulent pas compromettre par leur présence la terre promise des bunkers, et se refusent même à manger un précieux croûton de pain qui pourrait être une question de vie ou de mort pour leurs proches. Si leurs enfants doivent se sauver, ils ne seront pas ralentis dans leur fuite par des parents qui pourraient être trop faibles pour marcher. Le pauvre Dzadzio est mort, mais Babshia est vivante quelque part au Kazakhstan et notre famille n'a pas à prendre la terrible décision à laquelle sont acculés les Patrontasch. Tandis que les nazis jouent les fiers-à-bras, pointant leur mitraillette sur des gens sans défense, ils n'ont pas conscience du véritable courage de ces familles qui, les unes après les autres, échangent silencieusement des adieux déchirants. Tout comme nous devrons désormais vivre avec l'ombre d'Uchka et de ses enfants, les Patrontasch vivront avec celle de leurs parents sur la conscience, et M. Melman avec celle de ses demi-frères, Hermann et Gedalo.

Sous le plancher de leur nouvelle maison, les Beck abriteront onze Juifs : nous quatre ; les Melman et leur fils Igo ; les Patrontasch et leur fille Klarunia, et la sœur de M. Patrontasch, Klara, qui, elle, est veuve. Klara et Julia sont des amies très proches et, d'après maman, c'est sûrement Klara qui a convaincu Beck de tous nous accueillir.

J'aime beaucoup Klara, et je suis contente qu'elle soit dans notre groupe. C'est l'une des plus belles femmes que j'aie jamais vue, mais depuis qu'elle a perdu son mari et sa fille, son charme s'est voilé de tristesse. Son mari est mort un an après la naissance de Luncia, leur fille unique. Rien n'était trop beau pour elle dans les magasins de Zolkiew, ni même de Lvov. C'était la petite fille adorable et gentille dont rêverait tout parent. Nous étions amies, mais elle a été emportée par l'épidémie de diphtérie qui a ravagé toute l'Europe de l'Est en 1938. Vers la fin, elle ne parvenait plus à respirer, et Klara a assisté à la lente agonie de sa fille.

Le jour de l'enterrement de Luncia, maman m'avait laissée au lit, car elle craignait que je ne supporte pas de la voir mettre en terre. Mais le cortège est passé devant chez nous et m'a réveillée. J'ai tant insisté pour le suivre que maman a fini par céder, m'autorisant à aller jusqu'à la synagogue. Klara marchait à côté du cercueil de sa fille. Comme Luncia était décédée d'une maladie infectieuse, M. Patrontasch avait dû placer son cercueil de bois dans un autre cercueil, en zinc, celui-là. Klara craignait que sous toutes ces épaisseurs l'âme de Luncia ne parvienne pas à monter au ciel. Elle était entourée de sa famille. Maman et Julia Beck étaient aussi à ses côtés, prêtes à la rattraper au cas où elle s'effondrerait. Je suivais le cortège, aveuglée par les larmes, me laissant guider par la main de maman. Ce n'était pas la première fois que quelqu'un mourait dans mon entourage, mais jamais encore je n'avais perdu quelqu'un de si proche. Tout le monde disait qu'une partie de Klara était déjà morte avec son mari et que ce qui lui restait de vie venait de la quitter avec Luncia.

Klara était aussi l'une des meilleures amies de maman et, après la mort de Luncia, maman ne manquait jamais d'aller la chercher pour sortir en ville ou faire des courses. Pendant des mois, maman m'a ordonné d'aller me cacher chaque fois que Klara arrivait chez nous, car elle craignait que ma simple présence ne lui rappelle trop sa fille.

Il reste encore beaucoup à faire pour rendre le bunker habitable pour onze personnes. Les hommes m'envoient avec Mania, Igo et Klarunia retourner creuser sous terre. Nous nous remettons à l'ouvrage avec encore plus d'ardeur pour dégager le vide sanitaire entre la trappe et notre premier bunker. Il fait froid et humide, et j'ai les doigts tout engourdis mais, au bout de quelques minutes, nous recommençons à transpirer.

M. Patrontasch craint que le plancher de la maison ne s'effondre et nous enterre vivants. Heureusement, papa et les autres hommes ont réponse à tout. Ils abattent un arbre du jardin des Melman, puis fabriquent des étais pour soutenir notre plafond. Papa nous explique comment tailler des étagères dans les murs de terre. M. Melman découpe des tablettes aux dimensions, de sorte que chaque famille ait très exactement la même surface de rangement. Nous descendons de vieilles assiettes en émail et en étain, deux casseroles et une poêle. Personne n'a envie d'apporter des objets de valeur sous terre, sauf

Mme Melman, qui tient absolument à garder son superbe pichet en faïence et quelques autres souvenirs « d'en haut », comme elle le dit. À travers un petit trou percé dans le plancher derrière le lit des Beck, papa fait passer un fil électrique à la cave. Nous aurons de la lumière et un réchaud. Si les soldats viennent perquisitionner la maison, il lui suffira de tirer la prise par le trou. Il a aussi calculé précisément la consommation en électricité de la maison des Melman, saison par saison. Le moment venu, il trafiquera les compteurs électriques pour que les autorités ne se doutent pas que les Beck consomment plus qu'ils ne le devraient. Mania, moi et les autres enfants bourrons des matelas de paille. M. Patrontasch a pris les mesures exactes du bunker et dessine un plan avec les couchettes de chacun.

En bas, nos deux grands ennemis seront les poux et le typhus. Si nous voulons survivre dans cet abri de terre battue, nous devrons rester aussi propres que possible. Pour nous éviter d'attraper des poux, maman nous a coupé les cheveux à Mania et à moi. Nous avions tous les deux une magnifique crinière qui nous retombait jusqu'à la taille. Chaque matin, nous en faisions une longue tresse et nous la brossions consciencieusement tous les soirs, jusqu'à en avoir des crampes dans les bras. Tout le monde avait les larmes aux yeux quand maman a attrapé les ciseaux et a coupé nos tresses. Mais il fallait s'y résoudre, car nos beaux cheveux étaient désormais une menace pour notre survie. Maman a déposé les tresses dans des boîtes à chaussures, les recouvrant de papier de soie comme un enfant aurait enterré un chaton ou un oiseau dans un minuscule cercueil.

Pendant les quelques jours qui suivent, nous attendons la nuit et, quand toutes les lumières aux fenêtres des maisons de la rue se sont éteintes, nous laissons passer une heure avant de déménager petit à petit nos affaires chez les Melman. Beck nous attend sur le seuil, guettant le moindre mouvement dans la rue. Nous le suivons en silence jusqu'à la chambre, nous nous glissons dans le bunker et rangeons nos affaires dans le coin qui nous est réservé. Puis nous remontons par la trappe et repartons à pas de loup chez Uchka, bravant le couvre-feu dans les rues silencieuses et désertes.

Je n'ai jamais vu ce Valentin Beck de ma vie, et voilà que nous nous en remettons entièrement à lui, éperdus de reconnaissance. Il est aussi maigre que Julia. Il n'a qu'une petite quarantaine d'années, mais, avec ses yeux bleus de loup injectés de sang, les veinules violettes qui lui sillonnent les joues et le nez, il fait beaucoup plus vieux. À ses cheveux gris et son petit bouc, je lui trouve un petit air de Don Quichotte.

Avec toute l'agitation de ces derniers jours, je n'ai pas vu venir le moment de la séparation avec Uchka et les enfants. Il fait nuit depuis des heures, mais nous voulons attendre qu'il ne reste plus une seule lumière allumée dans le quartier. Assis en silence, nous pleurons. Depuis qu'Uchka a ouvert son petit commerce de fripes, Mania et moi nous sommes occupées de Zygush et Zosia tous les jours. J'ai l'impression d'être leur mère. Zosia s'accroche à moi. Je n'arrive pas à la regarder dans les yeux sans fondre en larmes et pourtant, je ne peux pas non plus détacher mon regard d'elle. Nous avons tant de chagrin que nous en avons oublié la peur. C'est la seule vie que Zygush et Zosia ont connue. Moi, je peux me raccrocher à des souvenirs. Mais eux ? Que savent-ils de la vie, mis à part la faim et la peur ?

Personne n'a dit qu'il faudrait un miracle pour que nous nous revoyions, ni que c'était peut-être la dernière fois que nous nous embrassions, le dernier au revoir, la dernière fois que je sentirais les mains douces d'Uchka sur ma joue. Mon père écarte une fois de plus le rideau et regarde dehors. Il hoche simplement la tête et se lève. Le moment est venu. Nous desserrons nos étreintes comme des parents quittant un enterrement. En franchissant le seuil, je me retourne. Uchka qui, en des temps meilleurs, avait toujours le sourire aux lèvres, me sourit une fois de plus. Ce sourire, venu du fond du cœur, nous dit qu'elle remercie Dieu de nous avoir donné cette chance.

Papa nous guide à nouveau dans la nuit par les allées dérobées. Une chape de silence est tombée sur le quartier. Pas un murmure, pas une note de musique ne s'échappe par les fenêtres. Avant, j'aimais beaucoup passer un moment dehors, la nuit, quand tous les voisins avaient éteint et que l'immensité du ciel engloutissait mon univers. Il y avait dans le tapis scintillant des nuits étoilées quelque chose de magique qui enflammait mon imagination de petite fille. Mais ce soir, je ne lève même pas la tête. Je ne sais pas si la nuit est noire, étoilée, ou éclairée par la lune. Tout ce que je sens, ce sont les battements affolés de mon cœur et le crissement de mes chaussures sur la terre gelée. Nous n'en finissons pas d'arriver chez les Melman. J'ai le sentiment d'avoir laissé la plus belle époque de ma vie derrière moi, avec Uchka et les enfants. Je n'arrive pas à croire que je viens de les quitter — pour toujours, peut-être.

Beck nous attend à l'arrière de la maison et nous entrons sans un bruit. Il sourit et serre la main de mon père. Sa fille Ala est avec lui. Je l'ai déjà vue, mais je ne la connais pas vraiment. Elle a dix-huit ans et est plutôt jolie et, si elle aussi risque sa vie en cachant des Juifs sous ses pieds, cela ne semble absolument pas la préoccuper. Sous son élégante coiffure brune, elle nous accueille aussi avec le sourire. Julia est là, un peu en retrait. Je suis venue dans cette maison des centaines de fois. Elle est remplie de meubles somptueux et Mme Melman veillait en permanence à ce que le parquet soit ciré jusqu'à ce qu'il brille comme un miroir. Dans la vitrine, sa vaisselle de porcelaine peinte à la main est toujours là, avec son fatras de bibelots — de minuscules poupées, des danseuses, des dalmatiens, des bergères avec leurs moutons, tout un univers de porcelaine qu'elle collectionnait depuis des années. Mais nous ne sommes plus chez les Melman, et je me sens étrangère ici. Les Beck ne sont là que depuis quelques jours, pourtant leur présence emplit déjà la maison. Sans un mot, nous traversons la cuisine et passons dans l'entrée. Seule une lampe perce l'obscurité. Dans la chambre, le grand lit d'acajou a été déplacé et la trappe de M. Patrontasch est ouverte. Les autres sont déjà là. Il ne manque plus que Klara. Elle a accompagné ses parents au ghetto pour les installer avant de nous rejoindre.

Je suis descendue bien des fois dans le bunker. C'est moi qui l'ai construit. Mais ce soir, ce n'est pas pareil. Je ne pense plus à cette terre que j'ai grattée, raclée et pelletée. Je ne pense plus à la promiscuité avec les autres familles. Je ne pense plus à l'absence de vraies toilettes. Je ne pense plus que je n'irai plus à l'école, que je ne verrai plus le soleil, que je ne courrai plus dans les rues. Cette vie est derrière moi. Je ne veux plus qu'une chose : que l'on referme cette trappe sur nous, que l'on déroule le tapis par-dessus et que l'on remette en place le gros lit d'acajou. Je veux être enfermée. Je veux retrouver le sentiment que demain je vais me réveiller sans avoir à me dire que des gens en veulent à ma vie.

Nous rejoignons le bunker à quatre pattes, en file indienne. L'unique ampoule est allumée et les autres sont là, assis sur leurs paillasses, silencieux. Ils s'habituent au silence, à ne prononcer aucune parole inutile. D'ailleurs, de quoi aurions-nous pu parler ?

Maintenant que nous sommes installés, les trois hommes doivent décider s'il faut ou non descendre la Torah avec nous. Dès que les Russes ont envahi Zolkiew, ils l'avaient cachée dans le grenier de M. Melman, bien enveloppée dans une bâche étanche, dans le châssis de bois de la citerne. Depuis trois ans, elle y est toujours.

La présence de la Torah à nos côtés serait pour nous tous d'un grand réconfort, mais le précieux livre sera sans doute plus en sécurité dans sa cachette que dans notre terrier. Cela ne nous empêchera pas de prier, et nous nous consolerons en pensant qu'elle n'est pas très loin. Seul quelqu'un comme mon père, un Juif orthodoxe qui vit sa foi avec ferveur, peut comprendre ce que la présence proche de notre Livre saint peut signifier pour nous.

Dans la lumière pâle de l'ampoule, nous ne sommes plus que des ombres. Recroquevillés sur nos paillasses, nous voulons nous croire en sécurité — ou du moins, nous donner une illusion de sécurité. Mais la peur nous tenaille encore. Combien de temps resterons-nous ici ? En sortirons-nous vivants ? Et si quelqu'un nous repérait ? Ce quelqu'un trahirait-il les Beck ? Viendrait-il nous débusquer ? J'essaie d'écarter ces sombres pensées et d'être reconnaissante envers cette famille qui risque sa vie pour sauver la nôtre. Beck et Julia ont-ils parlé à Ala des dangers qu'ils lui font courir ? Lui ont-ils demandé son avis ?

M. Patrontasch éteint la lumière. Je suis allongée à côté de Mania. Le silence est si pesant que nous n'osons même pas nous glisser quelques mots à l'oreille. Dans le noir, l'image d'Uchka et des enfants dans le ghetto me hante. Je prie pour eux. C'est la première des innombrables prières que j'adresserai à l'Éternel, en le suppliant de veiller sur eux. Mais quel poids peuvent bien avoir mes prières, quand nous sommes bien cachés ici sans eux ? Je sais pourquoi ils ne sont pas là, et je sais que la logique de la survie est implacable. Mais cela ne me suffit pas. Cela ne calme pas la douleur qui me transperce le cœur, cela ne fait pas taire l'écho lancinant de ma propre voix qui me cogne contre les tempes, posant toujours la même question : pourquoi nous et pas eux ?

Chapitre 4

UN CADEAU DE M. BECK

Décembre 1942

Les jours se suivent et se ressemblent. En bas, nous préparons le petit déjeuner et le souper. Une fois par semaine, nous montons chacun notre tour faire notre toilette dans la cuisine, car il fait trop froid au sous-sol pour se débarbouiller... Le soir de Noël, les Beck ont tiré tous les rideaux et fermé les portes à double tour et ils nous ont tous invités à dîner. C'était merveilleux. Nous avons chanté des chants de Noël, nous avons presque oublié tous nos soucis, et surtout, nous avons beaucoup mangé. Mais à un moment donné, on a frappé à la porte et nous avons dû redescendre en toute hâte.

Dès le deuxième jour, la réalité de notre enfermement nous saisit à la gorge. L'optimisme des hommes, qui pensaient que la guerre ne serait l'affaire que de quelques semaines, a disparu. Ils pensaient que l'armée allemande ne supporterait pas l'hiver glacial des steppes russes et battrait en retraite. Ils se trompaient. Les Allemands tiennent toujours Stalingrad et avancent sur l'Ukraine et la Crimée.

Les hommes suivent la guerre avec autant d'intérêt et de passion que les généraux qui la mènent. Au grenier, Beck a un récepteur radio à ondes courtes, qui lui permet de capter les stations étrangères. Si les Allemands le trouvent, ils le passeront par les armes. Mais il veut absolument savoir ce qui se passe réellement sur le front. De temps en temps, il invite M. Patrontasch à venir écouter les nouvelles avec lui. Il nous descend également des journaux, parfois. Alors, les hommes s'assoient en cercle et, dans un nuage de fumée de cigarettes, ils suivent sur une carte les différentes lignes de front et entourent au crayon les villes qui ont été prises. Mais la tournure que prennent les événements ne présente rien qui puisse nous remonter le moral. Il paraît que Staline, Roosevelt et Churchill se sont assis à la table des négociations à Téhéran. Mais nous ne savons pas très bien de quoi ils ont parlé. Téhéran est tellement loin que cette conférence pourrait tout aussi bien être tirée d'un conte des *Mille et Une Nuits*. La seule bonne nouvelle, c'est que les Russes lancent une offensive hivernale pour reprendre Kiev, à cinq cents kilomètres d'ici, et que l'avancée allemande commencerait à faiblir. Mais tout cela est encore bien loin. Il semble que pour nous rien ne changera avant longtemps.

Quand nous sommes descendus au bunker, nous ne pensions y rester que quelques semaines. Je n'avais emporté que des livres. Nous manquons de vêtements et de vivres et, plus grave, nous n'avons rien que les Beck puissent vendre. Nos fourrures, les bijoux de maman, les tapis persans, les édredons de duvet et nos couvertures, l'argenterie et la porcelaine de famille sont chez nos voisines, cachés dans la double cloison de leur cave. Nous voulions les mettre à l'abri des nazis, mais qui sait si nous pourrons encore en profiter un jour ? Nous grelottons jour et nuit. Et dire qu'à moins de cinquante mètres d'ici nous avons tout ce qu'il nous faudrait pour avoir bien chaud !

Seule Franka Melman a descendu de la porcelaine et de l'argenterie dans le bunker. Je la comprends. Ces quelques objets lui sont une consolation et apportent un peu de beauté dans notre univers souterrain si morne. Mme Melman est une petite femme toute frêle, qui a toujours vécu dans le confort. Et la voici réduite à vivre sous le plancher de sa propre maison ! Depuis que nous sommes ici, elle fait une véritable fixation sur son pichet en porcelaine. Elle y tient comme à la prunelle de ses yeux et lui voue un tel culte que nous finissons par exécrer cet objet. Le soin infini avec lequel elle le manipule ne nous aurait pas surpris, avant. Mais maintenant, il nous exaspère. J'ai parfois des envies de briser ce pot en mille morceaux, de le fracasser, et je suis certaine que maman en ferait autant. Elle rit sous cape et prend parfois ses filles à témoin, nous murmurant à l'oreille : « À la façon dont elle le traite, ce machin aurait plutôt sa place dans un musée ! »

Maman ne se permettrait bien entendu jamais de dire cela en face à son amie, mais Mme Melman n'est pas dupe. Avant la guerre, ce genre de réflexion serait simplement passé pour une petite pique innocente, ou une blague gentille entre commères. Combien de fois les ai-je entendues rire si fort dans la cuisine, qu'elles s'en tenaient littéralement les côtes et étaient obligées de desserrer leurs gaines ? Et si d'aventure, je pointais le bout de mon nez pour voir ce qu'il y avait de si drôle, elles riaient encore plus fort et faisaient mine de me tancer en me traitant de petite *kochleffel*[35].

Mais plus que l'absence de confort ou de nourriture, ou même la réalité de la guerre, le plus pénible pour moi est de repenser à ces dix derniers jours, depuis l'*akcja* du 22 novembre. Aux trois mille Juifs de Zolkiew massacrés par les nazis, à la recherche désespérée d'un protecteur, à la séparation déchirante de nos familles. Dans notre petite communauté, même en des temps plus fastes, la mort d'un seul des nôtres touchait tout le monde. Dans notre tradition, une mort est toujours un accroc dans le tissu social. Car nous sommes tous alliés. Par le mariage. Par les affaires. Par l'amitié. Par le travail. Par les dizaines d'associations qui nous soudent.

Un beau jour sans crier gare, maman me regarde et déclare d'un ton péremptoire : « Clara, tu vas tenir un journal. » Je suis stupéfaite.

« À quoi bon ? Ils vont nous tuer de toute façon.

— Eh bien, s'ils nous tuent, quelqu'un trouvera ton journal et le monde saura ce que nous avons subi. »

Elle ne me lâche pas du regard, et je comprends que je dois m'exécuter sur-le-champ. Elle me tend l'un des crayons que M. Melman utilise pour suivre

35 *Kochleffel* : fouineuse, curieuse qui écoute aux portes.

les progrès de la guerre. Je n'ai pas de papier pour écrire, mais je ne proteste même pas, car je sais que ce n'est pas un argument pour maman. C'est Salka la Cosaque qui parle. J'attrape un livre qui traîne sur ma paillasse, et je commence à noircir les marges. À ma grande surprise, je me prends au jeu : dès les premières phrases, je mets tout mon cœur à l'ouvrage. Ce sera un témoignage. Quelque chose que je devrai faire chaque jour, quelque chose qui a un sens. Ma riposte à cette guerre injuste, cruelle et absurde.

Tandis que je remplis les marges de mes livres, pendant ces premières semaines, nous réalisons que nous devons nous imposer une discipline de fer, car nous vivons littéralement les uns sur les autres, à onze dans un espace pas plus grand qu'une stalle. Les adultes élaborent six règles d'or qui auront désormais pour nous valeur de commandements divins.

Règle n° 1 : *M. Patrontasch est seul habilité à ouvrir ou fermer la trappe. Dieu sait pourquoi, mais quand il la referme, elle se remet doucement en place sans grincer. Pour peu que quelqu'un d'autre essaie, elle proteste avec des bruits qui pourraient nous envoyer à la mort.*

Règle n° 2 : *les notions d'intimité et de propriété appartiennent désormais au passé. Les « toilettes » sont dans le couloir derrière notre pièce de vie. La première fois que j'ai utilisé le seau hygiénique, j'étais mortifiée. Quelques jours plus tard, je ne ressentais déjà plus aucune gêne.*

Règle n° 3 : *toujours être poli. Une courtoisie inusitée apparaît dans nos relations. Nous nous connaissons depuis toujours, mais dorénavant chaque famille vouvoie les* *autres, les adultes se donnent du « monsieur » et « madame », et toute requête doit être accompagnée d'un « s'il vous plaît », « je vous prie », ou « auriez-vous l'obligeance de… ».*

***Règle n° 4** : il est interdit de se plaindre. Ni du froid, ni de l'humidité, ni de la saleté. Depuis que Mme Melman a fait une réflexion sur la saleté, les regards noirs qu'elle s'est attirés ont confirmé la nécessité de cette règle.*

***Règle n° 5** : chaque famille est responsable de ses propres rations de vivres et d'eau. Nous utilisons la plaque chauffante chacun notre tour. Nous ne partageons pas. Les hommes pensent que cela évite les tensions entre les familles.*

***Règle n° 6** : il est interdit de parler, sauf nécessité absolue. Même quand il n'y a que les Beck à la maison et qu'il n'est pas indispensable d'observer le silence, c'est une question de discipline. La maison est en effet si sonore que, dès que quelqu'un marche en haut, les bruits de pas résonnent énormément, et nous entendons toutes les conversations des Beck. Le plancher de bois au-dessus de nos têtes est une caisse de résonance qui amplifie les ondes sonores. Qui sait comment nos conversations seraient entendues à l'étage ? Il y a des voisins des deux côtés de la maison, à dix mètres environ, et nous ne savons jamais s'ils sont à l'intérieur, dans le jardin, ou même à deux pas des Beck. Il n'y a qu'un moyen d'être sûrs de ne pas nous faire repérer : le silence.*

Notre pièce de vie principale est juste au-dessous de la chambre des Beck et elle ne fait pas plus de trois mètres sur trois et d'un mètre vingt de haut. Les lattes du plancher sont notre plafond. Quand nous avons commencé à creuser, le vide sanitaire était envahi par une myriade de toiles d'araignées. Nous rangeons nos vêtements bien roulés en boule et attachés avec de la ficelle dans les recoins séparant les solives du plancher. Nos murs sont délimités par les longrines de pierre qui suivent le plan de la maison pièce par pièce. Juste derrière l'ouverture de la trappe, nous avons dégagé un espace pour installer quelques planches de bois sur lesquelles nous cuisinons et rangeons les provisions. Les lits sont alignés le long du mur de gauche. En fait de lits, ce sont plutôt des plates-formes de terre battue recouvertes de planches sur lesquelles nous déroulons nos paillasses. Les Patrontasch occupent la partie du bunker la plus proche de la trappe. Les Melman sont installés à leur gauche, et notre famille le long du mur adjacent. Pendant la journée, nous roulons les matelas afin d'avoir la place de nous asseoir et de manger avec nos assiettes sur les genoux.

Le côté droit de la pièce est délimité par un mur de fondation qui correspond au couloir central de la maison. À l'angle de ce mur et de celui que nous occupons, nous avons dressé une autre petite table de planches pour poser un réchaud, assez loin de toute surface inflammable. Quand nous avions creusé le premier bunker, nous avions déjà retiré suffisamment de pierres au milieu du mur de fondation pour créer une « porte » donnant sur le tunnel d'un mètre cinquante de large formé par les deux longrines du couloir de la maison. Les seaux hygiéniques sont dans le tunnel, juste à gauche de la porte. Au fond du tunnel à droite, une autre « porte » mène au premier bunker avec son couvercle sur la terre battue.

Un matin, M. Patrontasch se réveille tout excité. Sans un mot, il attrape la pelle et se met à creuser furieusement au centre du bunker.

Personne ne dit rien, mais nous l'observons tous en nous demandant quelle mouche a bien pu le piquer. Tout ce qui peut rompre la monotonie de nos journées est bienvenu, et le spectacle de la petite silhouette ronde de M. Patrontasch creusant comme un possédé nous distrait et, même si personne n'ose sourire, nous amuse un peu. Outre les règles de cohabitation, nous avons un code implicite dans le bunker. (Avec trois familles serrées comme des sardines dans neuf mètres carrés, dès que quelqu'un se gratte la tête, un nuage de pellicules emplit l'air.) Si l'un d'entre nous s'était brûlé le pied, personne n'aurait sourcillé. Pendant un long moment, nous nous contentons donc de regarder à travers le nuage de fumée des cigarettes des hommes M. Patrontasch creuser avec un sourire béat. Visiblement, il est très content de sa trouvaille. Sa femme n'y tient plus : « Je ne te demanderai pas ce que tu fais, mais dis-moi simplement ce que tu comptes faire de la terre que tu entasses ! » Pour toute réponse, M. Patrontasch attrape un mètre à ruban et mesure la profondeur du trou. Il fronce les sourcils, pousse un petit grognement et se remet à creuser.

Après quelques pelletées de plus, il mesure à nouveau et, sans faire attention à nous, met un pied dans le trou, puis les deux, et déplie les genoux. Radieux, il se tient droit, debout, la tête touchant tout juste le plafond. On dirait une scène d'un film muet. Mais ce n'est pas du Charlot. C'est notre vie. J'ai envie d'applaudir. Nous allons enfin pouvoir nous redresser ! L'un après l'autre, nous nous levons dans le trou. Je n'aurais jamais pensé éprouver un tel plaisir à m'étirer, mais ici, nous passons nos journées recroquevillés sur nous-mêmes, le corps comprimé comme un manche télescopique. Si Julia ne me faisait pas monter de temps en temps pour l'aider à faire le ménage, je ne pratiquerais aucun exercice physique. Je passerais des heures à frotter les parquets, astiquer la cuisine et nettoyer la salle de bains tant ces activités me délassent.

La première fois que Julia nous a demandé de venir cirer les parquets, Mania et moi nous sommes mises à quatre pattes avec de gros polissoirs de peau de mouton que nous avons enfilés comme des moufles. Quand Ala est rentrée du travail et nous a vues dans cette position, elle nous a taquinées avec un grand sourire : « Mais voyons, ce n'est pas comme ça qu'on fait ! »

Je ne suis pas spécialiste du lustrage de parquets, mais je savais tout de même comment il fallait procéder ! Ala a allumé la radio et a cherché une station musicale. Puis elle a retiré ses chaussures, enfilé les polissoirs aux pieds et s'est lancée dans une danse endiablée. Mania et moi nous sommes empressées de suivre son exemple, timidement d'abord, puis plus vite, tantôt seules, tantôt ensemble, en jouant les stars, en faisant les folles, patinant jusqu'à ce que nous soyons trop épuisées pour faire un pas de plus. Les parquets n'avaient jamais mieux brillé. Pour notre récompense, Julia nous a offert des viennoiseries et de l'eau fraîche du puits. J'ai gardé les croissants pour les partager avec les autres enfants en bas, mais j'ai savouré égoïstement mon verre d'eau.

Une fois de temps en temps, nous montons nous laver les cheveux. C'est l'événement. Et nous ne boudons pas notre plaisir. L'odeur du savon et le luxe de l'eau chaude sont si délicieux que c'en est presque insupportable. Julia me verse l'eau sur la tête et me masse le cuir chevelu. J'aimerais que cela ne s'arrête jamais. En bas, l'eau est mesurée en cuillerées à café, et elle est généralement froide : nous devons souvent choisir entre boire ou nous laver. Mais en haut, un poêle à bois en faïence blanche émet une chaleur douce et sèche, et il flotte dans toute la maison une odeur de pain chaud, mêlée aux fumets du borchtch et des pirojki au fromage et aux champignons. Même si je ne reste que quelques minutes en haut, cela me suffit.

Mis à part maman qui a de l'asthme et un dérèglement thyroïdien, nous avons toujours été en excellente santé dans la famille. Pour moi, la santé était un acquis et je ne m'en étais jamais inquiétée. Mais entre l'épidémie qui sévit dans le ghetto et l'atmosphère confinée où nous vivons entassés à onze, respirant un air froid et humide qui sent le moisi, je me fais du souci pour maman. Avant, nous avions la chance d'avoir un hôpital juste derrière chez nous, et de nombreux médecins à portée de main. D'ailleurs, nous n'avions même pas de trousse d'urgence à la maison. Pour l'instant, maman ne présente aucun symptôme alarmant : elle ne renifle pas, respire normalement, n'a ni fièvre ni frissons.

Elle n'a pas mal à la gorge, pas de crampes, elle ne perd pas ses cheveux ; et elle n'est même pas de mauvaise humeur. Tout va pour le mieux. Pourvu que cela dure...

Nous avons pris l'habitude d'attendre la visite des Beck une ou deux fois par jour. Julia n'arrive pas à descendre dans le bunker. En général, c'est donc lui qui nous apporte nos repas. Je sais qu'il apprécie la compagnie des hommes et qu'il aime beaucoup bavarder avec eux. Mais il parle rarement aux enfants. Il m'intimide et, bien qu'il n'ait rien d'un ogre, sa présence me crispe. J'ai peur de dire quelque chose qui puisse le contrarier ou l'inciter à nous expulser du bunker. Bien sûr, je ne pense pas avoir jamais dit quoi que ce soit de ma vie pour mettre un adulte en colère. Je laisse cela à Mania, qui le fait très bien. Mais je sais qu'il m'a remarquée, car une ou deux fois il m'a taquinée gentiment : « Alors, encore le nez dans un livre ? » J'en ai été très gênée. Je n'ai pas l'habitude que des hommes étrangers à la famille m'adressent la parole. Je commence à me rendre compte combien j'ai vécu dans un cocon. Les seuls adultes avec lesquels j'aie tenu une conversation sont ceux de la famille, mes professeurs ou des amis de mes parents. Je sais bien qu'il y a des centaines d'hommes comme M. Beck à Zolkiew. Mais c'est la première fois que j'en vois un de si près. Et il m'a l'air aussi exotique qu'un lion des savanes d'Afrique.

À la mi-décembre, maman commence à s'inquiéter, car Noël approche, et nous n'avons pas de cadeaux dignes de ce nom à offrir aux Beck. Nous avons passé en revue tout ce que nous possédons, mais rien n'est assez beau pour eux. Ils risquent leur vie pour nous sauver, et nous n'avons pas même le moindre petit colifichet à leur donner pour leur dire toute notre gratitude.

Quelques jours avant Noël, M. Beck frappe à la trappe. Ses yeux bleus brillent de malice. Il y a quelque chose dans cette guerre qui éveille son goût de l'aventure, et s'il est une chose qui nous redonne espoir, c'est ce regard pétillant — même s'il est souvent voilé par les brumes de l'alcool. Il invite les enfants à monter, sans dire pourquoi. Avec Mania, Igo et Klarunia, nous hésitons. Il nous presse : « Allons, allons, dépêchez-vous ! » Mania est la première à se lever. M. Patrontasch encourage Klarunia à la suivre, tandis que Beck se penche pour nous aider à monter, un par un. Je ne comprends pas ce qui se passe. En général, c'est Julia qui m'appelle pour l'aider à faire le ménage. Ni Beck ni Ala ne m'ont jamais fait monter. Que veut-il ? Dois-je vraiment y aller ? La question ne se pose pas, et je laisse ses mains puissantes me soulever comme un sac de blé et me hisser dans cet autre monde, le monde d'en haut, un monde de parquets lustrés et de tapis d'Orient, où nous étions jadis tant à notre aise. Mais s'il me paraît si étrange aujourd'hui, c'est parce que ce n'est plus Julia qui m'y invite, mais Beck.

Il nous précède dans le couloir et nous guide jusqu'à la salle de bains où Julia et Ala nous attendent. D'un grand geste théâtral, Beck pousse la porte. Mes yeux se fixent immédiatement sur la grande fenêtre haute et nue qui laisse entrer à flots la lumière blafarde de l'hiver. Soudain, j'entends un clapotement dans la baignoire. Quelque chose nage dans la baignoire pleine : une carpe ! Je n'en ai jamais vu de plus grosse ! Elle doit peser au moins huit kilos ! En Pologne, un Noël sans carpe ne serait pas un vrai Noël. On garde même les écailles, que l'on s'échange comme porte-bonheur. Celle-ci est de toute beauté, grasse et brillante à souhait. Sa nageoire dorsale est d'un beau gris-bleu qui rappelle la lavande séchée et les nageoires ventrales, rouge et orange vif, ressemblent à des éventails chinois. Avant la guerre, les marchands de poisson envahissaient les rues de Zolkiew à l'approche de Noël, vantant leurs carpes qui nageaient dans des bassines, des seaux, de petits aquariums et mille autres récipients. Igo et Klarunia n'en croient pas leurs yeux. Le poisson est presque aussi gros qu'eux. Trop gros et trop beau pour qu'ils puissent rêver de l'acheter. Nous demandons à M. Beck si c'est lui qui l'a attrapé.

« Pensez-vous ! J'en serais bien incapable ! »

Julia s'étonne : « Comment, ce n'est pas toi qui l'as attrapé ? »

Beck secoue la tête. Soit il nous fait marcher, soit il n'a pas envie que sa femme sache où il a eu ce poisson. Mais elle insiste.

« Eh bien, où l'as-tu trouvé, alors ?

— Chez M. von Pappen en personne. »

Nous en restons bouche bée. Von Pappen est le commandant de la SS et le patron de Beck, mais c'est surtout l'homme le plus redouté de Zolkiew. C'est lui qui a créé le ghetto, donné l'ordre des massacres, et nous a extorqué tout notre argent. Beck a fait sa connaissance par l'intermédiaire de ses partenaires de cartes, Krueger et Schmidt, deux policiers allemands. Il s'est présenté au commandant comme un bon *Volksdeutsch* fidèle au Reich, et von Pappen l'a chargé de superviser les stocks d'alcool de l'armée allemande. Autant enfermer le loup dans la bergerie !

Julia, interloquée, revient à la charge : « C'est un cadeau de von Pappen ?

— Pas vraiment un cadeau. Disons plutôt que je l'ai eue auprès du cuisinier du commandant. »

Il tourne autour du pot. Il se borne à nous dire que von Pappen n'a plus de carpe pour Noël, puisque c'est nous qui allons la manger. Je me demande s'il a volé sa carpe à von Pappen par pure espièglerie, ou bien si c'était pour lui une façon d'affirmer son indépendance et de faire un pied de nez à l'autorité. Quoi qu'il en soit, dans cette petite salle de bains, M. Beck acquiert soudain une tout autre envergure à mes yeux.

Mes rares et brefs rapports avec Beck commencent à me faire comprendre que c'est un homme plein de contradictions. Il a une réputation d'antisémite, mais il s'est toujours montré très cordial avec nous. Le seul adjectif qui me vient à l'esprit pour décrire cet homme mal dégrossi est : charmant. Il est toujours d'une grande gentillesse avec chacun d'entre nous. Il n'a aucune éducation, mais c'est un patriote fier et un homme de convictions qui exècre au plus haut point les nazis, les Ukrainiens et tous ceux qui abusent de leur pouvoir. À l'entendre parler des grands propriétaires terriens âpres au gain et de la corruption du gouvernement, on jurerait qu'il est communiste, mais il déteste aussi les communistes.

Beck laisse Julia nous ramener au sous-sol. Au moment où nous redescendons, elle nous invite tous à partager leur repas de Noël. Je ne songe même pas à un repas entier. Je me dis que nous aurons quelques miettes, les restes. Pourtant, Beck ne nous aurait pas montré cette magnifique carpe juste pour nous faire saliver. Je n'ai pas honte de ma réaction, mais j'ai oublié ce que c'est de recevoir un tel cadeau de la part d'un non-Juif. Depuis trois ans, je vis comme une ombre, le cœur brisé et l'estomac vide, animée d'une seule et unique pensée : survivre. Et voilà que cette femme m'invite à sa table de Noël. Je ne suis toujours pas certaine d'avoir bien compris. « Pourquoi ? Pourquoi font-ils tout cela ? » La question me hante. L'espace d'un instant, une fraction de seconde, ce rayon de lumière absorbe toute l'obscurité. Dans cet instant éphémère, je me surprends à retrouver ce sentiment de joie qui m'était si familier mais que je n'ai plus retrouvé depuis l'arrivée des nazis. Une extraordinaire impression de paix, de gratitude et de confiance. La carpe dans la baignoire incarne désormais tout ce que Beck est prêt à faire pour nous sauver la vie. Je sais aussi que je me régalerai, pas simplement parce que je sais d'où vient ce poisson et ce qu'il symbolise, mais aussi et surtout parce que j'ai faim. Julia le préparera à toutes les modes : mariné, en gelée, et en filets à la poêle. Mais plus je pense à la carpe dans sa baignoire, plus je m'inquiète pour ce fameux repas de Noël : nous ne possédons rien qui puisse témoigner d'un millième de notre reconnaissance envers les Beck.

Le 24 décembre, les délicieuses odeurs de cuisine de Julia filtrent jusque dans le bunker et, pour la première fois depuis des mois, nous piaffons d'impatience. Ala fait monter Igo et Klarunia, et leur donne un bonbon à chacun, ce qui, en soi, est déjà un beau cadeau. Nous décidons d'offrir à Beck l'un des chandails de papa. Le sac à main en cuir de maman sera pour Julia et le peigne de Mania pour Ala. Ce ne sont que des objets de seconde main, mais c'est ce que nous trouvons de mieux à leur offrir.

Ce soir-là, en montant à l'étage, je me demande pourquoi nous prenons un tel risque. M. Beck a dû se dire que les SS et la Gestapo respecteraient la trêve des confiseurs. Prions pour qu'il ne se trompe pas… Aucun d'entre nous n'est préparé à ce qui nous attend lorsque nous quittons les entrailles de la terre pour respirer l'air frais du monde d'en haut. Les Beck ont tiré les rideaux et la lumière douce des bougies baigne la salle à manger. Ala et son père sont même allés abattre un sapin dans la forêt derrière la gare. L'arbre est décoré de bougies, de décorations artisanales, de boules en verre, et d'angelots et de rois mages fabriqués à partir de copeaux de bois et de papier.

Julia et Ala ont dressé la table pour quatorze personnes, et elles ont sorti le plus beau service en porcelaine de Mme Melman et ses nappes de fête. Julia a préparé les plats de Noël traditionnels des Polonais. Où ont-ils bien pu trouver tant de bonnes choses en temps de guerre ? Mystère. « M. Beck sait se débrouiller », se contente-elle de dire. Elle l'aime beaucoup et elle est très fière de lui. Elle l'appelle son magicien. Il y a une énorme *hallah*[36] au milieu de la table, et tout autour, des plats fumants de pirojki

36 *Hallah* : tresse briochée.

aux champignons et à la choucroute, et bien d'autres à base de carpe. Il y a même ce que les Polonais appellent le *ryba po zywdosku*, le « poisson à la juive ». C'est notre fameux *gefilte fisch*, la carpe farcie. Bien sûr, j'ai déjà vu Julia aider maman à préparer le *gefilte fisch* des dizaines de fois, mais je ne savais pas que c'était un plat de Noël, et moins encore que les Polonais en mangeaient aussi. Je garde pour moi tous ces étonnements, mais je suis sûre qu'ils se lisent dans mon regard, qui suit le ballet des doigts vifs de Julia sur la table. Je ne sais pas pourquoi cela me surprend autant. Après tout, la carpe est l'un des produits de base de notre alimentation.

Bien que j'aie fréquenté une école polonaise et que j'aie eu des amis polonais, c'est le premier repas de Noël auquel je suis invitée. Certains détails me semblent étranges. Je recompte les assiettes et remarque qu'il n'y en a pas quatorze mais quinze. Y a-t-il un invité surprise ? C'est impossible. Personne ne sait que nous vivons chez les Beck. Julia me voit regarder fixement les assiettes et devine mon inquiétude. Elle nous explique que c'est « la place du pauvre ». Dans toute la Pologne, on prévoit toujours un couvert supplémentaire à la table de Noël, au cas où un voyageur égaré frapperait à la porte. C'est une vieille tradition catholique. « Quand il y a un invité à la maison, c'est Dieu qui est dans la maison », nous explique Julia.

J'ai passé toute ma vie en Pologne, et je n'ai jamais entendu parler de cette tradition. J'ai peine à croire que, d'une communauté à l'autre, nous nous connaissions aussi mal.

Mon père est très ému. Il lève son verre. « Alors, je sais que Dieu est chez vous, ce soir. »

À cet instant, dans la lueur des bougies, la guerre semble soudain disparaître, happée par l'obscurité. Mais ce n'est qu'une impression. Nous ne savons que trop bien qu'elle est toujours là, tapie dans l'ombre, prête à bondir sur ses victimes. Trois semaines, déjà, que nous vivons terrés dans le bunker et, si notre situation est déjà désastreuse, nous n'avons encore aucune idée de l'horreur qui nous attend. Nous avons entendu parler des camps et des déportations, nous avons vu assassiner les chefs de notre communauté et les rabbins de Zolkiew ; nous n'avons pas oublié que nous avons dû dilapider toute la fortune de la communauté pour racheter chaque jour de notre vie, mais nous sommes tous bien loin d'imaginer ce qui adviendra. Ce soir, dans cette salle à manger de fête, l'atmosphère de bienveillance, de gratitude et de solidarité repousse nos craintes dans les replis inaccessibles de notre esprit. Cette table qui croule sous une profusion de plats me fait oublier la guerre.

Julia soulève le napperon de satin brodé de l'assiette qui trône au centre de la table et révèle une grande galette blanche rectangulaire, toute fine. « C'est l'hostie, explique-t-elle en présentant l'assiette à mon père. Avant de commencer le dîner, nous devons rompre le pain et en manger un petit morceau chacun. » Encore une tradition qui m'est inconnue mais me rappelle un peu notre *matsoth*, le pain azyme qui inaugure le repas de séder[37] dans la Pâque juive.

---

37 Séder : festin rituel du premier soir de Pâque, au cours duquel on présente sur un plateau les sept aliments symboliques de l'Exode.

« Quand nous partageons l'hostie, ajoute M. Beck, nous pardonnons les offenses qui nous ont été faites au cours de l'année écoulée et nous souhaitons bonheur et prospérité à tous pour l'année à venir. » Papa fait le rapprochement avec nos propres traditions. Il raconte aux Beck que, la veille de Pâque, nous partageons une coupe de vin en l'honneur du prophète Élie, et que tous les ans, à Yom Kippour, nous expions nos péchés et nous réconcilions avec tous ceux qui nous ont offensés. J'ai toujours cru que nous étions très différents des Polonais, et leur religion, pour le peu que j'en connaissais — la vie des saints, la messe en latin, les monastères, les religieuses cloîtrées, les rites de la communion et de la confession, le principe de résurrection, la piété des paysans polonais — me paraissait tout à la fois familière et lointaine ; rassurante et terrifiante. Mais ce soir, je découvre avec émerveillement et étonnement que tout compte fait, par certains côtés, leurs coutumes ne sont pas si éloignées des nôtres.

« Dire que nous nous connaissons depuis tant d'années, et que c'est la première fois que nous passons un jour de fête ensemble ! » soupire tristement maman. Par ce commentaire apparemment anodin, elle présente en fait ses excuses à Julia pour toutes les fois où elle l'a davantage traitée comme une domestique que comme une amie.

Julia le comprend et répond d'un sourire gentil. Nous tous, qui devons la vie à ces gens, comprenons. Mais notre profonde gratitude, même si elle n'a pas besoin de mots, embarrasse les Beck. M. Beck se lève et, levant son verre, s'exclame joyeusement : « Eh bien, souhaitons que nous ayons bien d'autres occasions de fêter Noël ensemble ! » Je commence à aimer les Beck comme un père et une mère. Parce que maintenant, plus encore que ma mère et mon père, ce sont eux qui répondent de ma vie, de notre vie à tous. Pour nous, ils mettent la leur en danger, et aussi celle de leur fille.

L'atmosphère se détend, et après quelques toasts, les rires et les plaisanteries fusent. S'il est une chose qui peut rapprocher les Juifs et les Polonais — les hommes, tout au moins —, c'est bien la vodka. Dehors, les rues s'emplissent de groupes de chanteurs qui entonnent des chants de Noël. Leurs belles voix harmonieuses posent la dernière touche à cette soirée magique. Les Polonais sont profondément religieux et ils mettent dans ces cantiques de Noël toute leur ferveur et tout leur amour. Après nous avoir régalés d'une délicieuse *kutia*, le dessert traditionnel du réveillon de Noël, à base d'orge, de noix, de miel et de pavot, Julia et Ala lèvent la table et nous invitent à chanter avec eux des chants de Noël. Les rideaux sont fermés et nos voix mêlées à celles des Beck n'attireront pas l'attention. Pour la première fois depuis des années, j'ai le sentiment d'avoir une bonne raison de chanter, et je me sens assez protégée pour ne pas avoir peur de laisser résonner ma voix.

Ala, M. Beck et Julia entonnent *Jezuz Malusienki* (« Il est né le divin Enfant »), puis enchaînent avec entrain les grands classiques du répertoire : *Przybiezeli do Betlejem* (« Le voyage à Bethléem »), *Pójdzmy Wszyczy* (« Allons tous ensemble à l'étable »), *Dzisiaj w Betlejem* (« Réjouis-toi, Bethléem »), *Gry sie Crystus rodzi* (« Dieu est sur la terre »), *Wsrod Nocnej Ciszy*

(« Ô douce nuit »), et *Lulajze Jezuniu* (« La berceuse du petit Jésus »). Mania et moi connaissons ces chansons depuis des années. Notre école polonaise était tenue par des religieuses, et nous chantons ces airs depuis la maternelle. Nous n'avions jamais jugé bon d'avouer à nos parents que l'on nous faisait chanter des hymnes catholiques à la gloire de Jésus, et ils ne s'attendaient vraiment pas à nous entendre accompagner les Beck avec autant d'aisance ! De sa belle voix, Mania improvise des modulations, élevant tantôt sa ligne mélodique une tonalité au-dessous de la nôtre, tantôt une tonalité au-dessus, pour ensuite revenir se fondre dans notre chœur.

Depuis trois semaines, nous sommes restés sagement assis sans rien dire, pesant mûrement chaque parole avant de la prononcer. Trois semaines sans vraie conversation, à faire en permanence l'économie de tous ces petits mots de tous les jours, qui disent si bien l'affection, l'amour, la colère, la frustration ou l'amusement… Et voilà que ce soir nous chantons sans retenue, déversant dans ces cantiques qui ne sont pas les nôtres notre trop-plein d'émotion. Mes parents, les Melman et les Patrontasch nous regardent tout étonnés, comme si nous leur avions joué un bon tour, préparé pendant des années dans le plus grand secret ! À la fin de ce tour de chant, Beck, tout excité, se lève d'un bond de sa chaise et court vers un placard. Il en ressort les bras chargés de cadeaux, grossièrement enveloppés dans du papier d'emballage ou du journal. Nous en restons interdits. C'est *leur* fête. C'est à nous de leur faire des cadeaux. Et, pour comble, nous n'avons que de méchantes vieilleries à leur offrir. Je n'aurais jamais imaginé qu'un jour des catholiques nous feraient des cadeaux pour Noël, à nous, des Juifs !

Beck a fabriqué un petit ours dansant pour Igo, et Ala donne à Klarunia l'une de ses poupées de chiffon. Beck a prévu des paquets de cigarettes pour les hommes et, en moins de temps qu'il n'en faut pour le dire, les allumettes craquent et un nuage de fumée flotte sur la salle à manger. Les hommes tirent sur leurs cigarettes et soufflent doucement la fumée, goûtant chaque bouffée, comme s'il n'y avait plus d'après, satisfaits, rassasiés, un peu éméchés et heureux. Ala a offert à Mania l'un de ses peignes. Ma sœur le plante aussitôt dans ses cheveux et court s'admirer devant le miroir. Beck me tend un paquet enveloppé de papier journal. C'est plat. Avec un peu de chance, ce sera un livre, me dis-je, en défaisant fébrilement l'emballage. Mais non : c'est un cahier de composition avec une couverture noire et des pages striées de lignes régulières, qui ressemble à tous ceux que j'ai utilisés pendant des années à l'école, sans y voir quoi que ce soit d'extraordinaire.

« C'est pour notre jeune écrivain, dit-il. Je sais qu'un jour tu seras un auteur célèbre, Clarutchka. Tout ce que je te demande, c'est de ne dire que des gentillesses sur mon compte. » M. Beck sait que je tiens un journal et que je n'avais pas de cahier. Il me donne aussi un crayon bleu, qu'il a taillé bien en pointe avec son canif.

Je suis aux anges, mais M. Beck m'impressionne encore tant que c'est à peine si je parviens à balbutier un remerciement maladroit. Je m'en veux d'être si timide ! S'il savait !... Toute ma vie durant, j'avais vénéré mon père plus que quiconque. J'avais grandi sous son aile protectrice, connu le bonheur et la sécurité à l'ombre comme dans la lumière de sa propre vie. Tout mon univers gravitait autour de lui, de maman et du reste de ma famille. Je pensais n'être que quantité négligeable aux yeux de Beck. Fallait-il pourtant qu'il me connaisse bien pour avoir pensé à un pareil cadeau ! Un cadeau qui serait ma planche de salut. Le récit de notre vie ne serait plus relégué dans les marges de vieux livres. Désormais, quoi qu'il nous arrive, il s'écrirait au crayon bleu, étalé en pleine page sur un vrai cahier avec des lignes, bien protégé sous sa couverture rigide. Malgré tout ce que je sais de lui, par-delà tous ses défauts, tout ce que j'ai pu entendre raconter sur son compte, Beck s'impose soudain comme une référence incontournable de mon existence. Alors qu'aucun d'entre nous ne voit plus loin que la guerre et la survie au jour le jour, Beck, lui, sait que ce qui est en train de nous arriver est important. Que nos vies — notre histoire et la sienne — ont un sens. Même si, pour nous battre, nous n'avons qu'un cahier de composition et un crayon bleu.

Les cadeaux continuent de pleuvoir. Beck offre des lys séchés à Klara Patrontasch. Il les lui tend en essayant vainement de réprimer un sourire embarrassé et gauche, qui en dit bien plus long qu'il ne le voudrait. Car nous sommes en Pologne en 1942, et un homme marié n'offre pas de fleurs à une jeune femme célibataire, veuve ou non — à moins qu'elle ne soit sur son lit de mort ou déjà dans un cercueil.

Ce moment de gêne ne dure pas, car soudain on cogne à la porte. Les conversations s'arrêtent net. La terreur du dehors reflue au dedans. Nous attrapons nos cadeaux et nous précipitons aussitôt vers la chambre, disparaissant l'un après l'autre par la trappe. Nous tendons l'oreille. Qui peut venir frapper si tard ? Ce ne sont ni les SS, ni la Gestapo, ni les auxiliaires ukrainiens — une milice particulièrement zélée à la solde de l'armée allemande, qui persécute les Juifs avec une rare sauvagerie. Mais simplement des amis des Beck, venus leur chanter quelques chants de Noël. Naturellement, les Beck se sont joints à leur chœur et nous écoutons leurs voix dans la nuit. Je les accompagne mentalement avant de céder au sommeil.

Le jour de Noël, nous restons en bas. Il y a des invités en haut : le frère et la belle-sœur de Beck et leur fils Wladek. Ils parlent très fort, trinquent et rient. Nous entendons tout, mais sans y prêter attention, car ce n'est qu'une innocente réunion de famille, qui ne nous menace en rien. Je suis en train de remplir les premières pages de mon journal quand, soudain, leur conversation prend un tour inattendu qui nous pétrifie. Chacun suspend son geste et lentement, des mains laissent tomber une pomme de terre, referment un livre, posent doucement un couteau sur la table. Puis les hommes continuent à tirer sur leurs cigarettes. Des volutes de fumée s'élèvent vers le plafond du bunker, où résonne la voix de Beck. Il parle d'une voix tout à la fois calme et mystérieuse, fière et provocante, mais aussi pâteuse, car apparemment il a beaucoup bu. Trop, sans doute. Nous lui avons maintes fois entendu cette voix qui réclame un autre verre de vodka. Les pas de Julia bruissent sur le parquet et le goulot d'une bouteille tinte sur des verres. Beck est lancé…

« J'ai un conte de Noël pour toi !

— J'espère qu'il n'est pas trop long ! » répond son frère en riant.

Beck baisse la voix et c'est à peine si nous entendons son murmure. Je l'imagine se pencher vers l'oreille de son frère. J'imagine le visage tendu de Julia et d'Ala, leurs yeux emplis de terreur. Mais bien entendu, elles ne peuvent ni interrompre Beck ni changer de sujet. Elles restent là, comme nous, sagement assises, sans doute aussi blêmes que nous, frappées de stupeur par la folie de Beck.

« Tu connais les Schwartz, les Melman et les Patrontasch ?

— Bien sûr que je les connais. Où crois-tu que j'allais faire presser mes céréales ? Et nous sommes dans la maison des Melman ! Des gens bien. Tous. Enfin, pour des Juifs. Eh bien quoi ? Tu es encore plus soûl que d'habitude ? »

Suit un long silence. Je prie pour que Beck ait changé d'avis et ne continue pas. Pour qu'on lui serve un autre verre, qu'il prenne la tangente et raconte une autre histoire à notre propos.

C'est son frère qui reprend, d'une voix forte, d'un ton incrédule : « En bas ? Tu es fou ? Mais tu as complètement perdu la tête ! »

Je me doute que Beck a esquissé un petit sourire satisfait et incliné la tête vers le plancher pour désigner le bunker.

« Allons, ne te mets pas dans ces états ! Ça ne te réussit pas, tu le sais bien. Que voulais-tu que je fasse ? Que je les livre à ces salauds de boches ?

— Mais nous sommes des *Volksdeutsche* !

— Et alors ? Tu sais comment les nazis nous traitent ! Ils ne nous pisseraient même pas dessus si nous étions dévorés par les flammes. C'est tout juste si nous valons mieux que les Slaves à leurs yeux. Ou que les Tziganes. Tu crois que je vais les laisser venir me dire ce que j'ai à faire, m'ordonner de tuer des Juifs ? Joyeux Noël, chers compatriotes, et pour votre cadeau, nous enverrons ces salopards d'Ukrainiens vous descendre si vous sortez du rang !

— Et tu nous mets tous en danger pour eux ? Ta femme ? Ta fille ?

— D'après toi, elle vient de qui, cette idée ? Oui, exactement. De ma femme ! Julia ! À elle seule, elle a plus de courage que nous deux réunis !

— Mais enfin, tu ne leur dois rien, à ces gens-là ! »

Soudain, la voix de Beck enfle en un tonnerre qui pourrait faire trembler les murs des voisins. Dieu merci, il fait si froid que les fenêtres sont fermées.

« Ah, tu crois ça ? Je ne leur dois rien ? »

Enfin, au grand soulagement de tout le monde, Julia intervient :

« Valentin, pas si fort ! »

Il baisse d'un ton, mais sa colère ne faiblit pas.

« En 1939, quand ces fumiers de soviets nous ont expédiés à la colonie de Bazalia et que Bandera[38] a rameuté sa clique pour nous faire tous brûler vifs,

38 Stepan Bandera : nationaliste ukrainien originaire de Galicie. Condamné à mort en 1934 pour le meurtre d'un ministre polonais, il est libéré par les Allemands en 1939 et organise un bataillon de nationalistes ukrainiens au sein de la Wehrmacht pour combattre les Soviétiques.

nous avons eu de la chance de sauver notre peau. Et alors, ces fumiers de soviets étaient prêts à nous envoyer en Sibérie parce qu'on avait quitté la colonie. Et tu sais qui a payé pour me sortir de là ? »

Beck, furieux, ne crie plus, il tonne :

« Est-ce toi, mon cher frère ? Vous, mes chers compatriotes *Volksdeutsche* ? NON ! C'EST LE JUIF MELMAN QUI EST LÀ EN BAS, QUI A GLISSÉ LA PIÈCE À CES ORDURES DE COMMUNISTES ! SI JE LES ABANDONNE, C'EST MON HONNEUR QUE J'ABANDONNE ! J'AI DÉTESTÉ LES JUIFS TOUTE MA VIE ET JE LES DÉTESTE ENCORE. POURQUOI ? QU'EST-CE QUE J'EN SAIS ? Ce que je sais, c'est que c'est un Juif qui a sauvé ma petite merde de vie misérable et insignifiante, ma sainte de femme et ma fille adorée... Viens, Ala, viens t'asseoir à côté de ton père. Je veux que ma petite Ala regarde son père et voie un homme, pas un lâche. Ils peuvent me tuer dix fois, si ça les amuse... »

Un silence pesant s'installe. Le frère et la belle-sœur bafouillent quelques paroles inaudibles, puis s'en vont.

« Mon Dieu... Nous sommes morts... », soupire mon père.

Ma pauvre mère s'efforce de ramener un peu d'optimisme dans cette atmosphère à couper au couteau : « Il ne trahira pas son propre frère...

— Lui, peut-être pas, siffle Mme Melman. Mais sa femme, c'est une autre affaire. Elle est persuadée de descendre de l'aristocratie polonaise. »

Maman l'optimiste ne se laisse pas impressionner par Mme Melman la pessimiste.

« Pensez-vous ! Elle dit simplement cela pour se donner de l'assurance. Le bossu ne voit pas sa bosse, mais il voit toujours celle des autres ! »

Quoi qu'il en soit, les dés sont jetés. Si Beck leur fait confiance, nous n'avons d'autre choix que de leur faire confiance. Croisons les doigts pour qu'il ne se trompe pas.

Chapitre 5

ALLERS-RETOURS AU GHETTO

Du 12 janvier à février 1943

Les nouvelles qui nous parviennent du ghetto sont mauvaises. Les frères de M. Melman et de M. Patrontasch sortent furtivement la nuit pour venir nous voir et nous tenir au courant des événements. Il y a une terrible épidémie de typhus. Elle fait entre dix et quinze victimes par jour, et elle emporte surtout les enfants et les plus faibles. Nous vivons au rythme de ces nouvelles angoissantes jusqu'au 12 janvier. Ce jour-là, Hermann, le frère de M. Melman, vient nous prévenir que Lewicki sait que nous nous cachons ici. Nous décidons d'aller au ghetto.

Un vent de panique souffle sur le bunker. Nous allons devoir partir. Si Lewicki est au courant, les nazis ou leurs séides ukrainiens ne vont pas tarder à débarquer ici. Il y a plus de chances pour que ce soit les miliciens ukrainiens qui viennent nous chercher, car Lewicki est lui-même ukrainien, et c'est à eux qu'il a dû nous dénoncer. S'ils nous trouvent, ils nous tueront, et les Beck avec. Nous n'avons pas le droit de mettre leur vie en péril.

Nous connaissons bien ce Lewicki. C'était un voisin, dont les enfants étaient en classe avec moi. Mais nous n'avons pas le temps de commenter cette trahison. Hermann a pris beaucoup de risques pour sortir du ghetto et venir nous avertir. Nous allons nous disperser pendant un moment. Maman, Mania et moi irons au ghetto, sous la conduite d'oncle Josek, qui peut profiter de son uniforme de policier pour nous faire entrer discrètement. Papa et M. Melman se cacheront dans le bunker de l'usine en attendant de nous trouver une autre cachette. M. Patrontasch accompagnera les autres au ghetto un peu plus tard.

Nous partons avant les premières lueurs de l'aube. Oncle Josek nous donne ses consignes : si une patrouille nous arrête, nous devons dire que nous sommes de corvée. Je ne suis pas sortie et je n'ai pas respiré l'air frais depuis quarante-trois jours. Il fait – 20° C. Nous marchons toutes les trois d'un pas vif derrière oncle Josek, les yeux baissés, silencieuses, terrifiées. Nous pensions tous que quand nous sortirions du bunker, ce serait pour retrouver la liberté et notre ancienne vie. Mais par ce matin glacial, nous ne croisons que des patrouilles de nazis et de miliciens ukrainiens. Il n'y a plus l'ombre d'un Juif dans les rues de mon quartier.

Autrefois, en me promenant dans ces mêmes rues, je rencontrais Uchka, Zygush, Zosia, Rela, Dudio, Josek et d'innombrables parents et amis. Nous faisions étape sous des arcades de la place pour acheter un bonbon ou des marrons grillés. Dans l'air piquant de l'hiver, la fumée du brasero me chatouillait les narines. En temps normal, nous aurions marché toutes les trois main dans la main ou bras dessus bras dessous, en bavardant et en riant. Les femmes auraient arrêté maman dans la rue pour lui demander où elle avait trouvé le tissu ou le patron de notre dernière robe. Nous avions toujours une bonne raison d'aller nous promener en ville : il y avait les fêtes de charité et les soirées à préparer ; les courses à faire pour la soupe populaire ; les séances d'essayage et les cours de couture... Salka la Cosaque menait tout de front et nous emmenait partout. Mais plus que des promenades, nos sorties en ville étaient l'occasion de voir du monde. Mais ce matin, il n'y a plus d'odeur de marrons grillés. Nous marchons comme une colonne de prisonnières, et nous n'avons le droit ni de bavarder ni de tenir la main de notre mère. Par chance, les soldats allemands tout occupés à blaguer entre eux ne nous remarquent même pas. Sous leurs visages roses et frais, ils ont des allures de conquérants insensibles au monde qui les entoure. Sous nos vêtements élimés et nos épaules courbées, nous sommes invisibles. Je préfère cela.

Nous suivons Josek le long des hautes murailles fortifiées de la cathédrale et du monastère. Le ghetto commence au bout de la rue, à l'angle des fortifications et de la rue Turiniecka. Le grand portail en fil de fer barbelé est juste là, devant nous. J'aperçois les gardes du coin de l'œil, mais je rebaisse bien vite le nez sur mes chaussures détrempées par la neige fondue. Josek adresse un sourire et un signe de tête aux gardes et nous fait pénétrer dans le ghetto. Nous ne sommes rien. Rien que des bêtes de somme que l'on déplace d'un endroit à un autre.

Le ghetto occupe la majeure partie de la ville juive. C'est un cauchemar. Des cadavres ambulants au ventre gonflé par la faim errent sur les trottoirs, tandis que dans les cafés des veaux gras se pavanent dans leurs plus beaux habits, s'empiffrent et boivent avec de l'argent gagné au marché noir, ou pire. Je les vois rire et s'amuser derrière les fenêtres, d'un rire grotesque, aussi grotesque que leur visage. Je ne juge pas : je n'en suis même pas là. J'ai peur, tout simplement, et tout autour de moi ne fait que renforcer cette peur. Le bunker me manque, tout d'un coup. Là-bas aussi, j'avais peur, c'est vrai. Mais je m'y sentais plus en sécurité, moins exposée, à l'abri des regards des policiers ukrainiens, des jeunes Allemands resplendissants de santé et de mes anciens camarades polonais. Est-il là, celui qui nous vendra pour quelques litres de vodka ?

Deux jours après notre arrivée chez Uchka, nous apprenons que tout cela n'était qu'une fausse alerte. Nous pouvons retourner au bunker. Maman décide de rester quelques jours de plus pour essayer de vendre ce qui reste de notre garde-robe. Qui aurait pu prédire que tous les sous-vêtements de soie qu'elle achetait en allant prendre le thé et qu'elle glissait dans la commode avant que papa ne rentre à la maison nous sauveraient un jour la vie ? Je ne sais pas combien de kilos de pommes de terre exactement nous avons eu pour une combinaison de soie, mais c'était beaucoup.

Josek nous aide à ressortir du ghetto. Nous craignons maintenant que quelqu'un ne nous voie rentrer chez les Beck. Les maisons du quartier sont pratiquement collées les unes aux autres. Au printemps et en été, elles sont cachées par les ramures des gros arbres qui bordent les rues ; mais en hiver, elles sont entièrement à découvert. J'ai l'impression qu'il y a autant d'yeux que de fenêtres dans la rue et qu'ils sont tous braqués sur nous. Je guette le moindre frémissement de rideau, mais je ne vois rien. Beck nous attend et nous fait vite entrer. Quel soulagement que de retrouver le bunker ! Les autres sont déjà là. Mania et moi nous effondrons, épuisées.

Le lendemain matin, je me réveille aux aurores. Tout le monde dort encore. C'est dans ces moments-là, mes seuls de véritable solitude, en fait, que j'arrive le mieux à écrire. Le reste du temps, dans nos neuf mètres carrés surpeuplés, il se passe toujours quelque chose pour me déconcentrer. Et le regard des autres me met mal à l'aise. Personne ne me demande ce que j'écris, mais je sais qu'ils craignent tous que j'en raconte trop, ou trop mal. Que je me répande en considérations subjectives. Que je consigne pour la postérité les petites mesquineries qui, parfois, l'emportent sur l'esprit de conciliation.

Mania ouvre bientôt les yeux. Elle se glisse vers moi, m'embrasse, puis dépose un baiser sur la joue de papa. Nous espérons que maman rentrera du ghetto aujourd'hui.

Trois coups à la trappe. M. Patrontasch enjambe sa femme et sa fille pour aller ouvrir. Comme toujours, l'abattant se soulève avec le soupir satisfait d'une portière de Rolls-Royce. Le visage sec et intimidant de M. Beck apparaît en contre-plongée dans l'encadrement de la trappe. Klara lève la tête, pensant que c'est peut-être elle qu'il vient chercher. Depuis quelque temps, il la fait effectivement monter pour lui tenir compagnie quand il est seul. Mais ce matin, il ne vient pas pour cela, car j'entends Julia et Ala marcher là-haut.

Nous attendons les nouvelles du jour. En général, s'il est de bonne humeur, il nous rejoint avec une bouteille de vodka qu'il a « libérée » du dépôt allemand d'alcool avec des cigarettes et une brassée de journaux. Mais ce matin il ne descend pas. Il a les mains vides. Il dit simplement : « Monsieur Schwartz, je peux vous parler un instant, je vous prie ? »

C'est la première fois que je l'entends parler sur un ton aussi grave. Il n'a jamais demandé à parler seul à seul avec personne. Que veut-il à mon père ? Je ne vois qu'une explication : il est arrivé quelque chose à maman. Mon père approche, recroquevillé sous le plafond du bunker. M. Beck poursuit : « Je vous en prie, monsieur Schwartz, venez plus près. » Papa déplie sa longue silhouette et passe le buste par l'ouverture. Il flotte dans son pantalon, qui ne tient plus qu'avec des bretelles.

Mania m'agrippe la main. Elle a aussi peur que moi. Pendant les quelques secondes que durent leurs messes basses, tous les scénarios les plus noirs défilent dans mon esprit. Maman est morte ; elle a été arrêtée, déportée ou fusillée ; elle est en prison ou mourante… Je panique. Le sang cogne à mes tempes. C'est de maman qu'il s'agit ! Ce ne serait bien sûr pas la première à qui il arriverait malheur. D'autres mères ont été tuées, d'autres pères, frères et sœurs. Mais ce n'étaient pas les miens. Et je mesure soudain la monstruosité de la gratitude que j'ai pu éprouver parce que ma famille était épargnée alors que d'autres étaient anéanties.

Je tends l'oreille, essayant de saisir des bribes de leur conversation. Mais entre tous ces gens qui toussotent, gigotent et reniflent, je ne m'entends plus penser et j'entends encore moins ce que M. Beck dit à mon père. C'est incroyable le bruit que peuvent faire dix personnes sans même dire un mot ! Les inspirations et les expirations me paraissent aussi puissantes que le rugissement du vent. Mais c'est peut-être mon propre souffle qui m'assourdit.

Mon père redescend. La trappe se referme sur lui et il se glisse vers nous. Oubliant qu'il n'y a qu'un mètre vingt du sol au plafond, il se redresse et se cogne sur les solives du plancher d'en haut. Son crâne saigne, mais il ne s'en aperçoit même pas.

Il se racle la gorge et, du ton neutre qu'il prend pour nous annoncer les pires nouvelles, il nous explique qu'Uchka a attrapé le typhus et que maman a décidé de rester pour s'occuper d'elle et des enfants.

Tous les gestes se figent. La lame du couteau s'arrête sur la pomme de terre ; pas une gorgée d'eau ne descend ; la première cigarette reste éteinte entre les lèvres. Même Mme Melman repose son précieux pichet.

Les poux qui transmettent le typhus sont les meilleurs alliés des nazis. Ils ont débarqué à Zolkiew main dans la main avec l'envahisseur. Nous les traquons partout. La moindre lente est notre ennemie. Nous passons des heures à nous épouiller consciencieusement, à inspecter notre literie, et jusqu'aux doublures des vêtements qu'ils affectionnent tant.

Mania rompt le silence : « Le typhus ? Quand revient-elle ? Papa, tu ne peux pas la laisser là-bas ! Maman va mourir !

— M. Beck a peur que l'épidémie arrive chez nous », répond papa d'une voix blanche.

Il est en train de prononcer la sentence de mort de maman. Mania, fidèle à elle-même, le met au pied du mur : « Comment ? Et tu vas laisser faire ça, papa ? Alors c'est fini ? NON ! »

Je suis peut-être égoïste et inconsciente, mais je veux tant que maman revienne que j'implore mon père : « Nous devons la ramener ici, papa ! Papa, je t'en supplie ! » J'insiste, car tant que Mania et moi protestons, supplions et plaidons, il reste au moins un brin d'espoir. Bien sûr, quand nous serons à court d'arguments, nous finirons par nous résigner et par accepter l'inévitable.

Mon père, lui, est déjà résigné : « J'ai supplié M. Beck. Je lui ai proposé de l'argent, notre entreprise, tout ce que nous avons, mais sa décision est irrévocable. Il n'a pas le choix. »

Le sacrifice de maman sauvera tous les occupants du bunker. Je lis le soulagement sur leur visage, surtout dans les yeux de Mme Melman. À cet instant, je la déteste. Pourtant, je la comprends aussi. Elle tient à la vie et craint surtout pour son petit Igo. Les Melman et les Patrontasch aiment beaucoup maman, mais qui serait assez fou pour accueillir en toute connaissance de cause une femme atteinte du typhus dans ce réduit humide et insalubre ? Les sentiments n'ont pas leur place dans les questions de vie et de mort. Nous sommes des loups, prêts à nous sauter à la gorge pour sauver notre peau. Et pourtant, nous sommes condamnés à vivre ensemble pendant encore Dieu sait combien de temps. Si par malheur il arrivait quelque chose à maman, Mme Melman devra affronter mon regard chaque jour que nous passerons dans ce bunker de terre battue.

Je m'entends dire à mon père que je pourrais la ramener. Je l'entends me demander comment, et ma voix lui assure que je parlerais à Beck. Est-ce bien moi qui ai parlé ? Je n'ai jamais contesté aucune décision de mon père. Je ne l'ai jamais contredit. Je n'ai jamais levé la voix en sa présence. « Tu honoreras ton père et ta mère », est-il dit dans les Dix Commandements, et j'ai toujours suivi ce précepte à la lettre. Mais comment envisager la vie sans maman ? Je sais de tout mon être qu'une part de moi mourra si elle meurt ; que si j'ai une once de volonté ou de courage, c'est maintenant que j'en ai besoin. Et si je ne le fais pas, ma vie n'a aucun sens. Il me regarde d'un air perplexe. Ma voix tremble. Je n'ai aucune idée de ce que je vais bien pouvoir dire à M. Beck pour le convaincre de laisser entrer le typhus dans cette maison.

Le lendemain, pendant que M. Beck est au travail, Julia m'invite à la cuisine. Elle ne dit rien, car nous savons toutes les deux qu'elle n'a pas voix au chapitre dans cette affaire. C'est Beck et Beck seul à qui je dois parler. J'avale un verre d'eau et Julia attrape déjà son pichet pour me servir un deuxième verre. C'est un rituel. Dès que j'ai une occasion de monter, Julia m'accueille avec de l'eau fraîche et des brioches. Je n'ai pas de mots pour dire combien cette eau est délicieuse et à quel point je me sens coupable de la boire.

J'essaie de remettre de l'ordre dans mes idées et Julia va me chercher une brioche. J'en plie la moitié dans une serviette pour Igo et Klarunia. Rien, pas même la mort imminente de maman, ne m'empêchera de partager mes privilèges avec les enfants. Les nazis pourraient enfoncer la porte que je continuerai à ramasser des miettes pour les petits. C'est un réflexe. Julia m'a vue et m'apporte ce que je prends tout d'abord pour d'autres brioches, mais ce sont en fait des pommes de terre et des *kasha knishes*[39]. Ses yeux brun foncé débordent de compassion. « C'est le typhus, Clarutchka. M. Beck a peur, et c'est lui qui porte cette responsabilité sur ses épaules. Mais à ce qu'il sait, Salka ne l'a pas encore attrapé. » Je plonge mon regard dans le sien. Je veux qu'elle me dise qu'elle va parler à M. Beck et qu'elle va s'arranger pour que maman puisse revenir auprès de nous, mais elle ne dit rien. Elle me dépose un baiser sur le front et sort de la pièce. Je regarde la pendule. Je dois absolument aller au ghetto avant qu'il ne soit trop tard. À cet instant, Ala passe discrètement la tête par la porte. Un doigt posé sur les lèvres, elle me fait signe de venir dans sa chambre. J'emballe les *knishes* et je la suis.

« Je vais t'y emmener », me chuchote-t-elle.

Je n'en crois pas mes oreilles. Ala a dit cela sur un ton aussi désinvolte que si elle m'invitait à aller voir un film à l'Aigle. Je ne trouve plus mes mots. « Mais ton père ne veut pas qu'elle revienne à la maison.

— Tu sais bien qu'il ne peut rien me refuser. Et si nous la ramenons, il la laissera entrer et en bas, personne n'osera rien lui dire. »

---

39 *Kasha knishes* : boulettes de sarrasin grillé.

Abasourdie, je l'écoute poursuivre : « Nous passerons simplement pour deux jeunes filles sorties un peu s'amuser. » S'amuser ? À Zolkiew ? Dans un Zolkiew infesté par les nazis ? A-t-elle perdu la raison ? Elle éclate de rire.

« Que veux-tu qu'il nous arrive ? »

Je vis dans la crainte de la désapprobation de M. Beck. Comme nous tous dans le bunker. Nous ne le contrarions jamais ; nous ne discutons jamais ses décisions.

De nous tous, Ala est la seule à ne pas avoir peur de M. Beck. Depuis qu'elle sait marcher, son père l'emmène partout où il va, à Lvov, Varsovie ou Cracovie. Il lui a appris à marchander aux halles et à jouer aux cartes. Ils passent des soirées ensemble à rire et à danser avec la radio à fond. Dès qu'ils vont se promener, elle passe son bras sous le sien, et si quelqu'un peut braver Beck, c'est bien Ala.

Je ne sais pas comment j'ai convaincu mon père. Je m'attendais à ce qu'il me gronde, mais il s'est borné à hocher la tête — ce qui en dit long sur son désespoir et son impuissance. Mon père, lui qui a passé sa vie à mettre les *tephillin*[40] et est capable de tenir la dragée haute au rabbin pendant des heures sur les interprétations les plus ésotériques du Talmud[41],

---

40 Tephillin : ou phylactères, désigne les deux cubes de cuir montés sur des lanières qu'on place sur son front et son bras gauche au moment de la prière du matin. Ils renferment les passages de la Torah portant sur le commandement divin qui en prescrit l'usage.

41 Talmud : compilation des écrits rabbiniques se rapportant aux préceptes religieux et aux coutumes, et codes éthiques édictés par la Loi juive.

ne trouve rien à redire. Il croit peut-être encore aux miracles. Il laisse sa fille quitter ce havre de sécurité au risque de se faire arrêter, d'y laisser la vie et de compromettre celle de tous nos compagnons. Je m'étonne aussi que les autres familles ne fassent rien pour me dissuader de cette entreprise insensée. Sommes-nous tous devenus fous ? Mon arrestation pourrait être encore plus dangereuse que le retour de maman. Leur silence m'arrange trop pour que je cherche à le comprendre. Je vais dans un monde où tous les murs et les immeubles sont placardés d'affiches rappelant qu'abriter des Juifs, les aider et les soutenir de quelque façon que ce soit, se promener dans les rues après le couvre-feu, entrer dans le ghetto est strictement *verboten* et passible de mort. En suivant Josek au ghetto il y a quelques jours à peine, j'ai vu ces affiches imprimées en caractères gothiques — ces horribles lettres qui me sont aussi insupportables que le swastika du drapeau nazi.

Nous partons à huit heures du soir. Ala m'assure que nous n'avons absolument rien à craindre. Elle me répète que nous sommes simplement deux jeunes filles qui vont s'amuser dans Zolkiew. J'ai retiré mon brassard. C'est une nuit froide et claire. Mon cœur bat tellement fort que je crains de réveiller les morts du cimetière. La neige fraîche et craquante crépite comme des pétards sous nos semelles. Malgré mon manteau bien chaud, je suis glacée jusqu'aux os. Tout ce qui dépasse, mon nez, mes joues, le bout de mes oreilles, me paraît aussi dur et fragile que de la porcelaine. Malgré deux épaisseurs de collants et des chaussons feutres épais sous mes bottes, j'ai les pieds gelés. Mais le vent mordant et la température polaire jouent en notre faveur : les rues sont désertes.

Je cache mon visage sous mon chapeau et derrière mon écharpe. J'essaie de ne pas penser aux SS et à la Gestapo, qui ont installé leur Q.G. dans l'ancienne résidence du gouverneur, juste derrière le parc où nous allions faire du patin à glace. Je chasse de mon esprit l'image des redoutables auxiliaires ukrainiens, qui détestent tant les Juifs. Ils ont la gâchette encore plus facile que les SS et la Gestapo réunis.

À vrai dire, Ala et moi n'avons pas vraiment réfléchi aux détails de notre équipée.

En apercevant ma maison de l'autre côté de la rue, je meurs d'envie de pousser la grosse porte de bois brun et de retrouver la grande pièce, où Mania et moi dormions à côté du poêle pour avoir bien chaud, même dans les hivers les plus froids. Je m'endormirais et quand je me réveillerais, rien n'aurait changé. Ala surprend mon regard. Elle me tire par le bras. Nous passons devant les murs roses du couvent.

Il doit bien y avoir des patrouilles dans la rue, même si nous n'en voyons pas. Nous ne les entendrions pas par-dessus le craquement de nos bottes dans la neige.

Je claque des dents, plus de peur que de froid. Ala me serine doucement à l'oreille : « Parle, Clara, parle, ça t'évitera de claquer des dents. » Elle n'arrête pas de jacasser depuis que nous sommes parties. Elle parle de tout et de rien, et de tous les hommes qui sont tombés amoureux d'elle. Il y en a tant que j'oublie aussitôt leur nom ; tant de garçons si esseulés avec leur mitraillette qu'ils vont quémander un peu de tendresse, de chaleur, et peut-être d'amour auprès du peuple qu'ils ont soumis. Elle me raconte les derniers films qu'elle a vus, me décrivant par le menu les robes et les coiffures des actrices. Qui aurait dit que cette jolie jeune fille frivole et écervelée était en train de risquer sa vie en accompagnant une petite fille juive au ghetto, au mépris du couvre-feu ? J'ai moi-même du mal à y croire.

Le ghetto est tout près. La lune fait danser la lumière sur les hauts murs blancs de la synagogue. Dans la nuit, la silhouette de la citadelle ressemble à un vaisseau fantôme.

Devant la clôture de barbelés, je fais signe à Ala de rebrousser chemin. L'appartement d'Uchka n'est plus très loin et je ne sais pas pour combien de temps j'en aurai. Il me faudra peut-être des heures avant de pouvoir ramener maman et je ne veux pas qu'Ala attende dans le froid glacial, seule, après le couvre-feu. Elle en a déjà fait plus qu'elle n'aurait dû, mais elle insiste pour rester avec moi.

Désormais, nous ne sommes plus deux jeunes filles parties s'amuser en ville dans la nuit froide. Si nous nous faisons arrêter, ni le charme d'Ala, ni son baratin, ni même son rire cristallin et l'éclat irrésistible de ses yeux ne pourront nous tirer d'affaire.

L'appartement d'Uchka n'est qu'à trois portes du Judenrat. Il y a des réunions tous les soirs au Judenrat, et les SS et la Gestapo ne sont jamais bien loin.

Je répète à Ala qu'elle doit rentrer. « D'accord », souffle-t-elle. Je me glisse sous les barbelés et je marche aussi vite que je le peux. Soudain, j'entends des pas derrière moi. J'ai peur de me retourner, mais ma curiosité est la plus forte. C'est Ala ! Il y a dans ses yeux une telle détermination que je comprends qu'il n'y a rien à lui dire.

Je pénètre dans l'immeuble. Ala m'attend de l'autre côté de la rue, cachée dans le renfoncement d'une porte. Trouverai-je le courage de frapper chez Uchka ? Les jambes en coton, c'est à peine si j'arrive à monter les marches. Que vais-je trouver derrière cette porte ?

Je tape trois petits coups secs sur le bois. Après un très long silence, j'entends la voix méfiante de maman : « Qui est-ce ?

— C'est moi, Clarutchka. »

Elle m'ouvre. Je ne sais pas si elle est contaminée ou non. Il est impossible de le savoir au premier coup d'œil, car les pustules ne touchent ni le visage ni la paume des mains. Je pensais qu'elle m'ouvrirait grand les bras, mais non. Au contraire, elle est furieuse : « Rentre immédiatement à la maison ! » Comment sa petite fille si maligne a-t-elle pu être aussi inconsciente ?

Elle essaie de me claquer la porte au nez, mais je la bloque avec mon pied et je me glisse à l'intérieur, en refermant derrière moi. Maman me barre le passage. Je n'irai pas plus loin.

La pièce est pleine de malades qui geignent. J'aperçois Uchka et le cousin de son mari. Mais il fait trop sombre pour que je distingue autre chose. Les malades ont les yeux sensibles et la lumière leur donne de terribles migraines. Une odeur pestilentielle me soulève l'estomac. Maman a le visage rouge et elle transpire. « Maman, je t'en supplie, reviens à la maison ! » Je pleure toutes les larmes de mon corps. Je scrute son visage et j'essaie d'inspecter ses bras et ses mains, mais je ne vois rien. J'ai bien trop peur de lui demander si elle est contaminée. Elle ne désarme pas. « Rentre à la maison ! Repars, tout de suite !

— Maman, je t'en supplie ! Tu n'as pas le droit de tomber malade ! Tu ne peux pas ! » Je lui attrape les mains et j'essaie de lui remonter la manche pour voir s'il y a des pustules sur ses bras. Elle se dégage brusquement, me repousse, m'attrape par la nuque et me met littéralement dehors. Elle m'a poussée si fort que je manque plusieurs marches. Si je n'avais pas attrapé la rampe, j'aurais dévalé l'escalier.

Maman m'effraie. Elle a l'air folle. Elle ne m'a jamais grondée avec une telle violence. Elle me poursuit de ses hurlements : « Tu crois que je peux la laisser tomber ? Tu crois qu'elle m'aurait laissée tomber, elle ? Tu crois que tu abandonnerais Mania ? Et tu crois qu'elle t'abandonnerait ? Allez, file ! Et plus vite que ça ! Rentre à la maison avant de te faire prendre ! Ton père sait-il que tu es ici ? »

J'arrive tout juste à hocher la tête. Maman secoue la tête, consternée, et blêmit légèrement : « Et il t'a laissée partir ? Il t'a laissée partir ? »

J'acquiesce. Elle n'ajoute pas un mot. Elle ne me dit pas si elle est malade ou pas. Elle ne me dit pas si Uchka va survivre ou mourir. Je n'ai vu ni Zygush ni Zosia. Je ne sais pas s'ils sont dans cette pièce pleine de malades ou bien s'ils sont à l'abri ailleurs. Elle ne me dit pas si elle a l'intention de rentrer à la maison ou de rester dans le ghetto. Sans un mot d'adieu, sans un baiser ni un sourire, sans une caresse, elle me tourne le dos, rentre dans l'appartement et referme la porte derrière elle.

Je reste au pied de l'escalier, pétrifiée, les yeux rivés sur cette porte. Maman ne m'a jamais parlé sur un ton pareil. Je ne l'ai jamais vue aussi furieuse. Elle m'a toujours donné des ordres avec des sourires, des caresses et des baisers. Je ne sais pas si c'est parce que j'étais une enfant particulièrement docile ou parce que je vivais dans un monde d'amour, bien protégé. Toujours est-il que je repars bredouille, et que je dois retraverser la ville glacée pour rejoindre mon père et ma sœur… sans maman. Je n'ai jamais songé un instant qu'elle refuserait de me suivre.

Dans la rue, Ala me voit redescendre seule. Je lui explique brièvement. Elle me prend par le bras et se remet à bavarder. Nous sommes à nouveau deux jeunes filles insouciantes et frivoles. Sur le chemin du retour, je n'entends pas un mot de tout ce qu'elle me raconte. Je marche en pleurant, la peur au ventre. Mes larmes glacées me piquent les joues. Mais je m'en fiche. Je ne sais pas si je reverrai un jour maman. Je ne sais pas comment je vais annoncer cela à papa et à Mania. Terrassée par le chagrin et l'inquiétude, je n'ai qu'une envie : retrouver notre bunker. Je pense à maman et à Uchka, bien sûr, mais je n'ai même pas honte de mon égoïsme.

À la maison, Beck nous attend de pied ferme. « Allez, dépêchez-vous d'entrer, avant que la Gestapo ne vous repère ! » tempête-t-il. Ala embrasse son père et me conduit près du poêle où nous enlevons nos gants pour nous réchauffer les mains. Ala continue de papoter joyeusement, comme si nous rentrions d'une quelconque petite balade.

Beck est soulagé de retrouver sa fille entière, et sa colère laisse place à une tendresse toute paternelle. « Non mais regardez-vous, toutes les deux ! s'exclame-t-il en touchant le nez et les oreilles de sa fille et en lui prenant les mains pour les réchauffer. Des glaçons ! Tenez, voilà de la soupe. Buvez quelque chose de chaud. »

Je n'attends pas la soupe. Je repars directement vers le bunker. Je frappe sur le plancher, en chuchotant : « C'est Clara. » La trappe se soulève. Mon père et Mania sont juste derrière M. Patrontasch. Je me glisse jusqu'à ma paillasse, sans un commentaire.

Mon père veut savoir comment va maman. Je lui dis qu'elle a l'air d'aller bien et que je n'ai vu aucun symptôme de la maladie. Plus tard, quand nous sommes tous couchés, Mania me chuchote à l'oreille : « Elle va vraiment bien ? Elle est toujours vivante ? Je te connais. Tu as peut-être eu peur de dire la vérité à papa. » Je lui raconte combien maman était en colère et comment elle m'a poussée dans l'escalier en m'attrapant par la peau du cou. Je devine un petit sourire espiègle sur les lèvres de Mania. Ma mésaventure l'amuse et la rassure. Je sais qu'elle est en train d'imaginer maman aussi fâchée contre papa que contre moi, mais en pleine forme et rayonnante de santé. Comme si cette image pouvait nous faire tenir debout au cas où maman ne reviendrait plus.

Je ne trouve pas le sommeil. Je suis trop agitée pour être fatiguée. Mais je voudrais dormir pour ne plus avoir à imaginer un monde sans maman.

Chapitre 6

LA SOLUTION FINALE

De février à début avril 1943

*Nous sommes au XX*e *siècle. Mais on se croirait revenus aux pires heures de l'Inquisition. Des agents de la Gestapo ont garé des camions au pied d'un immeuble du ghetto et y ont jeté des hommes, des femmes et des enfants en les poussant par les fenêtres. Certains étaient armés de haches. L'un d'entre eux a littéralement déchiqueté Nusik Lichter, un neveu des Patrontasch qui n'avait que douze ans. Les autres Juifs ont été regroupés dans une rue. Josek, Rela, Uchka et les enfants ont eu de la chance, cette fois-ci.*

M. Beck est vraiment très dévoué. Il n'arrête pas de faire la navette entre la maison et le ghetto pour prendre des nouvelles de maman et nous tenir au courant de l'état de santé d'Uchka. Après son travail, il passe des heures à l'entrée du ghetto, juste sous les fenêtres de l'appartement d'Uchka, à bavarder et à boire avec les policiers et ses amis, en attendant de pouvoir parler à Josek. Il s'efforce de nous remonter le moral en nous annonçant que les Russes ont repris Stalingrad, après une bataille acharnée

— la plus meurtrière de la guerre. Mais Stalingrad est loin et nous nous inquiétons davantage pour tous ces gens qui meurent dans le ghetto jour après jour. Beck a vu les Allemands entasser des cadavres sur des charrettes que l'on poussait vers le cimetière ; il s'est approché pour voir s'il reconnaissait quelqu'un dans cet enchevêtrement de corps émaciés et disloqués. Grâce à Dieu, il n'a vu ni Uchka ni maman. Puis, il a attendu de savoir qui avait été massacré et, en rentrant, il a pu nous assurer que maman était toujours vivante. Josek lui a dit qu'avec Rela ils essaient de trouver quelqu'un qui veuille bien s'occuper d'Uchka pour qu'elle puisse partir.

Chaque fois qu'il rentre du ghetto, M. Beck nous rapporte fidèlement toutes les informations qu'il a pu glaner, mais il nous rappelle aussi qu'en aucun cas il ne pourra laisser maman revenir au bunker. Quand je l'entends répéter que la survie du groupe est plus importante que la vie d'une seule personne, j'ai envie de lui hurler au visage. Et, dans ces moments, je ne supporte plus de voir Mme Melman et Mme Patrontasch échanger à voix basse leurs petits commentaires. Je les étranglerais ! Mais je ne laisse rien paraître de mon exaspération. Je connais les règles, et je m'abstiens scrupuleusement de protester, de négocier, de supplier ou de plaider pour la vie de maman. En bonne fille aînée, j'ai pris le relais de maman, et c'est maintenant moi qui prépare notre ration de pommes de terre, distribue l'eau, fais la vaisselle, et replie nos paillasses tous les matins. Jour après jour, je m'installe dans cette triste routine. Mais à travers tous ces gestes, j'ai le sentiment d'être dans l'imposture, de trahir maman. J'attends le soir pour trouver un peu de réconfort en priant et en parlant tout bas avec Mania.

Trois jours après mon escapade au ghetto, nous entendons la porte d'entrée grincer sur ses gonds et les pas de Beck approcher de la trappe. Il n'est pas seul. Il frappe sur le plancher. Patrontasch ouvre. Le visage de maman se détache sur le carré de lumière. Beck l'aide à descendre et nous lui tombons dans les bras. Nous sommes enfin réunis ! Tous les quatre ! Dans mon émotion, je hoquette des « maman », sans parvenir à rien articuler d'autre. J'aperçois du coin de l'œil Mme Melman qui s'apprête à protester, mais elle n'a pas le temps d'ouvrir la bouche que M. Beck coupe court à tout commentaire : « Pas un mot. Si le Seigneur a choisi de la faire revenir ici, c'est que telle est Sa volonté. Je ne veux rien entendre. »

Il tourne les talons et la trappe se referme sur nous. Personne ne fait la moindre allusion au typhus ni aux poux, personne ne sort les bombes de désinfectant. Un peu plus tard, Julia l'invite à prendre un bain. En revenant, elle nous parle de sa sœur. Uchka est très malade, mais elle lui a assuré qu'elle s'accrochera à la vie, car elle n'a pas le droit d'abandonner Zygush et Zosia. Elle nous raconte que, tous les jours, elle voyait M. Beck attendre des heures entières sous ses fenêtres, et elle bénit le ciel d'avoir mis cet homme sur notre chemin. Puis elle demande à mon père où il a trouvé l'argent pour acheter la soupe pour Uchka et les autres. Papa ne comprend pas de quoi elle parle. Chaque jour, Josek apportait une marmite de soupe en lui disant que cela venait de nous. Mais mon père n'a jamais donné un zloty à Beck.

En haut, Beck fredonne un vieil air allemand, *Tout est bien qui finit bien*. Cet air deviendra son code, pour nous faire comprendre que tout va bien : que les nazis sont partis ; que nous pouvons parler ; qu'un danger est écarté. Ces quelques notes me remontent presque autant le moral que le retour de maman, car elles me disent que nous allons nous en tirer ; que la foi de Beck est encore plus forte que la nôtre ; que, malgré sa réputation douteuse et ses nombreux écarts de conduite, il a la carrure d'un *mensch*[42], l'envergure d'un véritable *tsaddik*. Et je sais que quand il dit que nous sommes entre les mains de Dieu, ce n'est pas une simple expression, ni même un simulacre de foi, mais la foi incarnée. Je n'en finis pas de remercier Dieu de nous avoir ramené maman et envoyé M. Beck.

Passé le moment des effusions, maman jette un coup d'œil sur le bunker et se met à rire : « Si vous saviez comme cet endroit m'a manqué ! » C'est la réflexion la plus drôle que nous ayons entendue depuis que nous sommes arrivés ici et, à cet instant, tout est oublié. Je ne déteste plus les autres familles, je ne leur en veux plus. Nous sommes à nouveau ensemble. Ce soir-là, Mania et moi dormons toutes les deux blotties dans les bras de maman.

Le lendemain, Josek amène Rela au bunker, avec la bénédiction de M. Beck. Josek est protégé par son uniforme, mais la vie au ghetto est bien plus dure qu'il ne l'aurait cru. Il promet à Rela de veiller sur leur fils et de lui donner de ses nouvelles par l'intermédiaire de Beck.

---

42 *Mensch* : un homme accompli.

M. et Mme Beck ne sont pas simplement nos protecteurs, ils sont aussi nos messagers. Et leur générosité est sans borne. Ils vont jusqu'à se donner la peine d'aller prendre régulièrement des nouvelles de Giza et Meyer à Mosty Wielkie. Giza a dit à M. Beck qu'à chaque fois qu'il reçoit un ordre de déportation, Krupp, le commandant allemand, tient tête aux SS et se refuse à leur livrer un seul de ses Juifs, trouvant toujours un bon prétexte. « Nous avons besoin d'eux dans nos usines d'armement. Ce sont des gens qui savent travailler. Notre calendrier de production ne nous permet pas de former de nouveaux ouvriers », leur dit-il. Alors que dans tous les villages de Galicie les Juifs sont exterminés, ceux de Mosty Wielkie sont en sécurité. Mais tout cela était trop beau pour durer. Car début février, en revenant de Mosty Wielkie, Beck nous raconte que Krupp a été remplacé par un haut gradé de la SS. En quelques jours, le nouveau commandant de la place a massacré mille cinq cents Juifs — dont Giza et Meyer. Nous sommes inconsolables. Giza ne pouvait pas mourir ! Elle aimait tant le théâtre et jouait dans toutes les troupes amateurs de Zolkiew... J'entends encore son rire, au moins aussi communicatif que celui d'Uchka. Je revois son visage rond mangé par de grands yeux noirs, rayonnant de douceur et de chaleur. Sans Giza, le monde ne sera plus jamais le même. Comme après chaque tragédie, maman me presse : « Écris, Clara, écris ! » Écrire pour témoigner. Écrire pour se souvenir. Écrire faute de pouvoir agir. Plus un jour ne se passe sans que nous n'apprenions la disparition d'un proche, d'un voisin, d'une connaissance. Nous vivons dans le deuil permanent.

Deux ou trois jours plus tard, Maria, la sœur de Julia, débarque chez nous, totalement affolée. C'est elle qui a repris l'ancienne maison des Beck, en dehors de la ville. Hors d'haleine, elle raconte aux Beck ce qui vient de lui arriver, d'une voix stridente entrecoupée de sanglots. Nous ne perdons pas un mot de son récit. Les nazis sont venus chez elle. Ils cherchaient les Beck et les Juifs qu'ils cachent, ont-ils dit. Par chance, elle n'était pas à la maison. Elle les a ratés de quelques minutes, et c'est une voisine qui lui a rapporté tout cela. Finalement, quand on leur a dit que les Beck n'habitaient plus ici, ils sont repartis sans même fouiller la maison. Maria a pris un raccourci par les bois et les champs pour venir nous prévenir au plus vite. J'imagine cette pauvre femme éperdue courant à toute allure dans cinquante centimètres de neige, les pieds trempés et glacés. Elle a pris de gros risques, car si un policier allemand ou un milicien ukrainien l'avait surprise dans sa course, elle était bonne pour un interrogatoire musclé ! Et même en coupant à travers champs, elle a eu de la chance d'arriver ici avant eux.

Au moment même où je me dis cela, nous entendons tambouriner à la porte. Ce sont les nazis ! « *Wir suchen Juden !* » hurlent-ils en cognant de plus en plus fort. Maria détale par la porte arrière. M. Patrontasch éteint l'ampoule et en bas, plus personne n'ose respirer. Nous restons prostrés dans le noir, terrifiés. Je serre très fort la main de ma petite sœur, en espérant que les nazis nous tuent sur-le-champ quand ils nous trouveront. Je prie pour les Beck. Je me demande ce qui peut leur passer par la tête à cet instant. Ils doivent nous maudire.

Le plancher crisse sous le pas léger d'Ala. Elle ouvre la porte et, de sa voix charmeuse et effrontée, elle minaude : « Que puis-je pour vous, messieurs ? »

Je ne sais pas à quoi ressemblent ces hommes, mais à sa place, je ne serais pas rassurée. « Nous cherchons des Juifs. Nous savons qu'ils sont là. » Ala laisse échapper un petit rire amusé : « Des Juifs ? Ici ? Vous ne savez donc pas qui est mon père ? Il déteste les Juifs. Allez à la taverne du coin, et demandez donc ce que Beck pense des Juifs ! »

Des perles de sueur roulent sur mon front et me piquent les yeux. La voix du policier se fait menaçante : « Je vous laisse une dernière chance. Où sont les Juifs ? » Ala se remet à rire, de bon cœur cette fois-ci : « Très bien, très bien. J'avoue. Je suis juive, ça ne se voit pas ? Eh bien, qu'attendez-vous pour m'emmener ? » Visiblement, le policier ne goûte pas la plaisanterie et hausse le ton. Ala se ravise et prend une voix toute penaude : « Je suis désolée. Mais tout cela est tellement absurde que je croyais que c'était une blague. Pensez-vous que je serais là à plaisanter avec vous s'il y avait des Juifs ici ? » Julia, terrorisée, intervient : « Excusez-la, messieurs. Ce n'est qu'une gamine insouciante… » Mais Ala ne désarme pas. « Je t'en prie maman, pour une fois que quelqu'un vient nous voir ! Je voulais juste plaisanter un peu avec nos visiteurs. Mais qu'est-ce qui a bien pu vous faire croire qu'une bonne famille de *Volksdeutsche* abritait des Juifs ?

— Nous n'avons pas le droit de le dire », répond l'Allemand.

Voyant qu'il s'est radouci, Ala retrouve son assurance.

« Vous n'avez pas idée de ce que nous vivons ! Les Polonais, les Ukrainiens, tout le monde dénonce tout le monde. Il y a dix ans, quelqu'un a acheté une truie. Et aujourd'hui, elle est stérile. Du coup, dix ans plus tard, on va aller clamer sur les toits que le vendeur de la truie stérile cache des Juifs… Oh, mon Dieu ! Regardez l'heure ! Je vais être en retard au travail ! Vous permettez que j'y aille ? »

C'est le second policier qui répond. Il a une voix jeune et mélodieuse, et je devine qu'il est tombé sous le charme d'Ala.

« Désolés pour le dérangement… Nous partons. Nous avons d'autres dénonciations à vérifier. »

Ala saisit la balle au bond. « Vous retournez en ville ? Je travaille à la poste. Vous pourriez peut-être m'accompagner ? »

Après encore quelques échanges de politesses, les Allemands repartent avec Ala et la porte se referme derrière eux. Nous soufflons !

M. Beck s'en va juste après eux. Ce soir-là, en rentrant, il descend directement au bunker. Sa décision est prise : il ne peut pas nous garder plus longtemps. Il a l'air totalement abattu. « Je suis absolument désolé, mais je n'ai plus le choix. Je dois penser à ma famille », nous dit-il tristement. Papa acquiesce. À sa place, nous aurions fait la même chose, lui assure-t-il. Beck repart demander à Josek de nous ramener au ghetto. Nous n'avons nulle part ailleurs où aller. Personne ne pleure, personne ne panique. Nous savions que ce moment viendrait, tôt ou tard. Nous sommes vidés, épuisés. La conversation avec M. Beck n'a pas duré une minute. Jamais une sentence de mort n'a été prononcée avec plus de bienveillance.

Nous avons à peine commencé à rassembler nos maigres effets que Beck frappe à nouveau à la trappe. À notre grand étonnement, ce n'est pas Josek qui l'accompagne, mais Gedalo Lauterpacht, le demi-frère de M. Melman. Beck a l'œil encore plus pétillant que d'habitude. « Nous sommes tous à la merci du Seigneur. Vous pouvez rester et je vous demande de faire une petite place à Gedalo. » Est-il devenu fou ? Ou bien est-ce un saint ? Quoi qu'il en soit, nous vivrons un jour de plus. Il nous rejoint avec une bouteille de vodka et trinque avec les hommes.

Gedalo nous explique que, quand les Allemands sont venus chez Maria, il était terré dans la cave avec son frère Hermann, la fiancée d'Hermann, Lola Elefant, et Icio, le petit frère de Lola. Nous tombons des nues. Nous étions à mille lieues d'imaginer que la sœur de Julia aussi cachait des Juifs. Hermann, Lola et Icio ont rejoint le ghetto, et M. Beck a ramené Gedalo ici.

La situation empire de jour en jour au ghetto : plus personne n'a le droit de sortir. Pas même les policiers, à moins qu'ils ne possèdent un laissez-passer spécial. Puis, le 15 mars, deux camions de la Gestapo sont arrivés et ont déporté au camp de Janowska tous ceux qui étaient convoqués à l'appel[43] ce matin-là.

---

43 Dans les ghettos, les Allemands convoquaient régulièrement les occupants pour les sélectionner : les plus robustes étaient envoyés en camps de travail ou affectés dans les usines d'armement, tandis que les autres étaient aiguillés vers les camps de concentration ou d'extermination, où une mort presque certaine les attendait.

C'est Lola qui nous a donné tous ces détails, car elle a réussi à s'échapper. Beck nous l'a amenée quelques jours après la déportation.

Quand elle a retiré son bonnet, nous avons tous sursauté en voyant retomber en cascade sur ses épaules des cheveux blancs comme neige. Elle n'a qu'une vingtaine d'années. Elle nous raconte d'une voix faible comment sa belle crinière brune a blanchi du jour au lendemain.

Quand, avec Hermann et son frère Icio, ils sont retournés au ghetto, les responsables du Judenrat leur ont annoncé que les nazis avaient officiellement établi un camp de travail à Zolkiew. Tous les habitants du ghetto seraient réquisitionnés ce qui, concrètement, signifiait qu'ils auraient la vie sauve. Les nazis ont recruté d'autres policiers juifs pour les aider à gérer toute cette main-d'œuvre, et ont organisé plusieurs répétitions pour montrer à leur commandant les compétences des ouvriers juifs. Le matin du 15 mars, le Judenrat a conseillé à tous les hommes de se présenter sous leur meilleur jour pour la sélection, à l'issue de laquelle on leur attribuerait des écussons marqués « W » (pour Wehrmacht) ou « R » (pour *Rüstung*[44]). Près de sept cents hommes, des maris, des pères et des fils, ont été rassemblés sur la place et conduits vers le stade — à côté du théâtre où Mania avait donné son concert.

Lola nous avoue qu'elle avait un mauvais pressentiment. Hermann lui avait ordonné de rester à l'appartement, mais elle est tout de même descendue voir ce qui se passait. Soudain, les portes du ghetto

44 Abréviation de *Rüstungsbetrieb* : usine d'armement.

se sont ouvertes toutes grandes et des centaines de policiers allemands et d'auxiliaires ukrainiens se sont engouffrés dans la rue principale. Ils ont bouclé le stade et ont cerné les hommes. Puis une voiture officielle est arrivée, suivie d'un convoi de camions. Le général Katzman, commandant de la police et de la SS, est descendu et a observé ses subalternes ukrainiens et allemands faire monter les hommes à l'arrière des camions à coups de matraque.

Lola les a aperçus pousser Hermann dans le camion. Quand il a levé la tête, leurs regards se sont croisés. C'est la dernière fois qu'elle l'a vu. Dans la confusion, elle n'a pas retrouvé Icio. Après le départ du convoi, les femmes, folles furieuses, se sont précipitées au Judenrat pour exiger des explications. Lola a senti le sol se dérober sous ses pieds.

Accablée de chagrin, elle n'a pas dormi pendant des jours. On lui a dit que les hommes avaient été conduits au camp de Janowska. Le jour de leur arrivée, un Juif a tué un gardien SS. En représailles, les Allemands ont fusillé deux cents des nouveaux arrivants. Lola ne savait pas si son fiancé et son frère étaient encore en vie. L'épuisement a fini par prendre son tribut et elle s'est effondrée. Quand elle s'est réveillée, ses cheveux avaient entièrement blanchi. Elle ne savait plus que faire de sa peau. Elle ne supportait plus l'appartement, peuplé de trop de fantômes, trop de souvenirs douloureux. Elle est sortie et a fait plusieurs fois le tour du ghetto.

À un moment donné, elle a entendu quelqu'un l'appeler doucement. Elle s'est retournée : c'était M. Beck, de l'autre côté de la clôture. Il était venu aux nouvelles. Il lui a demandé de revenir au même endroit le soir même. Il l'attendrait. Elle n'aurait jamais imaginé que c'était un Juste !

J'ai ma famille autour de moi et nous pouvons pleurer ensemble la mort de Dzadzio, de Giza et des autres. Lola, elle, porte seule la mémoire des siens. Et il n'y aura ni *shiva*[45] ni funérailles pour tous ceux qu'elle a perdus. Elle n'a pu confier qu'à son journal ce qui est arrivé à sa famille dans la rafle de novembre 1942, avant de trouver la force de nous le raconter.

Sa mère et sa sœur Genia étaient sorties quand l'*akcja* a commencé. Elle avait couru se réfugier à la cave avec son père, tandis que son petit frère Icio s'était caché au grenier.

Quand le crépitement des mitraillettes s'est enfin tu, son père et elle ont monté l'escalier sur la pointe des pieds. Ils ont retrouvé Icio coincé sous des poutres métalliques qui s'étaient effondrées sur lui. Il n'avait pas eu le temps d'enfiler des vêtements chauds et était resté immobilisé dans le froid glacial, le visage tourné vers la fenêtre qui donnait sur la grand-place. Il avait tout vu. Même s'il l'avait voulu, il n'aurait pas pu détourner le regard. Dès le début de la rafle, il a vu les agents de la Gestapo prendre position à tous les coins de rue et leur commandant ordonner aux habitants de sortir. La chasse aux Juifs était lancée. Il faut l'avoir vu pour y croire.

Lola était en train de frictionner les pieds engourdis d'Icio quand soudain ils ont entendu une

---

45 *Shiva* : période de deuil de sept jours, observée par les parents et amis d'un défunt.

violente déflagration et une voix de femme qui criait : « Sauvez-vous ! » Les Allemands avaient lancé une grenade dans un immeuble voisin.

Le chef de la Gestapo en personne fouillait les maisons pour débusquer les Juifs. Ils ont réussi à courir et à se glisser dans un petit renfoncement d'un mur du jardin. Par miracle, personne ne les a vus ni entendus. Quand ils sont sortis de leur cachette pour chercher sa mère et sa sœur, ils ont vu des Juifs agenouillés sur la place, des armes braquées sur eux. Ils sont restés là jusqu'à la nuit tombante. Puis la Gestapo les a conduits à la gare.

Ce jour-là, Lola a écrit dans son journal :

Quelque chose en moi s'éteint face à cet atroce spectacle. Je sais que dans la colonne qu'ils emmènent au train il y a ma mère et ma chère Genia. Je suis au désespoir. Je ne veux pas croire qu'elles marchent vers leur mort.

Le coup de sifflet du chef de gare m'a transpercé le cœur. Le train a démarré. Après, je ne me souviens plus de rien. Je crois que je suis en train de devenir folle.

Son père a essayé de la calmer. Ils ont longé la voie ferrée pour chercher des « sauterelles », comme nous l'avions fait avec Mania et Pepka Fisch. Ils en ont trouvé plusieurs qui étaient dans le même wagon que Mme Elefant et sa fille. Genia, très calme, rassurait les autres et les encourageait à se jeter du train en marche. Au début, sa mère ne voulait pas sauter, et Genia refusait de fuir sans elle. Elle a fini par se laisser convaincre, a poussé sa fille sur les rails et l'a suivie.

Quelques jours plus tard, deux jeunes fugitives ont entendu quelqu'un appeler en yiddish. Le cri venait d'une cour de ferme. C'était une femme, allongée dans la neige. Elle avait si froid dans ses vêtements lacérés et elle était si faible qu'elle n'arrivait plus à se relever. Elle avait reconnu les jeunes filles et les supplia d'aller trouver Lola pour lui dire que sa mère était vivante. Les soldats lui avaient tiré dessus, mais la balle n'avait fait que lui frôler les cheveux.

Maman est vivante ! Quel bonheur !... Je cherche désespérément une charrette, mais elles sont toutes prises pour transporter les cadavres. C'est un spectacle abominable. Chaque charrette croule sous un amas de corps et laisse derrière elle un sillage de sang. Les rues sont rouges de notre sang, comme s'il y avait eu une bataille dans la ville. J'ai l'impression que la terre va s'ouvrir sous mes pieds. [...] Je dois absolument trouver une charrette. Ma mère attend depuis hier soir. [...] Chaque seconde est un calvaire. [...] Je finis par persuader un paysan d'y aller. Je lui promets une coquette somme, et il se met en route. L'attente me paraît interminable. Mais que fait-il ? N'y tenant plus, je pars à sa rencontre. Je suis horrifiée : il ne ramène pas ma mère vivante, mais sa charrette est chargée de cadavres et elle est là, elle aussi, jetée sur le dessus du tas. « Reconnaissez-vous votre mère ? » me demande le caporal Schultz. Je hurle de désespoir. Maman est étendue au sommet de ce macabre amoncellement, la tête pendante ; elle n'a plus que sa robe et une veste fine sur le dos, et elle est pieds nus.

Des barbares lui ont fermé la porte au nez, ont refusé de la soigner et l'ont dépouillée. Elle semble endormie.

Visiblement, elle n'est pas morte depuis très longtemps. Je ne veux pas imaginer sa terrible agonie, seule dans cette cour glaciale. Dire qu'elle n'était qu'à trois kilomètres de chez nous. Mais elle était trop faible pour marcher. [...] Nous l'avons enterrée dans une fosse commune, avec soixante-dix autres victimes.

Lola a appris par le chef de gare de Glinsko, un petit village sur la route de Belzec, que sa sœur n'avait pas survécu, elle non plus. Elle est tombée sous les balles d'un soldat. Quelques semaines plus tard, son père, fou de douleur, succombait au typhus dans le ghetto.

En écoutant son récit, je ne puis m'empêcher de remercier une fois encore le Très-Haut d'avoir protégé ma famille. Nous sommes ensemble, mais pour combien de temps ?

Vers le 20 mars, Rela reçoit un message d'Uchka : Josek a attrapé le typhus, mais avec Dudio, ils font tout pour le soigner. Rela est dans tous ses états. Elle veut absolument rejoindre son mari. Rien ni personne ne peut l'en dissuader. Nous avons épuisé tous les arguments : elle n'a pas le droit de prendre de risques ; elle doit penser à son fils, qui aura besoin d'une mère après la guerre... Mais nous gâchons notre salive. Rela aime trop son mari pour l'abandonner maintenant. C'est à elle de s'occuper de lui, d'être à ses côtés, de le soigner, et de le remettre sur pieds. Elle fait demander à Laibek Patrontasch de venir la chercher. Ce soir-là, elle prend à peine le temps de nous dire au revoir avant de le suivre au ghetto.

Ce départ précipité nous bouleverse. Notre vie n'est plus qu'une succession de drames. Il n'y a plus rien de simple. Plus d'allées et venues innocentes. Et si peu de conversations légères.

Julia s'absente de plus en plus souvent pour aller voir ce qui se passe au camp de Janowska. Elle revient bientôt avec une bonne nouvelle : Hermann est vivant et travaille à l'huilerie du camp. Il a donc été épargné ! Lola n'osait plus y croire.

Toujours affable et travailleuse, Lola redouble d'énergie. Excellente couturière, elle entreprend de coudre des robes et des chemises dans de vieux chiffons et des vêtements élimés. Depuis quelque temps, Julia nous ramène aussi des chaussettes à ravauder pour les soldats allemands. Lola nous apprend à repriser, à coudre au point de croix, à démonter des vêtements pour en faire des neufs. Notre abri prend des allures d'atelier clandestin où, à l'approche du printemps, nous commençons à suer à grosses gouttes. Maman, Mania et moi accaparons pratiquement tout le travail, trop heureuses d'avoir enfin de quoi nous occuper les mains et gagner un peu d'argent. Julia va vendre nos pièces sur le marché de Lvov.

Lola a aussi apporté autre chose au bunker : la bonne humeur. Malgré tout ce qu'elle a vécu, elle a toujours un sourire pour Mania et pour moi. Elle adore nous enseigner les petites ficelles du métier et salue chacune de nos réalisations d'une avalanche de compliments, dignes des plus belles critiques de presse des grands couturiers parisiens !

Klara est également très occupée. Dès que Julia s'absente, Beck la fait monter sous prétexte d'aider à quelque tâche ménagère : des chemises à repasser, une pièce à nettoyer... Parfois, la porte vient à peine de claquer derrière sa femme et sa fille qu'il est déjà devant la trappe. Douze paires d'yeux désapprobateurs regardent Klara monter, et des regards noirs l'accueillent à son retour. À peine redescendue, elle retourne s'asseoir sur sa paillasse, avec une expression de défi mêlée de tristesse. Je ne comprends pas ce qui se passe. Mme Patrontasch chuchote à l'oreille de son mari, les femmes parlent tout bas ; les hommes murmurent : « Quelqu'un doit lui parler » ; « Monsieur Patrontasch, c'est à vous de le faire, c'est votre sœur » ; « Comment peut-elle faire une chose pareille ? Sous le nez de sa femme ! » ; « Elle nous enverra tous à la mort ».

Un beau jour, les hommes attendent Klara en tirant nerveusement sur leurs cigarettes. Ils ont décidé quelque chose, mais je ne sais pas quoi. Dès qu'elle redescend, ils vont immédiatement vers elle. Je n'ai jamais vu rien de tel dans le bunker. On se croirait dans un tribunal — à ceci près que les juges ont bien trop peur pour condamner l'accusée. Ils ont trop peur qu'elle ne brave leur verdict. Et ils ne savent que trop bien qu'ils n'ont aucun véritable pouvoir. Les femmes continuent à peler des pommes de terre, comme si de rien n'était. Je lève le nez du livre que je relis pour la dixième fois.

C'est M. Patrontasch qui prend la parole, d'une voix posée, mais nerveuse et gênée :

« Klara, nous avons beaucoup parlé.

— Je n'en doute pas une seconde, réplique calmement Klara.

— Je ne sais pas ce qui se passe là-haut, mais ça ne peut plus durer, reprend Patrontasch tout aussi calmement.

— Je n'ai pas envie d'en parler.

— Klara, notre vie est entre les mains de M. et Mme Beck.

— Cela ne vous regarde pas.

— Bien sûr que si, ça nous regarde ! Es-tu devenue folle ? À cause de toi, nous pourrions tous finir au cimetière ! »

Klara détourne le regard et son frère reprend :

« Il y a trois familles ici. Les Beck sont notre planche de salut.

— Fichez-moi la paix. Je n'ai pas envie d'en parler.

— Klara !

— Ça suffit. Laissez-moi tranquille. »

Elle se retourne vers le mur. Nous la regardons tous, interdits, sans comprendre son attitude.

Les hommes se replongent dans leurs journaux.

« Dieu merci, il ne veut pas de moi ! » me glisse Lola à l'oreille.

Je viens de comprendre que Beck et Klara ont une liaison. Cela me dépasse. Les temps ne sont vraiment pas aux histoires d'amour. En fait, je ne sais pas vraiment ce qu'est une liaison. J'ai presque seize ans, mais je n'ai jamais eu d'amoureux, et c'est tout juste si j'ai un jour été seule avec un garçon ou si j'ai dansé avec quelqu'un d'autre que mon oncle. Au fond de ce bunker, je n'ai pas les mêmes préoccupations que les adolescentes de mon âge qui vivent libres. Outre les nazis, les miliciens ukrainiens, les SS et la Gestapo, nous avons maintenant une autre raison de nous inquiéter. Que se passera-t-il si Julia découvre que son mari la trompe avec Klara ? Elle finira inévitablement par l'apprendre. Mais comment faire entendre raison à Klara ? Cette nouvelle épée de Damoclès ne fait qu'aggraver notre sentiment d'impuissance.

Maintenant que je sais ce que Klara va faire en haut, je retiens mon souffle et, comme les adultes, je croise les doigts pour que Julia ou Ala ne rentrent pas à l'improviste. Personne ne fait plus le moindre commentaire. De temps en temps, quelqu'un tend l'oreille, cherchant à savoir si la radio est allumée, si les ressorts du matelas grincent, s'ils dansent ou pire, s'ils arrêtent de danser. Personne ne se risquerait à faire la moindre réflexion à Beck. Voilà qui ne nous simplifie pas la vie…

Le 25 mars, nous sommes allongés sur nos paillasses. Il est cinq heures du matin et nous pensons pouvoir laisser entrer un peu d'air frais sans danger. Pour ce faire, nous retirons une brique du mur de fondation. Les jolies pousses vert tendre des jonquilles et des iris commencent à sortir de terre et, entre les herbes folles et les buissons, l'ouverture n'est pas visible de la rue. Mme Melman était autrefois si fière de son jardin et l'entretenait si bien ! Dans quelques semaines, les tulipes pointeront le bout de leur nez, au mépris de la guerre.

Soudain, M. Patrontasch se redresse et lève un index : « Écoutez ! » Tout le monde fait silence. Nous entendons monter un roulement de bruits de pas, mais ce n'est pas une colonne militaire. C'est un cortège désordonné, qui traîne les pieds. Et, par-dessus ce piétinement sourd, des voix fortes et autoritaires : « *Weiter ! Weiter !* »

Puis des camions crachotent et s'ébranlent lentement, dans le grincement des boîtes de vitesses. M. Patrontasch a eu le réflexe d'éteindre la lumière, même si personne ne peut nous voir de la rue. Allongés dans le noir, nous écoutons. Chacun d'entre nous a des parents au ghetto, proches ou éloignés, directs ou par alliance et, entre nos trois familles, il doit bien y avoir deux cents âmes qui nous sont liées par le sang. Tout le monde prie. Les bottes claquent sur le pavé, les ordres fusent. De temps en temps, un coup de feu retentit tout près de nous. Tout le monde sursaute, se demandant si la balle a touché l'un des nôtres.

Les cris, les hurlements et les détonations se poursuivent toute la journée, s'interrompent à la tombée de la nuit et reprennent dès l'aube. Nous n'osons pas articuler le moindre son. Nous ne mangeons pas. Nous ne cuisinons pas. Je ne sais pas si j'ai avalé une gorgée d'eau depuis hier. Elle ne serait pas passée. Toutes nos larmes sont silencieuses, et nous nous tordons les mains jusqu'à les déformer. Nos cœurs, à vif, saignent. C'est la fin. La fin du monde. La fin des Juifs de Zolkiew. C'est notre Tisha bé Av[46], le jour le plus triste de toute l'histoire du peuple juif : le jour où les cinq calamités et bien d'autres se sont abattues sur les fils d'Israël ; le jour

---

46 Tisha bé Av : le « 9 av », jour de jeûne et de deuil, commémorant la destruction du Premier Temple de Jérusalem, puis, à la même date, du Second Temple, et associé à toutes les catastrophes qui frappent périodiquement le peuple juif.

où Dieu a condamné les Juifs à errer quarante années dans le désert du Sinaï afin qu'aucun des ingrats qu'il avait fait sortir d'Égypte ne pénètre en Terre promise ; le jour où le Premier Temple a été détruit et pillé sous le règne de Nabuchodonosor en – 586 ; le jour où les Romains ont détruit le Second Temple 656 ans plus tard ; le jour où l'empereur Hadrien a maté dans le sang la révolte des Juifs ; le jour où Jérusalem a été rasée, un an plus tard ; le jour où les Juifs ont été expulsés d'Angleterre en 1290 ; le jour où Isabelle de Castille a expulsé les Juifs d'Espagne en 1492. Mais ce qui arrive maintenant est pire que tout ce qui nous est arrivé en cinq mille ans d'histoire. Pire que tout ce que nous pouvons imaginer, assis dans le noir. Le jour de Tisha bé Av, nous devons réciter les lamentations du prophète Jérémie. Nous devons nous abstenir de tout plaisir pendant trois semaines. Pas de mariage, pas de danse, pas de relations sexuelles. Aujourd'hui, nous n'avons besoin d'aucun précepte pour nous lamenter et faire abstinence pendant que les nazis accomplissent leurs funestes desseins. Les plaintes d'êtres chers et le crépitement des armes nous parviennent de loin, du Borek, le petit bois où, enfants, nous passions de belles après-midi d'été à pique-niquer, rire et jouer ; des marais où, entre les joncs, les herbes hautes et les fleurs sauvages, des multitudes d'oiseaux gazouillaient. Terrés dans notre sous-sol, nous nous lamentons silencieusement, nous jeûnons, nous déchirons nos vêtements. En ces heures noires et terrifiantes, ces gestes de deuil nous viennent aussi naturellement que notre respiration.

Au deuxième jour enfin, avec le crépuscule, le silence retombe sur le Borek. Les hurlements ont cessé. Les armes se sont tues. Nous n'entendons plus de « *Schnell ! Schnell ! Weiter ! Weiter ! Los ! Los*[47] *!* ». Ce retour au calme est encore plus angoissant. Personne n'arrive à articuler un mot. Nous ne savons pas qui est vivant et qui est mort. Je n'ai pas compté les coups de feu, dont le claquement était assourdi par la distance. J'ignore ce qui a pu arriver à Uchka, Zygush, Zosia, Josek, Rela et Dudio. J'ai prié de toutes mes forces. Sans mots. J'ai prié avec mon cœur en lambeaux. Je les aime tant !

Julia nous raconte que, de sa fenêtre, elle a aperçu le père de M. Patrontasch à l'arrière d'un camion. En passant, son regard s'est accroché à la maison. Il était trop faible pour marcher à sa mort, et les nazis ont eu la bonté de l'y conduire en camion. M. Patrontasch réprime à grand-peine un sanglot.

Beck est notre fenêtre sur le monde. Je vois bien dans ses yeux qu'il aimerait nous épargner les détails les plus sordides, mais il ne le peut pas. Tout ce qu'il a vu, tout ce qu'il a entendu lui pèse beaucoup trop pour qu'il le garde pour lui. Nous cacher, nous nourrir, risquer sa vie pour nous est pour lui une chose. Mais en partageant notre chagrin, il est devenu l'un des nôtres.

Il nous raconte que la fosse commune recouverte de sable déborde et que la terre pleure du sang. Il nous raconte que M. Astman, le père de ma meilleure

---

47 « Dépêchez-vous ! Avancez ! Allez ! »

amie, Genya, qui vivait en face de l'église où tant de fillettes juives ont trouvé refuge, s'est extrait d'un charnier à la force du poignet. Il était indemne. Pas une blessure, pas une égratignure. C'est un miracle. Et il avait toutes les raisons d'espérer être sauvé, car dans sa remontée des Enfers, il a croisé la route d'un Polonais qu'il connaissait. Cet homme était-il un ami, ou un ennemi ? J'imagine M. Astman sortir de la tombe en rampant, regardant le ciel de printemps et les premiers bourgeons des arbres pour ne pas regarder l'horreur qui l'entourait, et apercevoir soudain un visage ami. J'imagine cet espoir qui, comme tous les espoirs, s'élance vers l'éternité. Mais hélas, cet espoir s'est dissipé à la seconde même où M. Astman a vu son destin dans les yeux de son ami. Il a été livré à la police qui l'a abattu sur-le-champ.

Ce soir-là, M. Beck nous ramène deux nouveaux compagnons : le docteur Steckel et sa femme. Nous sommes maintenant quinze dans le bunker. Depuis l'arrivée de Gedalo et de Lola, nous avons agrandi l'abri en creusant sous la chambre d'Ala. Ce nouvel espace n'est pas bien haut, et il faut s'y faufiler à plat ventre pour s'allonger. Herr Steckel — qui préfère se présenter comme « Herr Doktor Professor Steckel » — étant le seul pharmacien de Zolkiew, il avait été autorisé à vivre hors du ghetto. Son métier lui avait sauvé la vie. Je ne les connaissais pas. C'est un couple à l'allure sévère. Je n'ai pas envie de les trouver hautains et guindés, mais ce sont les seuls adjectifs qui me viennent à l'esprit. Ils sont impeccablement mis : lui, drapé dans son manteau de laine, nous regardant de haut derrière la fine monture métallique de ses lunettes ; elle, emmitouflée dans son vison, hésitant à s'asseoir sur nos banquettes de terre battue. Que doivent-ils penser de nous dans nos haillons, avec nos visages creusés et nos yeux gonflés par la faim et les larmes ? Avec nos bras et nos jambes couverts de pustules et de lésions purulentes ?

Beck nous présente tous, les uns après les autres. Les Steckel ne prononcent pas un seul mot de condoléances, d'amitié, de solidarité, de gratitude ou de compassion. Ils savent ce qui vient d'arriver. Pourtant, à les voir, on croirait voir de bons bourgeois cossus rentrant de vacances. Ils nous toisent du haut de leur fortune, nous considérant comme de la vulgaire populace.

Je suis assez intelligente pour comprendre que Beck ne les a accueillis que pour leur argent. Ils le portent sur leur visage. Beck n'a jamais rien négocié de particulier avec nos trois familles. Ni lui ni Julia ne nous ont jamais demandé un sou en échange de leur protection. Ils veulent simplement que nous payions pour notre nourriture. Pas un zloty de plus. Mais dès le début, nous nous sommes tous sentis obligés de leur donner tout ce que nous pouvions, car le cadeau qu'ils nous font n'a pas de prix. Tout l'or du monde ne suffirait jamais à couvrir notre dette de vie.

Beck esquisse un sourire forcé et a presque l'air de s'excuser de nous imposer les nouveaux venus. Il se répand en éloges sur Herr Steckel, soulignant que nous sommes leur dernier recours et que lui-même a le devoir moral de les sauver. « Comment aurais-je pu leur fermer ma porte ? » plaide-t-il. Nous aurions mauvaise grâce à discuter ou à protester. Ils sont juifs. Les nazis sont à leurs trousses. Nous leur ferons de la place. La vie est d'une simplicité désarmante dans ce bunker. Ils ne sont à Zolkiew que depuis peu et je ne sais pas s'ils ont de la famille ici, ni même s'ils savent qui étaient mon père, M. Melman et M. Patrontasch dans la communauté. Ont-ils seulement idée de l'immense érudition de papa, de son infinie générosité ? Que savent-ils de la grande bonté de maman ? Nous qui avons presque tout donné aux plus pauvres, voilà que nous devons encore donner à d'autres, plus riches que nous. Je remarque les diamants cousus dans une poche secrète dans la doublure du chemisier de Mme Steckel.

Entre-temps, mon père a commencé à leur expliquer nos règles de vie : les tours de cuisine et de toilette ; ce que chaque famille garde pour elle et ce que nous partageons ; l'usage des seaux hygiéniques, que nous allons vider à l'étage… Frau Steckel l'interrompt : « Julia nous préparera nos repas. » Très bien. Nous avons compris. Ils ne sont pas de notre monde. Et nous ne sommes pas du leur. Nous vivrons sous le même plancher, dans deux univers distincts.

Nous n'avons rien avalé depuis plusieurs jours. Nous devons absolument nous mettre quelque chose dans l'estomac. Les femmes remplissent nos assiettes en émail de pommes de terre bouillies.

On frappe à la trappe. Patrontasch n'a pas le temps de relever le battant qu'une odeur de poulet rôti et de pirojki nous fait saliver. Julia s'agenouille au-dessus de l'ouverture, un plateau dans les mains. Du poulet, des pirojki, des légumes et du pain. Du pain frais ! Le plateau passe de main en main, entre une haie d'honneur de gens affamés, sous le nez d'Igo et Klarunia, deux enfants tiraillés par la faim eux aussi, avant d'arriver jusqu'aux Steckel, qui le récupèrent jalousement et se mettent à manger sans un regard pour nous. Pourquoi ne leur avons-nous pas volé leur repas ? Je ne sais pas. Mon père et les autres hommes restent dignes. Ils savent que nous avons tous faim et je suis certaine qu'avec le temps, les Steckel finiront par partager leur nourriture, au moins avec les enfants. Igo et Klarunia, incrédules, ouvrent des yeux plus gros que leurs estomacs rétrécis. Comment peuvent-ils admettre pareille injustice ? Mais nous devons nous plier à nos règles, car notre survie en dépend. Elles sont parfois sévères — aussi implacables que n'importe quel décret des nazis. Mais du moins, ce sont les nôtres. J'ai vu ces gens refuser à des enfants une bouchée de leur nourriture, et je sais déjà tout d'eux.

Beck continue de nous apporter des nouvelles du ghetto. Uchka et les enfants sont toujours vivants, tout comme Josek, Rela et Dudio. Mais la dernière rafle a fait quatre mille cinq cents victimes, et le ghetto est réduit à deux rues : les rues Perec et Sobieski. Les nazis et leurs complices s'emploient à rassurer la population : les Juifs qui ont survécu ne courent aucun danger ; il n'y aura plus jamais de massacre ; et, en gage d'amitié, le 6 avril, ils distribueront gratuitement du pain et de la confiture à tous les habitants du ghetto. Comment un Juif peut-il encore tomber dans le panneau de cette propagande éhontée après ce qui s'est passé ? Je ne peux admettre que mon peuple soit aussi naïf. Mais je sais qu'au matin du 6 avril, ils seront nombreux à sortir de leurs tanières pour se rassembler, exsangues et épuisés, voulant croire que cette fois-ci les nazis ne leur mentent pas, tout en sachant que c'est pure folie de quitter leurs misérables cachettes.

Au jour dit, tandis que les derniers Juifs du ghetto se massent devant la boulangerie de la rue Sobieski où doit avoir lieu la distribution de nourriture, il n'y a ni pain ni confiture. Comme il fallait s'y attendre, ce sont les escadrons de la mort de Lvov qui sont venus les cueillir.

Beck n'a pas pu aller prendre des nouvelles des nôtres. Il est encore trop risqué de s'aventurer là-bas. Qu'est-il arrivé à Uchka, à Josek, aux enfants ? Ont-ils réchappé à l'horreur, cette fois encore ? L'angoisse nous ronge.

Le soir même, ce sont deux autres réfugiés qui se présentent sur le perron des Beck : Kuba et Artek, deux frères de M. Patrontasch. Dans ma détresse, leurs retrouvailles me réchauffent le cœur. Ils ont réussi à s'enfuir du camp de Mosty Wielkie. Kuba est un garçon tranquille et très réservé, aussi avare de paroles que Gedalo ; Artek, lui, fait déjà un peu partie de notre famille. Il a le même âge qu'Uchka, et c'est l'un de ses meilleurs amis. Il a gardé des séquelles de la polio et n'a pratiquement plus un poil sur le caillou. Comme il en convient lui-même, il n'a pas grand-chose d'un apollon. Maman et lui étant tous deux asthmatiques, ils allaient souvent passer ensemble l'été dans une station thermale des Carpates, pour fuir la chaleur écrasante des plaines et respirer l'air vivifiant des montagnes. Maman revenait toujours en pleine forme de ces séjours. Les médecins la taquinaient gentiment. « Quelle femme ne se sentirait pas mieux, après avoir pris les eaux et s'être fait servir pendant six semaines ? »

Tous les après-midi à cinq heures, ils se retrouvaient sur la piste de danse installée dans le parc, où des orchestres de Varsovie, de Prague ou de Vienne enchaînaient valses, tangos et fox-trot. Artek suppliait toujours maman de lui accorder la première danse, pour montrer aux autres femmes que ce petit homme chauve aux jambes atrophiées n'avait pas son pareil pour mener sa cavalière. Artek et maman dansaient, conspirant avec une complicité de frère et sœur pour rendre Artek irrésistible. Maman se prêtait au jeu avec joie. Elle adorait Artek et lui se plaisait à la mettre en valeur dans ses robes de soie et de satin. J'imagine le plaisir qu'elle éprouvait à sentir se poser sur elle les yeux admiratifs des autres femmes. Leur stratagème marchait à tous les coups : dès le deuxième morceau, maman perdait son partenaire. Et, tandis que le soleil irisait de ses rayons dorés les hautes cimes des sapins, les deux danseurs en oubliaient leur asthme, passant de bras en bras, tournoyant et riant entre les ombres du crépuscule. Des nuées de minuscules papillons de nuit formaient des nuages dorés, et le parfum délicat des sapins et des fleurs sauvages embaumait l'air du soir.

Mais ici, dans l'abri, tout cela n'est plus qu'un lointain souvenir pour Artek. Le 10 février, il a vu Giza mourir sous ses yeux à Mosty Wielkie et il a besoin de nous en parler.

Le jour même, un officier SS du nom de Hillebrandt avait repris le commandement du camp. Sa première initiative fut d'ordonner à ses troupes d'encercler les baraquements des hommes. Quelques-uns, parmi lesquels le mari de Giza, ont voulu s'évader. Meyer a été abattu en essayant de sauter la clôture de barbelés. Son corps a été laissé là, baignant dans une mare de sang. Puis la Gestapo a fait défiler les femmes devant les hommes alignés. Beaucoup d'hommes ont vu leur épouse marcher vers leur mort sans pouvoir faire quoi que ce soit, car les agents de la Gestapo pointaient leur mitraillette sur eux, le doigt sur la détente. Artek était en rang avec les autres. Il a vu Meyer se faire tuer et il a vu Giza regarder fixement le corps de son mari. Artek pleure à chaudes larmes et nous avoue qu'il a essayé de fuir le regard de Giza. Il avait honte de ne rien pouvoir faire, ni pour elle ni pour Meyer. Mais dès qu'elle l'a aperçu, elle a crié son nom. Il n'avait plus le choix. Il a dû sortir du rang et aller vers elle.

Alors que tous les autres étaient conduits à l'autre bout du camp, Artek et Giza sont restés là, seuls dans la cour de l'appel, gardés par un seul officier SS qui a trouvé le cœur de les laisser s'embrasser une dernière fois. Giza a serré Artek dans ses bras, lui a dit combien elle l'aimait et s'est mis à le couvrir de baisers comme si elle se raccrochait au dernier acte d'humanité qu'elle pourrait exprimer. Elle avait déjà perdu toute raison de vivre. Il ne lui restait plus que ce trop-plein d'amour, qu'elle a déversé sur Artek, en lui demandant de nous le transmettre, à nous, sa dernière famille terrée dans un sous-sol humide. Elle venait de voir son mari étendu mort, et elle a supplié Artek de le venger. L'officier SS les a laissés ainsi enlacés pendant une longue minute se faire leurs adieux.

Puis il a ordonné à Giza de retirer son manteau. C'était une magnifique pelisse de tweed bleu marine que lui avait confectionnée oncle Hersch. Sa belle coupe masculine et son col en agneau afghan n'avaient pas échappé à l'officier. Il l'a prise et a ramené Giza auprès des autres femmes tandis qu'Artek rejoignait les hommes. Les nazis les ont emmenées dans les bois où, quelques heures plus tôt, ils avaient fait creuser des fosses par une vingtaine de prisonniers. Elles sont parties à la mort en chantant *Hatikvah*[48]. Artek n'a jamais su si elles en avaient reçu l'ordre ou bien si c'était là leur ultime acte de résistance.

Il y a trois siècles, Sobieski avait fait paver les rues de notre ville en demandant qu'elles accueillent aussi bien les Juifs que les chrétiens. En foulant ces pavés, nos ancêtres y ont laissé la marque de leur espoir, leur *hatikvah*, persuadés qu'ils pourraient vivre, prospérer, prier et élever leurs familles en paix dans cette ville. Pendant plus de trois cents ans, cet héritage de Sobieski avait été la *houppa* qui consacrait cette union des chrétiens et des Juifs, et nous protégeait. Désormais, ces pavés étaient rougis de notre sang.

Ce 6 avril, nous n'avons pas séché nos larmes pour Giza que nous apprenons qu'Uchka, Josek et Rela ont péri dans la rafle du ghetto. Notre douleur et notre peine ne connaîtront jamais de fin. Tout le

48 *Hatikvah* : littéralement, « l'espoir ». Chant officiel de la résistance du ghetto de Varsovie pendant la guerre, il deviendra en 1933 l'hymne officiel du sionisme et, en 1948, l'hymne national israélien.

temps qu'il nous resterait à vivre, nos cœurs, comme nos vêtements, seraient irrémédiablement lacérés.

Zosia a fêté son quatrième anniversaire le 6 avril, le jour où elle a perdu sa mère. Mania et moi décidons de jeûner et de prier jusqu'à ce que nous sachions ce qu'il est advenu des enfants. Et si Dieu nous les rend, nous promettons de prier jusqu'à notre libération.

Chapitre 7

RESCAPÉS DE LA RAFLE

Du 10 au 17 avril 1943

Ils ont épargné cinquante hommes et cent femmes pour nettoyer le ghetto. Ce sont les derniers survivants. On les a obligés à aller remblayer les fosses communes dans la forêt, car elles sont si pleines qu'elles dégagent une puanteur pestilentielle. Et pour comble, on leur ordonne de chanter sur ces charniers où sont ensevelis des milliers de gens, et s'ils refusent, les soldats se font un plaisir d'abattre sur eux leurs lourdes matraques. Parmi ces gens qui auraient sans doute préféré la mort à cette macabre besogne, il y a Dudio, le frère de Rela. Mme Beck l'a vu.

Quatre jours déjà ont passé depuis l'*akcja*, et nous ne savons toujours pas ce qui est arrivé à Zygush et Zosia. Notre jeûne et nos prières ne nous ont pas rendu les enfants. Ils sont tout ce qu'il nous reste de notre grande famille. Les savoir vivants apaiserait au moins une part nos souffrances — si infime fût-elle. Si Uchka savait que ses enfants ont survécu, son âme partirait en paix, elle accepterait la douleur de sa propre mort. Ces deux précieux petits êtres, s'ils sont encore de ce monde, marqueraient à eux seuls une victoire sur les souffrances, la terreur et toutes ces morts absurdes.

Je me suis habituée à rester assise sur ma paillasse en silence pendant de longs moments. Jusqu'à présent, j'avais toujours le nez plongé dans un livre. C'était ma façon à moi de m'évader, mais il n'y a plus d'issue maintenant. Avant la mort d'Uchka et la dernière rafle, je parvenais encore à peu près à faire abstraction des autres et à me jeter à corps perdu dans un autre univers, par-delà les quelques mètres carrés dans lesquels nous sommes reclus. Mais je n'arrive plus à lire. Le livre reste ouvert sur mes genoux. Je regarde les pages, mais les lettres ne sont plus qu'une succession de signes dénués de sens. Je repense sans cesse à la fin tragique du petit Moshele. J'ai besoin de parler. À ma mère. À Mania, à n'importe qui… Mais pour peu que je tente d'ouvrir la bouche, les regards sévères de Mme Melman et de Frau Steckel me rappellent à l'ordre. Les images se bousculent dans mon esprit. C'était un bébé si mignon, avec ses adorables boucles blondes et ses beaux yeux bleus. Je revois l'étincelle de joie et de fierté dans les yeux de mon oncle Josek. Moshele, son fils, l'aîné de la nouvelle génération des Reizfeld ! Sa brit-milah fut notre dernière fête familiale. Une fois encore, M. Beck ne nous a épargné aucun détail. Et plus il tentait de se libérer de ces visions d'horreur en mettant des mots dessus, plus nous le pressions de questions, comme si tous ces détails lugubres pouvaient nous aider à exorciser nos démons. Nous sommes tous au bord de la folie. Nous buvons chacune de ses paroles. Nous voulons entendre chaque mot, si cru, si atroce soit-il, pour garder de nos morts une image vivante. Nous voulons tout savoir : la couleur du ciel, le temps, ce qu'ils portaient, leurs dernières paroles, leur expression... Ont-ils été enterrés ou les a-t-on laissés pourrir sur place ? Qui les accompagnait ? Combien de gens sont morts ? Quelqu'un a-t-il survécu ?... Le pénible récit de M. Beck m'obsède.

Ce jour-là, au ghetto, un officier SS a demandé un volontaire pour enterrer un Juif près des marais. Dudio s'est avancé. Il ne s'était encore jamais porté volontaire, mais quelque chose lui disait que c'était à lui d'y aller. Pourquoi ? Il aurait été bien incapable de le dire. Il a suivi l'officier jusqu'au marais. En approchant de la fosse commune, il a vu que la pluie avait beaucoup raviné la terre. Des bras, des jambes et parfois un visage sortaient de terre. Parmi ces fragments de cadavres, Dudio a aperçu un nourrisson au visage rougi par la fièvre. Ces grands yeux bleus ! Ces boucles blondes ! Il a aussitôt reconnu le petit Moshele. Ses pleurs, à peine audibles, l'étouffaient. C'était une journée de printemps froide et pluvieuse. Depuis combien de temps ce pauvre enfant était-il là, abandonné à ses souffrances ? Pendant près de six mois, la femme de Sluka, le paysan à qui Josek l'avait confié, avait bercé cet enfant, l'avait nourri, changé... Comment avait-elle pu laisser son mari commettre un tel crime ? Envoyer à la mort un enfant qui la considérait sans aucun doute comme sa propre mère ? Pauvre Dudio. *Dieu guérit le cœur de l'homme et en referme ses blessures. Dieu compte les étoiles et à chacune Il donne un nom...*

Il s'était porté volontaire pour cette mission en sachant sciemment qu'il enterrerait le corps d'un Juif, afin qu'au moins un coreligionnaire et ami puisse dire une prière pour son âme. Mais il n'était pas préparé à assister à l'agonie de cet enfant, le fils de sa sœur, un enfant qu'il avait tenu dans ses bras au jour de sa naissance, pour sa circoncision et en bien d'autres occasions. L'officier SS pesta et, dans un juron, acheva d'une balle le petit Moshele. Il lui restait encore suffisamment d'humanité pour maudire le sort qui le contraignait à commettre pareil crime, mais pas assez pour sauver un enfant innocent. Qui le saurait, de toute façon ? Il était seul avec Dudio. Personne ne le saurait.

Dieu est grand, et Sa puissance et Sa sagesse sont infinies. Dieu donne du courage aux humbles et rend l'espoir aux désespérés.

Assise sur ma paillasse, je pense à la vie trop brève de Moshele et je prie pour lui... *Préserve-nous de nos ennemis et de la peste, de la faim, de l'épée et des larmes. Éloigne les forces du mal qui nous entourent...*

Je redoute l'instant où M. Beck reviendra frapper à notre plafond, et descendra avec une bouteille de vodka pour lui donner la force de nous raconter les derniers moments de Zygush et Zosia. Ils sont seuls quelque part, et probablement affamés, dans une cave, un grenier ou un placard. *Abrite-nous de l'ombre de Tes ailes, ô Seigneur qui veilles sur nous, et délivre-nous, ô Père miséricordieux.*

Depuis une semaine, Mania et moi récitons ces prières que mon père nous a apprises : une prière pour ceux qui ont perdu un proche, et une autre pour implorer la protection du Très-Haut. Ensemble, nous les répétons inlassablement ; tantôt à voix très basse ; tantôt en ne faisant que bouger les lèvres ; tantôt mentalement, en nous regardant. Nous les disons avant de nous endormir et dès notre réveil. Nous savons qu'elles mettent tous nos compagnons mal à l'aise. Maman nous gronde et nous implore de rompre notre jeûne, qui dure depuis quatre jours déjà. Elle supplie mon père de nous faire entendre raison. « C'est un péché de jeûner si l'on risque d'y perdre la santé », nous dit-il. En ce cas, poursuit-il, le Talmud prescrit de remplacer la prière et le jeûne par la charité, ce que nous pourrons faire dès que nous quitterons ce bunker. Mais Mania proteste : nous ne sortirons peut-être jamais de ce bunker. Ce n'est pas ce que maman avait envie d'entendre, au moment où elle vient d'apprendre que sa sœur, son frère et son neveu ont été massacrés et où personne ne sait si Zygush et Zosia sont encore en vie. Le chagrin nous enferme dans un épais brouillard, plus lourd qu'une chape de neige fraîche, un brouillard qui nous glace jusqu'à la moelle, nous paralyse, nous asphyxie, nous réduit au silence. Ma pauvre mère ! Comment son cœur trouve-t-il encore la force de battre ? Où puise-t-elle assez d'énergie pour peler des pommes de terre, faire du thé, balayer le sol de terre battue et laver les assiettes ?

Je récite maintenant mes prières mentalement.

Soudain, quelqu'un frappe à la porte des Beck. Je tressaille et je sens à nouveau ce nœud au creux de l'estomac, qui revient à chaque fois. Si les Esquimaux distinguent des dizaines de types de neige, nous sommes tout aussi experts à distinguer les coups frappés à la porte. M. et Mme Beck, leurs frères et sœurs, leur belle-famille, leurs amis, les amoureux d'Ala, Schmidt le policier allemand, les SS qui viennent boire et jouer aux cartes, les auxiliaires ukrainiens, chacun a sa façon particulière de frapper. Mais même quand je crois reconnaître la main du visiteur, je crains toujours de me tromper. Le pas familier de M. Beck résonne sur le plancher. Immobiles, nous retenons notre respiration. La porte d'entrée crisse et Mania m'attrape la main. Nous entendons une voix… une toute petite voix familière, qui s'efforce de prendre un ton sérieux et adulte : « Dudio a dit que notre maman était là. » Mon Dieu ! C'est Zygush ! Il est vivant !

J'entends à peine la voix sévère de M. Beck : « Entrez vite avant que quelqu'un vous voie. »

Ce cher petit Zygush ! J'imagine d'ici l'expression grave de sa petite bouille de vieil homme, qu'il avait déjà quand il était bébé. « Si vous n'avez pas assez de place pour moi, ce n'est pas grave. Je me débrouillerai tout seul. Mais je vous en supplie, Monsieur Beck, prenez simplement soin de ma petite sœur, Zosia. »

Mania me saute au cou et, soulagée, marmotte une avalanche de « Dieu soit loué ! », tandis que nos compagnons d'infortune se tordent les mains. Comment garder une gamine de quatre ans dans le bunker ? Zygush est assez grand pour rester sage et savoir se taire. Mais elle ? Nous ne pouvons pas n'accueillir que Zygush et la condamner à mort ! Comment ces pensées atroces peuvent-elles nous effleurer ? À cet instant, je hais les nazis plus que tout au monde. Ces barbares ont-ils donc fait de nous d'autres barbares ? Les adultes échangent des regards inquiets et se disent tout bas ce qu'ils auraient trop honte de prononcer à voix haute. Mais ils se préparent à l'inévitable. Je sais ce que Mme Melman chuchote à l'oreille de son mari ; elle qui se lève tous les matins et nous accuse par des mots ou des regards de lui voler son eau. Les Steckel, murés depuis leur arrivée dans un silence glacial, se raidissent. Mais je n'ai pas le temps de m'attarder sur ces petites mesquineries, car déjà, Beck entre dans sa chambre et frappe à la trappe. Je plonge mon regard dans celui de Mania. Jamais je n'ai vu plus de bonheur, plus de gratitude, plus de ferveur dans ses yeux noirs luisants. Patrontasch ouvre. Beck a le visage encore plus rougeaud et bouffi que d'habitude. Je me demande comment il arrive à nous voir tant il a les yeux gonflés. Apparemment, il a encore trop bu et il n'est pas à prendre avec des pincettes. Je veux dire quelque chose, mais il me coupe : « Pas un mot ! Pas un mot d'aucun d'entre vous. Clara, viens voir ici ! » Je ne comprends pas pourquoi c'est moi qu'il appelle au lieu de mon père ou ma mère, mais Mania m'encourage : « Vas-y, ça va aller. » Mon Dieu, aidez-moi ! Il va falloir plaider, supplier, argumenter pour les enfants, et c'est à moi de le faire.

Je me hisse dans la chambre, et il claque la trappe derrière moi. Il ne me regarde pas, peut-être pour éviter mon regard implorant. Je le suis au grenier, où attendent Zygush et Zosia. Engoncés dans leurs manteaux, bonnets et écharpes, ils arrivent à peine à bouger. Dès qu'ils me voient, ils se jettent dans mes bras, heureux de retrouver enfin quelqu'un de leur famille, soulagés de se croire en sécurité. Pauvres petites âmes… Comment pourraient-ils imaginer que rien n'est encore gagné pour eux ? Je dois contenir mes émotions. J'ai peur de les effrayer par l'intensité de mes sentiments. Sous les couches de vêtements, le petit corps affamé de Zosia tremble contre moi. Toute perdue, elle pleure. Elle ne comprend pas ce qui se passe et cherche sa mère par-dessus mon épaule, fouillant la pièce du regard.

Zygush parle pour elle : « Où est maman ? Pourquoi n'est-elle pas montée avec toi ? Dudio nous a dit qu'elle était ici. Où est-elle ? » Son regard passe de Beck à moi. Beck ne sait que répondre et attend que je leur parle.

Nous savons ce qu'ils ne savent pas : ils n'ont plus de maman. Nous ne pouvons pas leur annoncer cela. Beck attend de moi que j'enrobe la vérité. Je ne leur ai jamais menti. Quel que soit le mensonge que j'inventerai, nous devrons vivre avec et, si Beck se laisse fléchir et les autorise à rester, nous devrons tous l'entretenir jour après jour dans le bunker.

Ce n'est plus moi qui parle, mais une voix rassurante et posée sort de ma gorge. « Votre maman a dû aller à Lvov… Vous la verrez dès que les nazis auront évacué Lvov. » Zygush a l'impression que c'est le ciel qui lui tombe sur la tête. Son visage se défait. Zosia fond en larmes. Elle sanglote et réclame inlassablement sa maman. Je la serre dans mes bras sous le regard de Beck. Les pleurs de la petite exaspèrent M. Beck. Sa colère va exploser d'un instant à l'autre. J'essaie de la calmer, lui assurant que tout va bien et qu'elle va bientôt revoir sa maman. Qu'elle est en sécurité et que mes parents sont en bas… M. Beck serre les dents. Zygush enlace sa petite sœur et, stoïque, s'emploie lui aussi à la rassurer. Il s'occupera d'elle en attendant de retrouver leur maman.

Beck ne dit toujours rien. Instinctivement, il leur retire leur bonnet, découvrant deux têtes infestées de poux. Son visage passe du rouge au violet. Ses mains tremblent et ses grosses veines bleues palpitent sur son front et son cou. Je sais ce qu'il pense. Des poux ! Dix-neuf personnes entassées dans quelques mètres carrés, dans des conditions sanitaires déplorables. L'épidémie de typhus qui a fait le travail des nazis dans le ghetto pourrait tous nous tuer. Et qui sait ? Les enfants l'ont peut-être déjà attrapé ? Il faut immédiatement les laver de la tête aux pieds. Notre survie à tous est en jeu. Il doit se rendre compte qu'il les intimide, car il se rachète en trouvant un sourire pour les enfants.

« Il faut leur donner un bain. » Puis, dans un murmure, en se penchant vers moi, il ajoute : « Il n'est absolument pas question qu'ils restent ici, et ne me le demande surtout pas ! Pas un mot ! Je ne veux pas t'entendre prononcer un mot là-dessus ! Compris ? » Avec sa tignasse noire et ses traits épais d'enfant juif, Zygush n'a aucune chance de trouver asile chez des gentils. Les Beck pourraient peut-être trouver des amis polonais pour prendre Zosia, mais comment envisager de la confier à des étrangers après ce qui est arrivé au petit Moshele ?

Tandis que je les déshabille, Beck ramène une bassine et du pain, que les enfants dévorent. Beck fait plusieurs voyages pour remonter des seaux d'eau chaude. Zygush retire son manteau. Il ressemble à Charlot ! Sous son manteau, il porte des chemises de nuit en soie, des combinaisons, des bas, des soutiens-gorge, des corsets et toutes sortes de lingerie ! Il a toujours été maigrichon, et je me demandais comment il arrivait à avoir l'air aussi grassouillet sous son manteau. Il avait noué les chemises de nuit, les combinaisons et les bas, et il a maintenant du mal à les dénouer. C'est un vrai numéro de clown ! Quand nous croyons qu'il n'y en a plus, il en ressort encore de ses manches, de ses poches et même de son caleçon ! Cette pantomime désamorce un peu la tension et arrive même à faire rire M. Beck. Zygush lui renvoie un petit sourire forcé.

« Maman a caché tout ça dans le grenier du Judenrat. C'est là-bas que toutes les dames du quartier faisaient sécher leur linge. Je me suis dit que nous pourrions peut-être les vendre. J'ai bien fait ? »

Beck acquiesce en souriant. Pauvre Beck. Chaque jour, il doit prendre une nouvelle décision de vie ou de mort, pour des hommes, des femmes — et aujourd'hui, des enfants. Et le voilà agenouillé, qui s'efforce de sourire à ces gamins terrifiés pour dissimuler la colère qui crispe son visage ravagé par l'alcool.

Malgré sa colère, ce petit Zygush l'intrigue. Comment diable a-t-il réussi à traverser une ville infestée de SS, d'agents de la Gestapo et de miliciens ukrainiens ? « Nous n'avions pas vu notre maman ni personne depuis des jours et des jours, et nous avions vraiment très faim quand oncle Dudio est venu nous dire que maman se cachait chez les Melman. Oncle Dudio nous a dit que c'était dimanche matin et que tous les goys étaient à l'église, et que c'était le moment de rejoindre maman. Il nous a dit de ne pas avoir peur, car il y aurait des Juifs cachés partout pour nous aider si les nazis ou la police nous voyaient. »

Et dire que certains reprochent encore aux Juifs d'être fatalistes ! Les cinquante derniers Juifs de Zolkiew, avec leur peur et leur faim pour seules armes, ont pris tous les risques pour sauver les deux derniers enfants juifs de la ville. Qui eût cru que ces deux bambins marcheraient deux kilomètres en plein jour sans se faire arrêter ? « C'est un malin, ce Dudio, marmonne Beck en secouant la tête. La SS, la Gestapo et ces bouchers d'Ukrainiens ont encore le culot d'aller à l'église le dimanche matin après avoir massacré des gens toute la semaine. Maudits soient les prêtres qui entendent leurs confessions ! » Il ponctue cette imprécation d'un toast inarticulé au courage de Dudio et vide un grand verre de vodka.

Puis il se reprend et demande aux enfants si quelqu'un les a vus. Zygush secoue la tête. Beck se tourne vers moi. « Ces vêtements sont trop beaux pour être brûlés. » J'essaie de deviner ce qui lui passe par la tête quand il regarde le ventre gonflé et les os saillants de Zygush et Zosia. Je l'implore de toute la force de mon esprit. J'ai envie de me mettre à ses pieds, de lui attraper les mains et de les embrasser, mais je sais que si je demande il refusera. Sans un mot de plus, il tourne les talons et repart chercher de l'eau chaude en bas, criant à sa femme de préparer de la soupe pour les enfants. Je prie pour que Julia lui parle. Mais à quoi bon ? C'est lui qui décide. C'est sur ses épaules que pèse cette terrible responsabilité.

Quand il remonte, j'ai commencé à couper les cheveux des enfants et à leur raser la tête. J'ai un pincement au cœur en voyant les magnifiques mèches blondes de Zosia tomber sur le plancher. Elle pleure et est inconsolable, continuant de réclamer sa mère. Même dans le bain, elle s'agrippe à moi. Je la couvre de baisers, lui promets que ses cheveux vont repousser et seront encore plus beaux et qu'elle va revoir sa maman très bientôt. J'en profite pour lui glisser quelques consignes à l'oreille : il est très important qu'elle soit sage, qu'elle se fasse discrète comme une petite souris. Dans le bunker, nous jouons tous au jeu de la souris la plus discrète. Je suis sûre que c'est elle qui va gagner. Je parle assez fort pour que Beck m'entende. Je connais la règle. Je sais qu'une jeune enfant dans une maison où l'on cache des Juifs mettrait en péril la vie de tout le monde, à commencer par celle de nos bienfaiteurs. Toutes les fibres de mon être me poussent à implorer Beck. Mais je sais aussi que c'est inutile. Qu'il est dans un dilemme tout aussi douloureux que moi. Peut-être plus. Nous mettons sa bonté, sa générosité et son courage à l'épreuve à chaque phase de notre réclusion.

Il leur a déniché Dieu sait où des vêtements propres et repassés de frais. Je les aide à se rhabiller. Beck ne laisse toujours rien paraître de ses intentions. « Je vais brûler leurs vieux habits au jardin », bougonne-t-il. Une petite étincelle se rallume dans les yeux de Zygush : il meurt d'envie de l'accompagner pour assister au feu de joie et voir les flammes dévorer ses guenilles infestées de lentes. Je serre les poings. Zygush ! Par pitié, pour une fois ne cours pas faire une bêtise ! Ce n'est pas le moment ! Et surtout, ne demande rien à Beck. À mon grand étonnement, il regarde Beck et se tait. A-t-il lu dans mes pensées ? A-t-il compris que sa vie ne tient qu'à un fil ? Beck jette encore un coup d'œil rapide sur la pile de lingerie entassée aux pieds des enfants, puis sur Zygush. Je pense voir passer un éclair de tendresse dans ses yeux. Je guette dans ses traits le moindre signe qui trahirait ses émotions. J'arrive parfois à lire à livre ouvert sur son visage, mais dans des moments comme celui-ci, il est sur la défensive et se ferme comme une huître. Une image idiote me traverse l'esprit : je les vois tous les deux comme une petite armée. Le général Beck et le deuxième classe Zygush. *Hatikvah !* Espoir ! Puis l'image se dissipe comme elle est venue. Les yeux de Beck sont inexpressifs et vides. Vides de tout.

Sans un mot, Beck nous ramène au rez-de-chaussée et nous conduit à la chambre. Il déplace le lit, écarte le tapis et cogne au plancher. Zygush le regarde faire, écarquillant ses grands yeux noirs d'enfant curieux. Zosia sanglote dans mes bras en se passant la main sur son crâne rasé.

La trappe se soulève. Ma mère, mon père et Mania nous attendent, le visage angoissé levé vers le plafond. Beck leur passe les enfants, qui disparaissent aussitôt sous un déluge de caresses et de baisers. Je saute dans le sous-sol et Beck me suit.

Avant que maman ne demande s'ils sont au courant pour leur mère, je prends les devants sur un ton faussement enjoué : « Je leur ai raconté comment Uchka est partie à Lvov se cacher, et Zygush et Zosia sont impatients de la revoir ! » Ce mensonge resterait leur vérité jusqu'à la fin de la guerre. Comment réagiront-ils quand ils apprendront que leur mère a été abattue devant leur porte en essayant d'aller leur trouver à manger ? Nous en voudront-ils de leur avoir menti ? Me détesteront-ils ?

Dudio avait confié à M. Beck que la malheureuse Uchka ne supportait plus de voir ses enfants mourir de faim, effrayés et seuls dans le grenier du Judenrat, où elle les avait cachés. Elle savait qu'il était risqué d'essayer de les voir, mais c'était plus fort qu'elle. Josek et lui avaient essayé de l'en dissuader, la retenant de force, mais elle s'est tant débattue qu'ils n'avaient pas eu le cœur à l'empêcher d'y aller. Josek a insisté pour l'accompagner. Il ne pouvait pas la laisser partir seule. Dès que la porte de l'immeuble a claqué, Dudio a entendu deux coups de feu. Le temps qu'il dévale l'escalier, ils étaient morts. D'une balle dans la tête. Comme par réflexe, il a récupéré leurs manteaux, pour les rares Juifs qui survivraient. Il avait aussi raconté à Beck que c'est après avoir appris qu'Uchka et Josek avaient été assassinés que Sluka avait jeté Moshele dans le charnier. Le lâche a attendu que le père du bébé soit mort avant de sacrifier son fils. Je n'ai jamais entendu mon père parler de vengeance, mais il prie pour survivre afin de voir Sluka devant le peloton d'exécution.

Les Melman et les Steckel sont sans doute déçus, mais je savais que quand il verrait les enfants, Beck n'aurait jamais le cœur assez dur pour les abandonner à leur sort tragique. Mais les Steckel payaient les Beck très cher pour assurer leur sécurité. Je les vois sortir leurs liasses de zlotys, de marks et de dollars pour acheter l'expulsion des enfants avant que leurs pleurnicheries nous trahissent. Il n'y a pas une once de pitié dans leurs yeux. Je n'ai pas envie d'y voir de la haine. Je voudrais mettre cela sur le compte de la peur, de l'angoisse, ou d'une quelconque émotion humaine, mais je ne vois que de la froideur. Beck les cloue du regard. « Les enfants restent. » Qu'est-ce qui a pu le décider ? C'est peut-être cette expression de dureté, ou bien Zygush et sa cuirasse de lingerie qui l'incitent une fois de plus à se compromettre pour nous. Est-il vraiment conscient de ce qu'il vient de dire ? En trois mots, il a scellé notre sort à tous plus fortement que par les liens du sang. Par ce seul acte, il a gagné son paradis.

Herr Steckel n'a pas le temps de protester que Beck explose : « Jeter ces enfants à la rue ? Si le Seigneur les a menés jusqu'ici, qui est Beck pour les renvoyer ? Nous sommes tous entre les mains de Dieu. » Beck a invoqué le Seigneur, et Dieu a répondu à nos prières à travers le miracle de Beck. Les enfants sont avec nous. Une part d'Uchka continue de vivre sous mes yeux et dans mes bras, et même si nous mourrons, nous mourrons ensemble. Ma prière a été entendue.

Mme Melman se mord les lèvres. Steckel n'y tient plus : « Je ne pense pas qu'il soit sage de…

— Si cela ne vous plaît pas, vous savez où est la porte… Et ne venez pas m'insulter avec votre argent ! »

Grâce à Dieu, les enfants n'ont pas entendu cet échange. Ils sont trop occupés à se débattre sous les câlins de ma mère et de Mania. Maman réorganise immédiatement les paillasses pour que les enfants puissent dormir entre nous.

Quelques minutes plus tard, Julia leur descend leur soupe et, pour une fois, c'est au tour des Steckel de regarder quelqu'un d'autre se régaler d'un bon repas. Zygush retrouve son allant, regarde la pièce et prend ses marques. Zosia, épuisée, se cramponne à Mania.

Zygush a repéré Klarunia Patrontasch sur la banquette d'en face. Elle n'a qu'un an de plus que lui, mais je sais qu'il ne l'aime pas beaucoup et qu'il ne manque pas une occasion de lui faire des misères. Le petit garçon courageux qui a traversé une ville pleine de nazis et dit à M. Beck qu'il se débrouillerait est en train de se demander comment il va bien pouvoir rendre la vie impossible à Klarunia. Son petit air espiègle ne me trompe pas. « Ici, c'est très important que tout le monde s'entende. Pas de méchancetés. Tu ne la taquines pas. Compris ? » Il ne répond pas. « Compris ? » Il finit par hocher la tête. Mais cela ne me suffit pas. Je lui fais promettre. Nous sommes désormais treize à partager ce recoin du bunker.

Zosia, à bout de forces, rassasiée et soulagée, commence à s'endormir quand soudain elle aperçoit Frau Steckel. « Tante Giza !

— Mais non, lui dis-je. Ce n'est pas tante Giza. C'est Mme Steckel, la femme du pharmacien. C'est lui qui fait des médicaments qui te guérissent quand tu es malade.

— C'est tante Giza », insiste Zosia.

La femme du pharmacien pince les lèvres.

« Puisque je te dis que ce n'est pas tante Giza !

— L'autre nom est beaucoup trop long, Clarutchka, et puis je n'arrive pas à le dire. Moi, je l'appellerai tante Giza. »

Frau Steckel frémit d'indignation, mais par chance, elle sait tout de même se taire quand il le faut.

Zosia l'observe encore quelques secondes en fronçant les sourcils et décrète : « Si ce n'est pas tante Giza, je trouve qu'elle lui ressemble. Je sais que tante Giza est encore vivante. » Je suis stupéfaite d'entendre une enfant de quatre ans chercher des preuves de vie de ceux qu'elle aime. Là-dessus, elle s'allonge sur une paillasse et s'endort presque aussitôt. Personne ne lui a dit que tante Giza est morte.

Nous ne nous consolerons jamais de la mort de nos proches, mais l'arrivée de ces deux anges tombés du ciel nous réconcilie d'un coup avec la vie.

Le lendemain matin, je crois me réveiller la première, mais Zygush m'a devancée. Une faible lueur perce par notre minuscule « fenêtre », que M. Patrontasch refermera en se levant. Je profite un moment de cette lumière pour écrire mon journal, essayant de mettre des mots sur l'immense reconnaissance que j'éprouve envers M. Beck, car la journée risque d'être chargée et je n'aurai peut-être pas l'occasion de rouvrir mon cahier de sitôt.

Zygush regarde ma sœur dormir. Jouant à nouveau les prestidigitateurs, il sort une plume de sa poche — mais où est-il allé trouver cela ? — et chatouille Mania sous le menton. Elle se frotte le menton et se retourne. Zygush laisse passer quelques instants et recommence. Mania écarte à nouveau la plume d'un geste. Je sais que je devrais l'arrêter avant que ce petit jeu ne dégénère. Il tend tout doucement la main au-dessus de Mania, bloque sa respiration, et la chatouille encore avec la plume. Cette fois-ci, la main de Mania se détend comme un ressort et attrape celle de Zygush, qui sursaute et pousse un petit cri ravi.

Ils ont réveillé maman. Elle regarde Mania et Zygush, et ses premiers mots sont : « Clarutchka, je croyais que ce serait ton rôle de faire la maîtresse d'école !

— Moi ? »

Mon père ouvre les yeux et dit : « Nous en avons parlé hier soir quand tu t'es endormie. Les enfants doivent apprendre à lire. Tu sais ce que dit le *rebbé*[49] : "Quand nous avons dû choisir entre construire un temple et une école… Pour prier, il suffit d'avoir dix hommes… Si vous devez construire quelque chose, construisez une école." »

Une école ? C'est pour cela que j'aime tant mon père. Nous sommes tenaillés par la peur, terrés dans un abri d'un mètre vingt de haut entre quatre murs en train de mourir de faim à petit feu, de pleurer nos parents, et mon père trouve encore le moyen de penser à l'avenir en « construisant une école » ! La perspective de jouer les institutrices m'enchante, et je prendrai mon rôle très à cœur dans les mois à venir. Autant pour parer aux bêtises de Zygush que pour occuper les enfants et leur apprendre à lire et à écrire. J'admire la sagesse de mon père. Faire la classe aux enfants ferait du bien à tout le monde dans le bunker. Ce sera un peu un retour à la normalité, car les gens qui mènent une vie ordinaire, dehors, ont des écoles. Et si une école est synonyme de normalité, les leçons quotidiennes impliquent que les enfants doivent

49 *Rebbé* : le rabbin, chef de la communauté religieuse.

apprendre pour préparer leur avenir ; et si eux ont un avenir, nous en avons tous un.

Comme par le passé, livré à lui-même, Zygush trouve toujours la chose à faire pour rendre tout le monde *meshugeh*[50]. Son unique jouet est un petit canif qu'il plante inlassablement dans la terre. Il l'a déjà jeté des centaines de fois, et il n'est réveillé que depuis deux heures. Zosia agrippe l'assiette émaillée que maman lui a donnée et regarde son petit quignon de pain. Elle meurt d'envie de le manger, mais elle n'ose pas l'entamer, car elle ne sait pas quand elle en aura un autre... Mme Melman et les Steckel regardent la pauvre petite Zosia chauve et décharnée comme si c'était une bombe, prête à exploser pour tous nous tuer. Occuper les enfants nous occupera tous.

L'école commencera demain. En attendant, il faut trouver quelque chose à leur faire faire. Je ne sais plus si c'est moi, Mania ou Lola qui a eu l'idée de l'usine à poupées.

Sous notre direction, les petits découpent des figurines et des animaux dans de vieux journaux où les exploits des Allemands s'étalent sur quatre colonnes. Puis ils les colorient avec mon crayon bleu et des stylos que les hommes nous ont prêtés, ce qui n'est pas un mince cadeau, car l'encre est précieuse. Nous récupérons autant de cire que possible en grattant les coulures de bougies sur les banquettes de bois, les étagères et les plats en émail, puis nous la pétrissons consciencieusement pour la ramollir et la modeler. Nous montrons aux enfants comment en

---

50 *Meshugeh* : fou, dingue.

faire un socle pour permettre à leurs poupées de papier de tenir debout.

Zygush a fait un soldat, Zosia une fermière, Klarunia une maman et Igo un chien.

Tout cela nous a déjà pris plusieurs heures et nous avons maintenant la satisfaction de voir les enfants jouer tranquillement avec leurs nouveaux jouets. Personne ne dit rien, mais en les regardant, chacun reconnaît que tout compte fait leur présence ne nous sera certainement pas aussi nuisible que nous ne le pensions.

Je ne sais pas qui a commencé.

« C'est moi la maman. Tu dois m'obéir ! crie Klarunia.

— Si tu m'embêtes, je te tue ! » réplique Zygush en pointant l'arme en papier de son soldat sous le nez de Klarunia.

Klarunia fond en larmes. Je demande à Zygush d'être gentil avec elle, pour changer. Il se plaint de l'entendre en permanence lui donner des ordres. Elle répond d'un trait qu'il faut bien que quelqu'un lui donne des ordres, sinon il fiche toujours la pagaille, et d'abord tout le monde le dit et puis d'ailleurs, c'est elle la plus grande. Le bunker a l'air plus petit que jamais, tout d'un coup. Les Steckel ne trouvent rien de mieux à faire que de planter leur regard glacial sur nous. Je suis sûre que si les Steckel n'étaient pas là nous pourrions distraire simplement les enfants, qu'ils se seraient lassés d'eux-mêmes ou que Klarunia serait allée se réfugier dans les bras de sa mère. Mais ce regard des Steckel, qui se pose successivement sur mes parents, les enfants, les Melman et les Patron-

Mania (cinq ans) et moi (six ans) en costume marin, notre uniforme scolaire.

Avec mon père et Mania, en 1938.

Babshia et Dzadzio.

En 1942, ne sachant pas si nous survivrions à la guerre, mes amies et moi sommes allées nous faire photographier. En haut : Genya Astman (à gauche) et moi. En bas : portrait de Mania.

Ma mère Salka (assise), Julia Beck (à gauche), Franka Melman (à droite) et une amie que je n'ai pas identifiée (derrière).

Lola Elefant.

Klara Patrontasch et son frère Artek dans les années 1930.

Valentin Beck, après la guerre.

Ala Beck.

Avec M. Beck et M. Melman en 1946.

Mon journal.

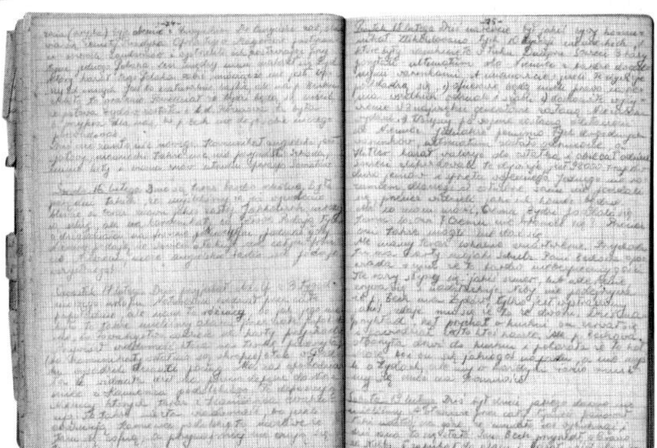

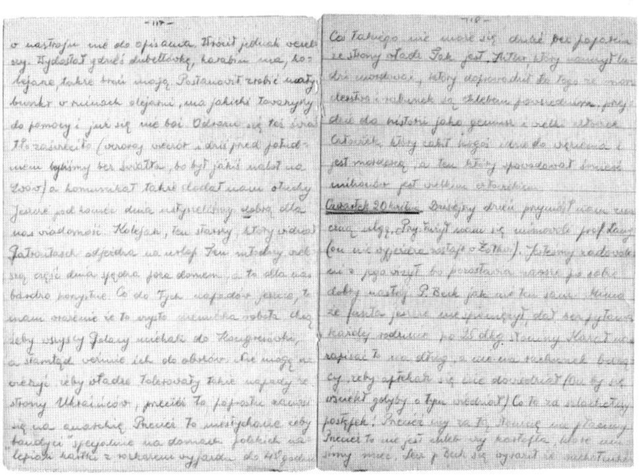

La maison des Melman.

La trappe découpée par M. Patrontasch dans le plancher est encore là aujourd'hui.

Le bunker tel que je l'ai retrouvé lors de notre dernier voyage.

À Montréal avec Ala et Lola, au début des années 1970.

Chez moi avec Sol, Zygush et Zosia en 2007.

tasch, est l'étincelle qui risque à tout instant de mettre le feu aux poudres.

Zygush enfonce le clou, faisant remarquer à Klarunia que lui, au moins, n'est pas un bébé pleurnichard ; elle jette sa poupée par terre et lui rétorque que puisque c'est comme ça elle ne sera plus la maman. Elle arrache la poupée des mains de Zosia qui se met à pleurer. Du haut de ses huit ans, Igo ramasse son chien et le leur agite sous le nez. Mania et moi essayons de calmer le jeu sans élever la voix avant que M. Beck ne nous entende, car tout ce remue-ménage pourrait être notre aller simple pour un camp. Mais c'est bien le dernier souci des enfants. Patrontasch attrape sa fille et la gifle. Je sens l'empreinte de sa main sur mon propre visage tant il a frappé fort. Le pauvre Patrontasch affiche une mine contrite de meurtrier repentant. Il n'a jamais levé la main sur un enfant. Il adore sa fille, qu'il a toujours choyée et gâtée. Mais elle est fille unique et n'a jamais vraiment appris à jouer avec d'autres enfants. Dans son univers, l'arrivée de Zygush est une catastrophe de plus. La guerre, les nazis, la vie dans le bunker, la faim, et maintenant Zygush. À cause de lui, son père a levé la main sur elle. Elle est inconsolable. Zygush est stupéfait. Il n'a jamais vu un adulte frapper un enfant et je vois sa gorge se nouer tant il se sent coupable. Pauvre gamin… Avec tout ce qu'il a déjà vécu, voilà qu'il perd le dernier vestige de son innocence.

M. Patrontasch se répand en excuses et prend sa fille dans ses bras. « Après la guerre, je la gâterai à nouveau. Comme avant », dit-il, plus pour lui-même que pour les autres.

Au milieu de la nuit, je sens une main me secouer l'épaule. C'est Mania. J'ouvre un œil. Dans la nuit noire du bunker, je devine ses yeux clairs grands ouverts qui me fixent. Je sens son souffle doux sur mon visage. Tous les autres dorment. Elle parle quelques minutes de la dispute, mais je sais que, comme d'habitude, elle a quelque chose derrière la tête. Elle tourne encore un peu autour du pot. « Je suis tellement heureuse que les enfants soient là.

— Et moi donc ! »

Elle lâche enfin la question qui lui brûlait les lèvres : « Tu crois que Dieu a répondu à nos prières ?

— Sans doute. La preuve : les enfants sont ici. » J'aurais aimé avoir une meilleure réponse à lui apporter, mais c'est tout ce qui me vient à l'esprit.

Mania n'est pas une enfant portée à l'introspection ou à la philosophie, et voilà qu'en pleine nuit, elle m'entraîne dans une grande discussion théologique ! Une discussion qui me hantera jusqu'à la fin de mes jours. Je sais que quelque chose la travaille depuis l'arrivée de Zygush et Zosia. Elle vide enfin son sac. « Je ne voudrais pas que Dieu pense que je lui en demande trop. » Ma chère, ma très chère Mania. Elle est si reconnaissante à Dieu de nous avoir rendu les enfants qu'elle se demande si elle a encore le droit de prier pour sa vie, pour notre vie, pour de la nourriture, pour la sécurité, et pour une robe neuve.

Comment trouver un début de réponse à cet aveu si sincère ? Je réfléchis à ce que pourrait dire mon père à ma place, et je ne trouve qu'un argument : « Si tu n'es pas égoïste, je ne pense pas que Dieu t'en voudra. Au contraire, je crois que cela lui fait plaisir que tu pries pour le bien des gens que tu aimes. »

Voilà qui semble la rassurer. « Papa dit que les meilleures prières sont les bonnes actions », ajoute-t-elle. Elle vient se lover tout contre moi, pose sa tête sur mon épaule et reste là un moment. Nous entendons la respiration régulière de Zygush et Zosia, qui dorment avec nous. « Nous n'avons jamais été aussi proches avant la guerre », me souffle-t-elle au creux de l'oreille.

Ma sœur, cette fillette insouciante qui traversait la vie à toute allure en vélo avec une corde à sauter autour du cou, m'enfonce maintenant des aiguilles dans le cœur avec chaque mot. Tous les rabbins célèbres et érudits de l'histoire de notre ville n'auraient pas de paroles plus incisives. La vérité appelle la vérité, mais comment puis-je admettre l'idée que nous n'ayons pas toujours été proches ? Je connais ma sœur. De la part de Mania, ce n'est qu'un constat. Je ne dis rien. Elle ne me fait aucun reproche, ne me met aucunement en cause, mais je sais que sous ma carapace studieuse et timide, je dissimule mes émotions. Depuis quand ma petite sœur est-elle devenue aussi philosophe ? Puis elle ajoute : « Tu n'aimes pas parler de tes sentiments. »

Une fois de plus, je ne trouve rien à répondre. Chacune de ses phrases insistantes, surtout la dernière, est une déclaration d'amour qui me va droit au cœur. Nous nous cachons pour sauver notre peau, la mort nous guette à chaque instant de toutes parts, nous essayons de ne pas penser à l'ennemi pour ne pas devenir folles ou être tentées d'en finir, et elle, elle est en train de me livrer ses pensées les plus intimes.

Après un long silence, elle conclut : « Je suis contente que nous ne soyons pas allées chez les religieuses. »

J'ai enfin quelque chose à dire : « Moi aussi. » Son amour me comble. Puis, le plus naturellement du monde, elle conclut : « Bon, je dors maintenant. Bonne nuit. » C'est son dernier mot. Elle ferme les yeux et bientôt, j'entends sa respiration régulière. Je suis heureuse moi aussi. Peut-être plus heureuse que je ne l'ai jamais été. Quelle est cette créature que Dieu a faite pour que, tandis que nos familles se font massacrer et que chaque instant est peut-être notre dernier, nous réussissions encore à éprouver tant d'amour ? C'est peut-être là le plus grand des miracles.

Chapitre 8

LE 18 AVRIL

Du 18 avril à mai 1943

Je me rappellerai ce jour jusqu'à mon dernier souffle. Au petit matin, alors que nous étions encore allongés sur nos paillasses, j'ai senti une drôle d'odeur entrer par notre « fenêtre ». Je n'ai pas eu le temps de comprendre que Mme Beck cognait déjà à la trappe en hurlant. Un incendie s'était déclaré dans la rue !

Je ne sais plus ce qui m'a réveillée. Est-ce le vent, qui soufflait si fort dehors et hurlait par notre petite prise d'air ? Ou bien l'odeur âcre de la fumée ? Ou encore la panique qui s'est emparée du bunker quand Julia a donné l'alerte ?

Patrontasch se précipite pour ouvrir grand la trappe. Dans une confusion indescriptible, nous nous habillons à la hâte tandis que Julia nous ordonne à grands cris de nous dépêcher de monter. Mais nous sommes paralysés. Quelque chose de plus fort que des barreaux de fer nous contraint à rester figés dans notre sous-sol au lieu de courir dans la rue pour échapper à l'asphyxie et aux flammes. Car ce qui nous attend dehors est peut-être pire : les SS, la Gestapo, la police, les auxiliaires ukrainiens, et à chaque coin de rue, des Polonais et des Ukrainiens qui se feront un plaisir de nous trahir contre quelques zlotys et cinq litres de vodka. Beck appelle les hommes à la rescousse. Papa, Melman et Patrontasch s'empressent de le rejoindre pour lui passer des seaux d'eau. Nous entendons le martèlement de leurs pieds au-dessus de nos têtes : ils courent à la salle de bains et à la cuisine, puis repartent vider leurs seaux sur la façade. Mon père hurle que tout le pâté de maisons est en flammes de notre côté de la rue. Des langues de feu s'échappent des fenêtres, dévorent les charpentes ; les toitures s'effondrent dans un grondement sinistre. Un vent féroce et capricieux disperse l'incendie dans plusieurs directions, puis l'entraîne vers le ciel dans des tourbillons d'étincelles et de flammes. « L'usine est en feu ! » crie M. Melman. J'imagine son expression catastrophée en voyant l'œuvre de sa vie partir en fumée. Puis, comme en écho, M. Beck annonce que la maison de M. Patrontasch flambe aussi. Par-dessus le rugissement du feu et du vent et les appels désespérés de Beck réclamant de l'eau, j'entends les cris perçants de maman : « Que faisons-nous ? Que faut-il faire ? » Je berce Zosia sur mon épaule pour la calmer et ce n'est qu'à cet instant que je me rends compte que Mania a grimpé à l'étage.

Je n'entends pas ce que mon père lui dit. Je ne suis même pas certaine qu'il lui dise quelque chose. Que pourrait-il bien répondre à ses suppliques ? Il fait déjà tout ce qu'il peut en s'acharnant à sauver cette maison, pour nous sauver la vie. Si elle brûle, nous sommes tous morts. La fumée commence à s'infiltrer entre les lattes du plancher et envahit le bunker. En haut, Beck est sur tous les fronts : la réserve à bois a pris feu et les flammes attaquent déjà les murs extérieurs. Ala ouvre grande la porte d'entrée et, bravant les jets de flammes, elle suit son père avec un seau dans chaque main pour étouffer le début d'incendie. Dans la cuisine, Julia plonge l'un après l'autre dans la grande citerne d'eau tous les récipients qui lui tombent sous la main. Elle les passe à papa et à M. Melman, qui tentent de juguler l'incendie de l'intérieur. La maison brûle et nous n'osons toujours pas sortir de notre souricière ! Impuissants, nous serrons les enfants contre nous et nous nous blottissons les uns contre les autres. J'essaie de distinguer la voix de Mania, mais je n'entends que Beck s'époumoner : « De l'eau ! Encore de l'eau ! » Ala et les hommes font la chaîne, mais ils n'arrivent plus à fournir assez vite. Les cloches des églises sonnent à toute volée, appelant la population de Zolkiew à la rescousse. Un petit contingent de volontaires passe en courant devant chez nous…

Des camions de pompiers défilent dans la rue, toutes sirènes hurlantes, suivis de voitures et de camions remplis de SS, de soldats réguliers de l'armée allemande et de redoutables miliciens ukrainiens. Nos ennemis déferlent par dizaines. Dehors, une personne sur deux est en uniforme. Autour de nous, le brasier n'épargne pratiquement plus une seule maison. La nôtre risque d'un instant à l'autre de s'embraser comme une allumette. Soudain, Beck nous avertit que la police est derrière la maison. Ils sont juste derrière le mur de notre bunker, à quelques mètres à peine. Si nous avions encore le moindre espoir de disparaître par le jardin, il vient de se dissiper. Le plancher est tellement détrempé que l'eau commence à goutter dans le bunker, imprégnant la fumée qui nous pique la gorge et les yeux. Papa et Melman se dépêchent de redescendre. Les adultes parlent tous en même temps, et chacun lève la voix pour tenter de se faire entendre dans ce brouhaha : « Nous ne pouvons pas sortir ! Ils vont nous fusiller », s'exclame M. Melman. « Mais non ! Ils ont autre chose à faire ! » rétorque M. Patrontasch. Personne n'est d'accord, rien ne se décide. Et entretemps la fumée continue d'envahir le bunker.

Comment une dizaine de Juifs en guenilles et à demi affamés pourraient-ils sortir de là en espérant échapper aux balles des SS ? Ce serait de la folie pure. Melman finit par trancher. « Le bunker sous le salon. C'est notre dernière chance ! » C'est le premier abri que nous avions creusé en 1942, un caveau recouvert d'un bac de terre en guise de couvercle. Mais à choisir entre les nazis et l'asphyxie, nous préférons encore être enterrés vivants. Les pleurs des enfants terrorisés déchirent l'air. Seul Zygush garde son sang-froid. Maman décide d'ouvrir la marche et m'ordonne de rester derrière Zygush et Zosia au cas où ils se feraient écraser dans un mouvement de panique. Je pose Zosia à terre et je pousse les enfants devant moi. En file indienne, nous avançons à quatre pattes dans le boyau de terre qui nous écorche les genoux et les coudes. La fumée s'épaissit, et nous brûle les yeux et la gorge. Dans ce brouillard noir et âcre, c'est à peine si nous devinons la silhouette qui nous précède. Les Steckel nous emboîtent le pas sans moufter. Puis viennent Klara, Gedalo et Kuba. Lola, Artek, Patrontasch et sa femme les suivent, protégeant Klarunia entre eux. Elle hurle de terreur, mais personne n'essaie plus de la faire taire. Même si nous mourons carbonisés, le hurlement du vent étouffera nos cris. Je suppose que Mania est quelque part derrière moi dans cette procession.

Papa, Artek, Melman et Patrontasch soulèvent le bac de terre qui dissimule l'entrée du bunker et nous nous glissons à l'intérieur. Nous avons de l'eau, des bougies et des allumettes, que nous avions prévues en cas d'urgence. Serrés comme des sardines, hanche contre hanche, épaule contre épaule, nous nous recroquevillons sous le plafond bas. Les enfants sont sur nos genoux ou allongés à plat ventre sur les jambes de leurs parents. Nous avons à peine la place d'étirer les jambes. Les hommes arrivent tant bien que mal à remettre le bac de terre en place avant que la fumée n'emplisse totalement notre dernier repaire. Dans la semi-pénombre, j'aperçois Frau Steckel, qui tripote nerveusement sa fiole de cyanure accrochée autour du cou. Puis les ténèbres nous engloutissent.

Je n'aurais jamais imaginé pareille obscurité. Tous les hommes ont des allumettes et une bougie à portée de main. Dans le noir, je me concentre sur la main tremblante de mon père qui essaie d'allumer sa bougie. Son allumette vacille et s'éteint. Il en craque une autre, puis une troisième, et encore une, d'un geste de plus en plus impatient. Sans lumière, cet endroit est un tombeau. Nous entendons gratter les têtes de soufre les unes après les autres sur le papier-émeri. Mais quand une étincelle semble prendre, la flamme vacille et meurt dans l'obscurité. C'est un comble ! La rue est une fournaise, tout est en train de brûler autour de nous, et nous n'arrivons pas à allumer une seule de ces fichues allumettes !

« Ce n'est pas la peine d'insister », soupire mon père. « Réessaye ! » lui hurle maman. « Puisque je te dis que ça ne sert à rien ! » Sa voix tremble de colère. Il essaie de se calmer, et reprend : « Si nous n'arrivons même pas à craquer une allumette, mieux vaut éviter de gaspiller l'oxygène en parlant. » Mais maman, prise de panique, ne l'écoute plus. « Je ne vois pas Mania ! Mania ? Mania ? » Seuls le silence et la terrible évidence de l'absence répondent à son angoisse. Les hommes se remettent à gratter leurs allumettes qui pétillent quelques fractions de seconde, éclairant un nez, un œil, un menton, un sourcil. Mais aucun signe de ma sœur. J'ai envie de hurler son nom, moi aussi, mais je sais que je ne ferais qu'aggraver les choses. J'essaie de me souvenir si je l'ai vue redescendre par la trappe. Non. À quel moment l'ai-je vue pour la dernière fois ? Je me repasse maintes fois le film de ces instants de confusion, en vain. Je suis incapable de dire à quel instant j'ai pu la voir, ce matin.

Tout ce que je sais, c'est qu'elle n'est pas avec nous, et que les allumettes ne font que nous voler notre précieux oxygène. Si nous pouvions continuer à gratter éternellement des allumettes, nous n'aurions pas à admettre la terrible évidence : nous ne la reverrons plus jamais. Mon cœur s'arrête de battre quand je réalise que mon père a arrêté de crier son nom. Je remarque son silence comme on remarque le tic-tac d'une horloge quand il s'arrête. Il sait où elle est et il ne peut pas se résoudre à le dire à ma mère. Maman ne dit plus rien. Elle sait, elle aussi. Papa craque une dernière allumette. Une lueur éphémère éclaire ses yeux et ses lèvres. Son aveu tombe, plus tranchant que le couperet de la mort. « Salka, elle s'est enfuie. Elle m'a dit qu'elle avait peur du feu. Elle m'a dit qu'elle voulait vivre. J'ai tout fait pour la retenir. Mais elle m'a échappé. C'est une petite fille si courageuse. Elle m'a dit qu'elle allait au bunker de l'usine. » L'usine qui vient de brûler. Son allumette s'éteint. Nous sommes dans la nuit noire. Ma mère ne lui demande pas d'en allumer une autre. À quoi bon ? « Je n'ai plus de fille », dit-elle d'une voix blanche. Puis elle se mure dans son chagrin.

Maman est quelque part à l'autre bout de ce tombeau. Nous sommes si à l'étroit que je ne peux même pas aller vers elle ou lui embrasser la main. Je ne peux même pas lui dire mon chagrin tant l'air est raréfié. Je suis si seule que je ne me demande même pas si les autres partagent notre douleur ou bénissent le ciel de pouvoir encore serrer leur enfant sur leur cœur. Nous vivons dans un monde impitoyable, où la détresse des uns rappelle aux autres leur propre chance. Chacun pour soi et Dieu contre tous...

Papa aurait dû la retenir. Ce 18 avril restera marqué au fer rouge dans sa conscience jusqu'à la fin de ses jours... Le 18 avril... Je réalise que, comme par un fait exprès, sa mère est morte un 18 avril, elle aussi. Il y a quarante ans, jour pour jour... Dans un incendie, elle aussi... Et elle s'appelait Mania. Je prie pour que le Tout-Puissant entende le cri de cette enfant, où qu'elle soit.

Depuis cinq mois que nous sommes enfermés dans ce sous-sol, chaque minute est gravée dans ma mémoire et y restera inscrite à jamais. Mais étrangement, je ne sais plus ce qui s'est passé entre le moment où j'ai compris que Mania était perdue et celui où Beck est venu nous chercher. Je ne sais plus comment nous avons survécu pendant si longtemps sans air. Je sais que nous avons prié. Oui, nous avons sans doute prié. S'il y a eu des conversations, je ne m'en souviens plus. S'il y a eu des larmes, je n'en ai pas eu conscience. Si les enfants ont pleuré, je ne les ai pas entendus. C'est la voix de M. Beck qui me tire de ma torpeur.

À la nuit tombée, je l'entends cogner sur un mur et nous annoncer que nous pouvons sortir. Il vient nous aider à nous extraire de notre tombeau pour retourner au bunker principal. Notre prise d'air est restée ouverte. C'est une nuit de pleine lune bien dégagée, et le vent continue de rugir. Notre minuscule fenêtre ouvre sur un paysage de désolation. Beck nous dit qu'une vingtaine de maisons ont brûlé le long de notre trottoir, que de violentes rafales roulent des livres à demi consumés, des morceaux de meubles, de berceaux, de jouets, de rideaux, de toitures mangées par le feu, et soulèvent des nuages de cendres. Abasourdis, nous voyons défiler devant la lucarne toutes ces vies parties en fumée.

Maman et moi sommes assises côte à côte, anesthésiées par le chagrin. Mis à part les Steckel, tout le monde dans cette pièce adorait Mania. Elle était notre rayon de soleil. De ces gens envoyés sur terre pour faire le bonheur de tous ceux qui croisent leur chemin. Mania était un ange tombé du ciel. Beck se verse une rasade de vodka, puis sert les hommes.

Il regarde son verre, soupire, et lâche sur un ton caustique : « Ma source de courage. » Puis il enchaîne : « Je crains d'être obligé de vous demander de partir. » Il a dit cela d'une voix dure, parce qu'il n'avait pas d'autre moyen de prononcer ces mots terribles.

« Nous comprenons », finit par répondre mon père.

M. Beck rassemble toutes ses forces pour nous annoncer ce que nous voulons ne pas entendre. « J'ai entendu dire que Mania a été tuée. Je n'en sais pas plus. » Notre arrêt de mort nous a déjà tellement sonnés que nous n'arrivons même pas à hurler notre douleur pour Mania. Si nous ne trouvons pas une autre cachette, nous la rejoindrons bientôt. La mort de Mania nous a ôté toute volonté de vivre. Nous sommes hébétés, effondrés. Nous n'avons même plus envie de persuader M. Beck, d'essayer de le faire changer d'avis, de le supplier. Cet homme et sa famille ne peuvent plus rien faire pour nous sans courir à leur perte.

Seule Mme Melman, les yeux baissés sur ses chaussures boueuses, trouve l'audace de lui demander à monter pour lui parler seule à seul. Il hoche la tête et aide la petite dame frêle et nerveuse à se hisser à l'étage.

Dès qu'il quitte la pièce, nous nous mettons à rassembler nos affaires. J'essaie de m'accrocher à maman, mais elle me repousse d'un geste brusque. Elle évite le regard de mon père. Elle lui en veut, mais pas une fois elle ne lui reproche de ne pas avoir su retenir Mania. Les enfants nous regardent sans rien dire, penauds et apeurés. En l'espace de quelques heures, les petits yeux de Zygush ont beaucoup vieilli. Il aimait tant ma sœur ! Elle était la complice de toutes ses bêtises de garnement, celle qui le défendait contre les petites brutes, celle qui l'emmenait faire un tour sur le guidon du vélo de tante Giza, au nez et à la barbe d'Uchka qui se lançait à leurs trousses en les semonçant.

Soudain, une voix de stentor nous fait sursauter : « Retournez dans ce foutu trou, refermez la trappe sur vous, et ne bougez plus jusqu'à ce que je vous le dise ! »

Mme Melman redescend précipitamment. Maman lui demande ce qu'elle a dit à M. Beck. Elle ne le sait plus trop, mais elle a essayé de le fléchir, avoue-t-elle. C'est tout. Les hommes, interdits, ne parviennent même plus à préparer une stratégie de repli, et les femmes s'abstiennent de les houspiller. La seule d'entre nous qui aurait insisté était Mania. Mais elle est morte.

Où pouvons-nous aller ? Nous ferions peut-être aussi bien de nous livrer aux Allemands. Pour ne rien arranger, il fait un temps exécrable dehors. Les vents ont enflé en une véritable tempête. Un temps à ne pas mettre un chien dehors, et nous avons deux jeunes enfants avec nous. Qui pourrait en vouloir aux Beck ? En fait, c'est eux qui devraient nous en vouloir…

Quelques minutes plus tard, Beck revient nous voir. Il regarde par la lucarne et hausse les épaules. « Allez vous coucher, nous verrons bien ce qui arrivera. »

Je prie de toutes mes forces. « Mon Dieu, aidez-nous, et faites que nous survivions pour pouvoir rendre un jour à ces gens tout ce qu'ils font pour nous. »

Les jours suivants ne sont qu'une succession de cauchemars. Le chagrin de maman est insoutenable. Elle n'a plus adressé une seule fois la parole à mon père. Elle ne peut pas, ou ne veut pas. Au-delà de la colère, c'est la peur qui l'empêche de regarder papa, car elle sait que, sur son visage, elle verra les yeux de Mania, les traits de Mania. Ils ne peuvent même pas pleurer ensemble la perte de leur fille. Encore moins hurler leur douleur. Contre toute logique, je me raccroche à un mince filet d'espoir. Je veux croire qu'elle a réussi à s'enfuir, que Beck s'est trompé. Je continue à marmonner les prières que mon père m'a apprises. J'ai envie de lui parler de ce que m'a dit Mania, la veille de l'incendie. De ses scrupules à demander encore d'autres choses à Dieu, qui nous avait déjà ramené les enfants. Mais papa ne supporterait pas d'entendre cela. Je ne ferais que remuer le couteau dans la plaie. La seule personne à qui j'ai envie d'en parler, de parler tout simplement, c'est Mania. Nous avons pleuré tant de morts ensemble, mais tant que nous étions tous les quatre, nous nous sentions protégés. La mort frappait les autres, et nous faisait grâce. Le sort refusait de nous séparer. Mania et moi avions renoncé à aller chez les religieuses. Les Russes ont arrêté le mauvais Meir Schwartz et l'ont envoyé en Sibérie à la place de mon père. Les Beck nous ont cachés… Et maintenant, que va-t-il nous arriver ?

Désormais, nous devons continuer sans elle, sans notre porte-bonheur. En la perdant, j'ai compris qu'un cœur ne se brise jamais totalement. Il continue à battre pour nous narguer et nous dire que même dans le chagrin il est indestructible et débordant d'amour.

Beck revient à intervalles réguliers nous rapporter tout ce qu'il entend dire. Des voisins ont assuré aux SS qu'ils ont vu Mania s'échapper de la maison pendant l'incendie. Un autre a dit à Julia qu'il avait vu Mania courir vers l'église des religieuses, à quelques centaines de mètres d'ici. Si Mania est arrivée chez les religieuses, elle est vivante !... Je prie.

Un beau jour, les SS convoquent Beck pour le confronter à un voisin russe, le vieux Stefaniuk, un ivrogne qui a accaparé la maison des Britzwitz et l'accuse de cacher des Juifs. Quand les Soviétiques sont arrivés à Zolkiew, ils ont fait venir avec eux des ouvriers, qui étaient en fait des espions chargés d'infiltrer les entreprises locales. Stefaniuk était notre espion attitré, mais mon père l'avait toujours traité avec déférence, et voilà qu'il nous trahissait. Dieu merci, un ami de M. Beck, M. Lang, un *Volksdeutsch* lui aussi, professeur de latin au lycée, se trouvait au même moment au quartier général de la Waffen SS. Il était outré et a conseillé aux Allemands d'aller voir si ce ne serait pas plutôt ce *moskol*[51] de Stefaniuk qui abritait des Juifs chez lui.

Une fois de plus, Beck revient sur sa décision. Nous pouvons rester. « Nous sommes tous entre les mains de Dieu », répète-t-il. Combien de fois a-t-il

51 *Moskol :* terme péjoratif désignant un sympathisant des Soviétiques.

prononcé cette phrase qui est notre salut ? L'entendrons-nous encore ? Il est certain que les SS ont cru son plaidoyer. Il leur a dit que Stefaniuk était « un chien de Russe qui mentait comme un arracheur de dents ». Il a argué de sa bonne foi, s'offusquant que des gens aussi intelligents puissent aller croire les racontars d'un ennemi, et se défier de lui, un bon *Volksdeutsch*. Il leur a expliqué que depuis des années, les Russes, les Polonais, les *Volksdeutsche* et les Ukrainiens sont à couteaux tirés. Mais Dieu merci, s'est-il empressé d'ajouter, les nazis sont revenus mettre bon ordre dans tout cela. « Et que je crame en enfer si un jour, je ne vais pas pisser sur la tombe de ce maudit Russe ! » conclut-il, encore furieux contre Stefaniuk.

Nous redoutons de les entendre cogner à la porte d'un instant à l'autre. Mais non. Les SS ne viendront pas nous chercher cette nuit.

Ils arrivent toutefois dès le lendemain matin. Ils sont venus fouiller la maison, annoncent-ils. Mais, Dieu sait pourquoi, ils entrent à peine et emmènent Julia pour un interrogatoire. Du fond de notre sous-sol, nous tremblons pour elle. Et, égoïstement, nous tremblons aussi à l'idée que Beck puisse paniquer et nous mettre dehors. Comment pourrions-nous encore le regarder en face si, à cause de nous, Julia se fait torturer par les SS ? Ou pire, si elle ne revient pas de l'interrogatoire ? Mais Beck attend patiemment en haut, tout comme nous attendons en bas en nous rongeant les sangs. Plus la situation semble désespérée, plus il fait preuve de sang-froid. « Cela ne dépend plus de nous », se borne-t-il à dire. Une autre façon de dire que notre destin est entre les mains de Dieu.

Julia rentre enfin ! Les SS lui ont dit que Mania leur avait avoué qu'elle travaillait comme femme de ménage chez les Beck. Julia a farouchement nié. C'était impossible, leur a-t-elle affirmé, car avec tous les policiers allemands, les agents de la Gestapo et les SS qui venaient boire un verre avec son mari, s'il y avait eu une bonne juive dans la maison, ils n'auraient pas manqué de la voir ! Ils n'avaient qu'à demander à Schmidt ou à Krueger, par exemple. Ils ont pratiquement pris leurs quartiers chez elle, et ils seraient bien placés pour leur assurer qu'il n'y a pas l'ombre d'un Juif chez les Beck. Il faut croire qu'elle a été assez convaincante, puisqu'ils l'ont renvoyée chez elle et qu'ils ne sont toujours pas venus fouiller la maison. Où les Beck trouvent-ils tant de courage pour regarder les SS droit dans les yeux et leur mentir avec une telle conviction ? À vrai dire, l'effronterie de Beck ne m'étonne qu'à moitié. Mais Julia est si timide et effacée que c'est à peine si elle ose sourire en public, et quand elle s'y risque, elle se couvre la bouche tant elle a honte de ses dents. Et pourtant, elle a eu le cran de tenir tête à des SS capables de faire craquer les hommes et les femmes les plus résistants s'ils ont le moindre doute sur leur histoire.

Après le retour de Julia, Beck nous descend une bouteille et des verres, et nous raconte ce qui est arrivé à Mania. Il a discrètement glané des informations à gauche à droite : auprès d'amis, d'ennemis, de partisans et des traîtres. Il aurait préféré ne rien avoir à nous dire, mais il le doit. Il ne peut porter ce fardeau tout seul.

Je n'ai pas perdu une miette de son récit. « Toute la rue était en feu. La police était sortie en force pour repousser la foule. À travers les flammes, j'ai cru voir Mania remonter la rue en courant et disparaître dans la foule. Mais j'ai pensé que mon esprit me jouait des tours. Je ne pouvais pas croire qu'elle nous quitterait, qu'elle vous quitterait. » Beck se verse une autre rasade de vodka. Ses yeux sont cernés de rouge. C'est une épreuve pour lui que d'avoir à nous raconter tout cela. Et il nous est tout aussi difficile d'entendre ce qu'il a à nous dire. Mais il le faut. Nous devons savoir ce qui est arrivé à ma chère sœur. Beck me demande si je connais deux garçons, Tilzer et Schitling. Je n'allais pas dans la même école qu'eux, puisqu'ils étaient chez les garçons et moi chez les filles, mais ils ont le même âge que moi et je les croisais presque tous les jours sur le chemin de l'école. Je les voyais jouer au ballon au parc ou courir dans les rues en bande. J'étais timide et eux aussi. Nous ne nous sommes jamais parlé, mais de temps en temps, nous échangions un signe de tête. Je n'irais pas jusqu'à dire que nous étions copains, mais il nous arrivait d'aller patiner ensemble sur la rivière. Nous formions de longues chenilles, et j'ai peut-être pu un jour m'accrocher aux hanches de Schitling. Je le trouvais plutôt gentil, et il était toujours poli avec ses aînés.

Beck reprend son pénible rapport. « Mania marchait d'un pas vif vers l'église où les religieuses ont accueilli d'autres petites filles juives. Tilzer m'a dit qu'ils l'ont vue et que Mania s'est retournée et a croisé leurs regards. Mais elle ne s'est pas mise à courir, car ils lui ont souri et elle leur a rendu leur sourire. Elle devait se sentir en confiance. Les gamins n'ont plus rien à manger chez eux et, comme tout le monde, ils savaient très bien que s'ils dénonçaient des Juifs, on leur donnerait une récompense. Ils ne se sont pas concertés. Ils lui ont simplement couru après. Au début, quand elle les a vus arriver vers elle, elle ne s'est pas méfiée. Elle croyait qu'ils voulaient l'aider. Mais quand elle a compris qu'ils étaient à ses trousses, elle a pris ses jambes à son cou et s'est précipitée vers l'église. Ils ont été surpris de voir qu'elle pouvait courir aussi vite. Mais sur les marches de l'église, Tilzer lui a fait un croche-pied. Il avait peur qu'une religieuse sorte et le reconnaisse. D'ailleurs, je ne comprends toujours pas pourquoi aucune religieuse n'est sortie dans le sauve-qui-peut général de l'incendie. Tilzer m'a dit que Mania n'était qu'à dix mètres de la porte du couvent. Elle l'a supplié de l'épargner, mais elle a fini par le suivre. Elle lui a simplement demandé de dire plus tard à sa famille ce qui lui était arrivé. Quand ils sont venus chercher leurs cinq litres de vodka au dépôt d'alcool, ils avaient tellement honte qu'ils m'ont tout avoué, parce qu'ils savaient que Julia avait travaillé pour la mère de Mania. Ils ne savent pas que vous êtes ici. Je ne savais plus si j'avais envie de les égorger ou de pleurer pour ces pauvres gamins. »

Les larmes roulent sur mes joues. Pendant son interrogatoire, Julia avait même eu la présence d'esprit de demander à être confrontée à la petite fille juive qu'ils avaient arrêtée et qui prétendait faire le ménage chez elle. Mais elle n'a vu personne. Beck a encore quelque chose à nous dire. Au comptoir d'un bar, il a entendu un SS raconter qu'il avait mis la main sur une fillette originaire de Lvov. Une bonne ! Mania ne nous a donc jamais trahis !

Jusqu'à son dernier souffle, elle a voulu nous protéger au prix de sa propre vie. Cette fillette de treize ans, qui ne pesait pas plus de quarante kilos, a résisté jusqu'au bout aux SS et à la Gestapo, à des gens qui représentent toute la puissance et la barbarie de l'empire nazi, et ils n'ont pas réussi à lui arracher un aveu. Face à tant d'amour et tant de courage, comment ne pas trouver la volonté de vivre ?

Dudio a assisté bien malgré lui à ses ultimes instants, et a donné à M. Beck une lettre, datée du 19 avril. Dudio raconte qu'ils l'ont emmenée au vieux cimetière juif, qu'ils l'ont fusillée et qu'ils ont jeté son corps dans un charnier. Le cimetière est maintenant un terrain vague semé de sépultures anonymes. Il ne reste plus une stèle. Il y a longtemps déjà que des garçons juifs ont été contraints de les charrier par brouettes entières pour les casser avec des masses presque aussi grosses qu'eux, et les réduire en cailloux pour refaire les routes.

Je ne sais pas ce qu'ils lui ont fait subir, ni si elle a beaucoup souffert. Mais je sais que tout cela a dû se passer devant des dizaines de témoins qui étaient sortis à cause de l'incendie. Cela s'est passé dans notre quartier où tout le monde la connaissait et l'aimait. Les Beck ont choisi de risquer leur vie pour nous sauver, mais Tilzer n'aurait eu qu'à détourner le regard pour que ma sœur soit encore vivante.

Chapitre 9

DÉMASQUÉS !

De mai à septembre 1943

Mardi 7 septembre. Nous sommes à la merci de tout et n'importe quoi. C'en devient absurde. Quand la belle-sœur veut se marier, c'est notre vie qui est en jeu. Quand M. Beck joue aux cartes, nous tremblons. Quand il boit, nous paniquons. Quand il se dispute avec ses supérieurs hiérarchiques, nous sommes désespérés. Prions pour que tous ces problèmes soient résolus. J'espère que M. Beck continue d'écouter la radio au grenier. Il y aura peut-être de bonnes nouvelles, bientôt.

La cruelle vérité sur la mort de ma sœur — une vérité trop cruelle pour que quiconque ait envie de la reconnaître —, c'est que pendant que nous priions pour qu'elle soit encore vivante, nous priions aussi pour qu'elle ne nous trahisse pas. Les larmes que nous avons versées en apprenant qu'elle avait été fusillée étaient aussi des larmes de soulagement. Faute de pouvoir hurler notre douleur, nous pleurons en silence. Nous ne pouvons pas faire notre deuil selon les rites traditionnels. Nous n'avons pas dit le kaddish, nous n'avons pas observé le *shiva*. L'absence de Mania emplit le bunker. Par pudeur, ou par crainte de réveiller nos démons, tout le monde s'abstient scrupuleusement de prononcer son nom. Les enfants non plus ne posent pas de question. Elle est partie. C'est tout. Le matin, en ouvrant les yeux, je la cherche encore à mes côtés. Et chaque réveil ravive le souvenir de sa mort. Un souvenir qui semble dévorer l'air que je respire comme s'il avait tellement envie de vivre qu'il avait besoin d'air. Je suffoque, mais j'entretiens comme à plaisir cette douleur, car elle est tout ce qui me reste de Mania.

Pourtant, nous devons continuer de nous accrocher à la vie. Nos gestes routiniers continuent de rythmer nos mornes journées. Nous roulons nos paillasses, nous nous débarbouillons avec trois gouttes d'eau. Mania est morte depuis deux semaines, et je suis là, à peler et faire bouillir des pommes de terre, comme si de rien n'était. Au fil des heures, les murs de terre accumulent la chaleur et paraissent resserrer leur étau brûlant sur nous. Patrontasch, un journal ouvert sur les genoux, ouvre des mégots pour récupérer quelques grammes de tabac goudronneux. Le journal date du mois dernier, et il y a autant de mauvaises nouvelles que de bonnes. Rommel a battu en retraite en Afrique du Nord. Et ici, les SS ont maté dans le sang le soulèvement du ghetto de Varsovie. Nous sommes fiers de la résistance du ghetto, mais nous savons que nous sommes tous condamnés. Nous avons l'impression qu'ils se sont battus pour nous et nous aurions voulu pouvoir nous battre avec eux.

M. Patrontasch s'applique à sa tâche, s'épongeant régulièrement le front avec un mouchoir pour ne pas détremper le tabac de sa sueur.

« Il fait trop chaud pour manger, et encore plus pour cuisiner », soupire maman. Nous pouffons. C'est sa dernière marotte. Elle répète cela au moins vingt fois par jour. Mania aussi aurait ri.

Nous avons toléré la chaleur étouffante de l'été, supporté la faim, l'ennui, et la réalité déprimante de cette guerre, qui semble ne jamais devoir finir.

Début septembre, Beck descend avec un journal. Papa parcourt les gros titres et son visage s'illumine. « L'Italie s'est rendue ! Il ne peut plus y en avoir pour très longtemps, maintenant ! »

Maman le fusille du regard. « Tu as déjà dit cela il y a dix mois, il y a neuf mois, il y a huit mois...

— Je sais, coupe papa. Mais cette fois-ci, c'est écrit noir sur blanc : l'armée russe est à Jytomyr. Si même un journal allemand le dit, c'est que c'est vrai. Les Russes se rapprochent de jour en jour. » Jytomyr est à l'ouest de Kiev, ce qui signifie que les Russes ne vont pas tarder à arriver à Lvov. La nouvelle est encourageante, mais maman n'a pas tort : nous n'avons plus les moyens de nous bercer de fausses espérances.

Maman change de sujet et propose de trier nos vêtements pour voir s'il reste quelque chose que Julia pourrait vendre. Nous faisons cela régulièrement, mais plus les mois passent, moins il reste de choses présentables. Le Grand Pardon est dans une semaine, et nous n'avons plus grand-chose à nous mettre sur le dos. Comme il fait encore très chaud, les hommes décident qu'ils prieront en caleçon et maillot de corps. Ils ont passé le Talmud au peigne fin et découvert que tant qu'ils se couvraient la tête et portaient le tallith, rien ne s'y opposait.

Tous nos vêtements, rongés par l'humidité et la moisissure, se décomposent sous les doigts de maman. Elle baisse les bras. Puisque nous n'avons plus rien de présentable et qu'il fait si chaud, annonce-t-elle à mon père, elle fera comme eux et priera en sous-vêtements. Papa n'y voit aucune objection. Les autres femmes menacent d'en faire autant et, à leur grande surprise, leurs maris ne protestent pas.

Comme tous les dimanches matin, Julia et Ala sont allées à la messe. Elles n'ont pas tourné au coin de la rue, que Beck s'empresse de faire monter Klara, inventant un quelconque prétexte. Cette liaison nous terrifie. Combien de temps encore arriveront-ils à garder le secret ? Nous sommes au courant, bien entendu, et nous avons aussi remarqué que Beck l'appelle de plus en plus souvent. Nous tremblons, car nous savons que, quand il a beaucoup bu, il est capable des pires imprudences. Tôt ou tard, Julia finira par apprendre que son mari la trompe avec sa meilleure amie, une femme pour qui elle met sa vie en péril, et celle de toute sa famille.

Beck est de plus en plus téméraire. Dès que la porte se referme et que les pas de Julia claquent sur le trottoir, il appelle Klara. Nous ne disons rien. Nous ne faisons rien. Personne ne peut en parler à Beck. Klara ne peut pas refuser. Est-ce de la simple concupiscence, ou éprouve-t-il réellement quelque chose pour Klara ? Y a-t-il de l'amour entre eux ? Du mari volage ou du Juste, lequel est le véritable Beck ? Si nous le supplions de mettre un terme à ces écarts, qui sait si ce n'est pas son pire côté qui prendra le dessus, si l'homme courageux et généreux ne s'effacera pas devant l'ivrogne qui couche avec la meilleure amie de sa femme ? Cet homme-là risquerait-il chaque jour sa vie pour nous ? Comment aborder le sujet avec lui sans risquer sa colère ? De quel droit pourrions-nous lui faire la morale ?

La porte d'entrée s'ouvre. Personne n'a frappé. Je reconnais le pas familier de Julia. Elle va droit à la cuisine. Personne ne bouge, personne ne parle, personne ne respire.

« Ce n'est que moi. J'ai oublié mon porte-monnaie. J'étais à l'église et je n'avais pas un *groshen* pour la quête », lance-t-elle joyeusement à la cantonade. Encore cinq pas et elle sera dans la chambre. Je compte jusqu'à cinq… Elle y est.

Nous levons tous les yeux vers le plafond. Je n'ai jamais entendu Julia hausser le ton. Je ne connaissais que sa voix douce et chantonnante. C'est pourtant bien elle qui hurle : « Salaud ! SALAUD ! ET TOI, TRAÎNÉE ! JE NE TOLÉRERAI PAS CETTE VIPÈRE UNE MINUTE DE PLUS SOUS MON TOIT ! SORS D'ICI ! DEHORS ! »

Klara fait quelques pas chancelants et descend par la trappe. Sa robe est défaite. Le visage baissé, elle la reboutonne en toute hâte et va se réfugier au fin fond de l'abri de nuit.

En haut, Beck rugit et fait valser des objets dans la chambre. J'imagine les chaises et les cadres à photo volant en éclats contre les murs. Sur la commode, il y a leurs photos de mariage, et des photos de la confirmation d'Ala, de son baccalauréat, d'elle patinant sur la rivière, et tant d'autres. Zosia et Zygush viennent se blottir dans mes bras. Ce qui pouvait nous arriver de pire est en train de se produire, et nous ne pouvons rien faire pour l'arrêter. J'imagine la suite : Julia va mettre Klara à la porte. Et nous avec. Ce genre de liaison aurait été intolérable pour n'importe quelle femme. Et Julia n'est pas n'importe quelle femme. Avant la guerre, Klara et elle étaient les meilleures amies du monde. C'était pour Klara que Julia avait convaincu Beck de nous prendre. Klara le sait. Nous le savons tous. Même Beck le sait.

Pourtant, il tempête comme si c'était lui l'offensé, comme si Julia avait détruit son bonheur, son monde parfait et, surtout, l'image qu'il avait de lui-même. « Fous-moi la paix ! Fous-moi la paix ! »

Mais Julia ne lâche pas prise. « Renvoie-la d'ici. Renvoie-les tous d'ici ! Je ne veux plus personne ! »

Une chape de silence s'abat sur notre bunker. Notre fin est proche. Les SS vont venir nous chercher dans notre tanière ; nous allons rejoindre le sinistre cortège de proches et d'amis vers le marais, et ils vont nous fusiller. Tout cela pour un mari infidèle et une épouse trompée. Un mauvais vaudeville qui se joue chaque minute dans le monde. Mais cette fois-ci, la farce tourne au drame, car c'est notre vie à tous qui est en jeu. Zosia pleure et je suis obligée de lui mentir pour la rassurer. « N'aie pas peur. Tout va s'arranger. »

En haut, Beck vocifère : « ÇA NE TE PLAÎT PAS ? EH BIEN, FOUS LE CAMP ! » Un autre miroir se fracasse contre un mur. Ou bien était-ce un cadre photo ? Puis j'entends le choc sourd et terrible d'un coup de poing et un corps qui s'effondre sur le plancher.

Beck panique. « À l'aide ! À l'aide ! Patrontasch, vite ! Venez m'aider ! »

Patrontasch se précipite. Il a été secouriste dans son jeune temps. Julia est par terre, prise de convulsions, un filet de sang à la commissure des lèvres. Elle a les yeux révulsés et bat le sol de ses bras. Patrontasch attrape aussitôt une ceinture et la lui place entre les dents pour l'empêcher de se mordre la langue.

Beck ne dit rien. Il attrape sa bouteille de vodka et s'assied sur le lit, sonné. Patrontasch saisit Julia à bras-le-corps pour essayer de l'apaiser, mais elle ne cesse de se débattre. Les muscles puissants de M. Patrontasch ne peuvent rien contre les spasmes. Je suis au désespoir. Je ne sais pas exactement ce qu'il se passe, mais je ne veux surtout pas que Julia meure. J'ai envie de crier à M. Beck de courir chercher des secours, mais Patrontasch me devance. « Appelez un médecin, vite ! »

Beck se verse une autre rasade. « Pensez-vous, ça lui arrive tout le temps. Elle va se calmer dans quelques minutes. Seigneur, aidez-moi ! Je déteste cette maison. Je vous déteste tous. Et elle, surtout ! » Il se lève et s'en va, claquant la porte derrière lui. Il avait raison. Au bout de quelques minutes, Julia se calme. Patrontasch la met au lit et revient nous raconter la scène. Lui aussi croyait que Julia était à deux doigts de mourir.

Vers midi, Ala rentre de la messe. Je partage un thé à la cuisine avec Lola, Julia et elle. Julia a le visage gonflé, les lèvres tuméfiées. Il fait une chaleur accablante, mais les rideaux sont tirés. Ala tient la main de sa mère.

Julia a envie de parler, comme si elle avait quelque chose à expliquer ou à avouer. « J'étais tellement heureuse. Dimanche dernier, en sortant de la messe, je me suis dépêchée de rentrer à la maison pour prendre un peu d'argent, car je ne voulais pas rater l'autocar pour Lvov. En courant, j'ai glissé dans l'escalier et ma robe s'est relevée. Alors, Mme Lueczkiewicz... — vous vous souvenez d'elle, n'est-ce pas ? C'était votre professeur de couture à l'école. J'avais tellement honte de me retrouver les quatre fers en l'air devant tout le monde avec ma robe retroussée au-dessus des genoux ! Pensez si j'étais gênée ! Alors, Mme Lueczkiewicz m'a aidée à me relever et a vu mes bas ramendés au point zigzag, et elle m'a félicitée sur mes talents de couturière. J'étais impatiente de rentrer pour vous le dire. Je trouvais cela drôle que Mme Lueczkiewicz pense que c'était moi qui l'avais fait, alors que c'était deux de ses élèves. J'avais envie de lui dire que Lola et toi étiez vivantes, car je sais qu'elle vous aimait beaucoup, mais bien sûr je n'ai rien dit. » Elle marque une pause, avale une gorgée de thé et remplit ma tasse. « Il faut que vous me compreniez, reprend-elle, je ne peux pas vivre avec une vipère sous mon propre toit. Je m'en vais. Je dois partir. Dès que ce salaud reviendra. Je suis désolée. Désolée de vous laisser avec lui. » Elle nous regarde, comme si elle attendait que nous protestions ou du moins que nous faisions semblant de protester. Mais nous buvons notre thé en silence, le nez dans notre tasse.

Quand nous sommes redescendues, elle prépare son sac, puis nous suivons ses pas et ceux d'Ala sur le plancher. La porte s'ouvre et se referme. Nous sommes seuls. Pour combien de temps ? Dieu seul le sait. Nos deux protecteurs sont partis et nous ne tiendrons pas plus de quelques jours sans eux. Depuis le premier jour où Beck a fait monter Klara, nous savions que ce moment arriverait. Nous y sommes.

La maison est vide et nous faisons tous semblant de dormir. J'ai posé la tête sur les genoux de maman ; elle m'évente doucement, en faisant attention à ne pas éteindre la bougie pour ne pas que nous nous retrouvions dans le noir. Klara est réveillée. Elle fixe le plafond. Personne n'a fait la moindre allusion à ce qui s'est passé ce matin. C'est trop effarant. Nous dérivons sur un radeau pris dans la tempête. M. Beck finira peut-être par revenir. Julia aussi, avec un peu de chance. Depuis la mort de Mania, je ne me suis jamais sentie aussi seule, aussi impuissante. Je voudrais tant qu'elle soit là, car elle seule aurait trouvé assez de courage pour tous nous galvaniser. Elle n'aurait pas peur de mettre des mots sur la catastrophe qui vient de s'abattre sur nous. Elle aurait asticoté mes parents jusqu'à ce qu'ils trouvent une solution. Mais je ne suis pas ma sœur. J'ai honte de ce que je ressens : je n'ai plus aucune volonté de me battre.

J'ai besoin de dire mon désarroi. Je m'approche tout près du visage de maman. « Maman, tout nous échappe. Quand la sœur de M. Beck veut épouser un Ukrainien, c'est notre vie qui est en jeu. Quand il boit et joue aux cartes avec la Gestapo, nous sommes inquiets. Quand il s'enivre au travail, nous paniquons. Qu'il se dispute avec ses patrons, et nous sommes désespérés... Et pourtant, quoi qu'il arrive, il garde son bel optimisme... Mais cette liaison avec Klara ? Tu crois que Julia va le quitter ? Ou que lui va quitter Julia ? Qu'allons-nous devenir maman ? C'est la fin ? Nous aurons tant souffert pour que ça finisse comme ça ?

— Je ne sais pas.

— D'après toi, qu'est-ce que Julia va faire ?

— Dieu lui-même ne le sait pas. »

C'est sa façon de couper court à mes questions. Si Dieu lui-même n'en sait rien, comment pourrais-je supposer qu'elle a une réponse ?

C'est notre troisième nuit blanche depuis leur dispute. Il ne nous reste plus d'eau, plus une miette de pain. Nous sommes dans un tel état de torpeur que, malgré la chaleur, nous en oublions de nous éventer. Depuis le départ d'Ala et Julia, nous n'avons pratiquement pas échangé un mot. Une terrible question me brûle les lèvres, mais je n'ose pas la poser à papa et maman. « Que deviendrons-nous si les Beck ne reviennent pas ? » Je suis certaine que tout le monde se demande la même chose, mais personne ne veut entendre la réponse. Nous sommes dix-huit, entassés comme des bestiaux dans ce sous-sol, mais dans ces moments-là, chacun est seul face à son désespoir. Le silence vaut mieux que des mots, qui ne feraient que donner corps à notre angoisse et risqueraient de nous faire faire n'importe quoi. Mania s'est enfuie pendant l'incendie. Les Steckel ont leur fiole de poison. Il y a même un bidon de cinq litres d'essence enterré sous le bunker. Nous sommes préparés et les grands se sont jurés que les nazis ne nous captureront jamais vivants. Je prie pour que les Beck se souviennent que nous sommes ici. Yom Kippour n'est plus que dans quelques jours, et nous ne sommes pas sûrs de vivre assez longtemps pour expier nos péchés. Mais ce n'est pas ce qui me préoccupe le plus. Je me vois mourir lentement par asphyxie, et la seule chose que j'ai envie de demander, c'est une bouffée d'air. Et tant pis pour mes péchés !

Le grincement de la porte nous tétanise. Je voudrais que ce soit M. et Mme Beck ! Je veux croire qu'ils se sont réconciliés et qu'ils rentrent à la maison bras dessus bras dessous. Mais je n'entends que le pas chancelant de M. Beck, et il n'est pas seul. Il est avec le sergent Krueger, son meilleur ami, son compagnon de beuverie et de jeu, et son associé dans plusieurs entreprises de marché noir dont Julia et Ala n'ont aucune idée mais dont tout le monde, en bas, connaît les moindres détails.

Beck est encore plus soûl que d'habitude. Quand il bafouille comme ça, c'est qu'il est à deux doigts de s'effondrer.

Je crains qu'il n'ait fini par toucher le fond. Cet homme est dans toutes mes prières… Je prie pour sa santé ; je prie pour que toutes ses petites combines marchent ; je prie pour qu'il ne se fasse pas prendre. Et je prie pour que sa chance ne le quitte pas. Mon père dit qu'il vaut parfois mieux avoir de la chance qu'être malin. La chance de Beck est la nôtre.

Il appelle Julia et Ala. Pas de réponse. Il recommence, de plus en plus fort. Toujours rien. Il fait le tour de toutes les pièces, ouvre grand toutes les portes, et les claque rageusement. Personne. Il finit par s'effondrer dans un fauteuil.

« Qu'elles aillent au diable. Allez, Krueger, assieds-toi, tu me fatigues à rester debout, comme ça. Je vais nous servir un verre.

— Pas ce soir. Je voulais juste m'assurer que tu arriverais chez toi entier.

— Reste, on va jouer aux cartes. Écouter les nouvelles de Londres.

— De Londres ?

— Allons, Krueger... Ne me dis pas que tu n'écoutes pas Radio Londres. C'est ton boulot ! »

Nous sommes sidérés ! Beck vient d'avouer à un SS qu'il possède un poste radio à ondes courtes ! C'est absolument interdit et cela pourrait le conduire à la potence !

« Peut-être, mais toi, ce n'est pas ton boulot, Beck. Et je ne veux pas savoir tout ce qui se passe dans cette maison. »

Beck s'esclaffe et va chercher une bouteille et des verres qu'il pose à grand bruit sur la table.

« Eh bien, partage au moins un dernier verre avec moi avant de me descendre. Mais tu ne me descendras pas. Je suis ton seul ami dans cette foutue ville. Je t'aime bien et toi aussi, tu m'aimes bien. Tu es le seul boche qui ait un tant soit peu le sens de l'humour. D'ailleurs, je ne comprends pas comment tu supportes ces autres crétins. Qu'est-ce que tu attends d'ailleurs, pour leur brûler la cervelle à ces abrutis ? À commencer par ce gros lard de von Pappen. S'il continue à me chercher des poux, je vais lui chier au cul à ce connard.

— Allez, va te coucher, Beck... avant de dire quelque chose de vraiment idiot. »

Beck part d'un gros rire gras. « C'est ça ! Allez, fous le camp, toi aussi. »

Maman blêmit et fait mine de me couvrir les oreilles pour m'épargner toutes ces insanités. Pour une fois, elle en oublie notre mort imminente et retrouve ses réflexes de mère.

Les bottes de Krueger s'éloignent dans le couloir et la porte se referme derrière lui. Nous poussons tous un gros soupir de soulagement. Deux minutes plus tard, Beck est devant la trappe. Quand Patrontasch ouvre, un flot de lumière se déverse dans le bunker. Trop soûl pour s'agenouiller, Beck est à plat ventre sur le plancher et passe la tête par l'ouverture.

« Où est passée ma femme, nom de Dieu ?

— Je ne sais pas. Elle est partie avec Ala il y a trois jours, juste après vous », lui répond Patrontasch.

Beck farfouille au fond de sa poche et en sort un bout de papier tout chiffonné qu'il tend à Patrontasch. « Eh bien, donnez cela à votre sœur... Et dites-lui que je veux une réponse tout de suite. »

Il se relève tant bien que mal et va s'affaler à grand fracas sur son lit. Patrontasch donne le billet à Klara. Elle hésite à le déplier, mais elle sait que c'est trop important pour repousser l'échéance. Tous les regards sont braqués sur elle, même ceux des enfants. Elle lit la lettre et la pose doucement.

Les yeux dans le vague, elle annonce d'une voix neutre : « Il veut que je m'enfuie avec lui. Il veut me sauver. »

C'est son frère qui pose la question fatidique. « Et que comptes-tu faire ? » Il lui a demandé cela comme il lui aurait demandé si elle préférait son thé au lait ou au citron. Comment parvient-il à rester si calme ?

« Tu crois que je ne sais pas ce que cela signifierait si je quittais cet enfer ? Je vais lui donner la bonne nouvelle », réplique-t-elle.

Je ne sais pas comment interpréter le ton de sa voix. Je ne fais plus de distinction entre ce que j'entends, ce que j'invente, ou ce que j'ai envie d'entendre. Je crois percevoir de la tristesse et du regret ; de l'amertume et de la honte ; de la résignation mêlée à un air de triomphe et de revanche. Je comprends surtout à quel point sa fille Luncia lui manque et combien elle a aimé son mari. Je comprends aussi le peu d'importance qu'elle attache à cette liaison, car elle a perdu le goût de vivre. Elle se glisse jusqu'à l'ouverture et se hisse à l'étage. Son frère lui tend gracieusement la main pour l'aider. Nous tendons l'oreille. Rien. Elle a dû lui faire un signe, car Beck allume la radio et une musique très agréable couvre leurs voix. Nous n'entendons que le bruissement de leur conversation, sans pouvoir distinguer les mots.

Ma mère se retourne vers mon père. « Si j'avais su...

— Su quoi ?

— Aurions-nous fait quoi que ce soit autrement ?

— À quoi bon te torturer avec ces pensées ? »

Je comprends qu'ils parlent de Mania.

Maman poursuit : « Je ne sais pas... Je me souviens simplement du jour où les Russes sont venus et ont arrêté ma mère pour l'envoyer au Kazakhstan. Tu as dit qu'il ne fallait pas s'inquiéter pour elle... Qu'un jour nous pourrions envier son sort. Comment le savais-tu ?

— Je ne savais rien du tout. Qu'aurais-je bien pu savoir ?

— Je ne pensais pas qu'ils seraient capables de l'emmener, même s'ils avaient tué papa en prison, quelques jours avant son amnistie. Il s'est passé tant de choses, Meir, tant de choses insensées... Maman, déportée avec ma sœur et ses enfants... Nous étions dévastés, et en même temps tellement soulagés pour eux quand les nazis sont arrivés, car au moins ils étaient en sécurité. Et puis, il y a eu cette lettre... L'accident idiot de Wilek à l'usine... Et après, Mania... Nous sommes peut-être entre les mains de Dieu, mais Dieu ne sait même pas que nous sommes ici. »

Klara passe les jambes par l'ouverture. Sans un mot, elle retourne à sa paillasse, face contre le mur. En haut, Beck rugit comme un fauve. Je ne sais pas ce qu'il peut lui rester à casser, mais nous entendons des objets s'écraser sur le mur. Heureusement qu'il n'y a plus de voisins depuis l'incendie, sans quoi la police serait déjà là depuis longtemps avec tout ce tintamarre ! Il se calme enfin. Puis nous entendons les ressorts du matelas couiner sous un lourd rebond. M. Beck s'est jeté sur son lit, secoué de sanglots. Je ne pensais pas qu'il pourrait m'inspirer de la pitié, mais en cet instant, il me fend le cœur.

Patrontasch s'approche de Klara. « Mais qu'est-ce que tu lui as dit, bon Dieu ? »

Klara, face au mur, ne bouge pas. « J'ai accepté de m'enfuir avec lui, d'après toi ? »

Le lendemain matin, Beck disparaît et nous laisse à nouveau livrés à nous-mêmes, rongés de terreur. Cette fois-ci, il ne reviendra peut-être pas. Nous n'avons aucune nouvelle de Julia ni d'Ala. Nous nous étions habitués aux éclats de voix de Beck, mais nous comptions sur Julia. Elle était notre rocher. Beck prenait les décisions pour nous garder en vie après chaque alerte. Mais c'était elle qui, jour après jour, faisait les courses, cuisinait et nous maintenait en vie.

Un mur du bunker s'est affaissé et les hommes passent la journée à le renforcer de lattes de bois, sans doute trop heureux d'avoir de quoi s'occuper l'esprit et ne plus penser à notre situation désespérée. Ils sont tout à leur ouvrage quand la porte d'entrée tourne sur ses gonds. Nous reconnaissons aussitôt les pas rassurants de Julia et d'Ala. Nos sourires sont des vivats muets. Julia va droit à la trappe. Elle a ramené un sac de pommes et nous les distribue, avec autant de naturel que si elle ne s'était absentée que quelques minutes. Elle sourit et ses traits sont aussi sereins que s'il ne s'était rien passé. Nous nous sommes jetés sur les pommes et maintenant, nous avons la colique. En fin d'après-midi, Julia m'invite avec Lola à bavarder en haut. Je ne sais pas pourquoi Julia a fait de nous ses confidentes, mais je lui en suis reconnaissante, car chacune de nos conversations est une occasion d'échapper quelques instants au bunker. Je retrouve le plaisir de m'asseoir normalement sur une vraie chaise, sous un plafond haut, devant une vraie fenêtre ouvrant sur le dehors — même si les rideaux sont toujours tirés. Mais aujourd'hui, je redoute que Julia ne me demande conseil. J'ai seize ans, c'est vrai, mais je ne suis qu'une gamine naïve et innocente. Une gamine qui n'a jamais mis sa main dans celle d'un garçon.

Elle nous verse du thé et nous sert des petits pains pour soulager la colique. Puis elle vient s'asseoir en face de nous à la table de la cuisine. « Il n'y a pas que Klara, vous savez », commence-t-elle d'une voix chevrotante. Lola et moi nous regardons. Je comprends que Julia a envie de se débarrasser de ce poids qui lui serre la poitrine depuis longtemps. Elle force le naturel, comme si elle avait répété son rôle pendant des jours devant un miroir brisé.

« Que voulez-vous dire ?

— Il y a aussi la belle-sœur de mon mari. Celle dont il se moque tant parce qu'elle se donne de grands airs d'aristocrate polonaise. Ah, il m'en fait voir ! Enfin, je savais où je mettais les pieds. Il était comme ça quand je l'ai rencontré et il ne changera pas jusqu'au jour où je le mettrai en terre. Mais ce jour-là, il me manquera, le bougre ! » Nous avons envie de l'aider à vider son sac, mais à cet instant, une clé tourne dans la serrure. Beck entre, flageolant, plus ivre que jamais. Il a un bouquet de lys dans une main et un manteau de fourrure dans l'autre. Lola et moi nous levons pour les laisser seuls.

Beck nous fait signe de nous rasseoir. « Non, non, restez… Je vais peut-être avoir besoin de protection.

— Ça dépend pour qui sont les fleurs… », réplique Julia d'un ton cinglant.

Il lui tend le bouquet et l'embrasse sur la joue. Il empeste l'alcool à trois mètres. Il brandit le manteau de fourrure et l'étale sur la table. « Alors, qu'en dis-tu ? Il te faut un manteau de fourrure. J'ai toujours voulu t'en offrir un pour que tu puisses ressembler à toutes ces garces pleines aux as qui nous toisent depuis tout ce temps.

— Je n'ai pas besoin de manteau de fourrure. Beck, avec quel argent as-tu payé ça ?

— Avec les dollars du pharmacien.

— Des dollars ? Tu n'avais qu'à dire aux SS que tu héberges des Juifs, tant que tu y étais !

— À qui crois-tu que j'ai acheté ce foutu manteau ?

— À Krueger ?

— Bien sûr que c'est à Krueger. Il a dit qu'il prendrait tous les dollars que je trouverais. Il prépare son avenir, le petit, car il est convaincu que cette guerre va mal tourner pour eux. D'après lui, ce n'est plus qu'une question de temps. Voilà qui devrait vous faire plaisir, jeunes filles ! Si même un SS est convaincu qu'il n'y en a plus pour longtemps... »

Il déplie le manteau à bout de bras pour le faire admirer à Julia. C'est vraiment de la très belle fourrure. Lola attrape la doublure et admire la finesse du point. « Regardez ! Ce sont des peaux entières et non pas un assemblage de chutes. Visiblement, il vient de chez un de nos meilleurs pelletiers, vous pouvez me croire. » Beck jubile. Soudain, un détail attire son attention. Il regarde le manteau d'un peu plus près. Il le lève face à la lumière et enfonce deux gros doigts calleux à travers deux petits trous. Il remue les doigts et, furieux, jette le manteau par terre.

« Le salaud ! Je lui ai dit que c'était un cadeau pour toi. Tu crois que je t'aurais offert un manteau percé par des balles ? Tu crois que je ne sais pas ce que c'est que ces trous ?

— Beck, je t'en prie, va te coucher. Le manteau est magnifique. » Julia se lève et essaie de le conduire à la chambre. « Lola le rapiécera. Il sera comme neuf. Krueger est ton ami. Il ne savait sans doute même pas qu'il y avait des trous. »

Beck lui résiste et se débat. « Il le savait ! Ce salaud ! Il va m'entendre ! » hurle-t-il en titubant vers la porte d'entrée.

Julia l'attrape par les bras. « Clara, Lola, aidez-moi ! »

Nous saisissons M. Beck et nous essayons de le ramener vers la cuisine. En temps normal, nous n'aurions eu aucune chance, car il a beaucoup de force. On ne dirait pas à le voir comme ça, car il est maigre comme un coucou. Mais sous ses allures chétives, c'est un titan. À Zolkiew autrefois, tout le monde disait que personne ne pouvait travailler comme Beck, qu'il soit soûl ou à jeun.

« Vite ! La salle de bains ! » C'est la seule pièce qui ferme à clé. Julia commence à l'y pousser. Beck résiste, mais il est tellement ivre qu'il tient à peine sur ses jambes. Sans trop de difficulté, nous l'emmenons à la salle de bains et nous fermons la porte. Julia attrape une chaise et coince la poignée avec pour qu'il ne puisse pas l'ouvrir.

Beck cogne à la porte. « Vous voyez comment elle me traite ? Et venez me reprocher ce que je fais, après ! Je lui offre une fourrure… une célèbre fourrure de Zolkiew, faite par le meilleur fourreur juif de cette foutue ville… Ses enfants sont tous fourreurs à Paris !

— Dors, maintenant. Tu n'as qu'à dormir dans la baignoire. Ce ne sera pas la première fois.

— Ne crains rien ! Je ne suis pas assez fou pour crier comme un cochon qu'on égorge… Julia, ouvre cette porte !

— Valentin, je t'en prie, essaie de dormir. »

Nous attendions d'autres protestations, mais soit Beck a baissé les bras, soit il s'est endormi d'un coup. Lola prend Julia dans ses bras. La brave femme nous rassure. « Allez, mesdemoiselles, essayez de dormir un peu dans cet asile de fous. Ne vous faites pas de souci pour moi. Ça va aller. »

Quand elle m'a aidée à redescendre, j'ai remarqué ses mains pour la première fois. Outre l'arthrite, la peau en est abîmée et la paume, calleuse comme rarement chez une femme. Sans doute à force de nettoyer et de briquer les maisons des autres, de frotter leur linge sur la planche à lessiver et de l'essorer. Je n'avais jamais beaucoup réfléchi à ce genre de choses, mais depuis tout à l'heure, je ne pense plus qu'à cela. Une part de l'argent que Julia gagne à quatre pattes, à astiquer les parquets des officiers allemands et à faire leur lessive, sert à nourrir trois familles juives qui l'ont jadis employée comme domestique. Nous la traitions bien, certes, et nous étions de bons patrons. Mais aurions-nous risqué notre vie pour elle et M. Beck ? Je ne sais pas. J'aimerais le croire. Quand M. Beck descend à l'abri pour boire, fumer et bavarder avec les hommes, Julia reste en haut, assise sur son lit, à écouter ce qui se dit sous ses pieds. Ses genoux perclus d'arthrite la font tant souffrir qu'elle ne peut pas descendre au bunker — sauf en de très rares occasions, et généralement pour nous sauver la vie. C'est une femme qui a plus le sens du devoir que le goût des plaisirs de la vie. Elle est très croyante et pratiquante, mais je ne pense pas que cela ait grand-chose à voir. Au contraire, car les catholiques n'aiment pas beaucoup les Juifs, par ici. Elle revendique ses origines paysannes avec une certaine fierté. Ses parents étaient des paysans polonais typiques : illettrés, superstitieux, soumis et respectueux de l'autorité. M. Beck, lui, croit en sa bonne étoile et c'est un rebelle, qui défie toute forme de pouvoir. Mais contre toute apparence, la plus forte de nous tous, c'est cette petite femme simple, casanière, arthritique, prématurément vieillie, et sans cesse brocardée par son mari.

Si Beck avait épousé une autre femme, nous serions morts depuis longtemps. Julia est une sainte. Notre sainte. La sainte patronne des Juifs persécutés et des maris ivrognes et infidèles. Depuis ma plus tendre enfance, on me raconte l'histoire des trente-six Justes cachés, pour lesquels Dieu s'est résolu à ne pas détruire l'univers. J'aime à penser que M. et Mme Beck sont deux d'entre eux. Dieu sait qu'ils ne ressemblent en rien aux *tsaddik* que mes livres d'images représentaient sous les traits de sages rabbins à la longue barbe. Mais même si je désespère de survivre à la guerre et bénis ma mère de m'avoir fait tenir mon journal pour que l'on sache ce qui est arrivé aux Juifs de Zolkiew, dans des instants comme celui-ci, je me prends à croire que nous allons en réchapper.

Lola comprend ce que je veux dire, mais quand j'essaie d'en parler à maman, elle me répond que je suis aussi folle que les Beck. Je suis sûre que Mania comprendrait, et je me rends compte que maintenant c'est pour Mania que j'écris mon journal. Elle aurait donné n'importe quoi pour voir les Beck se disputer pour un superbe manteau de fourrure de Zolkiew perforé par les balles ! Cela l'aurait tellement amusée ! Et bien sûr, elle aurait pris un malin plaisir à enfoncer les doigts dans les trous.

Chapitre 10

LES JOURS REDOUTABLES

Septembre 1943

Jeudi 23 septembre. Les Allemands ont eux-mêmes reconnu avoir perdu Poltava face à l'offensive soviétique. C'est bien la preuve qu'ils commencent à faiblir. Nous pourrons peut-être bientôt quitter ce trou. Mon Dieu ! Si seulement Mania était vivante ! Elle, que la moindre bonne nouvelle regonflait d'espoir ! Elle qui s'accrochait tant à la vie ! Et elle est morte si jeune... C'est grâce à elle que nous nous sommes cachés. Du jour où les Allemands sont arrivés, elle n'a pas arrêté de supplier « Cachons-nous ! Je veux vivre ! » Maman hésitait, à cause de son asthme, mais Mania a tant insisté qu'elle a fini par céder. Je me rappelle très bien ce qu'elle lui a dit : « Je veux vivre, et toi tu dois vivre pour moi. »

Zosia dort, la tête sur mes genoux. J'ai envie d'écrire, mais je ne veux pas la réveiller. Il est encore tôt, mais il fait déjà très chaud. Nous ruisselons tous de sueur, même les enfants. Yom Kippour est dans trois jours et après-demain, nous allons célébrer notre premier Kol-Nidré[52] sans Mania. Zygush et Zosia dorment maintenant à côté de moi. Nous leur avons dit que Mania est allée se cacher ailleurs. J'ai bien vu que Zygush ne nous a pas crus, mais il n'a rien dit. J'ai tout aussi peur de la réaction de maman que de la mienne quand nous dirons les prières à la mémoire des morts. La tension est de plus en plus palpable, mais aucun d'entre nous n'ose en parler. Cette année, Yom Kippour prend un sens particulier. Nous avons tous tant de proches, tant d'amis à pleurer. Plusieurs dizaines, au moins. Nous demandons à Dieu de nous pardonner tous nos péchés et de nous aider à pardonner à ceux qui ont péché contre nous, mais comment pourrions-nous lui demander de pardonner aux SS ? C'est impossible. Comment de telles prières pourraient-elles me venir du fond du cœur ? Comment pourrais-je être sincère ? Comment prier pour nos ennemis sans mentir ? Comment Dieu peut-Il exiger cela de nous ? C'est une caricature de tout ce que nous tenons pour sacré.

Je sens quelque chose remuer sur ma chemise de nuit poisseuse. Nous n'avons jamais eu de souris ni de rats ici, car nous leur disputons la moindre miette, le moindre reste de nourriture — et nous gagnons toujours. Nous mangeons jusqu'aux pelures de pommes de terre, qui vont dans la soupe. Depuis que le monde est monde, je suis sûre que les rats et les

52 Kol-Nidré : veille du Grand Pardon (Yom Kippour). L'office de Kol-Nidré marque la première prière de Kippour. Le terme signifie littéralement « tous les vœux », premiers mots de la formule qui délie les fidèles de tous les vœux prononcés inconsidérément durant l'année écoulée et de toutes leurs promesses impossibles à tenir.

souris n'ont jamais vu d'être humains plus voraces. Mais qu'est-ce qui peut bien gigoter, derrière moi ?

Je me retourne : une grenouille ! Elle a sauté sur la poitrine de Zosia et attend, immobile. Elle a dû entrer par notre lucarne pendant la nuit. Zosia ouvre les yeux et découvre la grenouille qui la regarde fixement. J'aurais cru qu'elle allait sauter au plafond, mais non : elle observe le batracien, fascinée. Ni elle ni moi ne bougeons. Zygush se réveille à son tour et ses yeux rieurs s'illuminent dès qu'il aperçoit la grenouille. Je lui pose un doigt sur les lèvres et la grenouille choisit cet instant pour me sauter sur la poitrine. Elle se soulève et s'abaisse au rythme de ma respiration. Je ne sais pas ce que pense cette bestiole, mais je sais que Zygush a déjà quelque chose derrière la tête. Si je lui dis de ne pas l'attraper, ce sera la première chose qu'il essaiera de faire. À son air espiègle, je vois bien qu'il n'attend que le moment propice. Cette petite bête est ce qui lui est arrivé de mieux depuis qu'il est arrivé dans ce bunker. Visiblement, il a décidé de la domestiquer. Il lui imagine déjà une petite cage, réfléchit aux tours qu'il pourrait lui apprendre, et au nom qu'il va lui donner. Il va sans doute choisir « Klarunia », juste pour faire enrager la petite Patrontasch. Il est prêt à bondir sur la grenouille, mais elle le prend de vitesse et s'échappe, en sautant de ventre en poitrine et en réveillant tout le monde. Zygush se lance à sa poursuite jusque dans le couloir, où elle disparaît.

Je reprends mon journal et je me mets à écrire. J'écris parfois pour m'isoler du monde ; parfois pour échapper à l'ennui ou faire semblant de ne pas entendre les femmes se quereller pour des broutilles ;

ou bien pour me souvenir de tout ce que les Beck font pour nous. Mais ce jour-là, j'ai envie d'écrire parce qu'il se passe quelque chose de merveilleux. Nous avons une grenouille. Mais je n'arrive pas à me concentrer. Le spectacle est trop drôle : Zygush la pourchasse, franchissant les corps allongés, se faufilant entre les jambes, bondissant derrière sa victime. Un vrai pitre ! Pour une fois, tout le monde sourit. Quand Zygush ressort des entrailles du bunker, il est couvert de terre. Il n'y a plus que ses dents qui sont blanches.

L'épisode de la grenouille me rappelle que la présence de ce petit garçon dans le bunker est autant un miracle pour nous que pour lui. Car c'est grâce à lui que, par instants, nous oublions où nous sommes et pourquoi, et ces moments fugaces de détente nous régénèrent encore plus que notre maigre pitance. Même quand il est sage comme une image, il y a toujours cette petite étincelle de malice dans ses yeux. Lui qui ne savait pas déchiffrer un mot quand il est arrivé dévore maintenant les livres. Il aurait dû entrer au cours préparatoire l'année dernière. Au regard de la mort de ses parents et de tous les malheurs qu'il a déjà connus dans sa courte vie, le fait qu'il ait appris à lire peut paraître bien dérisoire. Mais nous devons savourer chacun de nos triomphes, si insignifiant soit-il, et celui-ci en est un, surtout pour moi, car j'ai le bonheur d'être sa maîtresse. Même ici, grâce à la bonne idée de mon père, nous continuons à apprendre. Si l'univers extérieur de Zygush se limite à ces quatre murs de terre, son univers intérieur se déploie jusque vers des terres lointaines, des époques anciennes, des aventures auxquelles il n'aurait jamais rêvé. Un cœur de pierre fondrait à regarder Zygush et les autres enfants quand je leur fais la classe. L'ennui et le temps qui passe avec une lenteur désespérante sont aussi nos ennemis dans le bunker, et Zygush, avec ses facéties et ses petits airs polissons, n'a pas son pareil pour rompre la monotonie de notre routine quotidienne et nous rendre le sourire. Mme Melman n'est pas loin derrière lui, mais dans un tout autre registre.

Comme tous les matins, son premier souci est d'inspecter son précieux pichet à eau. Elle le retourne. Il est vide. Elle le savait ! Voilà bien la preuve que quelqu'un vient lui voler son eau pendant la nuit. Triomphante, elle brandit le pichet.

« Vous voyez ! Je vous l'avais bien dit ! Il y a un voleur parmi nous ! Nous mourons de soif et quelqu'un me vole mon eau. » Zygush, à peine revenu bredouille de sa chasse à la grenouille, s'accroupit à côté d'elle. Il regarde par terre, à l'endroit où le pichet était posé. Il fronce les sourcils et touche la terre battue. Elle est humide. Il fourrage la terre du bout des doigts et, comme un petit chien, la renifle. Mme Melman le regarde en silence. Il lui prend le pichet des mains, le retourne et regarde très attentivement le fond.

« Madame Melman, regardez ! La terre est mouillée juste à l'endroit où il y avait le pichet. Il est fendu. Personne ne vous vole votre eau. Regardez la fissure. C'est par là qu'il se vide ! » Il montre le pichet à tout le monde tandis que Patrontasch allume la lumière. Zygush vient de résoudre l'une des grandes énigmes de notre petit monde — et, du même coup, de désamorcer une polémique qui commençait à nous miner. Personne n'avait envie de croire qu'il y avait un voleur d'eau parmi nous et, pour exaspérante que puisse être Mme Melman, les accusations qu'elle portait étaient très graves. Cette atmosphère de soupçon devenait intenable.

Mme Melman regarde son pichet et constate qu'en effet le fond est légèrement fendillé. Elle tâte le sol humide et, dépitée, pince les lèvres, évitant tous les regards. Elle aurait envie de fracasser ce maudit pichet sur le sol, mais elle se maîtrise et le pose soigneusement sur son étagère. Maman rit sous cape et me glisse à l'oreille : « Elle va s'ennuyer sans son pichet. Il faudrait peut-être aller lui en chercher un autre dans un musée ! » Si c'était moi qui avais dit une chose pareille, je m'en mordrais la langue. Mais maman n'a aucun remords, si ce n'est de ne pas avoir eu le courage de le dire plus fort.

Visiblement, tout le monde est soulagé que le mystère du pichet soit enfin élucidé. Nous n'avons pas l'habitude de garder nos frustrations pour nous, mais les règles du bunker sont strictes : pas d'accès de mauvaise humeur ; pas de cris ; pas de dispute. Les petites mesquineries quotidiennes auraient déjà de quoi nous rendre fous et les récriminations quotidiennes de Mme Melman ne faisaient rien pour apaiser les esprits. Voilà un gros poids en moins à porter, pour nous tous comme pour Mme Melman. Comment pouvait-elle soupçonner ses plus proches amis de lui voler son eau ? Après nous avoir bassinés pendant des jours avec cette histoire, elle est un peu gênée, mais je ne me fais aucun souci pour elle : elle s'en remettra très vite ! C'est surtout M. Melman qui souffle, car il n'aura plus à nous regarder avec ce regard désolé qui nous demandait d'excuser sa femme. Quant à elle, l'idée de remercier Zygush pour avoir tiré l'affaire au clair ne l'a pas effleurée un instant ! Et comme prévu, le lendemain matin, elle fait mine d'avoir déjà tout oublié.

L'atmosphère du bunker se charge de solennité, car nous préparons maintenant Yom Kippour, qui n'est plus que dans deux jours. L'air est lourd d'émotion, de chagrin et de non-dits. Dans chaque recoin de notre abri, il nous semble sentir la présence des fantômes de tous les proches que nous avons perdus, les entendre nous susurrer des paroles de consolation si douces qu'elles compensent toutes les petites mesquineries qui ont pu nous déchirer. Leur souvenir nous emplit d'amour. N'est-il pas étrange que la mort rende ceux que nous aimons encore plus vivants dans nos cœurs ? Cette mort qui rôde autour de nous et n'attend qu'à nous faucher. Nous sommes tous bien conscients que cette année, pour le Grand Pardon, nous prierons encore plus fort que jamais pour être inscrits dans le livre de la vie. Ce qui ne veut pas dire que, les années précédentes, nos prières étaient vides de sens ou manquaient de sincérité, mais en les adressant au Tout-Puissant, nous savions que nous avions encore une chance d'être là l'année suivante pour les redire. Aujourd'hui, nous savons que ce Yom Kippour risque fort d'être pour nous le dernier. Et notre dernière chance de prier pour expier nos péchés dans cette vie.

Les femmes nettoient le bunker du mieux qu'elles le peuvent. Les hommes se répartissent les prières. Mon père sera en même temps le rabbin et le récitant. On se demande s'il faut sortir de sa cachette du grenier la Torah qui est dans la famille Schwartz depuis deux cent cinquante ans. La simple présence de ces précieux parchemins nous réconforterait et exalterait notre âme. Chaque lettre de chaque mot des cinq livres de Moïse a été tracée par un scribe selon une tradition millénaire : à la plume d'oie, avec une encre casher fabriquée à partir de l'écorce broyée d'un nid de guêpes, et sur un parchemin en peau de veau. Il a fallu pas moins d'une année pour écrire cette Torah, comme toutes les Torahs. Pas la moindre faute n'est tolérée, et chaque exemplaire du livre saint est relu plusieurs fois avant d'être livré aux fidèles. Mais les hommes craignent que l'humidité et la moisissure de notre bunker n'endommagent notre Torah, et ils décident de la laisser bien au sec et en sécurité au grenier. Nous nous contenterons du Houmach, qui est aussi une Torah mais sous forme de livre et non plus de parchemin.

J'ai mangé d'autres pommes que Julia a ramenées de Lvov et j'en paie maintenant le prix, en monopolisant le seau hygiénique. Maman me gronde gentiment. « Voyons, Clarutchka, tu sais bien que tu ne supportes que les pommes de terre ! » Hélas, je ne le sais que trop... Entre-temps, les hommes ont déplié leur carte du front et lisent le dernier journal allemand que Beck a apporté. De grandes lignes et des dates marquent l'avancée des Russes. La guerre refait irruption dans notre enclave, interrompant momentanément nos préparatifs. « Nous sommes bloqués après Jytomyr », annonce M. Melman. Nous ne sommes pas encore tout à fait morts et, tant que nous pourrons respirer, nous nous disputerons. Je sens monter un débat houleux.

À les entendre, on croirait que M. Patrontasch et M. Melman dirigent le haut commandement de l'armée soviétique. « Deux pas en avant, trois pas en arrière, s'écrie Patrontasch. Nous avons déjà pris et perdu Jytomyr une demi-douzaine de fois. Toute cette guerre va se jouer à Jytomyr ! Nous ne sortirons jamais de ce bourbier !

— Nous pourrions toujours nous pendre, mais nous ne pouvons pas faire cela aux Beck », commente Melman.

Mon père lui lance un regard noir. « Je ne veux pas entendre des choses pareilles ! Encore moins en présence des enfants ! »

Mais Melman est capable de tout pour un bon mot et, loin de se laisser intimider, il laisse flotter un silence, et lâche : « Pauvres Beck ! Comment feraient-ils pour se débarrasser des corps ? ».

Sans lâcher son épluche-légumes, Mme Melman lève les bras au ciel et fait mine de s'arracher les cheveux. « Voilà ! C'est le genre d'humour que j'ai dû supporter toute ma vie ! Maintenant, au moins, vous comprenez ce que j'endure depuis toutes ces années ! » Cachée derrière la cloison du couloir, j'étouffe un petit rire.

Un peu plus tard, Julia vient chercher de l'argent pour aller faire les courses. Les autres familles lui ont demandé de leur préparer un repas pour la rupture du jeûne. Quant à nous, puisque nous n'avons plus un sou vaillant, nous devrons nous contenter de notre ordinaire : de la soupe et des patates. Allongée sur ma paillasse, je lève le nez de mon journal et j'aperçois les jambes de Julia derrière son mari qui est entré dans le bunker. Herr Steckel, accroupi en position inconfortable devant lui, lui tend des billets et, fidèle à lui-même, donne ses ordres. « Tenez, trouvez-moi un beau poulet avec ça.

— Je ferai de mon mieux », répond Julia, avec un brin d'exaspération dans la voix.

Steckel, piqué au vif, tente de répliquer, mais Beck le cloue du regard. J'ai l'impression qu'il est à deux doigts d'exploser.

« Nous savons tous que le professeur adore le *pupik*[53], sans doute pour ses qualités médicinales. Et qu'il est encore plus friand du croupion », raille-t-il.

Tout le monde pouffe de rire, sauf Zygush, qui ouvre de grands yeux ravis. « On va manger du poulet ? » Mon père soupire et l'embrasse sur la tête. « Pas aujourd'hui, non, mais bientôt peut-être. »

Zygush se rembrunit et ravale sa déception. La résignation est presque aussi difficile à supporter que la peur et le chagrin. Je prie pour que nous sortions d'ici avant que ce gamin perde ce qui lui reste de joie de vivre. Il n'est pas très grand pour son âge, mais son visage de petit homme semble vieillir jour après jour. Ma mère chuchote à mon père : « Leur avons-nous demandé une seule chose en six mois ? J'aurais pensé que pour le jour le plus sacré de l'année, ils auraient pu dépenser quelques zlotys pour les enfants.

— Ils n'ont pas d'enfants, ils ne comprennent pas, tempère papa.

— Ils ne comprennent pas parce qu'ils n'ont pas de cœur ! »

53 *Pupik* : le gésier du poulet, en yiddish.

C'est ce franc-parler que j'aime tant chez ma mère.

Le grand soir est arrivé. Un soir de septembre atrocement chaud. Les hommes déplient minutieusement leurs talliths et sortent leurs tephillin de leurs étuis métalliques, puis les embrassent sur trois faces avant de les attacher. Dans cette ambiance solennelle, ils ont l'air un peu ridicules dans leur caleçon, leur maillot de corps et leurs chaussettes noires. Je me suis habituée à les voir dans cette tenue, mais avant la guerre, l'idée même de les voir prier en sous-vêtements nous aurait fait éclater de rire, Mania et moi. Aujourd'hui, le spectacle de leurs jambes amaigries m'attriste, et je continue de me demander si Dieu ne s'offusquera pas de nous voir aussi mal attifés pour une occasion pareille. J'ai bien conscience de l'importance capitale de Yom Kippour, et si celui-ci doit être notre dernier, nos prières doivent absolument être entendues. L'émotion me serre la gorge. J'ai l'impression que c'est la première fois que je vais prier avec autant d'intensité. J'ai tant de choses à demander à Dieu !

Instinctivement, les femmes se regroupent d'un côté du bunker, serrant contre elles leur livre de prière. Mon père ouvre le Houmach et s'incline très bas. Il regarde sa montre toutes les deux minutes. Postés devant la lucarne, Zygush et moi observons la lumière mourante. Un rai de lumière rouge se reflète sur la fenêtre de notre ancienne maison, sur le trottoir d'en face.

La cérémonie doit débuter une heure exactement avant le coucher du soleil. Il en est ainsi depuis des millénaires. Les journaux allemands ont l'élégance de publier l'heure du lever et du coucher du soleil à l'intention des militaires. Herr Steckel, aussi impatient qu'à son habitude, regarde sa montre et se racle la gorge. « M. Beck s'est donné beaucoup de mal pour trouver l'heure exacte du coucher du soleil aujourd'hui », fait-il remarquer.

Le soleil se couche à la même heure pour tout le monde, mais papa refuse catégoriquement d'utiliser celle qu'annonce un journal tenu par des Allemands. Il n'a bien entendu pas pris la peine d'expliquer à Steckel qu'il utiliserait la méthode agricole du Talmud, selon laquelle la prière doit commencer à l'instant où le soleil rase l'horizon. Et de notre bunker, l'horizon est notre maison, de l'autre côté de la rue.

« J'en suis bien conscient, professeur Steckel... Je suis sûr qu'il n'y en a plus pour longtemps. »

Derrière le voile de fleurs et de verdure qui cache notre lucarne, je guette le soleil déclinant. Ses derniers rayons irisent la maison d'en face, puis s'effacent. Je fais un signe de tête à mon père, qui se tourne vers l'assemblée en esquissant un sourire triste.

Notre rabbin commençait toujours cet office par une petite anecdote, afin de rappeler aux fidèles la portée spirituelle de l'événement. Bien que nous ne soyons qu'une poignée de Juifs terrés dans un bunker humide et poussiéreux, il règne entre nous un esprit de communion aussi fort que dans la *schule* Sobieski. Le cadre est moins pompeux, bien sûr. Depuis les origines de notre histoire, nous sommes tellement habitués à prier en cachette, dans des caves ou des grottes, que celui-ci n'est finalement pas plus insolite qu'un autre.

Mon père s'éclaircit la voix. « Avant de commencer, je me souviens d'une petite question que notre rabbin posait à ses élèves. »

Il a visiblement réfléchi depuis des mois à cette introduction. S'il ne s'était pas lancé dans les affaires, il serait sans doute devenu rabbin, comme son frère. C'est ce que tout le monde dit. Il connaît la Torah et le Talmud sur le bout des doigts et autrefois, il passait des soirées entières à se plonger dans la littérature rabbinique. Je devine ce qu'il va dire et je réprime difficilement un sourire. « Pourquoi appelle-t-on parfois en hébreu le Grand Pardon "l'autre Pourim[54]" ? »

Il regarde l'assistance. Bien entendu, pas une seule main ne se lève.

« Vous ne le savez pas ? Eh bien, je vais vous le dire : ces deux jours ont en commun la mascarade. À Pourim, les Juifs se déguisent et s'habillent dans des costumes de non-Juifs. Et à Yom Kippour, ils se déguisent en Juifs pieux. »

Il nous regarde un à un, en évitant ostensiblement les Steckel, pour s'assurer de l'impact de ses paroles, puis entame la prière inaugurale du Kol-Nidré, presque dans un murmure. Je sais que les mots lui sortent du cœur avant même qu'ils ne franchissent ses lèvres :

---

54 Pourim : commémoration joyeuse et exubérante de la défaite du vizir perse Haman et de la délivrance des Juifs, relatées dans le Livre d'Esther. Célébrée en février ou mars, elle est précédée d'un jour de jeûne. Avec ses mascarades et ses jeux, son festin et ses échanges de cadeaux, c'est le carnaval juif.

« *Kol nidrei vèassarei oushvouei vènidouyei...* »

Je la connais de bout en bout. « Tous les vœux que nous pourrions faire depuis ce jour de Kippour jusqu'à celui de l'année prochaine (qu'il nous soit propice), toute interdiction ou sentence d'anathème que nous prononcerions contre nous-mêmes, toute privation ou renonciation que, par simple parole, par vœu ou par serment, nous pourrions nous imposer, nous les rétractons d'avance ; qu'ils soient tous déclarés non valides, annulés, dissous, nuls et non avenus ; qu'ils n'aient ni force ni valeur ; que nos vœux ne soient pas regardés comme vœux, ni nos serments comme serments. »

Quand j'étais petite, je n'en comprenais pas le sens. Comment notre prière la plus sacrée pouvait-elle nous absoudre par avance de tous nos péchés ? C'était impensable ! C'était d'ailleurs un point qui soulevait de nombreux débats, et j'écoutais parfois les hommes en discuter. Certains affirmaient qu'elle apportait de l'eau au moulin des antisémites, car elle portait les gentils à croire que les Juifs pouvaient rompre à leur gré leurs promesses et leurs engagements puisque leur Dieu les y autorisait. Mon père, lui, souligne que cela ne concerne que les serments adressés à Dieu et non ceux que les hommes se font entre eux. En ceci, estime-t-il, cette prière sert à nous rappeler à quel point Dieu est conscient de la faiblesse de l'homme et combien Sa compassion et Sa miséricorde sont grandes. Mon père pense que si Yom Kippour commence par l'office de Kol-Nidré c'est pour mieux nous inciter à suivre l'exemple de Dieu. Il m'a expliqué que cette prière a été écrite au début du Moyen Âge quand, sous la menace et les tortures, de nombreux Juifs ont dû abjurer leur religion ou se convertir. Puisque nous autres, Juifs, prenons tellement à cœur nos engagements, Dieu ne veut pas que nous nous sentions liés par des vœux qui nous coûteraient la vie. Jusqu'à ce soir, je n'avais jamais réfléchi aussi sérieusement à la signification profonde de Kol-Nidré.

Tandis que nous implorons Dieu de nous pardonner nos fautes et de nous inscrire dans le livre de la vie pour l'année à venir, je médite sur le sens des mots de nos prières. À dix ans, quand le pire qui pouvait m'arriver était d'attraper les oreillons ou de me casser une jambe en patinant sur la glace, je pensais être éternelle. Mais maintenant, je ne sais même pas si je serai encore de ce monde demain. Je pense à Mania, naturellement. Je suis en colère contre Dieu… et je me prends à douter. Comment, si tant est qu'Il existe vraiment, peut-Il permettre que cela nous arrive, à nous, son peuple élu ? Nous avons connu trop de massacres, trop de souffrances, trop de chagrin — plus que je ne puis en supporter, plus que n'importe quel être humain pourrait en supporter. Je sais que le cœur de ma mère est si lourd qu'il est prêt à exploser. Pourtant, il continue de battre, comme le mien, comme tous les autres. Je n'aurais pas cru qu'un tel miracle soit possible. Je n'imaginais pas que je pourrais un jour être aussi furieuse contre Dieu et, pourtant, trouver tant de consolation dans nos prières.

Nous ne parlons pas beaucoup après l'office du soir. Je vais me coucher, serrant les enfants contre moi. Les petits ne sont pas astreints au jeûne et nous leur avons réservé un peu de pain. Jeûner n'est rien pour nous. C'est devenu un mode de vie. Jamais le jeûne ne m'a été plus facile.

Le lendemain, j'ai du mal à me concentrer sur les prières. La perspective d'avoir à dire le Yizkor, à la mémoire de tous les êtres chers qui nous ont quittés dans l'année écoulée, me paralyse. L'office commence par la grande confession de tous nos péchés et des fautes collectives. Nous nous en remettons au pouvoir et à la miséricorde de Dieu. Je connais ce rituel par cœur, mais aujourd'hui, les formules liturgiques prennent une signification et une force nouvelles, qui me terrifient et me rappellent à l'humilité. L'une des prières les plus poignantes est une longue énumération de tous les péchés que l'homme peut commettre contre lui-même, sa famille, ses semblables et, enfin, contre Dieu. Nous nous frappons la poitrine en disant chaque prière. « Notre Dieu et Dieu de nos pères… Tu connais les pensées les plus profondes de tout être vivant… Rien ne peut se dérober devant Toi et rien ne reste caché à Tes yeux… Éternel, notre Dieu et Dieu de nos pères, daigne nous pardonner tous nos péchés, absoudre toutes nos fautes et effacer toutes nos iniquités… Pardonne le péché que nous avons commis devant toi sous la contrainte ou librement… par la dureté de notre cœur… par ignorance et par propos de nos lèvres… par impudicité… en molestant notre prochain… par confession du bout des lèvres… en mangeant et en buvant… par l'intérêt et par l'usure… en rejetant le joug de la Loi... par des regards hautains et l'insolence de notre front... sciemment ou par erreur... et par la haine gratuite... Et pour tous les péchés, Dieu de pardon, accorde-nous le pardon, l'absolution, la rémission... Vivant, je suis poussière... Fais que par Ta volonté, Éternel, je ne pèche plus. Les péchés que j'ai commis devant Toi, efface-les, dans ta miséricorde infinie... » Nous faisons repentance pour nos péchés, mais pouvons-nous demander à Dieu de pardonner les péchés des fascistes, des nazis, des SS, de la Gestapo, des Ukrainiens, de Tilzer et de Schitling ? Quand ont-ils demandé pardon, eux ? Et pour quelles fautes ? Ont-ils seulement songé un instant qu'ils commettaient un péché dans ce monde qui marche sur la tête ?

Mon père se retourne. Nous allons dire le Yizkor. La coutume veut que ceux dont les deux parents sont toujours vivants quittent la pièce pendant cette prière. M. Melman nous envoie, moi, Igo et Klarunia, dans le couloir près des latrines. Nous sommes les seuls à avoir encore nos parents. Zygush et Zosia nous regardent nous éclipser et restent sagement dans la pièce principale.

Mon père attend que tout le monde soit à sa place, puis entonne la première prière du Yizkor : *Dieu, qu'est-ce que l'homme ?...* J'ai toujours pensé que c'est l'une de nos plus belles prières. Papa m'a dit que nos prières ne sont pas simplement l'œuvre des rabbins, mais que beaucoup ont été écrites par des rabbins poètes de l'Espagne du Moyen Âge.

Seigneur, qu'est-ce que l'homme pour que tu le connaisses,
Ce mortel, pour que tu penses à lui ?

L'homme est semblable à un souffle,
Ses jours sont comme l'ombre éphémère qui passe.
Au matin, il fleurit et pousse,
Au soir, il se flétrit et sèche.

Apprends-nous à compter nos jours,
Et nous obtiendrons la sagesse du cœur
Alors nous acquerrons un cœur de sagesse.

Regarde le parfait, vois l'homme droit,
Il y a pour le pacifique une postérité.

Mais Dieu rachètera mon âme des griffes de l'enfer
Et il me prendra, Selah !

Ma chair et mon cœur sont consumés,
Mais le roc de mon cœur, mon patrimoine,
C'est Dieu pour toujours.

Et que la poussière retourne à la terre, comme elle en est venue,
Et le souffle à Dieu qui l'a donné.

En écoutant cette psalmodie, je pense à Mania et je regarde le petit Zygush. Je vois à son expression qu'il commence à comprendre que sa mère, Uchka, est morte. Il est assez intelligent pour savoir que M. Melman n'aurait jamais commis une erreur sur une chose pareille. Il se met à pleurer, tout doucement. Ses yeux se posent sur sa petite sœur, qui connaît les paroles et les récite sans véritablement savoir ce qu'elles signifient. Il lui prend la main, la serre fort dans la sienne, puis la porte à ses lèvres et l'embrasse. Elle sourit à son grand frère, mais elle ne comprend pas qu'il pleure parce qu'il sait désormais que leur mère est morte.

À cet instant, tous les regards se tournent vers Zygush. Nous réalisons notre tragique erreur et le poids que nous venons de lui mettre sur les épaules. Il plane sur le bunker plus de ferveur religieuse que dans n'importe quelle synagogue.

Mon père, lui aussi, vient de se rendre compte de notre impair, mais il poursuit : « Que le Père qui réside dans les hauteurs célestes, dans sa profonde miséricorde, se souvienne des pieux, des justes et des parfaits et prenne pitié d'eux. » Nous donnons la réplique : « Que Celui qui établit la paix dans les hauteurs célestes établisse aussi la paix parmi nous et tout Israël. Amen ! L'année prochaine à Jérusalem. »

Les familles s'étreignent et s'embrassent, séchant leurs larmes. Je vais retrouver Zygush et Zosia et je les serre dans mes bras. Tandis que papa referme les livres de prières et les rassemble, maman attend, seule. Je lis sur ses lèvres le nom de Mania. Je vais vers elle, nous nous étreignons et restons un long moment enlacées, comme si nous avions peur de nous désunir.

À la nuit tombée, M. et Mme Beck viennent nous apporter le repas de rupture du jeûne. Leurs visages apparaissent dans l'encadrement de la trappe, tels deux anges flottant dans le paradis de leur chambre. Ils nous passent les plateaux. Les Melman, les Steckel et les Patrontasch ont chacun un plateau avec un petit poulet rôti. Zygush et Zosia, l'eau à la bouche, regardent ce festin leur passer littéralement sous le nez. Maman ne cache pas son amertume, mais je suis certaine qu'aujourd'hui les Melman et les Patrontasch partageront, au moins avec les enfants.

Puis, exceptionnellement, Julia descend dans le bunker, luttant contre son arthrite et ses jambes lourdes. Elle se retourne, attrape deux maniques et descend une grosse marmite de bouillon de poule, garnie de pâtes et de pirojki. « Monsieur et madame Schwartz, c'est pour vous. »

C'est bien la première fois que je vois ma mère manquer de repartie. C'est à peine si elle arrive à articuler un « Mais... »

Beck sourit. « Allons, pas de *mais* entre nous... »

Julia rougit et, radieuse, ajoute : « Je vous ai même trouvé un coq. Je me suis souvenue de votre coutume, et j'ai pensé qu'avec les enfants... »

Ma mère lui saute au cou, puis se jette dans les bras de Beck. Mon père l'imite, et bientôt, cette farandole d'accolades et d'embrassades nous étourdit. Zygush s'autorise enfin de vraies larmes, mais ce sont des larmes de joie. Ma mère retire aussitôt les meilleurs morceaux pour les mettre dans les assiettes des petits. Tout le monde mange en silence, heureux, savourant cet instant privilégié.

La présence de Mania plane à mes côtés, plus palpable que jamais. Je me rappelle le dernier Yom Kippour avant l'occupation. La veille au soir, toute la famille était réunie dans notre jardin, comme tous les ans. Entre mes oncles, mes tantes et mes cousins, nous étions plus d'une vingtaine. Uchka avait appelé Zygush, qui était juché dans un noyer. Il était descendu avec l'agilité d'un petit singe et avait rejoint le cercle des enfants. Au centre de notre ronde, papa tenait un coq vivant par les pattes, qu'il avait fait tournoyer au-dessus de nos têtes en récitant la formule traditionnelle : « Bénis et protège ces enfants. Voici leur double, voici leur remplaçant, voici leur expiation. Puisse ce coq que je sacrifie en Ton nom aller jusqu'à la mort pendant qu'ils s'engageront et continueront une vie paisible et heureuse. » Sur ces paroles, il avait donné le coq à maman, qui l'avait porté au *shoheit*[55].

Nous avons nettoyé nos assiettes jusqu'à la dernière miette. Soudain, l'ampoule vacille, s'éteint, vacille à nouveau, se rallume... puis s'éteint pour de bon. Nous sommes plongés dans le noir.

---

55 *Shoheit* : le sacrificateur, chargé de tuer l'animal en lui tranchant la gorge selon les prescriptions religieuses, afin que la viande soit casher, c'est-à-dire qu'elle soit vidée de tout son sang.

Chapitre 11

UN AN SOUS TERRE, DÉJÀ...

De novembre 1943 au 1er janvier 1944

Lundi 22 novembre. Schmidt a passé la nuit ici. Nous avons soufflé quand il est allé travailler ce matin ; mais ce soir, il est revenu dîner avec un de ses collègues, et ils se sont encore invités à dormir chez les Beck. Mon Dieu ! Quand partiront-ils enfin ? Aujourd'hui, nous avons fait brûler trois bougies, pour commémorer la rafle de novembre dernier, au cours de laquelle Melman et Lola ont perdu leur famille. Mon Dieu ! Un an déjà ! Un an jour pour jour que nous sortions de notre cachette en remerciant l'Éternel de nous avoir épargnés. Nous n'espérions pas survivre toute une année dans ces conditions. Je me demande où nous puisons cette volonté de vivre, malgré les malheurs qui nous frappent.

Nous dormons de plus en plus. Depuis que les nazis rationnent l'électricité, nous n'avons de la lumière que quelques heures le matin, ou le soir. Mais nous ne savons jamais à quel moment elle reviendra. Comme nous ne pouvons pas faire grand-chose dans le froid et l'obscurité, nous restons couchés les uns contre les autres pour nous tenir chaud.

Zygush a toujours un livre près de lui et, dès que la lumière revient, il l'attrape. Il fait parfois la lecture à sa petite sœur, à voix très basse. C'est un plaisir de les regarder, tous les deux. Même dans la semi-pénombre, je vois les yeux de Zosia s'illuminer quand elle écoute ces récits. Je suis ravie qu'ils aiment autant les livres que moi.

Quand nous sommes descendus dans le bunker, nous ne pensions y rester que « quelques semaines ». Je n'avais donc emporté que quelques volumes. Je ne voulais pas en prendre trop, de peur que cela ne nous porte malheur. Bien sûr, en quelques jours, j'avais tout lu. Et dire qu'à quelques pas d'ici, sur les étagères de ma chambre, il y a tous mes auteurs préférés ! J'ai surtout un faible pour les romans historiques, dont l'intrigue s'éternise sur des centaines de pages. Dumas, Dickens, Hugo. J'ai lu pratiquement tout ce qu'ils ont écrit. Je repense avec nostalgie aux grands classiques dont je me suis délectée : *Les Misérables*, *La Maison d'Âpre-Vent*, *Les Grandes Espérances*, *Le Bossu de Notre-Dame*, *L'Homme au masque de fer*... Je me repasse les intrigues palpitantes du *Comte de Monte-Cristo*, du *Conte de deux villes*, de *David Copperfield*... Des prisons, des donjons, des guerres, des révolutions, de faux emprisonnements, des traîtres, des chefs sanguinaires, corrompus et avides de pouvoir, des complots, des héros, des impostures, des parodies de procès, des tortures ! Quand je me plongeais dans ces univers, jamais je n'aurais imaginé que ma réalité pourrait un jour faire pâlir à ce point la fiction. J'adorais aussi les récits d'Isaac Bashevis Singer et ses descriptions truculentes des quartiers de Varsovie. J'aurais aimé aussi découvrir Itzhak Leiboutch Peretz, dont nous avions un portrait en calligrammes sur le mur de notre salon, mais mes parents trouvaient que j'étais encore trop jeune pour ce genre de littérature.

J'aimais aussi beaucoup les romans historiques d'Henryk Sienkiewicz, comme *Par le fer et le feu*, *Le Déluge*, et *Messire Wolodyjowski*. Et j'avais adoré son *Quo Vadis ?* — un roman qui lui avait valu le prix Nobel et avait été adapté plusieurs fois pour le cinéma et l'opéra. Mais je n'avais pas perdu pour autant mon goût pour les belles histoires de Kurzmahler, dont les petites orphelines transformées en princesses me mettaient toujours la larme à l'œil.

Désormais, je ne peux plus m'offrir le luxe de choisir. Je lis tout ce que Beck parvient à récupérer : des livres abandonnés dans les rues, pillés dans les bibliothèques des Juifs déportés ou massacrés. Visiblement, ils n'intéressent ni les soldats allemands, ni les Polonais, ni les Ukrainiens. Heureusement qu'il y a cela. Car même si nous avions pu lui donner de l'argent, Beck n'aurait pas acheté des livres sans éveiller les soupçons. À Zolkiew, on le connaît pour beaucoup de choses, mais certainement pas pour son goût de la lecture ! Ses trouvailles ne sont pas toujours formidables, mais je lui suis reconnaissante de tout ce qu'il m'apporte. Je ne peux tout de même pas lui demander d'aller fouiner à quatre pattes dans les cendres pour me dénicher mes auteurs préférés ! Un jour, il est redescendu avec un livre dont on me cache le titre, mais qu'Artek, Lola et les grands se passent comme une gourmandise, avec des sourires entendus. Je serais curieuse de savoir ce qu'il a de si drôle, mais maman dit que ce n'est pas de mon âge. Artek vient à ma rescousse. « Salka ! Ce n'est qu'un livre. Qui sait si l'un d'entre nous sortira vivant d'ici ? Et toi, tu lui refuses de lire un livre sous prétexte qu'il est un peu coquin ! » Tout le monde éclate de rire.

Zygush n'est pas le seul à s'activer dans notre théâtre de marionnettes. Dès qu'un peu de lumière entre dans le bunker, nous reprenons tous vie. Nous nous mettons au ménage, à la corvée de pommes de terre, à la cuisine. Nous faisons un brin de toilette, roulons les paillasses, tranchons le pain rassis pour la soupe... Je profite des quelques heures de jour pour faire la classe aux enfants et, de temps en temps, nous jouons avec eux ou fabriquons des poupées. Si les Allemands savaient que ce sont des Juifs qui leur reprisent leurs chaussettes ! Nous arrivons à gagner ainsi un peu d'argent, mais depuis que les jours raccourcissent et que l'électricité est coupée, nous en gagnons moins qu'avant.

Jour après jour, nous nous demandons avec quoi nous allons payer notre nourriture. Jusqu'à présent, nous avons toujours réussi à nous en sortir, mais nous avons vendu depuis longtemps tout ce qui pouvait l'être. Ma toute dernière robe nous a rapporté 200 zlotys et cinq kilos de farine. Beck a vendu des sous-vêtements de papa pour 110 zlotys et nous en a donné 120. Dieu le bénisse.

Un beau jour, Maman fouillait tout au fond de nos étagères creusées dans le mur, espérant trouver encore quelque chose à vendre. Contre toute attente, elle est tombée sur un gros paquet ficelé. Nous avions tout emballé dans du papier journal dans le vain espoir de protéger nos affaires de l'humidité. Mais personne ne se souvenait de ce qu'il pouvait y avoir dans celui-ci. Pas même papa, qui a pourtant une mémoire d'éléphant. Maman l'a déballé fébrilement et en a sorti le magnifique manteau gris charbon de papa. Surprise et ravie, elle secouait la tête. « *Oy !* Mon cher *aiver butelt*[56] de mari ! »

Elle lui avait fait faire ce manteau juste avant la guerre. C'était ce qu'il y avait de plus beau : de la laine importée d'Angleterre et un col en cuir d'agneau afghan. Il avait coûté une petite fortune. Beck n'a pu en tirer que 600 zlotys, mais cela suffira à nous nourrir toute une semaine. Même maman qui commençait à sombrer dans la dépression et souffrait en permanence de migraines, reprend du poil de la bête. Depuis l'épisode du manteau retrouvé, à chaque fois qu'elle regarde papa, elle secoue la tête d'un air attendri. Au moins, nous sommes en sécurité. Pendant que la faim nous tiraille et que nous sommes recroquevillés dans le noir, d'autres se font tuer ou déporter.

Les nouvelles du dehors ne sont pas bonnes. En fait, il n'y a pas vraiment de nouvelles. Il ne se passe pratiquement rien depuis des semaines. Jusqu'au jour où, enfin, Radio Londres annonce que les Russes ont pris Jytomyr et Kiev. C'est la première grande percée de l'Armée rouge depuis des mois. M. Patrontasch sort sa carte et trace au stylo la nouvelle position de la ligne de front. Mais quelques jours plus tard à

56 *Aiver butelt* : écervelé, distrait.

peine, les nazis reprennent les deux villes. En regardant M. Patrontasch effacer l'avancée de l'Armée rouge sur la carte, j'ai l'impression que c'est notre espoir qu'il efface. Les Russes se battent sur le front oriental. Ils se battent sur le front occidental. Ils négocient avec les Alliés à Londres. Mais tout cela progresse avec une lenteur désespérante.

Nous sommes dans ce minuscule trou depuis une année entière, et nous ne devons notre survie qu'à la générosité des Beck et à une incroyable succession de coups de chance. Le 22 novembre, jour anniversaire de la première rafle, nous allumons trois bougies en mémoire des Juifs massacrés. Si nous avions allumé une bougie pour chaque mort, notre bunker aurait scintillé de millions de feux. Un an ! Cela me semble si loin, déjà. Combien de temps devrons-nous encore rester terrés ? Si l'Union soviétique et l'Allemagne nazie continuent de jouer ainsi au chat et à la souris, nous ne sommes pas près de sortir. Il y a quelque temps, Beck nous a dit que, d'après lui, rien ne serait joué avant novembre prochain. Je ne sais pas sur quoi il se fondait, ni même s'il se rend bien compte du poids de tout ce qu'il peut nous dire, mais pour nous, c'est impensable. Nous ne tiendrons jamais un an de plus. Nous avons frôlé tant de fois la catastrophe, et nous ne sommes plus aussi sûrs de nos protecteurs : Beck boit trop pour être fiable, et Julia et sa fille supportent de moins en moins ses esclandres et ses insultes. Elles restent pour nous, mais un beau jour, de guerre lasse, elles finiront sans doute par nous abandonner.

En quelques semaines, elles ont plié bagage et sont revenues une bonne demi-douzaine de fois.

Julia ne vient même plus nous annoncer ses départs. Quand elle revient à la maison, elle laisse en permanence sa valise devant la porte d'entrée pour rappeler à Beck qu'elle est prête à le quitter d'un instant à l'autre. Beck va maintenant « dîner » régulièrement chez sa belle-sœur, officiellement pour la consoler de la mort de son mari, survenue il y a déjà plus de six mois. Or, il y a quelques semaines, il nous a appris que sa belle-sœur fréquentait un milicien ukrainien. C'est une catastrophe, car depuis Noël dernier elle sait que nous nous cachons ici. Tout ce qu'elle pourrait confier à son amant sur l'oreiller signerait notre arrêt de mort. Mais Beck nous assure que nous n'avons aucun souci à nous faire. « Comptez sur moi, je vais lui parler. C'est une femme raisonnable. » Nous avons compris qu'il ne va pas simplement lui « parler ». Est-ce ainsi qu'il compte acheter son silence ? Nous ne connaissons même pas le prénom de cette femme, et Julia ne nous l'a pas dit. Elle en parle uniquement comme de « la belle-sœur », se refusant à prononcer son prénom. C'est sa façon à elle de se venger, de dire tout le mépris qu'elle a pour cette « traînée ». Elle est profondément blessée, mais devant nous, elle ne laisse rien paraître. Elle espère toujours que Beck finira par s'assagir et, en attendant, elle ne revient à la maison que le soir, quand il est au travail. Si nous n'étions pas là, elle l'aurait sans doute quitté une bonne fois pour toutes.

Nous compatissons à la douleur de Julia, mais nous ne pouvons rien faire de plus. Notre vie est entre les mains de Beck. Avec cette liaison, il met autant notre vie en danger que celle de sa femme et de sa fille, mais nous ne pouvons pas nous permettre de lui dire quoi que ce soit, et moins encore de risquer de le mettre en colère. Nous ne le comprenons plus. Il faut déjà être fou pour cacher dix-huit Juifs, c'est vrai, mais sa folie dépasse les bornes. Pourtant, je n'arrive pas à lui en vouloir. Aucun d'entre nous ne peut lui en vouloir. Nous sommes condamnés à subir en silence cette nouvelle menace qui pèse sur nos têtes.

Pour ne rien arranger, Ala a un nouvel amoureux : un soldat allemand ! Et il s'appelle Adolf, par-dessus le marché ! Il pilote des bombardiers et effectue des missions sur le front russe depuis plus de deux ans. Beck nous a tout de suite assuré que c'était un garçon très bien, qui lui avait confié qu'il exécrait Hitler. Mais il ne suffit pas de détester Hitler pour aimer les Juifs, et il pourrait très bien nous trahir. Mais Ala est amoureuse et Adolf vient souvent à la maison. Il passe parfois sans prévenir, en plein après-midi, ce qui déclenche un vent de panique dans le bunker. Ou bien il vient dîner, les bras chargés de fleurs et de petits cadeaux, et s'éternise jusque tard dans la nuit — quand il ne reste pas dormir ! Beck l'aime bien, et Adolf semble tellement apprécier la compagnie de son « beau-père » qu'il passe même boire un verre quand Julia et Ala partent se réfugier chez Maria, la sœur de Julia. Notre étroite fenêtre de liberté s'est brusquement refermée. Quand Adolf est là, nous ne pouvons plus bouger, plus cuisiner, ni parler ni même aller aux toilettes. La table de jeu est dans la chambre de Beck, juste au-dessus de nos seaux. Adolf et Ala passent des heures à jouer aux cartes, bavarder et écouter de la musique. Ils dansent juste au-dessus de nos têtes. Et quand Ala ne reçoit pas son amoureux, c'est Beck qui ouvre sa porte à ses compagnons de jeu ou de beuverie. Si bien qu'il y a maintenant presque toujours du monde en haut. Ces visites contribuent certes à faire taire les rumeurs et à démentir les accusations qui pèsent sur les Beck, soupçonnés d'abriter des Juifs. Mais elles nous astreignent aussi à de longues périodes de silence et d'immobilité. J'ai remarqué que ma respiration se fait de plus en plus discrète. Notre vie est un enfer. Un beau jour, Patrontasch trouve le courage de demander à Beck de déplacer la table de jeu dans le salon, pour que nous puissions au moins nous soulager sans craindre de nous faire repérer.

Tandis que les négociations entre les Russes et les Alliés restent au point mort, les massacres continuent à Zolkiew et dans toute la Galicie. Chaque jour, Beck ou Julia ont la douloureuse charge d'être les malheureux messagers de mauvaises nouvelles. La liste de mes amis disparus ne cesse de s'allonger, et chaque deuil ravive une blessure qui ne se refermera jamais.

Beck va régulièrement à Lvov. Il se poste devant la clôture de barbelés du camp de Janowska et laisse négligemment traîner une oreille, pour tenter de nous ramener des informations. Vers la fin novembre, il revient nous annoncer que tous les prisonniers du camp ont été exterminés. Nous savions déjà qu'Hermann était mort l'été précédent, mais l'effroyable vérité ne peut plus échapper à Lola : il ne lui reste désormais plus personne au monde. En rentrant de Zaleszczyki, une ville voisine, Julia nous raconte qu'elle a vu des partisans pendus aux arbres comme des décorations de Noël. Les Allemands ont aussi déporté Mme Twordyewicz. C'était une vieille dame toute courbée, presque sourde et aveugle, plus frêle qu'une brindille de bois sec. Elle s'était pourtant convertie au catholicisme dans sa plus tendre enfance, et elle n'avait pas manqué la messe un seul jour de sa vie. Cela ne les a pas empêchés de la pousser dans un wagon à bestiaux. Un autre de nos amis, Misko Segal, a été débusqué et fusillé. Beck n'arrive pas toujours à saisir tous les détails des informations qu'il glane. Il nous parle d'un autre Juif qui s'est fait prendre par les Allemands. Il s'appelait peut-être Springer, mais Beck n'en est pas certain. Quoi qu'il en soit, ajoute-t-il comme pour nous consoler, il n'a pas laissé aux nazis le plaisir de le fusiller : il s'est pendu avant. En serons-nous réduits à cette extrémité, nous aussi ? Aussi incroyable que cela puisse paraître, dans ce déluge de mauvaises nouvelles, l'idée du suicide nous est presque douce. C'est pourtant quelque chose d'inconcevable pour un Juif. Mais tout ce qui se passe autour de nous n'est-il pas encore plus inconcevable ? Beck et Julia ont surtout été bouleversés par ce qui est arrivé à M. Chachkes, même s'ils ne le connaissaient pas personnellement. C'était un avocat très connu à Zolkiew. À ce qu'ils ont entendu dire, il s'est fait arrêter avec sa belle-sœur dans un petit village des environs, et la police a trouvé sur lui des papiers qui incriminaient les paysans qui les cachaient. Les Juifs et leurs sauveurs ont tous été emmenés enchaînés à Lvov.

En ville, la rumeur a repris : Beck cacherait des Juifs, dit-on. C'est Meyer, le patron du dépôt d'alcool, qui l'a relancée. Le train de vie de Beck lui a mis la puce à l'oreille : il trouve que son employé vit un peu trop dans « l'opulence » par rapport à son salaire. Et il s'est empressé de faire part de ses soupçons à nul autre que l'*Obersturmführer* von Pappen, l'officier SS chargé des déportations et des liquidations à Zolkiew. Depuis, Eisenbard et le docteur Lucynski, les deux grands amis de Beck qui ne répugnaient pas à venir jouer aux cartes avec Krueger, Schmidt et les autres nazis — et boire la vodka de Beck —, ont une peur bleue et n'osent plus mettre les pieds chez lui. Eisenbard a avoué à Beck qu'il a entendu dire que sa maison n'était « pas propre ». Si le meilleur ami de Beck dit cela, que doit donc penser le reste de la ville ?

Beck a raison de s'inquiéter. Von Pappen est d'une cruauté implacable. Tout le monde connaît l'histoire du menuisier qui travaillait pour lui, Hiam Schott, un Juif qui avait de l'or dans les mains. Von Pappen l'aimait bien et le protégeait. Il avait donné l'ordre à tous ses hommes de ne pas l'inquiéter. Schott avait ainsi miraculeusement échappé aux rafles et déportations. Puis un beau jour, il s'est tranché un doigt dans une machine. Von Pappen l'a conduit lui-même à l'hôpital, où les chirurgiens ont sauvé son doigt. Mais lorsqu'ils sont ressortis ensemble de l'hôpital, von Pappen a nonchalamment sorti son arme de sa ceinture et lui a tiré une balle dans le crâne. Dieu seul sait ce qui arriverait si von Pappen ou n'importe quel autre collaborateur apprenait que c'est Beck qui lui a volé sa carpe l'an dernier, pour fêter Noël avec les Juifs qu'il cachait dans sa cave !

Un malheur n'arrivant jamais seul, Beck s'est fait voler son arme de service au travail. Il s'était endormi, et un milicien ukrainien en a profité pour emporter son fusil. C'est une faute professionnelle assez grave pour mériter le peloton d'exécution ou la pendaison. Il revient d'une convocation chez von Pappen et, tout content de lui, descend nous raconter l'épisode. Il a eu le *chutzpah*[57] de dire à von Pappen qu'il faisait semblant de dormir, car il savait que tous les Ukrainiens étaient des salopards de voleurs et il voulait en prendre un la main dans le sac. Je ne sais pas si von Pappen a vraiment gobé cette histoire. Toujours est-il qu'il a déclaré qu'il réfléchirait aux mesures à prendre et a renvoyé Beck chez lui — pour le moment.

La litanie des morts, les rumeurs et les incessantes provocations de Beck ont convaincu les hommes qu'il est grand temps de faire quelque chose. Cette faute grave ne manquera pas d'être sanctionnée. Après bien des débats, ils en arrivent à une solution possible. M. Patrontasch devra convaincre Beck d'aller présenter ses excuses à von Pappen.

Patrontasch frappe à la trappe. Les pieds du lit glissent sur le plancher et Beck soulève la plaque de bois.

« Je voudrais vous parler, si vous avez une minute », lui dit Patrontasch.

Je connais ces hommes depuis toujours, à chaque fois que je les vois s'adresser à M. Beck, leur timidité m'étonne. Notre vie est en jeu, et Patrontasch s'apprête à accomplir une mission aussi périlleuse qu'une évasion du ghetto ou une négociation diplo-

57 *Chutzpah* : audace, culot.

matique de haut niveau entre Roosevelt et Staline. Il aura du fil à retordre pour convaincre Beck, qui est têtu comme une mule, de présenter ses excuses à un homme qu'il considère comme un assassin. Quelques minutes plus tard, pourtant, Patrontasch revient avec une feuille et un stylo en main. Beck lui a demandé d'écrire une lettre pour « embobiner » von Pappen. Malgré ses origines germaniques, il ne maîtrise que très mal l'allemand. De sa plus belle écriture gothique, Patrontasch fait dire à Beck combien il est honoré de servir le Reich avec dévouement ; qu'il a toujours rêvé de voir l'Allemagne récupérer la Pologne et accomplir sa destinée d'expansion vers l'est, apportant la culture et la civilisation aux masses slaves ; qu'il se félicite chaque jour d'avoir le privilège de servir sous les ordres d'un patriote de la trempe de von Pappen ; et prie l'*Obersturmführer* de croire que ses faiblesses morales ne sauraient en aucune manière le détourner de l'éternelle loyauté qu'il voue à la mère patrie. Ces mensonges obséquieux viennent naturellement sous la plume de Patrontasch.

Beck va apporter « sa » lettre à la Kommandantur et revient quelques heures plus tard, ravi. Il a ramené du tabac et de l'alcool pour les hommes et, tout faraud, leur assure que von Pappen lui mangeait dans la main. La crise a été désamorcée. Soulagés, les hommes font mine de s'esclaffer avec Beck. Si von Pappen savait que c'est un Juif qui a écrit cette ode à la mère patrie ! Mais notre répit n'est que de courte durée.

Vers trois heures du matin, Julia cogne sur le plancher en criant : « La milice ukrainienne ! » Maman ouvre un œil et s'évanouit aussitôt. Les enfants étouffent des sanglots de terreur. Chacun prie silencieusement. Beck a dû être dénoncé. Ce ne sont pas les ennemis qui lui manquent. Est-ce à cause du fusil ? Ou d'autre chose ? Peu importe. Les miliciens sont à notre porte et nous le saurons toujours assez tôt. Ils annoncent à Julia qu'ils sont venus chercher Beck. Le commandant de la police ukrainienne veut l'interroger. Maîtrisant le tremblement de sa voix, Julia demande ce qu'il a fait. Les miliciens n'ont pas tous les détails, mais ils expliquent que Beck, « soûl comme un Polonais », avait dit « quelque chose » à leur chef. Nous savons que, sous l'emprise de l'alcool, Beck est capable de proférer les pires insanités. Il vient d'échapper aux griffes de von Pappen, et voilà qu'il s'est jeté dans la gueule des Ukrainiens ! Ces hommes ont la rancune tenace et, maintenant qu'ils ont une once de pouvoir, ils en profitent pour régler de vieux comptes.

Beck a dû s'endormir, sans quoi il serait en train de hurler aux auxiliaires ukrainiens d'aller « chier sur leur mère ». C'est son juron préféré. La première fois qu'elle a entendu cela, maman a tressailli. Mania et moi pouffions. Elle nous a aussitôt lancé un regard noir qui signifiait : « Vous n'avez rien entendu. Et si vous avez entendu, vous oubliez ça tout de suite ! » Depuis, elle a fini par s'y faire. Heureusement, le répertoire de M. Beck n'est pas très varié.

L'un des miliciens va secouer Beck, qui continue à ronfler. L'Ukrainien revient annoncer à ses collègues que s'ils veulent l'emmener, il faudra le porter. Entretemps, Beck a dû se réveiller, car un autre milicien lui dit : « Retourne te coucher, Valentin, nous dirons simplement que tu n'étais pas chez toi. » Incroyable ! Ces hommes que Beck a accusés de voler son fusil le couvrent ! Et ils repartent comme ils sont venus.

Julia essaie désespérément de faire avouer à son mari ce qu'il a bien pu dire pour être convoqué à un interrogatoire. Mais, dans sa stupeur d'ivrogne, Beck décide d'aller au commissariat, affronter ses accusateurs et avoir le fin mot de cette « parodie de justice ». Julia le retient tandis qu'Ala s'empresse d'aller cacher son vélo. S'il s'entête, la marche lui remettra peut-être les idées au clair. « Je n'en peux plus ! » hurle Julia. Elle entraîne Ala et claque la porte derrière elles. Beck continue à jurer et à faire valser les meubles dans toute la maison en cherchant son vélo. Puis il enfonce une porte. On dirait que c'est celle de la salle de bains. Pourquoi va-t-il chercher son vélo dans la salle de bains ? Il doit être encore plus ivre que d'habitude. Nous l'entendons traiter Julia de tous les noms d'oiseaux, ponctuant chaque insulte par son fameux « Je chie sur ta mère ! ». Il n'a même pas dû se rendre compte que sa femme et sa fille sont parties. La porte d'entrée claque à nouveau, puis plus rien. Nous sommes pétrifiés à l'idée de ce qu'il pourrait aller dire au chef de la milice ! Cet Ukrainien qui le déteste cordialement n'attend que la première occasion pour le faire fusiller, c'est sûr ! Nous tremblons pour lui, autant que pour nous, craignant de voir débarquer les miliciens d'un instant à l'autre.

Nous n'avons pas fermé l'œil de la nuit. À l'aube, Beck rentre enfin mais refuse de nous raconter ce qu'il a fait. Il traîne sa mauvaise humeur toute la journée et décide de rester cuver son vin à la maison au lieu d'aller travailler. Nous vivons sous un volcan qui risque d'exploser à tout moment. Julia repasse rapidement nous annoncer qu'elle va acheter du tabac à Lvov et qu'Ala est à son travail. À peine a-t-elle tourné les talons que Beck vient cogner à la trappe. « La maison est sale. J'ai besoin de quelqu'un pour le ménage ! » Lola et moi nous apprêtons à monter, puisque c'est généralement nous qui faisons le ménage. Mais Beck nous barre le passage. « Non, pas vous. Klara, viens m'aider, veux-tu ? » Il lui tend galamment la main pour l'aider à se hisser à l'étage.

Les hommes la regardent disparaître en serrant les dents et se lancent aussitôt dans une grande discussion enflammée sur la guerre entre les Alliés et les puissances de l'Axe. Mais c'est la guerre entre les Beck qui nous concerne de plus près. L'Italie, l'Angleterre, l'Allemagne ne sont que des pays sur une carte. Leurs négociations, leurs batailles me semblent bien loin quand le véritable champ de bataille est au-dessus de nos têtes. Un mot de trop, et nous sommes morts. C'est aussi simple que cela. Il y a bel et bien une guerre mondiale. Elle se joue en haut.

Peu à peu, elle se propage au bunker, où elle couvait depuis des mois — depuis l'arrivée de Zygush et Zosia, puis la mort de Mania. L'enjeu était trop sordide pour être évoqué : une planche de cinq centimètres de large ! Nous étions surtout trop occupés à pleurer Mania pour demander aux autres de faire un peu plus de place aux enfants. Mes parents s'abstenaient religieusement de prononcer le nom de ma sœur. Ils n'ont pas évoqué une seule anecdote pour se réconforter. Ils n'ont pas échangé un seul souvenir. Nous n'avons pas une seule photo de ma sœur. Chacun s'enferme dans son chagrin. Zygush et Zosia ont appris à ne jamais parler d'elle. Notre silence est notre chant de deuil. Mais le fait est que depuis l'arrivée des deux enfants, nous sommes cinq et nous n'avons que quatre paillasses. Nous dormions déjà très mal, mais avec Zygush et Zosia entre nous, nous ne pouvons plus dormir sur le dos ou le ventre, ni même nous retourner dans notre sommeil. Du coup, nous ne fermons pratiquement plus l'œil de la nuit. Pourquoi n'avons-nous pas réagi plus tôt ? Peut-être parce que nous étions si coupables de les avoir imposés aux autres que nous n'avons pas osé demander davantage d'espace pour les accueillir. Peut-être aussi parce qu'ils ont pris la place de Mania sur nos paillasses et que, même huit mois après sa mort, en parler était encore trop douloureux.

Malgré les règles de courtoisie que nous nous sommes imposées, la tension est de plus en plus palpable : côté Schwartz, nous ne supportons plus d'être aussi à l'étroit, et l'égoïsme forcené des Steckel exaspère tout le monde. Un rien suffirait à mettre le feu aux poudres. De temps en temps, les hommes parlent de demander de l'aide aux Steckel, au moins pour les quatre enfants. Mais ils n'osent jamais. Ils ont peur de froisser les Steckel, car ils savent que les Beck ont besoin de leur argent et ils ne voudraient pas que Beck puisse leur en vouloir. Depuis leur plus tendre enfance, on leur a surtout appris à ne jamais rien demander. Mania et moi avons été élevées dans le même esprit. Ce n'est pas une question d'orgueil. C'est simplement parce que dans la communauté juive de Zolkiew, la solidarité était telle que personne n'a jamais eu besoin de demander de l'aide. Chacun aidait son prochain le plus naturellement du monde, sans commentaire. Une bonne action n'en est plus une dès lors qu'on s'en glorifie ou qu'on l'accomplit pour humilier l'autre. Mais visiblement, les Steckel ne vivent pas sur la même planète que nous. Ils craignent tant que les Beck les volent qu'ils calculent au gramme près leurs rations de pain, de saindoux, de viande, d'oignons ou de pommes de terre. Mais les jambes décharnées et les côtes saillantes des enfants les laissent de marbre, et ils n'ont aucun scrupule à leur mettre l'eau à la bouche en leur faisant passer sous le nez des mets délicieux. Les enfants ont appris à se satisfaire de ces fumets, car c'est déjà mieux que rien. Le malheureux Zygush a déjà les joues creusées par la faim. Il m'arrive moi-même de rêver du jour où j'aurai une miche de pain pour moi toute seule et où je pourrai enfin m'en couper une tranche aussi grosse que je le voudrai.

En huit mois, Zygush et Zosia n'ont pas demandé une seule fois pourquoi les Steckel ne partagent pas leur nourriture ; ils ne leur ont jamais réclamé une miette. Ces gens-là n'ont-ils donc aucune honte ? Aucune dignité ? Comment peuvent-ils être aussi égoïstes dans un moment pareil ? À mes yeux, ils sont pires que les nazis. Dans ce monde cruel, il n'y a plus que deux catégories de gens : ceux qui veulent notre mort, et ceux qui se battent pour notre survie. Mania a sûrement enduré la torture pour tous nous sauver, y compris les Steckel. Ils lui doivent la vie. En ont-ils seulement conscience ? Sûrement pas. Nous ont-ils un jour présenté leurs condoléances ? Jamais. Ils ont encore le front de brandir leur argent comme si leur fortune les dédouanait de tout. Je m'efforce de ne pas les haïr comme je hais les fascistes. Après tout, ce sont des Juifs eux aussi et, tout comme nous, ils se cachent pour échapper aux nazis. Mais je leur en veux, car pour eux la mort de ma sœur se résume à une bouche de moins à nourrir et une place de plus dans le bunker.

La voix de mon père est presque inaudible. « Je voulais en parler depuis longtemps… Depuis que les enfants sont venus vivre avec nous… nous avons moins de place que vous sur nos paillasses… » C'est l'étincelle.

Personne ne l'attendait. Papa a dû réfléchir des mois à ce qu'il allait dire. J'espérais que les autres auraient honte de ne pas y avoir pensé plus tôt. Mais il me suffit de voir leur expression, surtout celle des Steckel, pour comprendre que je me trompais. En plus d'un an, aucun d'entre nous n'a quémandé le moindre supplément. Rien. Pas un verre d'eau. Pas une pelure de pomme de terre. Pas une goutte d'huile, quand nous en avions. Maman arrête de peler les patates et lève les yeux. Personne ne réagit. Ils se regardent tous, attendant que quelqu'un dise quelque chose. Mme Melman se lance : « Les enfants… » Je sais déjà ce qu'elle va dire. « Parlons-en des enfants ! À cause d'eux, nous avons bien failli y passer ! Nous n'en voulions pas. Beck nous les a imposés, et maintenant vous voudriez en plus nous voler notre espace ? *Genug is genug*[58] !

— Mais tout le monde a plus de place que nous. Vous trouvez cela normal ?

---

58 *Genug is genug* : Trop, c'est trop.

— Nous vous rendons un service et c'est comme cela que vous nous remerciez ? piaille Mme Melman. *Oy !* Que de *tsuris*[59] !

— Mais regardez ce que nous avons par rapport à vous ! s'écrie maman en montrant nos paillasses. Comment osez-vous ? Et pour qui vous prenez-vous à faire votre grande dame qui veut toujours tout régenter ?

— Doucement ! siffle Mme Steckel.

— Je vous demande pardon ? rétorque maman, glaciale.

— Vous m'avez entendue. *Schatt*[60] *! Schatt !* »

M. Melman essaie de calmer le jeu, mais il est trop tard. Une avalanche de reproches nous engloutit. Nous sommes arrogants, autoritaires, mesquins, difficiles à vivre… Nous sommes des profiteurs. Nous mettons en péril la vie de tout le monde. Même des enfants !

Je tremble de tous mes membres et les enfants pleurent. Ils comprennent que personne ne veut d'eux, ici. Je n'en reviens pas de voir les trois autres familles se liguer contre nous. Que leur avons-nous donc fait ? Ma sœur s'est sacrifiée pour eux ! Je n'ai jamais vu papa dans une telle rage. Si M. Beck nous entend, lui aussi va être furieux. N'y tenant plus, je hurle : « Silence ! Taisez-vous, tous ! »

Mon père se retourne vers moi et son bras part. Je reçois une gifle magistrale en plein visage. Jamais il n'a levé la main sur un enfant. Pas une fois. Il me

59 *Tsuris* : soucis.
60 *Schatt* : chut, en yiddish.

fixe sévèrement, prêt à recommencer. Je ne lui ai jamais vu ce regard noir, brûlant et violent, plein de rage et de mépris. Je voudrais disparaître sous terre tant j'ai honte. Je lui en veux de m'avoir frappée et je m'en veux de l'avoir blessé. Soudain, il se rend compte de ce qu'il vient de faire. Tout son amour brille à nouveau dans ses yeux. Je retrouve mon père. Dans la pièce, tout le monde est stupéfait. J'ai réussi. Le silence est revenu.

Maman ne dit qu'un mot : « Meir. » Papa me prend alors dans ses bras et me couvre de baisers, implorant mon pardon. Il n'y a rien à lui pardonner. Il est épuisé. Il ne peut pas faire son deuil de Mania. Il se sent responsable de sa mort et rien ne lui ôtera jamais cette douleur. Il la pleurera toute sa vie. La mort de Mania, une accusation silencieuse, se dresserait entre lui et maman jusqu'à la fin de leurs jours.

M. Patrontasch sort son mètre à ruban et vient vers nous. Il nous écarte en s'excusant et mesure d'abord nos paillasses, puis celles des autres familles. Il ouvre son petit carnet, mouille son crayon du bout de la langue et se plonge dans ses calculs. Bouche bée, nous suivons chacun de ses gestes.

« Il faut partager équitablement, annonce-t-il. Chacun a droit à trente-cinq centimètres pour dormir. » Il récupère une ou deux lattes des paillasses de chacune des autres familles et les dépose près de notre espace. Personne ne pipe mot. Ce soir-là, en nous couchant, nous n'avons pas l'impression d'avoir beaucoup plus de place. Mania aurait trouvé tout cela très drôle.

Pour Noël, les Beck s'accordent une trêve. La fête bat son plein là-haut. La radio fait vibrer les murs et les invités dansent. Il y a un monde fou. Beck et Julia ont invité leur famille, le professeur Lang, Eisenbard, Adolf, Krueger et d'autres amis policiers de Beck. En bas, personne ne dort. Le piétinement des danseurs sur le plancher me résonne dans le crâne. De grosses larmes roulent sur mes joues. Je pleure parce que tous ces gens festoient joyeusement alors que tant de milliers de Juifs sont morts ou en train d'agoniser. M. Beck se dirige vers la radio et l'éteint. Un à un, les danseurs s'arrêtent. « Écoutez ! » dit-il. Au loin, une chorale entonne des noëls. J'imagine les chanteurs chaudement emmitouflés avancer dans le froid et la neige, une bougie à la main. Ils ne doivent pas être loin de l'église devant laquelle Mania a été arrêtée. Son souvenir s'immisce dans presque toutes mes pensées. À mesure qu'ils approchent, leurs voix se font plus claires et je reconnais l'air. C'est *Le Voyage à Bethléem,* l'un des plus beaux chants de Noël polonais. Il y a tout juste un an, je le chantais encore avec Mania, là-haut.

Je reprends mentalement le refrain avec eux, jusqu'au moment où je me rends compte que ce n'est pas la chanson que nous connaissons. Ils ont changé les paroles et les brament en forçant un accent yiddish caricatural. Ils sont maintenant devant notre seuil et j'entends Beck et Ala se joindre à leur chœur grotesque en s'esclaffant avec leurs invités. Ils rient tant qu'ils en bégaient.

Joie sur le monde, les youps sont morts,
La corde au cou, une balle dans le crâne,
Joie sur le monde, la terre est rouge de leur sang
Le filet a enflé en torrent…

Beck rugit de son gros rire démoniaque. Zosia et Zygush, saisis d'effroi, se blottissent contre moi. J'essaie de les rassurer : ce n'est qu'un jeu, une mauvaise plaisanterie… Mais je n'y crois pas une seconde. Leur sérénade ressemble à ces contes macabres que racontaient les vieilles paysannes pour faire peur aux enfants :

Joie sur le monde, un cadeau de Notre Seigneur Jésus Christ,
Je l'ai trouvé sous le sapin,
Les cadavres raides d'une famille de youpins…
La mère, le père, la fille, le fils.
Je me suis régalé à les bousiller !

Nous savions que notre supplice durerait jusqu'à la dernière bouteille, jusqu'au dernier toast, jusqu'à la dernière danse. La maison commence enfin à se vider vers trois ou quatre heures du matin. Seul Adolf s'attarde encore, et semble n'avoir aucune intention d'affronter l'air froid et piquant du dehors. Beck le raccompagne gentiment à la porte et le laisse s'éloigner avant d'envoyer Ala nous chercher.

Les bourgeons mûrs du sapin emplissent la salle à manger d'un délicieux parfum de résine fraîche. Les branches ploient sous les bougies et les décorations. Les enfants écarquillent de grands yeux ébahis : comment se peut-il qu'il existe un monde aussi féerique juste au-dessus de notre enfer ? Est-ce cela le paradis ? Les Beck, piteux, se répandent en excuses : ces insoutenables chants de Noël leur ont écorché la gorge autant qu'ils ont meurtri nos âmes ; ils n'auraient pas dû se prêter à cette sinistre farce, mais avaient-ils seulement le choix ? Le simple fait qu'ils songent encore à s'excuser après tout ce qu'ils ont fait pour nous témoigne de leur infinie bonté. Le rouge au front, les yeux embués de larmes, M. Beck embrasse un à un tous les enfants en leur distribuant des sachets de friandises. Les petits en oublient toutes leurs angoisses et plongent la main dans leur paquet, en comptant jalousement ses bonbons pour s'assurer qu'aucun n'en a plus que lui. Nos anges gardiens ont même pensé aux enfants ! Dieu les bénisse !

Les Beck prolongent leur trêve jusqu'au Nouvel An. Le soir du réveillon, ils descendent tous les deux, avec de la vodka pour les hommes et des biscuits pour les enfants. Julia a de bonnes nouvelles : elle a trouvé un client pour l'un des chandails que j'ai tricotés et elle donne l'argent à mon père. Maman, rose de fierté, me couve des yeux ; papa hoche simplement la tête d'un air approbateur. Je ne suis plus une petite fille. Je viens de ramener mon premier salaire. Même Zygush me remercie. Si seulement la soirée avait pu s'achever sur cette jolie note…

Mais Beck a une très mauvaise nouvelle à nous annoncer. Il remplit les verres de vodka et s'éclaircit la voix. « Les Allemands ont réquisitionné notre salon. Nous allons devoir loger des cheminots. » Il marque une pause puis ajoute, comme pour se justifier : « On ne nous a pas vraiment demandé notre avis. Mais tout bien réfléchi, ce n'est peut-être pas une si mauvaise chose. Nous serons encore plus en sécurité. Qui irait se douter qu'il y a des Juifs dans une maison occupée par des cheminots allemands ? » Je sens bien qu'il ne dit cela que pour nous rassurer, qu'il n'en croit pas un mot. Ces cheminots sont peut-être ceux qui conduisent les trains qui emmènent nos parents et amis vers les camps. Papa ravale sa salive : « Combien de temps ?

— Qui sait ? soupire Beck en haussant les épaules. Quelques semaines. Quelques mois. Aucune idée. » Il n'y a rien d'autre à dire. Il nous laisse la bouteille et remonte. La vodka ne suffit pas à amortir le choc.

M. Patrontasch pousse un profond soupir. « L'heure est peut-être venue d'envisager notre alternative. » Sa voix ne trahit aucune émotion. Il a dit cela avec autant de flegme que s'il demandait à quelqu'un de lui passer le sel. Les adultes doivent discuter sérieusement et me demandent d'emmener les enfants au fond du bunker.

Zygush se plonge dans son livre et nous fait la lecture à mi-voix. Je tends l'oreille pour tenter de suivre le conciliabule des grands. Mais seules des bribes me parviennent : « Nous n'avons plus le choix… Nous ne survivrons jamais à cette nouvelle épreuve… Il y a toujours le bidon d'essence… Les enfants ne doivent pas souffrir… »

Du fond du bunker, j'aperçois les doigts de Mme Steckel se crisper sur sa fiole de poison. Je n'en reviens pas. Ai-je bien compris ? Songent-ils sérieusement à empoisonner les enfants ? Après tout ce que nous avons enduré ? Après le sacrifice de Mania ? Et nous en serions réduits à cela ? Est-ce vraiment notre ultime recours ? À les entendre ainsi préparer notre fin, tous mes espoirs s'effondrent. Beck continue d'y croire, lui ! Ils n'ont pas le droit de trahir sa confiance maintenant ! Il nous a déjà tirés d'affaire tant de fois. Je suis sûre qu'il pourra encore nous sauver. Je refuse de baisser les bras. Si Mania était là, elle ne laisserait jamais faire une chose pareille. Comment mes parents peuvent-ils se faire complices d'une telle abomination ? Depuis tous ces mois, j'ai pensé plus d'une fois au suicide, bien entendu, mais maintenant que l'on en parle ouvertement, l'idée me pétrifie. J'ai envie de hurler à pleins poumons, mais rien ne sort.

Il y a une telle détresse dans les yeux de maman... Comme quand Mania est morte. Je n'ai plus envie de savoir ce qu'ils se disent. C'est M. Melman qui vient me tirer de ma prostration. « Nous avons fini, Clarutchka. »

Je lève à peine les yeux. Je ne veux pas affronter la vérité. Je serre les enfants contre moi et j'écoute Zygush finir de nous lire son histoire.

Chapitre 12

LA SAINT-VALENTIN

De janvier à février 1944

Jeudi 1er février. M. Beck est descendu nous donner des nouvelles. Il vient d'entendre que les gouvernements alliés de Londres préparent un corps expéditionnaire. Ils espèrent livrer la dernière bataille de cette guerre vers la mi-mars pour sauver les derniers Juifs d'Europe... Désolée, mais c'est trop tard. Quand tout cela sera terminé, je crains qu'il ne reste plus beaucoup de Juifs. Combien y a-t-il de gens comme les Beck qui en aient sauvé dix-huit à eux seuls ?

Aujourd'hui, premier du mois, c'est le jour du terme. Nous devons payer notre pension. Nous raclons les derniers fonds de tiroirs. M. Patrontasch a versé la moitié de ce qu'il doit, et maman a dû se défaire de son alliance. Nous ne l'avions pas encore vendue, car papa craignait qu'elle ne vaille pas grand-chose. Mais Beck ne fait aucun commentaire. Sa générosité ne connaît pas de limite. Mon Dieu, bénissez-le, car aucun être humain ne pourra jamais assez le remercier.

Depuis un an, combien de fois ai-je cru que ma dernière heure avait sonné ? Cinq fois ? Dix fois ? Vingt fois ? Plus souvent en tout cas que je n'ai eu le ventre plein. J'essayais alors de me préparer, de me représenter la balle qui viendrait droit sur moi ou l'éclair qui brillerait sur la lame de la hache quand elle s'abattrait sur mon cou. J'imaginais ma souffrance, je me voyais traînée sur le pavé des rues et jetée dans un wagon à bestiaux en route pour un camp. Je n'ai aucune tendance morbide, et je ne suis pas du genre à me complaire dans l'angoisse de ma propre mort. Je n'extrapole pas, je n'invente rien. Tout cela, je l'ai vu de mes propres yeux subi par d'autres et ces images se sont gravées dans ma mémoire comme dans du marbre. Tant de souffrances valent-elles de vivre ? Je serai bien incapable de répondre à cette question. La plupart des suicides dont j'ai entendu parler étaient des gestes désespérés, l'unique moyen d'échapper au pire. On dit que dans les camps, des hommes et des femmes préfèrent se jeter contre les clôtures électrifiées plutôt que de se faire fusiller. D'autres se pendent au moment où les SS enfoncent leur porte. D'autres encore avalent leur capsule de cyanure dans des wagons déjà encombrés de cadavres. Et maintenant, c'est à nous de sauter le pas. Jusqu'à présent, ce n'était encore qu'une idée abstraite. Mais à partir du moment où nous décidons de passer à l'acte, il y a des tas de détails pratiques à régler : il va bien falloir prévenir les Beck ; qui va réussir à convaincre les Steckel de céder leur poison aux enfants ? Les grands ont-ils bien pensé à tout cela ? Ils n'en ont pas le temps. M. Melman déterre les cinq litres d'essence cachés au fond du bunker et les laisse sur place. Personne ne bouge. Personne ne dit rien. Le bidon nous nargue.

Nous savons ce qui se passera. Notre suicide signera l'arrêt de mort des Beck. Nous n'avons pas le droit de leur faire cela. Il faut nous résigner : continuer à vivre malgré la menace, malgré les risques, avec des Allemands juste au-dessus de nous.

J'essaie de me préparer à l'arrivée des cheminots, mais j'ai peine à croire que notre situation peut encore empirer. J'ai appris à tolérer la faim, la soif et le silence absolu. Je me suis habituée à contracter le ventre pendant des heures entières avant de pouvoir aller sur le seau. Je suis capable de supporter les maux de ventre toute une nuit sans broncher. Je peux endurer les démangeaisons insupportables de la fièvre miliaire sans me gratter. J'arrive même à maîtriser à peu près mon angoisse. Faudra-t-il maintenant que je cesse de respirer, aussi ? Où trouverais-je la force de résister à tant de souffrances ? Et à la peur, surtout... Car avec l'arrivée des cheminots, elle ne nous lâchera plus un instant : un toussotement, un geste fortuit suffiront à nous trahir. Le fil qui nous relie à la vie n'a jamais été plus ténu. Serai-je capable — serons-nous capables de nous battre jusqu'au bout, quoi qu'il nous en coûte ? La mort nous serait plus douce, et pourtant nous nous accrochons encore à la vie.

Les cheminots ne sont pas encore là, mais notre appréhension est telle que nous ne profitons même pas de nos dernières minutes de liberté. Nous sommes tétanisés par la peur. Trois coups cognent à la porte. M. Beck va ouvrir. Nous entendons la voix des deux cheminots et leurs pas pesants résonner sur le plancher. L'atmosphère semble détendue là-haut, presque cordiale. Après quelques échanges de politesses et propos convenus, Beck sort la vodka et Julia, fidèle à la tradition polonaise, présente le pain et le sel à ses « invités » pour leur souhaiter la bienvenue. Ce petit cérémonial ressemble à tout sauf à une réquisition. Je devine une grande différence d'âge entre les deux hommes. L'un a une voix forte et virile, tandis que l'autre semble à peine sorti de l'adolescence. De son ton charmeur, Ala leur parle un peu de Zolkiew.

En les écoutant bavarder, je comprends pourquoi Beck se montre si affable. Il cherche à connaître leurs horaires de travail, afin de limiter les imprévus et les surprises. Il fait mine de compatir à leurs interminables journées de travail et à leurs longs trajets. Les cheminots s'adoucissent : hélas, ils n'ont pour ainsi dire pas d'horaires. Il peut leur arriver de partir pour plusieurs jours d'affilée, ou de ne travailler que de nuit. Et à d'autres moments, ils n'auront rien à faire pendant des jours et pourront rester couchés tant qu'ils le voudront. L'un s'esclaffe en raillant la légendaire efficacité allemande. Nous sommes effarés : que ferons-nous s'ils ne bougent pas de leur chambre pendant des jours ? Nous avons déjà beaucoup de mal à ne pas faire un bruit les rares soirs où Adolf dort à la maison ou quand une soirée s'éternise. Alors des journées entières ?… Comment ferons-nous pour cuisiner, vider les seaux, récupérer les provisions que nous fait passer Julia, accomplir tous les gestes insignifiants mais essentiels auxquels se réduit désormais notre vie ?

Les cheminots sont très discrets sur leurs missions. Ont-ils honte d'avouer ce qu'ils font, ou bien ont-ils quelque chose à cacher ? Tout ce que nous savons, c'est que ce sont des cheminots. En temps de guerre, si chacun affiche son titre, personne ne s'étend sur le détail de ses fonctions. Mais j'en sais assez sur les nazis et surtout sur leurs trains pour redouter le pire. Je repense aux *sauterelles*, ces gens blessés ou défigurés par leur chute — quand ils avaient la chance d'échapper au feu des soldats. Je repense aux rafles, à tous ces malheureux entassés dans les wagons. Il paraît que les cheminots polonais qui conduisent les trains de déportés et les convois à destination de Belzec et d'Oswiecim s'arrêtent plusieurs kilomètres avant les camps. Pour les derniers kilomètres, ce sont leurs collègues nazis qui prennent le relais. Je prie pour que les hommes qui sont au-dessus de nous ne soient pas de ceux-là. Qu'ils soient mécaniciens, graisseurs, n'importe quoi, mais pas ceux qui conduisent mon peuple à la mort. Leurs grosses bottes cloutées martèlent le plancher et les ressorts d'un matelas grincent et rebondissent sous le poids d'un cheminot qui grogne d'aise en s'affalant sur un lit moelleux. Non, c'est impossible. Avec leurs voix bourrues et sympathiques, ces hommes ne peuvent pas être ceux qui transportent des Juifs comme du bétail jusqu'aux camps.

Nous organisons tant bien que mal nos jours et nos nuits en fonction des horaires des cheminots. Quand ils partent, Beck attend de les voir disparaître au bout de la rue pour nous prévenir que la voie est libre. Alors, notre petite armée de statues s'ébranle. Patrontasch se dépêche d'aller vider les seaux à l'étage. Julia nous apporte enfin des provisions et maman se met à ses fourneaux. Nos rations se sont réduites comme peau de chagrin : une tasse de « café » et une tranche de pain le matin ; du bouillon clair à midi ; et une pomme de terre grosse comme une noix pour dîner.

Contre toute attente, nous finissons par nous accommoder de la présence des cheminots — comme nous nous sommes toujours accommodés de tout le reste. Ce n'est pas vraiment l'effet de notre volonté, ni même de notre résistance, désormais à toute épreuve. Mais plutôt une forme de résignation et d'instinct de survie. Nous avons appris à nous discipliner : quand les hommes sont en haut, personne ne bronche et, dès qu'ils sortent, nous concentrons en quelques heures les gestes essentiels du quotidien. La peur me noue le ventre, mais j'arrive tout de même à avaler des pommes de terre dans l'air fétide du bunker. Nous vivotons, de repas en repas et jour après jour, en attendant d'être libérés, ou massacrés. Les adultes qui, il y a quelques semaines encore, envisageaient si sérieusement le suicide, reprennent espoir en suivant les avancées hésitantes des Soviétiques.

Ce sont en fait les nouvelles que Beck nous fait parvenir qui nous tiennent debout. Savoir que le front russe approche de quelques kilomètres, qu'ils viennent de prendre Szeptowka, entre Kiev et Lvov, nous redonne courage pour quelques jours. Quand la presse allemande annonce que les Russes ont pris Rovno et arrivent à Lvov, nous sautons littéralement de joie. Lvov ! Enfin ! Rien qu'à voir ce nom écrit noir sur blanc dans ces détestables caractères gothiques, nous sommes convaincus que nous serons bientôt libérés. Puis une autre bonne nouvelle tombe : les Russes ont encerclé dix divisions allemandes — pas moins de deux cent mille hommes ! — sur les rives du Dniepr, et s'apprêtent à refermer leur nasse sur eux. Je prie de toute mon âme pour la victoire des Russes — ceux-là mêmes qui m'ont pris mon grand-père et que je haïssais tant il y a quelques années encore !

Ce vent de débâcle commence aussi à souffler sur Zolkiew. M. Domrecki, l'un des collaborateurs les plus zélés des nazis, est en train de plier bagage. Domrecki a vendu des dizaines de Juifs et, dans la foulée, les Polonais qui les protégeaient, pour une poignée de zlotys ou quelques litres de vodka. Avec ses comparses, il allait patrouiller le long des voies de chemin de fer pour retrouver des Juifs qui avaient sauté du train. Quand ils en repéraient un, ils faisaient semblant de lui venir en aide, mais en fait, ils le conduisaient tout droit à la Kommandantur. Puis Beck les voyait arriver au dépôt d'alcool, où ils venaient échanger leurs coupons contre de la vodka. « Des vampires ! s'insurgeait Beck en nous racontant cela. Des vampires qui boivent le sang des Juifs ! » Il connaît par son nom chacun de ces odieux collaborateurs. Et si Domrecki et sa clique commencent à déguerpir, cela ne peut signifier qu'une chose : les Russes sont en train de gagner la guerre. Cette avalanche de bonnes nouvelles nous insuffle un regain d'espoir, mais à vrai dire elle ne change pas grand-chose à notre quotidien. L'avenir est devenu une notion abstraite pour nous. Nous avons tant besoin de notre énergie pour affronter l'immédiat que nous sommes incapables de nous projeter dans le futur.

En attendant, dehors, les déportations et les massacres continuent ; et ici, nous avons toujours les Allemands au-dessus de nos têtes. Cette épée de Damoclès est en train de nous rendre fous. Nous avons les nerfs à fleur de peau. Dès qu'elle entend frapper à la porte, maman s'évanouit. Elle s'évanouit à chaque fois que Beck ou Julia viennent nous rapporter la fin atroce d'un ami, d'une connaissance. Quand elle reprend ses esprits, ses premiers mots sont pour moi : « Écris, Clarutchka, écris. » Si tous les Juifs de Zolkiew sont exterminés, il restera au moins mon journal pour témoigner. Maman a fait promettre à Beck qu'il n'arrivera jamais rien au journal. Elle n'a pas eu besoin d'ajouter « si nous mourons ». Tout le monde a compris.

M. Patrontasch attrape un bout de papier et se lance dans de grands calculs cabalistiques. Il noircit des colonnes entières de chiffres et, quand il a fini, il relève le nez pour nous annoncer triomphalement son résultat : nous avons passé 38 707 200 secondes dans le bunker ! Il a l'air tellement content de lui que l'on dirait qu'il vient de découvrir le sens de la vie. Rayonnant, il reporte le chiffre dans son petit carnet et se cale sur sa paillasse... jusqu'à sa prochaine lubie. Lola aussi tient un journal, mais elle garde jalousement ses écrits pour elle. Personne ne se permettrait d'ailleurs de lui demander ce qu'elle confie à son cahier, ultime repli de son intimité. Et pour tuer le temps ou exorciser les démons de la faim, quand plus une miette ne traîne sur le sol de terre battue, les femmes se mettent à échanger des recettes ! Elles se chamaillent sans fin sur les mérites comparés des raisins noirs et des raisins blancs dans le crumble au fromage blanc, sur la pâte à génoise la plus légère, sur la dose idéale de mélasse pour les mendiants… Leurs *meshugeneh*[61] rendent tout le monde *meshugeh*.

Au bout d'un moment, papa n'y tient plus. « Au lieu de jouer les parfaites *balhabosteh*[62], puisque vous êtes si fortes, faites-nous donc un gâteau au miel avec nos pelures de pommes de terre ! »

Ces inepties ont au moins le privilège de nous rappeler que nous sommes encore en vie.

Depuis des semaines, le thermomètre n'a pas remonté : il marque obstinément – 20 °C. Les trains ne circulent plus et, depuis tout ce temps, les cheminots n'ont pas bougé de leurs fauteuils. Ils restent affalés toute la journée au salon, à lire les journaux et écouter la radio. Chaque seconde nous est une agonie. Ils sont si près qu'il me semble parfois entendre le bruissement des pages quand ils lisent.

M. Patrontasch ne peut plus monter vider les seaux. Si nous ne nous en débarrassons pas régulièrement, la puanteur finira par nous trahir. Nous prenons des risques insensés. Beck a envoyé à plusieurs reprises Ala distraire les cheminots dans leur chambre et les occuper. Dès qu'elle allume la radio, il soulève la trappe et monte la garde, pendant que Patrontasch traverse le couloir sur la pointe des pieds pour déverser nos seaux dans la cuvette des

61 *Meshugeneh* : des folies.

62 *Balhabosteh* : maîtresses de maison.

toilettes. En bas, tout le monde retient sa respiration. Son escapade ne dure que quelques minutes, mais elles nous paraissent une éternité.

Je passe mes journées assise sur ma paillasse, sur le qui-vive, crispée, à compter les heures, puis les jours qui passent avec une effroyable lenteur. Nous attendons la nuit pour sombrer enfin dans le sommeil. Nos regards vides se croisent sans se voir. Nous sommes devenus des bêtes sauvages. Nous sommes tous d'une pâleur cadavérique, même les enfants. Notre peau est d'un gris translucide à faire froid dans le dos. Nous avons les yeux creusés, cernés de bleu violacé. Nous sommes des *dybbouk,* des morts-vivants enterrés sous les pieds des cheminots qui paressent en feuilletant tranquillement leurs journaux. Ils n'ont aucune idée de ce que leur présence ici signifie pour nous, ni même pour les Beck, mais je les déteste pour ce qu'ils nous font subir. Le seul avantage, c'est qu'en attendant, les Beck sont obligés de jouer les couples parfaits. Au moins, l'ambiance est un peu plus calme à la maison.

Le temps s'est un peu radouci et les cheminots sont enfin repartis au travail pour quelques jours. J'ai l'impression de respirer un peu. Beck profite de ce répit pour nous demander de l'aider à quelques menus travaux. J'espère qu'il aura quelque chose à me faire faire. J'ai besoin d'air, besoin de retrouver le monde des hommes, besoin de me dégourdir les jambes. Il envoie Artek et papa couper du bois à la cave pendant que Lola et moi nettoyons sa chambre. Nous suivons les hommes à l'étage et nous mettons aussitôt à la tâche. Après toutes ces semaines enfermées dans notre tombeau, la lumière du soleil qui filtre à travers les rideaux, l'odeur de cire et l'air frais m'étourdissent. Beck semble avoir beaucoup vieilli, lui aussi. Il nous ordonne de charger le poêle à bois. Le bois est devenu un tel luxe qu'il ne chauffe plus qu'au minimum, mais aujourd'hui, par Dieu sait quel caprice, il veut faire ronfler le poêle ! Je le vois ramener dans sa chambre des pots de fleurs que lui a offerts la belle-sœur. Julia les avait remisés derrière la cuisine et avait bien l'intention de les laisser geler sur pied.

Pendant que les hommes font du bois à la cave, Klara passe la tête par la trappe et demande un seau d'eau à Beck. L'eau est aussi précieuse que la nourriture ou l'argent. Elle est le fil qui nous relie encore à la vie. Nous en avons besoin pour cuisiner, boire, et quand nous nous lavons les cheveux, nous la recyclons pour faire notre lessive. Nous n'en gaspillons pas une goutte. Mais Klara en consomme tant qu'elle doit toujours en emprunter aux Melman ou à nous. Et voilà qu'elle veut maintenant un seau entier ! Mais quelle mouche l'a piquée ? Autant demander un million de dollars ! Et pour ne rien arranger, elle choisit un moment où Julia est à la maison. De la folie pure ! Si elle voulait déclencher une nouvelle scène de ménage, alors que les Beck commencent enfin à se réconcilier, elle ne s'y prendrait pas autrement. Je charge le poêle en faisant semblant de ne rien avoir remarqué, mais c'est plus fort que moi : en me retournant, je vois Beck remplir un seau.

Julia revient à l'instant même où il le passe à Klara. Elle doit aussi avoir remarqué qu'il a remis les plantes bien au chaud dans la chambre, car elle explose. « Arrêtez de charger ce poêle ! Arrêtez immédiatement ! Vous croyez que je vais gaspiller mon argent pour les fleurs de cette traînée ? Sortez toutes ces bûches ! »

Beck nous ordonne de ne pas l'écouter, et Julia, furieuse, nous hurle dessus : « Plus une seule bûche, vous avez compris ? »

Prises entre deux feux, Lola et moi nous regardons, interdites. Julia attrape des assiettes et les envoie dinguer aux quatre coins de la cuisine. « Pas une seule bûche ! Pas une seule ! » répète-t-elle inlassablement, la voix brisée par la douleur. Nous sommes terrifiées, mais cette pauvre femme me fend le cœur. Beck, muet, semble attendre que l'orage passe. Julia saisit les pots de fleurs et les fracasse sur le sol.

« MES FLEURS ! » tonne Beck en abattant une main puissante sur le visage de Julia.

Un filet de sang s'échappe du coin de ses lèvres… « Je n'approcherai plus jamais de cette foutue trappe. Elle peut crever, je m'en fiche ! Ils peuvent tous crever ! »

Dans son esprit, nous sommes tous devenus cette autre femme. Elle se précipite dans la chambre d'Ala, claque la porte derrière elle et s'effondre sur le lit en sanglots. Au même instant ou presque, nous entendons le coup sourd du heurtoir sur la porte en bois. Les cheminots ! Beck nous fourre quelques pommes de terre dans les bras, nous ordonne de redescendre et referme précipitamment la trappe. Quelques minutes après le retour des cheminots, il repart et ne rentre pas de la journée, ni de la nuit. Nous savons qu'il est chez la belle-sœur, et Julia aussi doit s'en douter.

Aucune épouse n'aurait la patience ni la force d'âme de Julia. C'est cela que Beck aime chez elle. Il nous l'a dit tant de fois. Mais comment pourrait-il le lui dire, à elle, alors qu'il la trompe allègrement ? Pourtant, il l'aime. Et elle aussi l'aime.

Le lendemain matin, calmée, elle vient nous apporter un peu d'eau pour la cuisine et chercher l'argent des commissions. Elle n'a pas un regard pour Klara. Qu'avons-nous fait pour mériter sa générosité ? Je m'étonne un peu de sa bonne humeur. Se serait-elle déjà réconciliée avec Beck ? Je suis sûre que si nous n'étions pas là, elle l'aurait quitté depuis longtemps. Mais à cause de nous, elle est prise au piège.

Il a dû se passer quelque chose entre eux, car pour le 14 février, Julia décide d'organiser une grande fête en l'honneur de son cher Valentin. Les invités arrivent les uns après les autres, souhaitant une joyeuse fête à leur hôte. Je ne reconnais pas toutes les voix, mais j'identifie celles du docteur Lucynski, de Lang, Schmidt, Krueger et de Hans, un policier qui s'est entiché d'Ala. Les pas des danseurs font trembler le parquet et la vodka coule à flots. En bas, plus rien ni personne ne bouge. Généralement lorsqu'il y a du monde en haut, les enfants restent près de moi. Mais cette fois-ci, ils étaient en train de jouer avec Klarunia quand les premiers invités sont arrivés et ils sont à l'autre bout de la pièce, près des Patrontasch.

Les danseurs font une pause et nous entendons très distinctement les conversations. « Dieu nous vienne en aide quand la guerre sera finie et que les

Juifs prendront leur revanche ! » s'écrie Lang. Son inquiétude m'étonne, mais du moins prouve-t-elle que cet homme a une conscience.

« Aucune crainte ! Nous les aurons liquidés avant ! » ricane un cheminot.

Ce rire a effrayé Zosia. Une grimace lui tord le visage, les larmes lui montent aux yeux, elle s'efforce de réprimer des hoquets, puis éclate en sanglots. Depuis tous ces mois, je ne l'ai pas vue pleurnicher une seule fois. Elle a appris à n'ouvrir la bouche qu'en cas d'extrême nécessité. Elle nous bat tous au jeu de « la petite souris la plus discrète ». Elle est capable de s'enfermer des jours entiers dans son mutisme, sans oser demander à boire ni à aller aux toilettes. Mais voilà que ce soir elle hurle sa détresse, pleurant comme seule peut pleurer une fillette de quatre ans terrorisée. Tout le monde lui fait signe de se taire, mais elle ne nous voit plus. Je ne peux pas aller la rejoindre pour la prendre dans mes bras. J'ai même trop peur de lui murmurer des paroles de réconfort. Paralysée par la peur, je lui lance un regard implorant. Julia arrive en courant dans la chambre et tape doucement sur le plancher. « Je l'entends, de là-haut ! » Il faut absolument la faire taire. M. Patrontasch attrape un oreiller et lui couvre le visage. Zosia se débat, s'agrippe aux mains de M. Patrontasch et le griffe. Mais au moins, ses cris sont étouffés.

Entre-temps, les invités continuent de disserter sur la guerre. Ils parlent des conditions météorologiques — le léger dégel est-il une bonne chose ou une mauvaise chose ? Jouera-t-il davantage en faveur des Russes ou des Allemands ? Ils s'interrogent sur les trains de réfugiés allemands qui viennent d'arriver de l'est et sont bloqués à la gare. Beck ne comprend pas que les SS n'aient laissé descendre personne, alors que ces gens-là meurent de faim et sont frigorifiés. Sous son oreiller, Zosia pleure toujours. La conversation dévie sur le gouverneur de Lvov, qui vient d'être assassiné. « C'est sans doute un coup des partisans juifs », risque Beck. Hans plaisante. « Qui d'autre ? Il n'y a que les youpins pour faire ça ! De toute façon, ce n'est pas chez les partisans qu'on trouverait des Polonais ou des *Volksdeutsche*, pas vrai, Beck ? » L'assistance éclate de rire.

« À propos, Valentin, j'espère que les Juifs que tu caches ne sont pas des partisans, au moins ! » ajoute malicieusement le docteur Lucynski. Une chape de silence s'abat sur le salon. J'attends que le docteur Lucynski précise que ce n'était qu'une boutade. Mais il se tait. J'imagine Beck guetter la réaction de ses amis allemands sans perdre contenance. Visiblement, les cheminots ne trouvent pas la plaisanterie très drôle. Pas un rire, pas un ricanement ne vient briser la glace. Je suis atterrée : comment le docteur Lucynski, l'un des plus proches amis de Beck, a-t-il pu faire une blague aussi douteuse ? Il sait très bien que la moindre allusion suffit à compromettre n'importe qui. Et je suis certaine que Beck ne lui a rien dit, ni à lui ni à personne d'autre.

Soudain, comme si le vent avait tourné, ils changent de sujet et se demandent ce qu'il faut croire de la propagande russe ou allemande. Les Russes ont-ils vraiment repris Leningrad ? Que penser du discours de Churchill, qui affirmait qu'un bombardement de l'Allemagne accroîtrait les chances d'un débarquement sur la côte atlantique de l'Europe ? À l'issue de cet âpre débat, ils ne tombent d'accord que sur un point : les généraux et les hommes politiques sont tous de fieffés menteurs ! Cette conclusion ramène la bonne humeur dans l'assistance et, Dieu merci, tout le monde a oublié la boutade du docteur Lucynski.

M. Melman attrape un bonbon durci et le glisse sous l'oreiller. Zosia a arrêté de se débattre. Je souffle enfin. Elle est sagement allongée sur les genoux de M. Patrontasch et semble s'être enfin endormie. Le bonbon a fait effet. Patrontasch soulève l'oreiller. Zosia a le visage bleu. Elle a les yeux fermés et ne respire plus ! Maman se précipite vers elle et lui frictionne vigoureusement la poitrine. Elle frotte de plus en plus fort, sans relâche, lui glisse deux doigts entre les lèvres pour les écarter. « Zosia, Zosia, ouvre les yeux ! » Zosia obéit. Elle lève des yeux tristes sur maman et chuchote : « Je peux manger le bonbon ? » Elle desserre le poing et montre le bonbon. Maman la prend dans ses bras et l'aide à défaire le papier. Patrontasch a bien failli asphyxier Zosia, mais comment lui en vouloir ? Grâce à Dieu, elle est vivante. Tout cela est de ma faute. Je ne laisserai plus jamais les enfants tous seuls.

Dehors, la tempête fait rage. Nous entendons le vent cingler les fenêtres, en haut. Tant qu'il reste de la vodka, les invités n'iront pas braver les éléments. Ils trinquent inlassablement, enchaînant tous les toasts burlesques et grivois dont les Polonais sont si friands, et sans lesquels aucune fête digne de ce nom n'est parfaite. « Je bois jusqu'à ce que je tombe, je tombe jusqu'à ce que je me relève, je me relève pour boire, et je bois pour être sage ! » ; « Chaque gorgée est un clou dans mon cercueil, et ça va être un sacré cercueil ! » ; « À l'ivrogne qui vit deux fois moins longtemps mais voit la vie en rose ! » ; « À la santé de nos femmes et de nos maîtresses, et Dieu fasse qu'elles ne se rencontrent jamais »... Vers l'aube, la maison se vide enfin. Je suis à bout de forces. Nous n'avons plus eu une seule nuit normale depuis que les cheminots ont emménagé. J'espère pouvoir dormir au moins jusqu'à midi. Mais on vient de frapper à la trappe. M. Patrontasch allume l'ampoule. Beck descend dans le bunker. Il a besoin de parler, dit-il. Il a apporté une bouteille de vodka et il n'a pas l'air dans son assiette. Ce n'est pas la première fois qu'il nous réveille, mais en général, c'est pour nous transmettre les bonnes nouvelles qu'il a entendues à la radio. Cette fois-ci, on dirait que quelque chose le travaille.

Il sert de la vodka aux hommes. Après ce petit rituel, il nous explique que le docteur Lucynski l'a pris à part pendant la fête et lui a confié qu'il avait parlé à quelques réfugiés des trains. Si les nazis ne les ont pas laissés descendre, c'est parce qu'ils ne voulaient pas qu'ils puissent raconter ce qu'ils avaient vu. Il paraît que dans toutes les villes où ils passent, les Russes massacrent tous les *Volksdeutsche* et les Polonais qui ont collaboré avec les nazis. Le docteur Lucynski est convaincu que quand la guerre sera finie, les Juifs tueront aveuglément tous les Polonais pour venger l'extermination de leur famille. Beck a peur. Papa et les autres hommes s'efforcent de le rassurer : ils veilleront à ce qu'il ne lui arrive rien. Beck, reconnaissant, nous répète qu'il ne nous laissera jamais tomber. Nous n'avons aucune raison de nous inquiéter. Il restera avec nous jusqu'au bout. Je comprends que c'est la première fois qu'il réfléchit à ce que notre survie pourrait signifier pour lui. À vrai dire, personne n'y a pensé. Nous n'avons pensé qu'à nous. Les Russes n'auront bien entendu aucun état d'âme à fusiller tous les *Volksdeutsche* et les collaborateurs. Nous les avons déjà vus à l'œuvre, et ma famille est particulièrement bien placée pour le savoir. Beck remonte, laissant la bouteille aux hommes. Avant de se hisser dans sa chambre, il se retourne et ajoute : « Je ne voudrais pas vous importuner, mais j'aurais un petit service à vous demander. » Que ne ferions-nous pas pour lui ? Sa courtoisie et la douceur de sa voix me surprennent.

« Tout ce que vous voudrez, répond papa.

— La ville est infestée de bandes de partisans, de déserteurs de la SS et de rôdeurs. Ils pillent les maisons... Je ne voudrais pas qu'il arrive quoi que ce soit à Julia et Ala. Quand les cheminots ne sont pas là, vous voudriez bien laisser la trappe ouverte le soir, quand je suis au travail ? » Ce cher Beck ! Qui dira encore qu'il n'y a pas d'ange sur cette terre ? Sous ses traits ravagés par l'alcool et l'épuisement, son regard déborde de bonté. « Je ne pourrai jamais laisser mourir personne », conclut-il.

En quelques mots, il a tout dit. Ces paroles sont la bouée à laquelle nous nous raccrochons dans la tempête. Elles sont aussi pour lui un soutien quand son courage le quitte ou quand la peur éprouve sa foi. Dans cette guerre atroce, combien de Beck y a-t-il pour tous ces millions d'individus qui renient leurs convictions pour sauver leur peau ? Il est le garant de notre vie, et il n'y a personne en ce monde en qui j'aurais plus confiance. C'est dans des moments aussi intenses que celui-ci que je suis convaincue que je survivrai. Je n'avais encore jamais rencontré quelqu'un comme Beck. Mon père est un homme bon, bien sûr, comme tous les hommes qui sont ici, dans ce bunker. Mais je ne suis pas certaine qu'ils aient la même force d'amour que Beck. Je ne sais pas si papa risquerait ma vie pour sauver un inconnu. Car nous étions des inconnus pour Beck, et nous avons maintenant l'impression de faire partie de sa famille. J'ai déjà rempli quatre cahiers et le crayon bleu qu'il m'a donné n'est plus qu'un bout de mine. Chaque fois qu'il m'offre un nouveau cahier, il me dit la même chose : « J'espère que tu écris des choses gentilles sur moi, Clarutchka. » Mon Dieu ! Mais que pourrais-je écrire d'autre ?

Le lendemain, dès que les cheminots sortent déjeuner, les hommes se réunissent. Nous n'avons plus rien à manger et, mis à part les Steckel, plus personne n'a d'argent. La question me brûle la langue depuis si longtemps que je n'y tiens plus : « Pourquoi nous ne leur demandons pas ?

— Nous ne pouvons pas, ce n'est pas dans nos habitudes », répond sévèrement papa.

Ils préfèrent demander à Beck de nous aider, en échange de quoi ils lui donneront vingt-cinq pour cent des parts de leur entreprise. M. Patrontasch rédige le contrat de sa belle écriture.

Quand Beck revient, ils demandent à lui parler. M. Patrontasch lui explique la situation : nous n'avons plus de quoi payer notre couvert. Ils lui proposent de le prendre comme associé quand la guerre sera finie. De toutes les conversations *meshugeh* que j'ai entendues dans le bunker, celle-ci est sans doute la plus improbable. Qui sait si nous allons survivre ? Qui sait s'il restera une entreprise après la guerre ? Qui sait si l'usine ne sera pas bombardée ou si toutes les machines ne seront pas pillées et emmenées jusqu'au dernier rouage sur un train, vers l'est ou vers l'ouest, selon l'issue des combats ? Il y a de fortes chances pour que, d'ici là, le contrat ne vaille même plus l'encre qui a servi à l'écrire. Beck n'est pas dupe, mais la proposition le ravit et il accepte en échangeant de vigoureuses poignées de main avec les trois hommes. Il remonte même chercher une bouteille de vodka pour fêter l'événement !

Il lève son verre et, d'un geste large, nous désigne tous. « *Sto lat !* » Ce sont les premiers mots de la chanson traditionnelle que les Polonais chantent aux anniversaires, *Cent Ans*. Puis il fait tinter son verre contre ceux de ses nouveaux associés et ajoute : « *Na zdrowie !* » « À votre santé ». J'ai entendu ces mots des centaines de fois. Prononcés machinalement, sans réfléchir. Mais cette fois-ci, ils viennent droit du cœur. Beck nous souhaite à tous santé et longue vie. Intérieurement, je trinque aussi à sa santé. Longue vie. Cent ans.

Chapitre 13

DES SS AU-DESSUS DE NOS TÊTES

De mars à avril 1944

Mercredi 1er mars. Nous sommes déjà en mars. L'hiver est fini, mais le temps n'est pas beaucoup plus favorable. Il pleut. Le dégel a commencé. Les troupes sont bloquées. Rien ne bouge sur le front. Ici non plus notre situation ne s'arrange pas. Nous vivons sur les nerfs avec les allées et venues des Allemands là-haut. Le moindre petit bruit dans le bunker nous fait l'effet d'un coup de tonnerre. C'est à peine si nous osons remplir nos assiettes, de peur de faire tinter la cuillère sur l'émail. Dieu sait pourtant que nous avons faim ! Je rêve d'une bonne tranche de pain.

Comme à son habitude, Beck tient parole : c'est lui qui nous nourrit, maintenant. Il ne nous dit pas où il trouve de l'argent. Il ne nous parle pas non plus des risques que Julia et lui prennent pour arriver à joindre les deux bouts. Il n'y a jamais l'ombre d'un reproche dans sa voix. Il ne laisse rien transparaître de ses difficultés et s'efforce d'apaiser nos angoisses. Quand il descend nous annoncer que la Finlande a négocié un cessez-le-feu avec Moscou, il bavarde aussi naturellement que s'il était en train de commenter les nouvelles du jour autour d'un schnaps au comptoir d'un café. Quand il revient nous entretenir d'un accord entre la Turquie et l'Angleterre — auquel je ne comprends pas grand-chose —, il parle sur un ton aussi désinvolte que s'il nous donnait les résultats du dernier championnat de football. Non content de prendre en main notre survie, avec ses blagues, ses nouvelles, sa vodka et ses ragots, il veille aussi sur notre santé morale et émotionnelle. Je suis d'autant plus impressionnée que malgré tout ce qu'il peut lui en coûter cela lui vient aussi naturellement que de se verser un verre de plus ou de coucher avec la veuve de son frère. Derrière l'antisémite déclaré, le misanthrope et le mari inconstant se cache l'être humain le plus généreux qu'il m'ait été donné de connaître.

Papa, M. Melman et M. Patrontasch ont passé leur vie à se porter au secours des autres. La charité était pour eux un mode de vie. Ils n'ont jamais compté les sommes qu'ils versaient pour les écoles, les orphelinats et les pauvres de Zolkiew. Ils n'ont jamais dit à personne combien ils envoyaient en Palestine. La solidarité a toujours été pour eux une valeur fondatrice, et ils se sont toujours conduits en pères de famille responsables, veillant à pourvoir aux besoins des leurs. Mais en nous reléguant dans ce bunker, la guerre leur a confisqué leur dignité et nous en sommes aujourd'hui réduits à demander l'aumône aux Beck. Nous sommes totalement dépendants d'eux. Je ne suis encore qu'une enfant, mais les adultes aussi sont retombés en enfance. Comme nous tous, papa n'est plus que l'ombre de lui-même. Il flotte dans ses anciens vêtements d'homme d'affaires prospère — des vêtements si élimés que l'on croirait presque qu'il est allé les dénicher au fond d'une poubelle. Nous nous efforçons de rester aussi propres que possible, mais depuis que les cheminots traînent des journées entières à la maison, nous ne pouvons même plus faire nos lessives régulièrement. Nos hardes ont été si souvent lavées qu'elles sont grises et usées jusqu'à la trame, et voilà que maintenant elles sont sales par-dessus le marché ! Papa ne s'est jamais soucié de sa garde-robe, mais je sais qu'il était ravi d'enfiler un veston bien coupé, qui lui tombe parfaitement sur les épaules, ou une chemise bien amidonnée. Désormais, il a beau percer régulièrement de nouveaux trous dans sa ceinture, son pantalon lui tombe des hanches tant il est amaigri. Ses yeux dans lesquels je lisais autrefois toutes les réponses à mes interrogations ne renvoient plus que des questions. Cette déchéance physique et morale le mine plus encore que la faim. Le regard de ses amis M. Melman et M. Patrontasch trahit la même humiliation. La guerre nous a enlevé tant de choses qu'il ne nous reste pratiquement plus rien aujourd'hui de notre passé de petites familles bourgeoises et cossues.

Mis à part peut-être un objet, d'apparence bien triviale, et pourtant si essentiel dans notre vie actuelle : les W.-C. de M. Melman ! À Zolkiew, il a été le premier à installer de vrais waters avec une chasse d'eau et une fosse septique. À l'époque, les commentaires étaient allés bon train dans la communauté : il passait pour un m'as-tu-vu qui ne cherchait qu'à épater la galerie avec ce gadget, somme toute bien superflu. Les waters faisaient l'objet de toutes les plaisanteries, des plus douteuses aux plus envieuses. Dans les cuisines et les arrière-cours, les commères se moquaient gentiment des Melman qui, disaient-elles, s'étaient offert un *ta'am gan eyden* — un avant-goût du jardin d'Éden. Pendant les parties de cartes au club, on racontait que c'était encore une idée farfelue de Mme Melman. Quoi qu'il en soit, aujourd'hui, nous nous félicitons chaque jour de leur initiative. Si ces W.-C. n'existaient pas, c'est Julia qui aurait dû aller vider nos seaux dans les latrines du fond du jardin, et ses allées et venues auraient sans nul doute fini par intriguer les voisins. Mais grâce à cette installation moderne, M. Patrontasch peut se charger de cette tâche ingrate sans mettre le nez dehors. Cependant que les Russes approchent de Lvov en repoussant les nazis dans la boue et le froid, et que les Alliés tentent une percée par la péninsule italienne, notre guerre à nous se résume au vidage de nos seaux hygiéniques, que les hommes planifient avec la précision d'une mission d'espionnage derrière les lignes ennemies. Mais quand en haut, l'ennemi ne bouge pas pendant des jours, nous souffrons le martyre. Les grands se retiennent des heures entières, mais les enfants sont autorisés à aller s'accroupir au fond du bunker, où nous leur avons creusé un semblant de fosse d'aisances.

Une après-midi, profitant de l'absence des cheminots, Beck donne le signal à Patrontasch : la voie est libre, c'est le moment d'aller vider les seaux. Nous nous tortillons d'impatience en attendant son retour. Mais il tarde à redescendre. Il se passe quelque chose. Normalement il n'en a que pour quelques minutes, mais voilà déjà une demi-heure qu'il est là-haut. Nous entendons enfin ses pas sur le plancher, mais il passe la tête par la trappe : « Il y a un problème avec les waters. Ce trou *farshtinken*[63] est *farshtopt*[64] ! Ça ne descend plus. J'y ai plongé le bras jusqu'au coude, rien à faire ! »

M. Melman n'y connaît pas grand-chose en plomberie, mais puisque ce sont ses toilettes après tout, il monte aider Patrontasch. Pendant qu'ils s'acharnent à essayer de les déboucher, Julia va déverser nos seaux dans les latrines du jardin. Je sais qu'elle a fait cela des centaines de fois et que les seaux des autres ne la répugnent plus, mais je nous en veux de lui imposer cette corvée. En nous ramenant nos précieux seaux, elle a les joues rougies et les mains glacées. Pourtant, elle a encore un sourire pour nous.

Quand M. Melman et M. Patrontasch redescendent, ils ont l'air soucieux. D'après eux, c'est la fosse septique qui est pleine. Elle n'était pas prévue pour vingt personnes pendant un an. Les Beck n'auront donc désormais plus d'autre choix que de nous débarrasser de nos seaux au fond du jardin. Julia n'y voit aucun inconvénient, mais entre les cheminots qui vivent ici à demeure et les visites impromptues d'Adolf et des amis de Beck, nous craignons qu'elle ne finisse par se faire repérer. Au fil des jours, ces seaux deviennent notre malédiction : pour peu que nous attendions trop longtemps, leur odeur suffocante envahit l'étage. Heureusement,

---

63 *Farshtinken* : puant, fétide.
64 *Farshtopt* : bouché.

Julia veille au grain : elle renifle régulièrement l'air dans le couloir et, à la moindre odeur suspecte, elle s'arrange pour venir les chercher. Elle prend parfois de gros risques, et nous tremblons, car si elle se laisse surprendre par n'importe lequel de ses invités, nous sommes morts. Ces gens-là n'hésiteront ni à les dénoncer ni à nous livrer pour quelques sous.

Ce matin, elle vient à peine de refermer la trappe sur nous que le heurtoir cogne sur la porte d'entrée. Ce sont sans doute les cheminots qui reviennent du cinéma. Je me fais déjà une joie de les entendre, car je sais qu'ils vont raconter le film à Ala, scène par scène, et en les écoutant, j'ai l'impression de voir les images défiler sur mon écran noir. Mais non. Ce ne sont ni leurs voix ni leurs pas lourds qui résonnent là-haut. C'est une voix cassante, qui parle un allemand haché et guttural. Je ne distingue pas ce qu'ils disent. Je panique : c'est la perquisition que nous redoutions depuis si longtemps. J'agrippe la main de Zygush et Zosia et j'adresse toutes mes prières au Dieu qui nous les a ramenés — mais pas à celui qui a permis le massacre de tous les Juifs de Zolkiew. Je lève les yeux vers le plafond de notre terrier, comme pour y lire mon destin : vais-je vivre ou mourir ? Cette peur de la mort me hante depuis plus d'un an, mais je ne l'ai jamais apprivoisée. Elle ne fait au contraire qu'empirer, car plus nous passons au travers des mailles du filet, plus je me dis qu'avec tout ce qui se ligue contre nous, cette chance ne peut pas durer éternellement — ou du moins, jusqu'à la fin de cette satanée guerre. Je compte six paires de bottes et j'entends Beck dire aux nouveaux venus qu'ils vont devoir dormir avec les cheminots. Je les entends amener leurs affaires. Ce sont des soldats.

Dès qu'ils sont repartis, Beck vient nous tenir au courant des derniers événements. Je ne l'ai jamais vu plus livide. Les six hommes ne sont pas des soldats. « Ce sont des SS, et je ne sais pas combien de temps ils comptent rester. Ils m'ont expliqué que leur voiture est tombée en panne et qu'ils attendent les pièces détachées. » Je m'arme de courage pour affronter cette nouvelle menace, mais cette fois-ci, c'est certain, notre fin est proche. Beck semble penser exactement la même chose que moi. Aucun d'entre nous ne souffle mot. Nous devrons nous résigner à vivre avec des SS à quelques centimètres au-dessus de nos têtes. Cette nouvelle épreuve sera sans doute la dernière. L'idée même de survie prend un tout autre sens : il s'agit désormais simplement de continuer de vivoter dans la misère et l'angoisse en attendant une mort certaine et violente.

Mais Beck a autre chose à nous dire. Cinq paysans ont été assassinés dans la forêt de Borek, à l'endroit même où tous les Juifs de Zolkiew ont été fusillés et enterrés il y a un an. Un paysan qui a réchappé à l'embuscade a identifié les meurtriers : Hecht, Hochner, Klein et Fern, quatre Juifs passés dans le camp des partisans. Je savais que la famille Fern s'était enfuie en Russie et en entendant prononcer ces noms, je sens mon cœur bondir de joie. Il reste donc des Juifs vivants, et ils se battent ! Je sais que les représailles allemandes seront terribles, et je ne devrais pas me réjouir des crimes des partisans. Mais c'est plus fort que moi : qu'ils tuent autant de collaborateurs qu'ils le peuvent ! Leurs balles ne vengeront jamais un millième du mal qui nous a été fait.

Beck poursuit : l'avancée des Russes continue à semer la panique dans les rangs allemands. L'Armée rouge n'est plus qu'à quelques centaines de kilomètres d'ici : elle vient de prendre Doubno, avec l'aide des partisans russes. Tous les Polonais et les *Volksdeutsche* qui ont un jour donné ne serait-ce qu'un verre d'eau à des Allemands tremblent de peur, car ils savent que les Russes ne feront pas de quartier. Papa répète à Beck que, quand nous serons libérés, nous veillerons à sa sécurité et à celle de sa famille. Il faudrait déjà que nous soyons libérés un jour. Beck fait semblant d'y croire, mais il sait aussi bien que nous que la cruelle réalité de la guerre ne s'encombre pas de bons sentiments : si les Russes ont envie de fusiller les Beck, nous aurons beau plaider et les supplier de les épargner, rien n'y fera. Ils liquideront tous les collaborateurs et les *Volksdeutsche* jusqu'au dernier.

Puis Beck aborde des questions plus terre à terre : avec tout ce monde à l'étage, nous ne pourrons plus vider les seaux qu'une fois par jour, dans le meilleur des cas. Il nous en donne un troisième, et nous assure que Julia s'arrangera pour les remonter aussi discrètement que possible. Mais elle ne pourra pas éternellement faire la navette jusqu'au fond du jardin sans attirer l'attention des SS et il devient urgent de réparer les toilettes. M. Melman va réessayer pendant que Beck monte la garde.

J'ai prié pour tant de choses. Pour nos vies. Pour Uchka. Pour maman quand elle s'occupait d'Uchka. Pour Zygush et Zosia. Et pour ma chère sœur. Et voilà que maintenant j'en suis à demander au Très-Haut de réparer nos toilettes ! Pendant que Melman se débat contre les évacuations, Julia revient des commissions avec deux cents grammes de saindoux et du pain. Du saindoux ! Je ne sais pas où elle l'a trouvé, mais elle nous le tend avec un grand sourire. J'en oublie les SS qui vont rentrer d'un instant à l'autre. Je n'ai plus d'yeux que pour ce bloc de graisse et j'ai l'eau à la bouche en regardant maman faire bouillir les pommes de terre. Elle va nous faire de la purée ! Quel luxe ! Pendant que les patates cuisent, M. Melman revient avec une excellente nouvelle : mission accomplie ! Il n'y a aucun problème de fosse septique. C'était simplement la cuvette qui était bouchée. Sa femme lui saute au cou et l'embrasse. C'est la première fois depuis des mois que je vois un couple s'embrasser. Mais j'ai bien plus important à faire qu'à les regarder : j'aide maman à tartiner des tranches de pain de saindoux et à terminer la purée. Zygush et Zosia se jettent littéralement sur leur assiette. C'est un vrai repas de fête — le meilleur de ma vie !

Entre deux bouchées, les hommes décrètent qu'il va falloir monter la garde en permanence dans le couloir du bunker, juste sous la salle de bains. M. Melman a remarqué que, de la salle de bains, on entendait le moindre bruit en bas. Tout le monde se relaiera pendant la journée pour nous alerter si un Allemand va aux toilettes ; et la nuit, celui qui surveille les ronfleurs surveillera aussi les toilettes. Je me porte volontaire. En dégustant ma purée, je suis dans un état second et je me demande même si je ne suis pas en train de perdre la raison. Je me prends à penser que, tout compte fait, nous avons de la chance d'avoir tout ce monde au-dessus de nous. Entre les trois Beck, les deux cheminots, les six SS et le petit ami d'Ala, Adolf, il y a désormais un tel remue-ménage là-haut que personne ne pourrait nous entendre. J'ai une autre raison d'être euphorique : Beck, qui ne manque jamais une occasion de nous faire des petits cadeaux, nous a déniché une mine de livres dans des poubelles. Avec Lola et Artek qui sont au moins aussi grands lecteurs que moi, nous dévorons ces bouquins et nous nous les passons fébrilement. Les voies du Seigneur sont décidément impénétrables ! Qui eût dit que quelques livres et une bonne purée suffiraient à m'extraire du plus profond désespoir ?

Ce soir-là en déroulant les paillasses des enfants, je remarque que nous allons bientôt avoir de nouveaux invités. Par millions. Des œufs de puces s'agglutinent sur la paille. Si nous ne la changeons pas avant que le temps se réchauffe, les larves ne vont pas tarder à éclore. D'un autre côté, je me dis que j'aimerais vivre assez longtemps pour être tourmentée par les puces, les punaises et même toute la vermine du monde !

J'ai un peu de mal à rester éveillée pendant mon tour de garde. Assise dans le noir, j'écoute la respiration de mes compagnons. Kuba Patrontasch ronfle comme un sonneur et je suis obligée d'aller le secouer toutes les dix minutes. Je me demande comment il arrive à dormir. Écouter Zygush et Zosia dormir est en revanche un vrai bonheur. Leur respiration tranquille, rapide et rythmée a quelque chose de rassurant dans l'obscurité. Depuis la mort d'Uchka et maintenant que maman n'arrive plus à s'occuper d'eux entre ses syncopes et ses crises de délire, j'ai l'impression d'être un peu leur mère, et c'est avec une attention toute maternelle que je les écoute dormir. Ce rôle de vigile est épuisant, mais il me plaît. Je prends surtout plaisir à veiller sur le sommeil des enfants. C'est une petite joie qui vient rompre un peu notre morne routine, et il n'en faut pas plus pour me galvaniser et me rendre goût à la vie.

Pauvre Zosia. Elle fait plus de bruit en dormant que quand elle est réveillée. Depuis l'épisode de l'oreiller, elle n'ose pratiquement plus ouvrir la bouche, ni même murmurer. Quand elle va sur le seau, elle est terrorisée à l'idée de faire trop de bruit. Elle repousse bravement l'échéance, et elle me fait pitié à se tortiller avec les mains entre les jambes. Avant de la coucher, je lui demande tous les soirs si elle a envie de faire pipi. Elle hoche la tête d'un petit air coupable et chuchote : « Peut-être. » Ce qui, dans son langage, signifie qu'elle n'y tient plus. « Eh bien, vas-y, alors, lui dis-je. Si tu veux, nous y allons toutes les deux. » Je lui prends la main et nous nous glissons ensemble dans le couloir, au « petit coin ». Pour la rassurer, je passe la première aux toilettes.

Mis à part les Beck, tout le monde dort maintenant là-haut. J'entends les cheminots et les SS ronfler et même respirer. C'est un miracle que depuis tous ces mois pas un seul bruit ne nous ait trahis. Dans la chambre, Beck parle tout bas à Julia : « Il n'y a plus un seul Juif en Allemagne. C'est Adolf qui me l'a dit. Il m'a aussi confié que les nazis comptent renvoyer tous les *Volksdeutsche* en Allemagne parce qu'ils ont besoin de main-d'œuvre… Et ils ne nous demanderont pas notre avis. » Julia bredouille quelques mots incompréhensibles, puis s'endort. On entendrait une mouche voler. Si les nazis envoient les Beck en Allemagne, c'est notre mort assurée.

Dès que papa et maman se réveillent, je leur raconte ce que j'ai entendu. Maman pousse un gros soupir et perd connaissance. Je lui humecte le visage d'un chiffon humide. Elle revient à elle et ouvre de grands yeux stupéfaits, l'air de se demander ce qu'elle fabrique dans ce sous-sol. Puis, toute honteuse, elle retrouve ses esprits et balbutie une vague excuse. Quand tous ses « locataires » sont partis, Beck descend. Il ne nous dit pas un mot du rapatriement forcé des *Volksdeutsche,* mais nous rapporte une conversation troublante avec Adolf, qui est persuadé que nos SS sont des déserteurs. L'idée que des SS rôdeurs et assassins dorment sous le même toit que sa femme et sa fille lui glace les sangs. C'est bien la première fois que je le vois encore plus effaré que nous et je m'en veux de ne pas pouvoir l'aider comme il l'a si souvent fait pour nous. Il implore à nouveau les hommes de défendre Ala et Julia au cas où les SS tenteraient de leur faire du mal en son absence. Mon père et ses amis lui jurent de tout faire pour les protéger. Mais à supposer qu'il arrive vraiment quelque chose, que pourraient-ils bien faire, mis à part se jeter dans la gueule des SS et tous nous condamner ? Tout cela est absurde, mais qu'importe ? Pour le moment, Beck a simplement besoin d'être rassuré et il nous annonce qu'il va nous procurer un fusil auprès des partisans. Nous nous doutions qu'il était en rapport avec eux. Il ne s'est jamais étendu sur le sujet, mais il est si bien informé sur tout ce qui se passe au front et dans le maquis que je le soupçonne de jouer un rôle très actif dans la Résistance.

Il s'apprête à remonter et se ravise en se frappant le front : il a failli oublier la bonne nouvelle du jour ! Les Russes ne sont plus qu'à vingt-cinq kilomètres de Zbaraj, en plein cœur de la Galicie. Notre Galicie. Patrontasch sort sa carte et nous nous massons autour de lui. Les grandes lignes qu'il trace au fur et à mesure de l'avancée du front soviétique ont le don de nous remonter le moral. Puisque c'est inscrit noir sur blanc sur la carte, c'est forcément vrai.

Zbaraj est à moins de cent cinquante kilomètres de Zolkiew. Dans mon esprit, c'est une ville mythique. C'est là, à l'ombre du plus célèbre château fort de Galicie, que Sienkiewicz a campé l'intrigue de mon roman préféré, *Par le fer et le feu*. Il avait écrit ce livre pour exalter les Polonais au lendemain de l'échec de la grande insurrection contre le tsar en 1863. Ce roman m'avait beaucoup marquée et, en le lisant, je m'étais sentie très fière d'appartenir à ce peuple. À ce jour, il reste la grande référence de tous les Polonais épris de liberté, le cri de ralliement de tous les patriotes. Mais aujourd'hui, Zbaraj n'est plus un lieu de fiction. C'est le dernier verrou que vont faire sauter les Russes pour nous rendre la liberté. M. Patrontasch pose un doigt sur la carte. « Regardez ! C'est là ! Tout près de Tarnopol, à cent vingt-cinq kilomètres de Lvov ! » Puis il trace un demi-cercle autour de Lvov et reprend : « Quand ils seront là, nous entendrons leurs tirs d'artillerie ! »

J'aurais voulu m'attarder sur cette carte, mais les SS reviennent et Beck se dépêche de remonter. Le bunker est aussitôt replongé dans le noir. Chacun savoure en silence la perspective de la libération. Depuis des mois, nous n'avions pas connu pareil espoir. Nous allons enfin sortir de cette tanière ! Dans quel état ? Peu importe ! Nous allons revoir la lumière du jour ! Je sais qu'en cet instant nous pensons tous à la même chose et qu'un seul nom résonne dans notre esprit : Tarnopol !

Les SS sont restés chez nous pendant six jours et n'ont égorgé personne dans son sommeil. Au septième jour, juste après que les Russes ont pris Tarnopol, leurs pièces détachées sont arrivées. Ils ont fait leurs adieux aux Beck et ont disparu.

Depuis, notre horizon s'est un peu dégagé, mais ces maudits cheminots semblent avoir pris racine dans leurs lits ! Ils n'ont plus de mission depuis plusieurs jours et ne quittent pratiquement pas la maison. M. Patrontasch ne peut aller vider les seaux que quand ils dorment. Julia veille aussi tard qu'elle le peut et, dès qu'elle les entend ronfler comme des sonneurs, elle vient lui donner le signal. Quand, comme hier soir, ils passent la nuit à boire, elle se lève aux aurores pour le faire monter.

Nous l'attendons d'un instant à l'autre. Nous avons passé une nuit infernale, tiraillés par des maux de ventre. J'entends le bruissement à peine audible de ses chaussons sur le plancher, puis un petit coup discret sur le bois. Patrontasch soulève la trappe avec une minutie de chirurgien. Julia qui ne peut plus s'accroupir tant ses genoux la font souffrir a dû s'allonger par terre pour nous parler. « C'est bon. Ils dorment », souffle-t-elle. Elle se relève à grand-peine tandis que Patrontasch monte sur la pointe des pieds. Ses chaussettes ont si souvent été reprisées qu'elles ressemblent à un vrai patchwork ! Melman lui tend un seau.

Julia va ouvrir la porte de sa chambre et jette un coup d'œil dans le couloir. Elle fait un signe de tête à Patrontasch. En moins de temps qu'il n'en faut pour le dire, il a couru à la salle de bains et revient me rendre le premier seau et attraper celui que lui tend Melman. De son doigt perclus d'arthrite, Julia lui indique que la voie est libre. Il se glisse à nouveau dans la salle de bains et, après avoir tiré la chasse, revient dans la chambre. Dans sa précipitation, il a oublié de refermer la porte derrière lui.

Le bruit de la chasse d'eau a dû réveiller l'un des cheminots qui, dans son demi-sommeil d'ivrogne, s'est souvenu qu'il avait envie d'aller aux toilettes. Il passe devant la chambre et aperçoit Patrontasch, debout derrière le lit, un seau à la main. Il pose sur lui un regard perplexe, cligne des yeux, et repart vers les toilettes. Pour une fois, les brumes de l'alcool ont du bon !

Patrontasch redescend d'un bond et s'empresse de refermer la trappe. « L'un des cheminots m'a vu ! » murmure-t-il, affolé. Une décharge d'adrénaline nous parcourt de la tête aux pieds. Est-ce donc ainsi que nous finirons ? Après être passés tant de fois entre les gouttes, après tant de chance insolente, après tous ces morts, tout ce chagrin, toutes ces souffrances, nous serions donc trahis par nos propres déjections ?

En haut, c'est déjà le grand branle-bas de combat. Le cheminot a retrouvé sa lucidité et a alerté son collègue. Nous les entendons piétiner le plancher, ouvrir toutes les portes, les placards, et fouiller chaque millimètre carré de la maison. Dans le bunker éclairé de la faible lueur d'une bougie, les familles s'étreignent en pleurant, en faisant toutefois bien attention à ne pas réveiller les enfants. Artek prend Lola dans ses bras. Même Steckel attrape la main de sa femme. Mon pauvre père, tétanisé, serre maman contre lui tandis que les éclats de voix font vibrer notre plafond. « Je te jure que je l'ai vu ! Ici même, dans la chambre. » Mon père bouge les lèvres, comme s'il disait sa dernière prière, répétant obstinément les mêmes mots. Je devine bientôt sa mélopée silencieuse. « Dites simplement que c'était un visiteur. Dites que c'était un visiteur. Un visiteur. Un visiteur... »

Mais Julia ne l'entend pas. « Un voleur ! Ce devait être un voleur ! » s'écrie-t-elle. Mon Dieu ! C'est ce qu'il ne fallait surtout pas dire ! Les cheminots vont se précipiter au commissariat et dans quelques minutes, la police viendra passer toutes les pièces au peigne fin. Julia doit se rendre compte de sa bourde et essaie de sauver la mise. Je l'entends courir vers le placard. Les portes du placard grincent sur leurs gonds, elle farfouille sur les étagères et une pile de boîtes en carton dégringole sur le plancher.

Sa voix perçante déchire l'air. « Mes chandeliers en argent ! C'était ma dot ! Je les avais cachés là pour que personne ne me les vole ! » Le deuxième cheminot s'affale sur le plancher. « Mais oui, c'est ça ! Un voleur ! En tout cas, il n'y a personne sous le lit ! » réplique-t-il d'un ton plein de sarcasme. Au bruit de ses pas, je me rends compte que Julia n'a pas eu le temps de remettre le tapis sur la trappe. Il est juste au-dessus de moi. Il doit s'être mis à plat ventre sur la trappe pour regarder sous le lit.

Son collègue revient à la charge : « Je t'assure que je l'ai vu comme je te vois ! Il était là ! Juste à ta place ! Il était petit, brun, avec des yeux noirs. Il ne portait qu'un maillot de corps. »

Tous nos regards se tournent vers Patrontasch. Le cheminot l'a parfaitement décrit. Je les entends se diriger vers le placard, puis sortir de la chambre et fouiller toutes les pièces, faisant claquer les portes, retournant tout sur leur passage, Julia et Ala sur leurs talons. D'en bas, nous suivons aussi leur parcours, les yeux rivés sur le plafond. Ils leur demandent si autre chose a disparu. À cet instant, Zygush se réveille et s'apprête à dire quelque chose, mais il comprend à mon regard noir que ce n'est pas le moment. J'admire son stoïcisme en nous voyant tous ainsi terrifiés. Zosia aussi s'est réveillée, mais elle non plus ne bronche pas.

Julia change de tactique. « C'était peut-être un partisan.

— Je ne sais pas qui c'était, mais ce qui est sûr, c'est qu'il n'est plus là, réplique le cheminot.

— La fenêtre était ouverte. Il a dû vous voir et sauter par-dessus le rebord. »

Brave Julia ! Elle n'est pas très bonne comédienne, mais elle fait ce qu'elle peut !

Une seule chose me hante : quinze mois dans ce trou, et tout ça pour mourir maintenant, alors que les Russes sont à Tarnopol !

À cet instant, le petit rire cristallin d'Ala tinte au-dessus de nous. « Allons maman, je suis sûre que si nous demandons très gentiment à papa, il te rachètera une paire de chandeliers en argent. Il sait à quel point tu y tenais. Maman fait tellement attention à ses chandeliers qu'elle ne les a jamais utilisés ! »

Très chère Ala ! Elle est si rusée ! Les deux cheminots rient de bon cœur, mais l'un d'entre eux va tout de même chercher la police. Nous attendons en silence. Les minutes sont interminables. J'ai envie de faire mes adieux à papa et maman. C'est peut-être la dernière fois que j'aurai l'occasion de leur dire à quel point je les aime. Je voudrais rassurer les enfants, en leur disant que nous allons bientôt tous rejoindre leur maman. Mais je reste figée par la terreur, incapable d'articuler un son. Le cheminot revient avec une escouade de policiers. Ils connaissent tous les Beck et leurs voix nous sont presque familières. Depuis la mauvaise plaisanterie de Lucynski, il y a déjà plusieurs semaines, j'ai l'impression que les cheminots se doutent de quelque chose, même si rien n'a changé dans leur attitude ni dans leurs conversations. Une insoutenable angoisse me serre la poitrine et les images de ma propre mort défilent dans mon esprit. Les policiers fouillent chaque recoin de la maison en égrenant leurs commentaires. J'ai presque plaisir à les écouter, car pour une fois ils ne parlent que de voleurs et non de Juifs. Jusqu'au moment où l'un d'entre eux lâche dans un petit rire : « Si j'avais été là et que j'étais armé, moi, je n'aurais pas abattu ce voleur, même si c'était un Juif. » Cette réflexion ne me le rend pas plus sympathique, mais l'espace d'un instant, j'imagine un visage humain à cet homme dont je n'ai jamais vu les traits. Ses collègues rient de bon cœur. Ala leur propose une tasse de thé, mais ils préfèrent ne pas s'attarder. Quelques minutes plus tard, tout est fini.

Nous soufflons. Une fois de plus, nous avons réussi à repousser notre rendez-vous avec la mort. Et une fois de plus, Beck avait raison : son amitié avec les policiers allemands nous protège, ajoutant des jours, des semaines et peut-être des mois au temps qui nous sera donné de vivre. Les cheminots retournent enfin travailler et nous vaquons à nos occupations quotidiennes. Ce soir-là, Beck rentre avant ses locataires et vient nous voir. « Ne vous faites pas trop de souci sur ces deux-là. Ils ne sont pas dangereux », nous assure-t-il. Je m'attendais à ce qu'il se mette en colère et reproche à Patrontasch d'avoir oublié de refermer la porte de la chambre. Mais non. Il redouble au contraire de gentillesse. « Vous savez que je ne vous abandonnerai jamais. Si vous devez mourir, je mourrai avec vous. Votre destin est le mien. Et je vais vous raconter une bien bonne d'Ala... » Ses yeux pétillent dès qu'il parle d'elle. « Figurez-vous qu'elle a appelé Hans du travail — vous savez, le policier qui s'est entiché d'elle. Et elle lui a parlé du cambriolage et de ces imbéciles de cheminots qui nous soupçonnaient de cacher des Juifs. Elle a du cran, cette petite, hein ! Et attendez... Vous savez ce que Hans lui a répondu ? C'est la meilleure !... » Pendus à ses lèvres, nous attendons la chute de l'histoire. Beck prend un gros accent allemand et imite Hans : « "Des Juifs chez vous ? Ces gars-là ne savent pas où ils ont mis les pieds ! Des Juifs chez les Beck ! Allons, je vis pratiquement chez vous. *Ach !* Certains voient des Juifs partout !" »

Dans la bouche de Hans, qui se targuait tant d'avoir tué des Juifs et tenait minutieusement le compte de son tableau de chasse, ces paroles valaient leur pesant d'or ! Je ne comprends pas comment Ala et Beck arrivent à si bien jouer la comédie. En près de quinze mois, jamais ils n'ont perdu leur aplomb devant les Allemands.

« Vous n'avez aucun souci à vous faire. Souvenez-vous : Beck a de la chance. Beck a toujours de la chance », conclut-il. Et, comme pour illustrer son propos, il sifflote quelques notes de *Tout est bien qui finit bien*.

Il a peut-être raison. Peut-être bien qu'après tout, sa bonne étoile veille aussi sur nous et que l'avenir donnera raison à sa chanson fétiche. Pour couronner le tableau, il nous annonce que les Russes sont à quatre-vingts kilomètres de Lvov. Deux heures de voiture, pas plus ! Nous bondissons de joie et lui sautons au cou. La fin de notre calvaire est proche. Mais je sens qu'il a encore autre chose à nous dire. Je lis à livre ouvert dans ses yeux bleu perçants, qui tantôt brillent avec la chaleur d'un soleil d'été, tantôt se rembrunissent et s'éteignent. À présent, la tristesse lui voile le regard, car il ne pourra plus tenir sa promesse : Ala a été mutée à Cracovie, et Julia tient absolument à l'accompagner.

Papa et M. Patrontasch s'efforcent de le convaincre de rester, lui assurant qu'il ne risquera rien, que chacun d'entre nous est prêt à donner sa vie pour lui et sa famille. C'est vrai. Je sais que moi, je le ferais. Beck soupire et garde le silence un long moment. Il aurait pu nous rire au nez. Mais il est trop délicat pour cela. Il se contente de nous regarder un à un, tel un général fantoche qui passerait en revue ses misérables troupes. « Vous ne ferez pas le poids face aux Russes. Ne parlons même pas des Russes ! Même ces salopards d'Ukrainiens ne feront qu'une bouchée de vous ! » Bien sûr, il a raison. C'était une idée insensée. Comment pourrais-je me battre pour lui sauver la vie ? Je ne suis même pas armée. Je n'ai qu'une fourchette, une cuillère et une assiette émaillée pour terrasser les Russes. Je ne dois pas peser beaucoup plus de quarante kilos. La dernière fois que je suis allée faire le ménage en haut, j'ai surpris mon reflet dans un miroir. Je ne suis pas aussi décharnée que certains d'entre nous, mais face à un Ukrainien, j'aurais à peu près autant de chances de m'en tirer qu'un lapin blessé devant un chasseur.

« Vous pourriez vous cacher avec nous, ici », suggère papa.

Beck secoue la tête et hausse les épaules. Il doit en parler avec Julia. Quelques minutes plus tard, il revient nous annoncer que sa décision est irrévocable. Julia n'en peut plus de vivre dans la crainte permanente. Elle partira dès lundi avec Ala. Lundi ! Combien d'heures nous séparent de lundi ? Et à supposer que Beck reste ici, combien de temps tiendra-t-il avant de les rejoindre ? Il finira par les suivre tôt ou tard — et plus tôt que tard, sans doute. Peut-être même devra-t-il partir avec elles lundi. Il nous laissera de quoi manger pour quelques jours, puis il rejoindra sa famille. Depuis quelque temps, après chacune de ses tournées en ville, il nous parle d'une nouvelle famille qui a plié bagage et filé vers l'Ouest. Comme pour nous préparer à l'éventualité de son départ. Il a beau répéter à l'envi qu'il ne nous abandonnera jamais, ses promesses ne suffisent plus. J'ai peur qu'il n'ait bientôt plus d'autre choix. Je le comprends, mais je redoute plus que tout ce moment fatidique. Tout dans sa présence est rassurant, de sa voix à son pas familier, en passant par son sifflotement qui flotte au-dessus de nos têtes dans la journée. Un jour, il franchira simplement la porte et il disparaîtra. Et nous n'y pourrons rien.

Le lundi est arrivé trop vite. Ce sont les sanglots d'Ala qui me réveillent. Elle a dû faire ses adieux à son père. J'espère qu'elle descendra nous dire au revoir, à nous aussi. Je tiens tant à la remercier pour tout ce qu'elle a fait pour nous. Sans elle, nous ne serions plus de ce monde. Trois coups sur la trappe. Malgré tout le soin de M. Patrontasch, le bois commence à crisser. La découpe est parfaitement ajustée, mais entre l'air chaud d'en haut et l'humidité d'en bas, le bois a travaillé et a gonflé presque du jour au lendemain. Nous ne pourrons plus monter les seaux quand les cheminots seront à la maison. J'attendais Ala, mais c'est Beck qui arrive. Les hoquets d'Ala nous parviennent encore en arrière-fond.

« Il n'y a plus un train qui arrive, plus un train qui part. Les cheminots ne sont pas là, mais nous n'avons pas beaucoup de temps. »

Je ne comprends pas ce qu'il veut dire, jusqu'au moment où je vois Julia nous passer du pain et des patates : Ala et elle se réfugieront ici avec nous s'il le faut. Beck descend dix-huit miches de pain, soixante kilos de patates et un sac de sel. Du sel ! Le sel est plus précieux que l'or. Je n'ai pas vu autant de nourriture depuis plus de trois ans. Beck ne nous dit pas où il s'est procuré tout cela. J'imagine à peine ce que cela a pu coûter, et même en se ruinant, je me demande bien où il a pu acheter des quantités pareilles. Il disparaît et revient quelques minutes plus tard avec la machine à coudre de Julia qu'il tend à papa et M. Melman. Ils la déposent avec le plus grand soin au fond du bunker, à l'autre bout du « petit coin ». C'est ce que Julia possède de plus précieux. Je pense tout d'abord que les vivres sont réservés à Julia et Ala. Mais non. Beck s'empresse de préciser que tout le monde partagera.

Il vient à peine de remonter quand je l'entends marmonner quelque chose à propos de la belle-sœur. Julia pousse aussitôt un cri perçant, comme si on venait de lui jeter de l'eau bouillante au visage. « Chez moi ? Sous mon toit ? Jamais ! Qu'elle aille au diable, ta traînée ! Et toi avec !

— Enfin, nous ne pouvons pas refuser ! Elle est de la famille !

— Pas de la mienne ! Et sûrement pas de la tienne non plus. Tu es fou ? Elle fréquente un Ukrainien ! Tu te rends compte ? Un Ukrainien. Et un milicien par-dessus le marché ! Et tu crois qu'elle serait capable de garder le secret ? Tu oserais mettre ma vie et celle de ta fille entre les mains de cette roulure ? Tu l'aimes donc plus que ta propre fille ? Je sais que tu te contrefiches de ce qui peut m'arriver, mais pense à ta fille, bon Dieu !

— Tu préférerais la voir morte ? demande Beck d'un ton glacial.

— Son Ukrainien de malheur n'a qu'à s'occuper d'elle ! Puisqu'elle se fait passer pour une aristocrate polonaise, elle ne risque rien, elle ! Et il a dû la croire, cet abruti !

— Elle était mariée à mon frère.

— Elle aurait mieux fait de se marier avec toi. J'en ai assez ! ASSEZ ! Tu m'entends ? »

Elle court se réfugier dans la chambre d'Ala. Une porte claque. Comment Beck a-t-il pu songer un instant qu'elle laisserait la belle-sœur venir dans le bunker ? Julia, Klara et la belle-sœur dans le même abri ? Avec Beck trônant au milieu de son harem ? Aucun abri ne serait jamais assez grand pour eux quatre. Aucun vaudeville n'arriverait à la cheville de cette situation rocambolesque !

Beck passe la tête par la trappe et appelle M. Patrontasch : « Aidez-moi. Vous devez la convaincre. Vous êtes le seul qu'elle écoutera. » M. Patrontasch sait qu'il est inutile d'essayer de faire entendre raison à Beck.

« Venez, parlez-lui. Je guette le retour des cheminots. »

Mme Patrontasch se penche vers son mari. « Qu'est-ce que tu vas lui dire ? Que comptes-tu faire ?

— La supplier, la supplier, et la supplier encore. »

Il suit Beck à l'étage.

Entre-temps, nous profitons de l'absence des cheminots pour faire cuire nos patates et vider les seaux. La vie continue pendant que notre ambassadeur négocie un traité de paix. Zygush sort son petit canif et commence à le jeter machinalement dans la terre. Cette manie a le don de nous porter sur les nerfs, mais c'est son unique jouet et personne n'a le cœur de lui demander d'arrêter. Il est assez malin pour choisir le moment où il ne risque pas de se faire gronder. Et les autres enfants sont assez malins pour ne pas lui demander de jouer avec son canif.

Nous avons eu le temps de finir de manger et Patrontasch n'est toujours pas revenu. Quand Beck est contrarié, il fait les cent pas dans le salon. Il n'a pas arrêté depuis que Patrontasch est allé parlementer avec Julia. Toutes les trois secondes, le plancher craque exactement au même endroit. Un, deux, *crac*. Un, deux, *crac*. Un, deux, *crac*. Entre ce leitmotiv et le couteau de Zygush, nos nerfs sont tellement à vif que je crains que le bunker n'explose d'une seconde à l'autre. Au bout d'une heure enfin, Patrontasch ressort de la chambre d'Ala.

Il a réussi. Beck, soulagé et ravi, lui verse un grand verre de vodka. Lola lui demande comment il a convaincu Julia. Il a d'abord essayé de la raisonner, explique-t-il, en lui disant que tout le monde serait plus en sécurité si la belle-sœur était avec nous dans le bunker. Il a fait valoir qu'elle risquait de leur en vouloir s'ils ne la laissaient pas venir, et qu'elle serait capable de faire des confidences à son Ukrainien, pour se venger. Mais Julia se contrefichait de ce qui pouvait arriver, à elle, à Beck, à nous, et au monde entier. Alors, il a changé d'angle d'attaque. « Madame Beck, nous avons eu notre content d'années. Mais pensez aux enfants... » C'est cela qui l'avait fait fléchir. M. Patrontasch nous avoue qu'il est tout de même inquiet pour elle, car elle est au bout du rouleau. Jusqu'à présent, elle a été notre puits intarissable. Il n'y a pas assez de mots pour décrire sa bonté. Dieu sait si j'aime Beck : il est notre saint. Mais il est loin d'être un saint pour sa femme. Aucune femme ne pourrait tolérer ne serait-ce qu'un centième de ce qu'il lui fait subir.

Je ne sais pas si la dispute de Julia avec Beck a fait réfléchir Klara. Ou bien si elle a poussé Julia à changer d'avis sur Klara. Tout ce que je sais, c'est qu'un miracle s'est produit. Hier, Klara avait passé la tête par la trappe pour demander quelque chose à Beck. Julia a dû les voir et, d'une voix douce et agréable, elle lui a dit qu'elle voulait lui parler. En général, elle pique des colères folles quand elle les voit tous les deux côte à côte. Beck s'est retrouvé tout bête, ne sachant trop que faire. Il a fini par sortir, laissant les deux femmes seules dans la chambre. Je n'ai pas entendu ce qu'elles se sont dit. Mais je n'ai jamais vu autant d'yeux et d'oreilles tendus vers le plancher. Nous faisions encore moins de bruit que quand les SS étaient là !

Les rapports entre ces deux femmes sont un autre facteur essentiel de notre survie, et nous ne savons jamais dans quel sens le vent va tourner. Depuis le premier esclandre, Beck n'a pas renoncé à Klara. Leur liaison dure maintenant depuis plus de quatorze mois. Nous n'en avons jamais parlé ouvertement. Mis à part la petite réflexion que m'a glissée Lola à l'oreille il y a plus d'un an, je n'ai entendu aucune allusion. Nous avons décortiqué par le menu chaque bataille de la guerre, disserté des heures sur chaque mètre de terrain gagné, perdu ou repris par les Soviétiques. Mais nous n'avons pas fait un commentaire sur la guerre qui se jouait sous nos yeux, entre Julia et Klara. Les deux anciennes amies n'ont pas échangé une seule parole. Avant la guerre, dans un cas pareil, toute la communauté aurait rejeté Klara avec perte et fracas et Julia n'aurait eu aucune indulgence. Tandis qu'elles livraient la bataille finale là-haut, je ne savais pas trop à quelle issue il fallait s'attendre. Si Julia en voulait surtout à Beck, la trahison de Klara a dû la blesser plus profondément encore. Elle a toujours su que Beck la trompait, même si elle ne l'a jamais toléré. Tout comme l'arthrite qui lui a déformé les mains, l'infidélité de Beck était inévitable, et Julia s'est résignée à vivre avec. Mais Klara était une amie. Aussi proche qu'une sœur. Et entre sœurs, ça ne se fait pas ! Il y a un code tacite bien plus fort que les liens du mariage, et bien plus fort que ces mystérieuses pulsions charnelles dont je ne sais rien. C'était de cela que mon grand-père parlait quand il craignait que Josek ne fasse « partir en fumée » la réputation de la petite voisine. Or pour Julia, rien n'est plus important que le sens de l'amitié et du devoir. Ce sont là les deux grandes valeurs qui ont toujours guidé sa vie, et elles relèvent davantage de sa morale propre que de sa morale religieuse. De toutes les fois où elle a eu la bonté de m'inviter à monter et à m'asseoir avec elle à sa table de cuisine, jamais je ne l'ai entendue parler de sa religion, de ses convictions catholiques, jamais elle n'a prétendu vouloir nous sauver pour gagner son paradis. Je suis certaine que cette idée ne l'a même jamais effleurée. Mais les valeurs chrétiennes de gentillesse, de charité et de sacrifice sont si profondément ancrées en elle que ni la peur ni l'anxiété qui transforment des amis d'hier en ennemis, des voisins en traîtres, ne pourraient l'inciter à se retourner contre nous. Chaque jour, je la sentais pétrie d'angoisse, mais elle n'a jamais flanché. Elle aurait donné sa vie pour Klara et pour nous tous. Elle l'a d'ailleurs montré chaque jour de ces quinze derniers mois. C'est pour cela que je pense que Klara lui a fait encore plus de peine que Beck.

Tandis que j'étais perdue dans mes pensées, j'ai vu les jambes de Klara apparaître par la trappe. Son frère l'a aidée à descendre. Elle a essuyé ses joues humides et son visage avait l'air plus serein que jamais. Un visage de jeune fille, libéré de toute angoisse. Elle est retournée s'asseoir sur sa paillasse, adossée au mur, les jambes étirées. Elle ne nous a rien dit de sa conversation avec Julia et aucun d'entre nous ne lui a demandé quoi que ce soit. Tout ce que nous avions besoin de savoir est inscrit sur son visage.

L'ambiance s'est apaisée dans notre repaire exigu. Puis, à notre grande surprise, Beck vient appeler Zosia. Il veut qu'elle monte. Prise au dépourvu et terrorisée, elle me regarde et jette un regard implorant à maman. Julia n'est pas là et j'ai entendu la belle-sœur arriver. Je me demande bien ce que Beck mijote. Mais nous adressons toutes les deux un hochement de tête à la petite pour l'encourager. Beck a toujours été un vrai tonton gâteau pour elle : il la gâte, lui donne de petits diminutifs, caresse ses boucles blondes de ses mains calleuses, et lui réserve toujours une friandise quand il vient nous voir. Zosia a appris deux choses dans le bunker : la valeur du silence et la valeur de Beck. M. Beck la prend des bras de Patrontasch et la soulève. « Allons, viens, Zoskia, je voudrais te présenter à quelqu'un. »

Sa voix s'éloigne, et il poursuit : « Zoskia, voici ma belle-sœur. Elle s'appelle Mania, et elle va peut-être venir vivre avec vous en bas pendant un moment. » Nous ne savions pas comment elle s'appelait. Je sursaute en entendant son prénom. Pourquoi faut-il que cette femme porte le prénom de ma sœur ? Je me refuse à l'identifier à Mania. Par égard pour Julia, je me jure de ne l'appeler que « la belle-sœur ». Beck continue : « De vous tous, je me suis dit que c'est toi qu'elle serait le plus contente de rencontrer. »

La voix de la belle-sœur, que j'imaginais hautaine, est très douce. « Je suis ravie de faire ta connaissance. Quelle jolie petite fille tu es !

— Zoskia, peux-tu raconter à Mania pourquoi tu es venue habiter en bas ? » demande calmement Beck.

La question me fait dresser les cheveux sur la tête. La terre vient d'arrêter de tourner. Les yeux bruns de Zygush se fixent sur un point sous ses pieds. Il a juré de protéger sa petite sœur et je sais qu'il voudrait être en haut avec elle. Je suis terrifiée pour Zosia et en colère contre Beck. Comment peut-il lui demander d'évoquer des souvenirs aussi traumatisants ? Elle hésite. Zygush nous a raconté une partie de l'histoire. Et Beck a réuni les pièces manquantes des derniers jours du ghetto, de la mort d'Uchka et de l'odyssée des petits. Mais je ne l'ai jamais entendu de la bouche de Zosia.

Beck l'encourage tendrement. « Allons, ma chérie, ne crains rien, tu peux raconter. » Depuis un an, c'est à peine si elle a aligné deux syllabes. En général, elle s'abstient scrupuleusement d'ouvrir la bouche, se bornant à hocher la tête pour répondre par oui ou par non. J'en ai oublié sa petite voix mélodieuse. En l'entendant à nouveau, je suis transportée vers l'époque où elle commençait tout juste à parler. J'arrivais chez elle sans frapper et la petite Zosia répétait mon nom avec ravissement : « Clarutchka, Clarutchka ! » Puis elle me sautait dans les bras.

Alors, Zosia commence à raconter : « Maman pleurait et elle souriait et elle m'a prise dans ses bras. Elle a dit que nous allions rester quelque part pendant un moment. Elle m'a apportée dans une maison voisine et on a monté l'escalier jusqu'au grenier. Elle nous a dit que nous serions mieux là et plus en sécurité. Elle m'a donné un morceau de pain. Puis elle a dit qu'elle reviendrait bientôt. Elle m'a embrassée partout et a dit à Zygush que c'était lui l'homme de la maison maintenant et qu'il devait bien s'occuper de moi. Et puis elle est partie. Mais elle n'est pas revenue comme elle avait promis. J'ai pleuré, j'ai tellement pleuré… »

C'en est trop pour maman. Elle se cache le visage dans les mains et Zygush pleure. Moi aussi. La petite voix fluette de Zosia nous ramène les souvenirs d'Uchka, encore si vivante dans l'esprit de sa fille.

« Mais maman n'est pas revenue… Nous avons attendu des jours, mais elle n'est pas venue nous chercher. Zygush m'a dit de ne pas pleurer, mais je ne pouvais pas m'arrêter. Elle me manquait. J'avais tellement peur. J'entendais tout le temps des coups de feu et des gens qui hurlaient, et j'avais peur que ce soit maman. J'avais peur qu'elle se fasse tuer comme tous les autres. Puis oncle Dudio est arrivé. Il nous a dit que maman était ici et a dit à Zygush de m'emmener. Dudio a dit qu'il y aurait beaucoup d'amis pour nous protéger et qu'il ne fallait pas avoir peur. Zygush n'a pas voulu quitter le grenier avant d'avoir enfilé sur lui toutes les combinaisons. Ça a beaucoup fait rire oncle Dudio. Nous sommes passés devant l'église et nous avons entendu des chants. Puis nous sommes arrivés ici. Mais maman n'était pas là. Clarutchka m'a dit que maman est à Lvov et que je vais bientôt la voir. J'ai vraiment envie de voir ma maman. » J'entends sa voix se briser, et je sais qu'en redescendant elle aura les joues inondées de larmes.

« Tu es une petite fille très courageuse. Et tu es tellement mignonne », dit la belle-sœur en dissimulant mal son émotion. Je comprends enfin pourquoi Beck a fait monter Zosia. Il voulait que la belle-sœur sache exactement qui elle enverrait à la mort si elle nous dénonçait. Preuve qu'il ne lui fait pas totalement confiance ; il a voulu raviver une petite flamme dans sa conscience avant de la laisser venir vivre avec nous. Zosia était l'étincelle. Il lui donne un bonbon, la prend dans ses bras et me la ramène. « La dame est très gentille », nous dit-elle. Le souvenir de sa mère brille encore dans ses yeux.

Le temps s'est brusquement réchauffé et, comme prévu, avec la chaleur, nous sommes envahis par les puces. Dès que nous avons un brin de lumière, nous les traquons, sur les vêtements, dans les cheveux, dans la literie, et sur le corps des autres. Les enfants sont passés maîtres dans cet art. Zygush et Zosia passent des heures à s'épucer mutuellement, les yeux plissés, louchant presque tant ils sont concentrés. Je devine à la façon dont Artek et Lola se cherchent très littéralement des puces qu'ils sont de plus en plus intimes. Je ne sais pas si je suis la seule à remarquer ce qui se passe entre eux, mais je sais que Lola ne s'autoriserait jamais un geste déplacé, pas plus qu'elle n'autoriserait Artek à la compromettre d'une quelconque façon dans notre petite société. Ils se sont trouvés et j'en suis heureuse pour eux. Lola est maintenant une deuxième sœur pour moi. Son bonheur est le mien.

Début avril, en venant nous réapprovisionner, Beck nous informe que von Pappen a ordonné à tous les *Volksdeutsche* d'évacuer la Galicie. Il les envoie en Allemagne, où la main-d'œuvre commence à manquer cruellement dans l'industrie. Beck et Ala ont été exemptés à cause de leur travail à l'entrepôt d'alcool et à la poste. Mais von Pappen lui a dit que s'il le souhaitait il pouvait emmener sa famille en Allemagne. Depuis un mois, il ne se passe pas un jour sans que Beck ne nous parle d'une famille, d'un ami ou de quelque connaissance qui est montée dans un train. Mais les Beck, eux, restent. Ala va régulièrement à la gare pour regarder les trains partir vers l'ouest. Je sais qu'elle aimerait beaucoup sauter dans un wagon et laisser Zolkiew derrière elle si elle le pouvait.

La guerre sera finie dans quelques mois. C'est maintenant une certitude. Reste à savoir qui nous trouvera les premiers ? Les Allemands ou les Russes ? Nos persécuteurs, ou nos libérateurs ? Cette course contre la montre est une course à la liberté ou à la mort. Si pour nous l'approche des Russes et la retraite allemande sont synonymes d'espoir, c'est une source d'angoisse et d'appréhension pour les Beck. Ala a compris que pour elle aussi le temps presse. Elle est libre, jeune, belle. Elle n'aurait aucune raison de rester à Zolkiew si nous n'étions pas là. Leur vie est désormais indissociable de la nôtre : en restant, ils nous sauvent la vie et comptent autant sur nous pour sauver la leur, le moment venu. Je me demande si je trouverai encore la force de regarder Ala dans les yeux.

Les « locataires » sont absents quand Patrontasch entend frapper à la trappe. Nous attendions Beck, mais c'est Julia qui est là. Elle nous apporte deux plateaux. Des pommes de terre, comme d'habitude, je suppose. Mais nous sentons aussi des fumets de viande s'échapper de la cuisine. Julia a trouvé un morceau de veau et l'a fait rôtir. J'en ai l'eau à la bouche, et j'imagine d'ici cette belle pièce dorée sous une peau légèrement croustillante... Mais ce n'est pas pour nous. Notre estomac ne tolère plus que des patates, du pain et de l'eau. Nous sommes tellement habitués à ce régime que nous serions malades si nous mangions de la viande. Et ce n'est pas le moment ! Dix-huit personnes avec la colique dans une maison infestée de nazis, et incapables de vider leurs seaux régulièrement... Il ne manquerait plus que cela !

M. Patrontasch attrape un plateau. Nous n'en revenons pas : il y a là un petit cou de poulet, un bol d'eau salée, quelques herbes amères, et une soucoupe de pommes mélangées à des noix pilées. Tous les ingrédients d'un séder ! Où a-t-elle trouvé tout cela ? C'est un mystère. Nous savions que c'était Pâque. Papa compte les jours avec une ferveur toute religieuse. Mais que Julia s'en soit souvenue, elle aussi, nous émeut aux larmes.

Notre repas est sur le second plateau. Je me retrouve avec une assiette bien remplie sur les genoux, mais c'est à peine si je peux la manger, même si je sais que j'ai besoin de prendre des forces. Je pense à ma sœur chaque jour. Je pense à Uchka à chaque fois que je regarde Zygush et Zosia. Mais en ce jour de fête, leur esprit est encore plus présent, plus palpable, et leur absence en est encore plus insoutenable. Elle me terrifie et me séduit tout à la fois. Je cherche la présence de leurs fantômes, malgré le chagrin qu'ils m'inspirent.

Nous mangeons notre repas sans même expliquer aux enfants la signification des herbes amères, du *harrosset*[65] et des autres mets du plateau de séder.

Le lendemain matin, nous sommes tirés de notre sommeil par ce que nous croyons être un tremblement de terre. Des grondements d'avions et un fracas de bombes font trembler le sol. Les Russes sont en train de pilonner Lvov. M. Patrontasch nous avait bien dit que nous les entendrions de loin, mais je n'imaginais pas que les explosions puissent être aussi puissantes. Notre ampoule s'éteint. C'est une panne générale. Ils ont dû toucher une centrale électrique. Nous devrions nous réjouir, mais, comme tout le reste, cette victoire est à double tranchant. Tant qu'ils bombardent Lvov, nous n'aurons ni lumière ni nourriture.

Beck était chez la belle-sœur pendant les attaques aériennes. En rentrant, il vient directement au bunker nous montrer le fusil qu'il a récupéré pour se défendre. C'est le deuxième qu'il se procure. Où, comment et à

---

65 *Harrosset* : mélange de pommes, d'amandes, d'épices et de vin, dont l'aspect évoque le mortier que pétrissaient les esclaves juifs d'Égypte. Les herbes amères rappellent leurs dures conditions de vie en Égypte.

quel prix ? Personne n'en sait rien. Ce qui est sûr, c'est que ce n'est pas avec cela que nous repousserons une armée, ni même une escouade. Mais j'espère que cette arme lui donnera le courage de rester auprès de nous. Je me trompe. Son courage est ailleurs. Il regarde Klara et enchaîne : « J'ai beaucoup réfléchi. Je n'en peux plus. Ces Ukrainiens sont de vraies ordures. Je dois rejoindre les partisans avant qu'ils ne descendent tous les polaks qui restent à Zolkiew. Je serais un lâche si je ne le faisais pas. Je ne peux même plus me regarder dans la glace. Mais ne vous en faites pas, la sœur de Julia, Maria, va s'occuper de vous. » Je sais que Maria ne supportera pas un dixième de ce que les Beck ont enduré pour nous. Je suis certaine qu'elle disparaîtra au premier signe de danger. Je n'ai plus l'impression d'être moi-même. Je ne suis plus qu'un reflet de Beck. S'il est déprimé, je suis déprimée ; s'il retrouve son assurance, moi aussi. S'il veut tuer des Ukrainiens, j'applaudis des deux mains. Si Beck a de l'espoir, je reprends espoir. S'il n'en a plus, je désespère. Je me dis que si j'avais un miroir devant moi c'est son image qu'il me renverrait.

Quelques jours plus tard, papa, M. Melman et M. Patrontasch partent à l'arrière du bunker, dans le dortoir où les Steckel restent désormais terrés toute la journée. Ils ont enfin décidé de demander de l'argent aux Steckel. Beck n'a plus un sou vaillant. Il ne reste plus rien à vendre sur le marché noir, et il n'y a d'ailleurs plus personne pour acheter quoi que ce soit. Une miche de pain vaut si cher que même les Steckel ne pourraient plus s'en offrir. Je ne comprends pas que les hommes n'aient pas encore pris leur argent aux Steckel, depuis le temps que nous mourons de faim. Je ne comprends pas non plus que quelqu'un puisse ne pas partager son argent. Je comprends encore moins que Beck n'ait pas intimé l'ordre aux Steckel de lui remettre tout ce qu'ils avaient, au lieu de se donner tant de mal à trouver ailleurs de quoi tous nous nourrir. Les Steckel sont les seuls à continuer à lui verser un « loyer », c'est vrai. Cependant Beck, qui risque sa vie tous les jours pour eux aussi, aurait été en droit d'exiger autre chose. Mais non. Il ne leur a jamais réclamé un zloty de plus. Ils sont bien trop *belabetishen*[66] les uns autant que les autres pour s'abaisser à cela.

Si cela ne dépendait que de moi, il ne me faudrait pas plus de deux minutes pour leur prendre leur argent. Sous la menace du fusil de Beck, au besoin. Chacune de nos trois familles a des enfants en bas âge qui dépérissent jour après jour. Pourtant, ces pères de famille responsables n'ont rien demandé jusqu'à aujourd'hui.

En revenant du fond du bunker, ils nous racontent ce qui s'est passé. Au début, Steckel a catégoriquement refusé, mais il a fini par leur donner une pièce d'or — une livre sterling. Il aurait tout aussi bien pu leur donner un caillou ou un bout de charbon. Il aurait suffi de sortir cette pièce pour attirer ici tous les policiers, auxiliaires ukrainiens et agents de la Gestapo qui sont encore à Zolkiew. Un repas acheté avec cet or sonnant et trébuchant aurait été notre dernier repas. Pourtant, les hommes couvent cette médaille des yeux, comme si leur prière avait été

66 *Belabetishen* : fiers, orgueilleux.

exaucée. Quand, plus tard, ils la montrent à Beck, celui-ci refuse d'acheter quoi que ce soit avec. Personne n'en voudra. Cet or est maudit. Avant la guerre et il y a quelques mois encore, les trafiquants en tout genre se seraient arraché une livre sterling. Convertie en zlotys, elle valait plus du double de son cours officiel. Mais désormais, la peur a supplanté jusqu'à l'appât du gain. Papa dit à Beck qu'il n'est pas obligé d'essayer de la vendre. Tant qu'il reste avec nous, nous pouvons endurer la faim. Beck ne répond pas. Comme nous, il doit se demander en quoi une livre sterling inutile peut l'engager à rester avec nous. La logique de papa m'échappe totalement, mais comme lui, comme nous tous, je redoute encore plus le départ des Beck que les nazis eux-mêmes. Tant que nos anges gardiens sont là, nous avons encore une chance. Beck soupire et finit par prendre la pièce. Il essaiera de trouver quelqu'un de confiance pour l'échanger contre des zlotys.

Le 17 avril au soir, je me couche en songeant à ce qui nous attend demain : le premier anniversaire de la mort de Mania. Malgré la chaleur étouffante et les assauts implacables des puces, je réussis à passer des nuits relativement normales. Mais ce soir, personne ou presque ne trouve le sommeil. Papa et maman, allongés près de moi, fixent le plafond dans le noir. Le lendemain matin, pour célébrer le *yahrzeit*, nous récitons le kaddish des endeuillés et allumons l'une des rares bougies qui nous restent en souvenir de Mania. J'en viens à me demander si tout compte fait ce n'est pas elle qui a eu le plus de chance. Ses souffrances ont été plus brèves que les nôtres. Pourtant, je sais aussi que Mania se serait battue pour gagner chaque seconde de sa vie. Je lui dois de survivre. De me battre pour chaque seconde, comme elle le ferait. Baisser les bras maintenant reviendrait à souiller sa mémoire. Je vivrai donc pour nous deux.

En haut, les Beck ont encore de la visite. Quatre soldats allemands leur annoncent qu'ils viennent réquisitionner une chambre. Ils font le tour des pièces, les examinant une à une et s'arrêtent dans la chambre des Beck. « Celle-ci fera l'affaire », décrète l'un d'entre eux. Si les soldats s'installent juste au-dessus de notre trappe, nous n'avons plus qu'à sortir le bidon d'essence. Mais Julia proteste timidement. « Je vous en prie, messieurs, si mon mari et moi pouvions garder cette chambre, nous vous en serions très reconnaissants. » Un ange passe, puis une voix chaleureuse répond : « Nous ne voulons surtout pas vous déranger. Mettez-nous où vous voudrez. Cela nous ira. Et ne craignez rien, nous ne vous encombrerons pas beaucoup. Nous serons sortis pendant presque toute la journée. » C'est ce qu'ils disent tous en arrivant. Mais peu à peu, ils prennent tous goût au confort de la maison, à la radio de Beck, et passent des heures à jouer aux cartes, alors que le sol se dérobe sous leurs pieds et que les balles sifflent à leurs oreilles.

Chapitre 14

NOTRE SUPPLICE NE FAIT QUE COMMENCER

Du 23 avril à mai 1944

Mardi 9 mai. J'aurais cru qu'à force de regarder aussi souvent la mort dans les yeux nous finirions par nous y habituer. En réalité, c'est tout le contraire. Plus nous la voyons nous frôler, plus elle nous terrifie. Nous avons envie de vivre quoi qu'il arrive, et à tout prix. Chaque jour est une nouvelle rencontre avec la mort, chaque jour apporte son lot de mauvaises surprises. Si au moins nous savions jusqu'à quand durera encore ce martyre. Mais non. Nous sommes condamnés à endurer cette vie qui n'en est plus une, sans même savoir si le jeu en vaut la chandelle.

Beck installe les soldats dans la chambre d'Ala, qui déménage dans la même pièce que ses parents. Les SS dormiront juste au-dessus des paillasses de Lola, Gedalo, Kuba, Artek et des Steckel. Alors que nous ne connaissons toujours pas le prénom des cheminots qui sont là depuis deux mois, les SS ont la courtoisie de se présenter dès leur arrivée : ils s'appellent Norbert, Dieter, Richard et Hans. Avec six Allemands dans la maison, nous ne pouvons plus nous ravitailler en eau, faire la cuisine ni même nos besoins. Quand les cheminots sont sortis, les SS sont là, et vice versa. On croirait assister à l'une de ces farces burlesques où les personnages entrent et sortent par des portes différentes, se ratant à quelques secondes près dans un chassé-croisé cocasse, à ceci près que la comédie qui se joue au-dessus de nous n'a rien de comique.

Norbert jette son gros havresac sur le plancher et tripote les boutons du poste de radio. Il s'arrête sur une station qui passe des chansons populaires et des airs d'opérette. Il se met à chanter au son de la radio et, à travers le plancher, nous entendons filtrer une magnifique voix de ténor. En général, les gens qui chantent pour eux-mêmes se contentent de fredonner à mi-voix, surtout s'il y a des voisins. Mais Norbert chante à pleins poumons, comme s'il se produisait devant un public d'opéra. Visiblement, il connaît par cœur tous les airs, car il enchaîne cantates, lieder, ballades et chansons à la mode avec la même aisance. La situation est totalement surréaliste. Je ne sais pas qui est ce Norbert, à quoi il ressemble, d'où il vient, ni même s'il s'agit d'un de ces bouchers qui va encore régaler les Beck de ses exploits d'égorgeur de Juifs. Ce que je sais, c'est qu'il a une voix que l'on paierait pour entendre, une voix chargée d'émotion qui me bouleverse comme je n'ai plus été bouleversée depuis le concert de Mania, il y a trois ans. Je tente de refouler ce sentiment. Je ne veux pas aimer sa voix. Je ne veux pas me laisser émouvoir par un homme qui a peut-être massacré des Juifs. Mais c'est plus fort que moi. *Tu es à moi ce soir, Ma chanson fait le tour du monde, Tu es la joie de mon cœur, Aujourd'hui je suis si heureux*... Toutes ces chansons populaires allemandes sont assez innocentes pour passer à travers les mailles de la censure. Je connais bien ce répertoire, qui passe en boucle à la radio. Jusqu'à présent, ces airs que nous entendions grésiller dans le poste étaient une distraction éphémère qui apportait un peu de légèreté à notre tragédie. Mais quand Norbert chante, j'ai l'impression d'avoir une loge à l'opéra. J'écoute avec un ravissement mêlé d'horreur sa voix profonde entonner *La Belle Meunière* de Schubert.

Tu as pleuré, aussi,
Tes chers yeux sont si humides,
Une larme est tombée par la fenêtre,
Et une rose a poussé dans l'herbe.

Nous sommes tous sous le charme. Avec ce lied chantant les amours contrariées d'un pauvre apprenti meunier, il m'arracherait des larmes. Ma propre émotion me révolte. Comment un Allemand peut-il avoir une si belle voix et appuyer sur la détente de son fusil quand il a un Juif en ligne de mire ?

L'arrivée de tous ces soldats et le tohu-bohu qui s'ensuit ont raison des nerfs de maman, qui perd connaissance. Ni moi ni papa n'osons bouger pour l'aider tant nous avons peur que l'on nous entende malgré le tapage qui règne là-haut. Ces mois de réclusion m'ont habituée à maîtriser tous mes réflexes et, impuissante, je regarde maman affalée au sol, en espérant qu'elle se réveillera sans bruit.

Quand la maison se vide enfin, Beck, éternel optimiste, vient nous dire que le Seigneur nous a envoyé une armée pour veiller sur nous et écarter les soupçons. Je commence sérieusement à douter de sa bonne étoile. J'essaie de voir dans ses yeux s'il est sincère ou s'il ne dit cela que pour nous rassurer, mais son regard m'échappe dans la pénombre et un nouveau coup de heurtoir sur la porte l'oblige à repartir précipitamment. L'hôtel Beck affiche complet. Je ne vois vraiment pas comment ils pourraient encore loger quelqu'un. C'est encore un policier allemand. Mais celui-ci ne vient pas s'inviter dans leurs meubles.

Il ordonne à Beck de le suivre au commissariat. Immédiatement. Beck n'a pas été convoqué depuis des mois et personne ne connaît ce policier. Beck part en sifflotant son air fétiche, mais nous n'y croyons plus. Nous passons en revue toutes les raisons possibles et imaginables de cette convocation : il a été dénoncé parce qu'il cache des Juifs ; parce qu'il est de mèche avec les partisans ; parce qu'il a fourgué une livre sterling sur le marché noir ; parce qu'il a volé de la vodka… Il aurait tant de raisons de se faire prendre ! Et pour les Allemands, chacune relève de la haute trahison, un crime puni de la peine de mort. S'il s'agissait d'autre chose, le policier l'aurait salué, aurait bavardé et plaisanté avec lui et lui aurait dit pourquoi il était convoqué. Je prie pour lui de toutes mes forces, car il est l'un des êtres qui me sont les plus chers en ce monde.

L'attente est intenable. Entre-temps, un cheminot est revenu. Sa présence ne fait qu'attiser notre angoisse. Nous nous demandons tous si Beck reviendra entier ou si la police va débouler pour tous nous tuer. L'atmosphère est si tendue que j'ai peur que quelqu'un ne craque. M. Patrontasch se réfugie dans sa marotte et recompte les jours, les heures, les minutes et les secondes dans son carnet. Gedalo attrape un crayon et une feuille, et écrit comme un forcené pour ne pas penser. Lola, une main sur la bouche, réprime un fou rire. Plus nous l'implorons du regard, plus elle pouffe. Elle se retourne vers le mur pour tenter de se contrôler. C'est sans doute une crise d'hystérie, car il ne se passe vraiment rien de drôle ce matin. Les Steckel, fidèles à eux-mêmes, tripotent nerveusement les petites fioles de cyanure qu'ils portent en sautoir comme un beau bijou. Zosia se plaque un oreiller sur le visage pour pleurer toutes les larmes de son corps. Et maman s'est à nouveau évanouie.

Quand le cheminot repart, je demande à Lola ce qui la faisant tant rire.

« Je vous regardais, tous, et j'ai vu que tout le monde a les cheveux gris ou blancs, maintenant. Ça m'a un peu consolée et j'ai trouvé ça comique. »

Elle a raison. Je ne l'avais jamais remarqué, mais tous les adultes grisonnent. Maman, papa, les Melman, Artek, Gedalo, les Patrontasch. Seuls les enfants et moi avons encore des reflets de couleur, si ternes soient-ils. Les grands regardent Lola, consternés, en se demandant si elle est en train de sombrer dans la folie. Moi, je la comprends. Dans ces moments-là, toutes sortes d'idées saugrenues nous passent par la tête et nous n'avons aucune prise sur elles. Chacun attend pourtant des autres qu'ils maîtrisent leurs peurs, leurs soupçons et leurs coups de folie, car notre microcosme est une Cocotte-Minute qui risque d'exploser à tout instant. Et le fou rire de Lola était un avertissement. La pression est telle dans ce bunker que nous avons de plus en plus de mal à contenir nos frustrations. J'ai moi-même parfois l'impression que je ne pourrais plus supporter cet enfermement une minute de plus. Quand j'entends les soldats trépigner sur le plancher, il me prend des envies de hurler à pleins poumons et de marteler le plafond de coups de poing pour que ce cauchemar s'arrête. Beck nous a parlé de ces Juifs qui se jettent contre les barbelés à haute tension dans les camps et les ghettos, tant ils n'en peuvent plus. C'est sans doute ce que j'aurais fait depuis longtemps si je n'étais pas entre ces quatre murs de terre battue.

Beck a dû rencontrer les SS en chemin, car ils rentrent tous ensemble. Il sifflote sa ritournelle. Tout va bien, donc. Il est sain et sauf ; notre heure n'a pas encore sonné.

Dès qu'il le peut, il descend nous raconter ce que le commissaire lui voulait. Loin de le soupçonner de quoi que ce soit, celui-ci l'a nommé vigile à la gare, en plus de son travail au dépôt d'alcool. Pour les nazis, Beck reste donc un bon *Volksdeutsch*, un homme de confiance et un rouage de la machine de guerre allemande à Zolkiew. On lui a même donné un nouveau fusil et il nous annonce qu'il nous en apportera un autre à la première occasion. Aucun des hommes présents dans le bunker n'a jamais manié une arme à feu, mais qu'importe ? Beck est rassuré et nous aussi. Les SS lui ont expliqué qu'ils étaient là pour remettre en état tous les véhicules de l'armée allemande en prévision de la retraite. Ce qui signifie qu'ils seront les derniers à partir. Et il a fallu que cela tombe sur nous ! Même s'ils ne sont pratiquement pas là de la journée, leur arrivée a tellement chamboulé notre pauvre routine que j'ai le sentiment qu'après dix-sept mois de calvaire notre supplice ne fait que commencer.

Les Beck ont de plus en plus de mal à nous ravitailler : ils doivent attendre que tous leurs locataires soient partis, qu'il y ait de l'électricité et surtout, trouver des vivres pour dix-huit personnes ! Nous étions déjà au régime sec ; nous passons au régime de disette : chacun n'aura plus droit qu'à deux cents grammes de pommes de terre et une tranche de pain par jour. À ce rythme, nous mourrons bientôt d'inanition. Et le pain est si cher que je ne suis même pas certaine que Beck puisse en acheter de telles quantités.

Entre les horaires des uns et des autres, il y a toujours un Allemand dans la maison. Ni Julia ni Patrontasch ne peuvent plus vider les seaux. Les hommes ont dû creuser une tranchée tout au fond du bunker et la recouvrir d'une planche de bois. Nous avons désormais des latrines. Elles nous mèneront inévitablement à notre perte. Les odeurs finiront par nous trahir au bout de quelques jours, ou quelques semaines, avec un peu de chance. Loin de nous soulager, la présence de cette tranchée nous rappelle à chaque instant l'imminence de notre capture. Depuis la mi-avril, la chaleur et l'humidité nous oppressent. Nous vivons à demi nus. Les femmes dans des combinaisons ouvertes dans le dos, et les hommes dans des caleçons coupés au-dessus des genoux. Nous passons nos journées à nous éventer avec des morceaux de carton. Au fil des heures, nos gestes faiblissent, des crampes nous tétanisent les bras et les mains, et les bouts de carton, qui ne doivent pas peser plus de quelques grammes, nous semblent plus lourds que des plaques d'acier. Quand nous nous risquons à retirer la brique, pas un souffle d'air ne rentre. Les Beck ne peuvent plus ouvrir la trappe pour faire courant d'air. La gorge sèche, la poitrine oppressée, nous sommes au bord de l'asphyxie.

Les soldats nous ont confisqué jusqu'à nos derniers moments de répit : nous n'osons même plus nous laisser gagner par le sommeil de peur qu'ils ne nous entendent ronfler, tousser ou éternuer en dormant. Comme par un fait exprès, ce sont les plus bruyants d'entre nous qui dorment juste au-dessous de la chambre des SS, dans le dortoir. Lola s'est mise à ronfler la nuit, et entre la chaleur et l'humidité ambiantes, l'asthme de Kuba ne cesse de s'aggraver. Ses poumons sifflent à la moindre inspiration et il lui arrive d'être secoué par de terribles quintes de toux en pleine nuit.

Pour minimiser les risques, papa et M. Patrontasch réfléchissent à une nouvelle organisation : désormais, les plus gros ronfleurs dormiront le jour et resteront éveillés la nuit. Ils me demandent de changer de place avec Kuba. Puisque je ne ronfle pas, il vaut mieux que ce soit moi qui dorme sous la chambre des soldats. Et comme je ne suis pas bien grosse, je n'aurai pas de mal à me glisser sous le plafond bas du dortoir. L'un des rares plaisirs qu'il me restait était de tenir les enfants tout près de moi la nuit. Mais il ne me viendrait pas à l'idée de contester leur décision. Personne ne conteste jamais ce qui peut contribuer à notre survie. J'accepte, tout simplement. Seule consolation, je pourrai au moins dormir la nuit.

Notre état de santé s'est très vite dégradé après l'arrivée des SS. Je ne m'étais pas rendu compte que les quelques minutes par jour pendant lesquelles la trappe était ouverte faisaient toute la différence. Depuis qu'elle reste fermée nuit et jour, la chaleur suffocante s'accompagne d'un cortège de calamités. Elle affaiblit tout le monde. La fièvre miliaire prend son tribut. Tout le monde l'a attrapée, et elle s'est abattue avec une rare férocité sur les Patrontasch. Nous avons le corps recouvert de pustules roses et purulentes, surtout le dos, qui est carrément à vif. Plus personne n'arrive à dormir sur le dos, et nous n'avons pas non plus assez de place pour nous retourner sur le ventre. Lorsque, enfin, on arrive à se caler sur le côté, la position est tellement inconfortable qu'une douleur sourde nous transperce les genoux, les hanches et les épaules. De plus, les démangeaisons sont insupportables, mais nous ne devons surtout pas nous gratter : nous vivons dans un tel bouillon de culture que si les pustules saignent elles s'infecteront aussitôt.

Si les Beck nous quittent, toutes les souffrances, tous les sacrifices et tout ce que nous avons enduré n'aura plus aucun sens. Et pourtant, nous ne pouvons pas jeter l'éponge maintenant. Un mince filet d'espoir nous retient encore dans ce monde. La faim, la soif, la chaleur et la peur : voilà à quoi se résume ma vie maintenant. Tout est si simple, au fond… Je suis sur un quai de gare et je prendrai le premier train qui passera : le train de la liberté, ou le train de la mort. Les démangeaisons, l'épuisement, les crampes dans les bras à force de nous éventer, les articulations meurtries : tout cela ne compte plus. Ce ne sont que des détails qui m'occupent l'esprit en attendant de savoir dans quel train le destin choisira de me faire monter.

Les soldats et les cheminots sont allés au mess allemand, en ville. L'aviation russe continue de bombarder Lvov et, puisqu'il n'y a personne à la maison, Beck nous fait monter par petits groupes pour admirer les éclairs qui déchirent la nuit. On se croirait en plein jour ! Au loin, les Soviétiques déversent un torrent de feu et de lumière qui n'a rien à envier à leur feu d'artifice du 1er Mai. Quand le pilonnage s'arrête enfin et que la vitre du salon cesse de trembler, le noir retombe sur la nuit, mais une bordure de feu rougeoie à l'horizon. Cachée derrière des rideaux en damas légèrement écartés, j'assiste à la fin du monde. Beck nous a invités à ce spectacle pour nous rendre espoir. Le brave homme ! Dieu sait pourtant qu'il redoute l'arrivée des Russes ! Il force un sourire en nous disant que la guerre ne devrait pas durer beaucoup plus longtemps, car les Russes ont franchi le Dniestr et sont déjà au pied des Carpates.

Beck sait mentir aux Allemands, mais il ne peut pas nous mentir. Je le connais maintenant si bien que je décèle le moindre signe dans son regard, le moindre tremblement de sa voix. J'ai compris que quelque chose le travaille, qu'il n'ose pas encore nous dire. Quelque chose qui lui pèse tant qu'il ne tardera pas à s'en décharger. Il nous raccompagne au bunker et, dans la flamme vacillante de notre bougie, je vois son visage s'assombrir. Il nous avoue qu'il est à nouveau à court d'argent. Il ne pourra même plus nous assurer les maigres rations qu'il nous avait promises. Après la trombe de feu, nous assistons à un déluge de mauvaises nouvelles : les Ukrainiens ont lancé un nouvel ultimatum. Tous les Polonais doivent quitter Zolkiew avant le 1er mai, sous peine d'être fusillés. Le 1er mai ? Ce n'est que dans quelques jours !

Je n'ai jamais vu M. Beck plus abattu que ce soir. Il en a gros sur le cœur. « Ces salauds continuent à capturer des Juifs. Ils ont coincé Mme Bernstein et ses trois enfants. Ces pauvres gens se cachaient dans la grange des Malachinski. Ils ont été dénoncés à la Gestapo. » Maman s'évanouit. Encore une amie d'enfance liquidée ! Les Bernstein étaient des cousins des Britzwitz, les anciens voisins des Melman. Ils avaient déménagé en Pologne occidentale, non loin de chez tante Rosa, et étaient revenus se réfugier à Zolkiew en 1939. Le coup est trop dur pour maman. Apprendre dans la même phrase qu'elle était vivante et qu'elle se cachait comme nous depuis dix-sept mois, puis qu'elle a été assassinée juste au moment où les Russes approchent ! C'est trop injuste ! Puis Beck nous parle d'Ala, qui le serine jour et nuit pour partir. Ala, comme notre chère Mania, a envie de vivre. Elle a déjà tant fait pour nous ! Comment pourrions-nous lui en demander davantage ? Elle n'a que trois ans de plus que moi. Je ne veux surtout pas qu'elle donne sa vie pour la mienne. C'est un dilemme déchirant pour Beck que d'avoir à choisir entre nous, des étrangers, et sa fille, le seul amour de sa vie. Il faudrait un miracle pour qu'il ne lui cède pas, même s'il nous a assuré qu'il ne nous abandonnerait jamais.

Les trois jours suivants sont notre descente aux enfers. Depuis le dernier bombardement, le bunker est plongé en permanence dans les ténèbres. Si j'avais un peu de lumière, je pourrais lire, faire la classe aux enfants, coudre — faire n'importe quoi pour m'occuper l'esprit. Mais nous n'allumons plus les bougies que pour cuisiner et manger. Mis à part les brefs instants où nous vaquons à notre routine, nous n'avons rien à faire que nous laisser hypnotiser par le filet de lumière de notre lucarne et prier pour que cette guerre s'achève au plus vite.

Là-haut, les soldats devisent joyeusement. La voix de Norbert a perdu de son charme. Ils parlent de la guerre avec un rare cynisme — surtout Richard. Ils parlent de leurs femmes, de leurs fiancées et de leurs enfants. J'ai entendu Hans hurler sa colère : « Pendant que je me bats ici, les Alliés sont en train de bombarder ma famille et d'exterminer tout le monde ! » Sa femme et ses enfants habitent à Hambourg, et il était furieux en apprenant par la radio que Hambourg avait été détruite par des bombes incendiaires. L'année dernière déjà, une armada d'au moins huit cents bombardiers avait pilonné la ville. En quelques semaines, Hambourg a déjà essuyé trois bombardements. De ces quatre SS, Hans est celui que je déteste le plus. Pour son antisémitisme affiché, bien sûr, mais aussi parce qu'il est paresseux. Quand il ne travaille pas, il passe le plus clair de son temps au lit. Tant qu'il reste un Allemand dans la maison, nous ne pouvons ni remuer un cil ni parler, cuisiner, ou aller aux toilettes. Et s'il en est un qui s'incruste, c'est bien Hans.

Assis dans le noir, nous les écoutons depuis des heures jouer aux cartes. Ce soir, la maison est pleine à craquer. Hans le policier est là, ivre et heureux. Il s'est lié d'amitié avec Hans le soldat. Ils comparent leurs exploits et se vantent du nombre de Juifs qu'ils ont tués. Hans le policier divertit l'assistance en racontant son dernier triomphe : les Bernstein. Maman doit supporter les fanfaronnades de Hans qui raconte avec autant d'exubérance qu'un bonimenteur de foire comment les Bernstein l'ont supplié de les épargner. L'Allemagne est en train de perdre la guerre, les Russes sont à deux pas d'ici, et lui trouve encore du plaisir à débusquer et massacrer des Juifs.

Beck doit faire semblant d'apprendre la nouvelle et de feindre l'admiration. Sa voix a l'air convaincante quand il félicite chaleureusement Hans le policier. Pour ne pas être en reste, Hans le soldat raconte à son tour l'agonie de quelques-uns des soixante-quinze Juifs qu'il a tués de ses propres mains. Il tient scrupuleusement le compte. L'extermination de tout un peuple n'est plus qu'un simple sujet de discussion entre amis autour d'un schnaps, des saucisses et des pirojki de Julia. Zosia est dans mes bras. Elle ne pleure plus en entendant le rire barbare de Hans et ses rodomontades. Elle ne connaît de la vie que cette constante persécution, ces gens qui en veulent à sa vie simplement parce qu'elle est juive, même si elle est encore bien trop jeune pour comprendre quoi que ce soit. J'ai envie de consigner chacun de ces mots atroces, mais faute de lumière je dois me contenter d'écouter sans mon petit bout de crayon bleu en main. Ma douleur et ma rage muettes crispent chaque muscle de mon visage. Dans le noir, j'ai au moins cette liberté de laisser les émotions me défigurer. Beck, lui, doit faire bonne figure devant ces deux meurtriers assoiffés de sang juif ; il doit leur distribuer les cartes, leur verser à boire, leur servir à manger, les écouter et soutenir leur regard pendant que nous tremblons sous leurs pieds. Depuis dix-sept mois, nous n'avons eu qu'à nous cacher, jour après jour, heure après heure. Les Beck, eux, doivent mener une double vie. Surtout M. Beck, qui joue mieux son rôle que tous les agents doubles des meilleurs romans d'espionnage. Comment fait-il pour tenir ? Mon courage est bien dérisoire face au sien.

Le lendemain matin, il descend avec une bouteille de vodka. Il sert les hommes sans rien dire, l'air coupable. Puis, d'une voix brisée, il soupire : « Je suis désolé. Je vous demande pardon. Ne m'en veuillez pas, je vous en prie. J'espère que vous n'avez pas cru que je pensais ce que je disais hier soir. J'espère que vous savez que ce n'est pas mon cœur qui parlait. » Il nous présente des excuses ! Il veut que nous sachions que ce n'est pas le vrai M. Beck qui s'est réjoui des meurtres des Juifs. Le vrai M. Beck est ici, en bas, avec nous. Il n'y a qu'à nous qu'il ose montrer son vrai visage. J'aurais tant de questions à lui poser ! D'où lui vient ce talent pour si bien mener ce double jeu ? Comment arrive-t-il encore à se faire passer pour un bon *Volksdeutsch* fidèle au Reich ? Où puise-t-il son courage ? Comment peut-il garder autant de sang-froid et de naturel face à nos ennemis ? Je sais qu'il aime bien Krueger et Schmidt. Mais les autres ? Les deux Hans ? N'a-t-il donc pas peur ? Comment fait-il pour dominer son angoisse ? Est-ce sa foi qui le porte ? Croit-il à ce point en sa chance ? Et surtout, pourquoi ? Pourquoi risque-t-il sa vie pour nous ? Pourquoi lui, l'antisémite, vitupère-t-il tant les exactions des Ukrainiens et des Allemands ? Nous savons, depuis ce premier Noël, qu'il a une dette de vie envers M. Melman. Mais je sens qu'il y a autre chose de beaucoup plus profond. Et j'espère qu'un jour, si nous sommes encore là, je trouverai le courage de lui demander.

Les événements se précipitent à une telle allure que je n'ai plus le temps de tout consigner dans mon journal. Beck m'a offert un nouveau cahier et, page après page, de grosses gouttes de sueur mouillent le papier et brouillent les lettres. J'en trépignerais de rage ! Bien sûr ce n'est rien par rapport à tout ce qui est en train de se passer autour de nous, mais ce cahier est ce que j'ai de plus précieux. Car, si nous mourons et si quelqu'un retrouve ce journal, je veux que chaque détail du courage de Beck passe à la postérité.

Nous sommes en fait exactement dans la même situation que le jour de l'incendie : pris au piège dans notre souricière. Même si nous avions une autre cachette, nous ne pourrions jamais la rejoindre. Les rues sont infestées de soldats allemands, de policiers et d'auxiliaires ukrainiens. Si nous tentions de fuir, ils nous tireraient tous comme des lapins. Il ne reste pratiquement plus de civils en ville. Tous les Polonais sont partis. Les soldats ont réquisitionné toutes les maisons de la rue. Ils sont plus d'une vingtaine à avoir pris leurs quartiers dans l'usine de papa. D'autres campent près du cimetière, à deux pas d'ici. Des patrouilles et des convois militaires circulent toute la journée sur la route de Lvov qui passe juste devant chez nous. À supposer que nous soyons assez fous pour quitter ce bunker, il ne resterait plus un endroit où nous cacher, et surtout, plus personne pour nous cacher.

Beck vient nous annoncer que la police ukrainienne confisque les armes, arrête et fusille qui elle veut et pille sauvagement les maisons des Polonais. Ala a reçu son nouvel ordre de mutation à Cracovie. Elle sera plus en sécurité là-bas, pense-t-il. Du coup, il reparle de rejoindre les rangs des partisans. C'est un patriote et il veut prendre les armes pour défendre son pays. Je le comprends parfaitement. J'en ferais autant si je le pouvais. S'il me demandait de partir dans le maquis avec lui, j'irais. Il attend secrètement que l'un d'entre nous l'encourage et lui assure que nous nous débrouillerons sans lui. Mais personne ne dit un mot. C'est Klara qui trouve le courage de parler pour nous tous. « C'est cela, vas-y. Qu'attends-tu ? Mais avant de partir, je t'en conjure, attrape ton fusil et tue-nous tous. Tue-nous. Par pitié. » Klara ne peut lui parler ainsi que parce qu'elle a été sa maîtresse. Nous qui avions été si prompts à condamner cette liaison commençons à comprendre qu'il n'y a que Klara pour le retenir auprès de nous, autant pour le protéger lui que pour nous protéger. Je ne sais pas s'il l'aime vraiment. Je ne sais pas s'il nous abandonnera, mais je sais qu'il ne l'abandonnera jamais, elle. Le pauvre homme est déchiré entre nous, sa famille et son pays. S'il part se battre, il ne pourra plus veiller sur nous. Il accepte de rester et nous dit qu'il ne partira que si von Pappen l'y oblige. Il nous dit aussi que les Russes ont pris Sébastopol, Odessa et ont reconquis le reste de la Crimée. Ils peuvent maintenant concentrer leurs forces sur les fronts nord et occidental. Après le bombardement de Lvov, ils ont lancé le gros de leurs troupes vers Vinnytsia. Je veux croire que c'est un prélude à une offensive de grande envergure en Galicie. Je reprends espoir.

M. Patrontasch profite de l'un des rares moments où il n'y a plus personne en haut pour aller vider les seaux. En redescendant, il a l'air très préoccupé. Les Beck préparent leur départ, nous dit-il. Ils ont fait leurs valises et les ont mises dans l'entrée. Nous n'en revenons pas. C'est le ciel qui nous tombe sur la tête ! L'homme en qui j'avais désormais plus confiance qu'en mon propre père, l'homme en qui je plaçais tous mes espoirs de survie nous a regardés droit dans les yeux et nous a menti. Il n'y a qu'une conclusion possible : ils vont partir sans rien nous dire.

Chapitre 15

JE PERDS ESPOIR

Du 16 mai au 6 juin 1944

Mercredi 10 mai. La série noire continue. Lang qui jurait ses grands dieux qu'il ne quitterait jamais Zolkiew est en train de plier bagage... Nous ne sommes plus certains du tout que les Beck attendront un ordre formel de von Pappen pour partir. Seraient-ils capables de filer sans même nous avertir ? Que deviendrons-nous s'ils nous abandonnent ?

Nous avons décidé que ce serait M. Patrontasch qui parlerait à M. Beck, comme d'habitude. C'est notre diplomate, et il n'a pas son pareil pour présenter les choses les plus terrifiantes avec tact et délicatesse.

« Nous craignons que vous n'ayez changé d'avis », dit-il simplement.

Beck a parfaitement saisi l'allusion et s'empresse de nous rassurer. « Si je vous ai dit que je ne partais pas, c'est que je ne pars pas. Nous avons remonté quelques petites choses de la cave au cas où il y aurait un incendie, c'est tout. S'ils bombardent Lvov, ils seront là avant même que nous ne le réalisions. Ce serait trop bête de perdre tout ce que nous possédons dans un incendie. Je suis désolé. J'aurais dû vous en parler.

— Merci de votre franchise, répond M. Patrontasch. Nous savions qu'il y aurait une explication raisonnable. Vous comprenez que...

— N'y pensons plus, l'incident est clos », coupe Beck.

Mais ses paroles ne suffisent pas à apaiser totalement nos craintes. Personnellement, je voue une confiance aveugle aux Beck, mais M. Melman refuse de se laisser convaincre. Je ne sais pas s'il a vraiment peur ou s'il s'est simplement laissé gagner par le climat de désespoir et de dépression qui pèse sur le bunker. Nous sommes des loques humaines, et le doute ne fait qu'aggraver notre désarroi. Les cheveux gris ne sont rien par rapport à la peau de M. Melman qui part en lambeaux, aux plaies ouvertes qui rongent la poitrine de maman, aux dents qui tombent, aux gencives qui saignent, aux rhumatismes et à la fièvre miliaire qui continue de nous tourmenter comme l'un des dix fléaux.

La maison s'emplit presque tous les soirs d'invités qui traînent jusqu'à deux ou trois heures du matin, et dans la journée, il y a toujours quelqu'un qui vient déjeuner ou reste écouter la radio au salon. Beck est si apprécié de ses « amis » allemands que sa maison est devenue leur grand lieu de rendez-vous. Ce soir, comme d'habitude, la conversation tourne autour de la traque des Juifs. Hans le policier regrette de ne pas être en Hongrie en ce moment, car les pogroms et les rafles vont bon train là-bas. À l'entendre, tuer est pour lui un jeu aussi innocent qu'une bataille de boules de neige. Hans le soldat disserte des différentes méthodes d'exécution du Juif, s'étend sur ses préférences et étudie les mérites comparés du garrot, du revolver et du poignard. Dieter met son grain de sel, assurant qu'il ne pourrait jamais tuer un Juif désarmé, mais qu'il n'hésiterait pas une seconde à tirer sur un Juif armé. Ala et Julia ont préparé le repas avec les produits que les Allemands leur ont apportés et, sourdes à ces épouvantables débats, elles servent leurs plats sans un mot. « Je me dis parfois que nous sommes trop bons de gaspiller nos balles pour des Juifs, fait remarquer Norbert. Ils mériteraient d'agoniser à petit feu, d'être déchiquetés à coups de hache. » Je ne sais pas comment Ala et Julia font pour garder leur sang-froid. En temps normal, leurs plateaux d'assiettes leur tomberaient des mains ! Je suis horrifiée d'entendre Norbert proférer de pareilles monstruosités ! Comment ces choses-là peuvent-elles sortir de la même gorge que celle qui m'a tant émue en chantant, le premier jour ?

Hans le policier vient de partir et Norbert commence à poser des questions à Julia.

« Depuis combien de temps habitez-vous ici ?

— Deux ans, répond Julia d'un ton neutre. Pourquoi ?

— Je ne sais pas. J'étais allongé sur mon lit, et j'ai cru entendre comme un froissement, comme de la paille que l'on déplacerait. Et ensuite, j'aurais juré avoir entendu deux verres s'entrechoquer sous mes pieds. Et comme j'ai entendu dire qu'il y avait parfois des Juifs cachés dans des abris remplis de vivres...

— Eh bien, moi, en deux ans, je n'ai rien entendu », interrompt Julia en riant.

Espérons que cela suffise à le convaincre. S'il soupçonne quoi que ce soit, il en parlera à Hans le policier. Je m'étonne toujours que les Beck parviennent à mentir aussi bien jour après jour, soir après soir. Un faux pas, un mot de trop, un petit air coupable ou un regard apeuré, et nous sommes tous morts.

Julia est partie chercher du tabac à Lvov. En son absence, le sol se remet à trembler et nous entendons les bombes pleuvoir sur Lvov. La lumière, qui était revenue depuis quelques jours, s'éteint presque aussitôt. Je prie de toutes mes forces pour que Julia ne soit pas prise sous le bombardement. À notre grand soulagement, elle rentre sans une égratignure, mais elle ne peut pas venir nous ravitailler. Dieter, malade, est cloué au lit et nous passons les deux jours suivants prostrés dans le noir, sans avaler une miette ni une goutte d'eau. M. Patrontasch commence à défaillir. Nous n'avons même plus d'eau pour lui humecter les lèvres. « S'il meurt, nous devrons l'enterrer ici », chuchote papa à l'oreille de maman. C'est bien la première fois que je l'entends parler aussi crûment, surtout à propos d'un ami. Mais nous ne pouvons rien contre la faim. Notre esprit de solidarité est intact, mais la compassion est devenue un luxe.

Seuls nous importent les détails pratiques de notre survie. Nous ne pouvons plus vider les seaux et les premières latrines sont presque pleines. Les hommes vont devoir creuser une autre tranchée dès que nous aurons de la lumière. Le seul emplacement possible est à moins de cinquante centimètres de la paillasse de Lola. Elle ne proteste pas quand papa lui en parle. Nous devons faire vite. Norbert a dit à Julia qu'il sentait une odeur d'égouts et qu'il se ferait un plaisir de venir voir au sous-sol s'il y avait une fuite.

Ala rentre du travail toute guillerette. Elle a enfin décroché son poste à Cracovie et part bientôt. Beck aussi est de bonne humeur depuis le dernier bulletin d'informations de Radio Londres : le front russe se rapproche de Zolkiew ; les Alliés ont pris Monte Cassino, au sud de Rome ; et les positions allemandes ont à nouveau été bombardées à Lvov.

La nuit est plus chaude que jamais. Dégoulinants de transpiration, nous agitons nos éventails avec tant d'ardeur que nous ressemblons à une section de violons exécutant un allégro. Julia est seule là-haut ce soir, et elle a ouvert la trappe pour nous procurer un peu d'air. Mais au moment où nous nous y attendions le moins, on vient frapper à la porte. Les coups font place à un martèlement furieux, accompagné de cris rauques : « JUDEN, JUDEN ! » « Où sont les Juifs ? » Une bouffée d'angoisse nous prend à la gorge. Dans leur panique, Julia et Patrontasch ont le réflexe de refermer la trappe. Zygush, qui jouait avec ses poupées de papier et de cire, suspend son geste. Tout le monde se fige, retient son souffle. Seule Lola continue à coudre, comme si de rien n'était. Ma pauvre mère perd à nouveau connaissance et, à nouveau, nous la laissons étendue dans la poussière. Comme chaque fois qu'elle a peur, Zosia se met un oreiller sur la bouche. Elle se met à pleurer, aussi silencieusement qu'elle le peut, malgré ses hoquets.

Les Steckel crispent leurs doigts sur leur ampoule de poison. Ce geste m'exaspère au plus haut point et, en dépit de ma terreur, je sens la colère me battre les tempes. Quel égoïsme forcené ! Artek saisit le fusil que Beck nous a confié. Sur qui compte-t-il tirer ? Sur eux ou sur nous ? Je ne sais même pas s'il aurait assez de balles pour tout le monde. Je préférerais mourir des mains d'Artek que subir les coups de pied et la torture. Mais je n'ai pas le temps de faire part à quiconque de mes dernières volontés.

Les miliciens ukrainiens entrent en trombe et envahissent toutes les pièces en hurlant. Je ne sais pas combien ils sont, mais leurs bottes cloutées font voler la poussière dans le bunker. Ils fouillent tous les recoins, renversant tout sur leur passage. Des portes de placard s'ouvrent à grand bruit. Ils cognent contre les murs, cherchant des doubles cloisons, déplacent les meubles, pour découvrir des portes dérobées. Un détachement descend à la cave, où l'on garde le bois. C'est à croire qu'ils sont des milliers. Leurs cris pleuvent sur Julia. « Où sont-ils ? Dites-nous où ils sont et nous vous épargnerons. Salope de polak ! Tout le monde sait qu'ils se cachent ici. Nous savons même combien : vous en avez quatorze ! Quatorze Juifs ! Toute la ville est au courant ! » Ils sont à deux doigts de la passer à tabac. Je crains que Julia ne nous trahisse, ou pire, qu'ils la tuent. Mais Julia leur tient tête, hurlant à pleins poumons : « Il n'y a pas de Juifs ici ! Nous avons des nazis qui vivent à la maison en permanence ».

Une voix familière entre alors dans la bataille. C'est Hans le soldat, qui vocifère du plus fort de sa voix de stentor : « BANDE DE CONNARDS ! Comment osez-vous fouiller une maison où vivent des Allemands ?

— Ils sont ici ! Nous avons des dénonciations ! » réplique un Ukrainien.

Hans a dû sortir son arme. « Salauds d'Ukrainiens ! Allez-y, bande de voleurs et de fils de putes, fouillez ! Fouillez tant que vous voulez, car il n'y a personne ici. Mais je vous assure que, s'il manque une seule chose, vous ne sortirez pas vivants d'ici ! » Grisé par sa propre arrogance, Hans n'a aucune idée qu'il est à deux doigts de se faire tuer. Les Ukrainiens sont des brutes sanguinaires. S'ils pouvaient le descendre, ils n'hésiteraient pas une seconde.

« C'est bien ce qu'on va voir ! Qu'est-ce que vous en savez, vous autres, abrutis d'Allemands ? Ces putains de polaks mentent comme ils respirent, ils vous embobinent comme ils veulent ! Et dès que vous aurez le dos tourné, ils en profiteront pour vous enculer ! Il y a un bunker ici, et un autre dans l'usine de ces salauds de Juifs. Et un tunnel qui communique entre les deux. »

Nous blêmissons. Nous avions effectivement envisagé de construire un tel tunnel. Mais qui aurait pu en parler aux Ukrainiens ? Mis à part nous, seuls quelques parents et amis proches étaient au courant, mais ils sont presque tous morts maintenant. Nous échangeons des regards perplexes. Personne n'a vu le neveu de Beck, Wladek, depuis des semaines. Il avait été question qu'il nous rejoigne pour échapper à la conscription dans l'armée allemande. Il n'a pas répondu à son ordre de mobilisation et les nazis le considèrent comme un déserteur. Il est venu plusieurs fois se cacher en haut quand la Gestapo le recherchait, et il est au courant de notre présence depuis ce premier Noël. C'est un garçon bien, mais il n'aurait jamais résisté à un interrogatoire musclé. Mais si c'était Wladek qui nous avait donnés, les miliciens se seraient immédiatement dirigés vers la trappe, à dix pas de la porte d'entrée.

Hans, sceptique, suit les Ukrainiens jusqu'à l'usine, où ils ont trouvé le premier bunker que nous avons construit, mais jamais vraiment utilisé. Il est vide, bien entendu, et ils reviennent bredouilles. Pendant tout ce temps, Lola, impavide, a continué à coudre minutieusement. Je crois que son calme est communicatif. Isolée dans sa bulle, elle enchaîne minutieusement ses points, concentrée sur son fil, son aiguille et sa chaussette. Patrontasch attrape son carnet et se met à calculer et recalculer les minutes et les secondes de notre détention forcée.

Je me demande bien qui a pu nous dénoncer. Si j'arrivais à élucider ce mystère, peut-être que le cauchemar s'arrêterait. Peut-être des enfants, qui auraient découvert le bunker en allant jouer dans l'usine ? Hier encore, M. Beck nous a dit qu'il y avait des bandes de gamins qui rôdaient dans la ville, traquant des Juifs. Ils avaient repéré une ouverture suspecte dans un mur : une fissure à peine assez grande pour laisser pénétrer un rai de lumière ou un souffle d'air. Ils ont donné l'alerte et ont regardé tout farauds les policiers verser de l'essence sur le mur. Quand le feu s'est propagé, un groupe de Juifs est sorti par une porte dérobée. Les nazis n'ont même pas daigné gaspiller leurs balles pour les achever. Ils les ont regardés brûler vifs.

Les Ukrainiens repartent enfin. Hans maudit leurs mères en des termes que la décence m'empêche de répéter ici. Il s'efforce de rassurer Julia, lui demandant de l'avertir si ces crétins de miliciens reviennent. Lui et ses camarades se chargeraient de leur régler leur compte. Sa voix tremble de rage et je sais qu'il a envie de tuer quelqu'un. Faute de Juifs, il se contenterait volontiers d'Ukrainiens.

Hans était simplement repassé en coup de vent, car il avait oublié quelque chose. Une fois de plus, notre bonne étoile nous a suivis. Je ne sais plus qu'en penser. Nous avons frôlé la mort tant de fois. Combien de temps passerons-nous entre les gouttes ? Atterrés, nous entendons Hans repartir en sifflotant l'air qu'il a appris de Beck. Notre code secret : *Tout est bien qui finit bien*. Nous allons devoir en changer.

Le temps que M. Beck rentre, Julia n'a pas pu venir prendre de nos nouvelles. Visiblement, il a eu vent de la perquisition, car il vient droit au bunker, suivi de Julia. Je m'apprête à entendre que c'est la goutte d'eau qui a fait déborder le vase, qu'ils jettent l'éponge. Mais pas un mot de reproche ne franchit leurs lèvres. Au contraire, ils n'ont pour nous que des paroles de réconfort et nous apportent du pain. Après tout ce qu'ils ont subi, ils pensent encore à nous apporter à manger ! Je me penche vers ma mère et lui murmure à l'oreille : « Maman, si quelqu'un s'ennuie dans la vie, il devrait venir vivre avec nous. Il y a toujours de l'action, ici. »

Je repense à notre premier Noël. Si les Beck avaient su ce que l'avenir leur réservait, ils n'auraient sûrement pas accepté de nous aider. Ni eux ni personne au monde. Ils ont souvent ployé, mais jamais cédé. Je pense à leur tradition de « la place du pauvre ». Ce n'est plus un pauvre qu'ils reçoivent sous leur toit, mais dix-huit ! Enfant, quand je regardais Julia battre nos tapis dans le jardin, j'étais loin d'imaginer qu'elle était animée d'une telle foi religieuse. Je ne sais pas si c'est cela qui lui a donné le courage de nous sauver ou la force de résister à sa peur. Mais chaque jour, je vois en elle une femme exceptionnelle qui met ses convictions en pratique, suivant sans hésitation et sans compromis l'exemple de ses saints et de son Sauveur. Je sais que Julia s'est gagné sa place au paradis. J'espère qu'elle trouvera aussi sa récompense en ce bas monde.

Nous sommes toujours sous le choc de la perquisition, mais les Beck n'ont aucune intention d'annuler la fête de leur vingt-deuxième anniversaire de mariage. Je ne comprends pas comment ils arrivent à fêter quoi que ce soit en ces temps si difficiles, mais un peu de légèreté fera du bien à tout le monde. Les soldats n'ont pas quitté la maison depuis hier et ils aident maintenant Julia aux préparatifs.

Les invités affluent, les uns après les autres. La musique fait vibrer les murs et les pas des danseurs ébranlent le plancher au-dessus de nos têtes. Beck donne la sérénade à Julia, et chacune de ses chansons d'amour est saluée par un tonnerre d'applaudissements. Même von Pappen se présente en invité surprise et lève son verre à la santé de Beck, fier et loyal *Volksdeutsch*. À les écouter festoyer ainsi, on ne dirait vraiment pas qu'une guerre fait rage au-dehors, et moins encore que les invités sont à deux doigts de la perdre.

La soirée se prolonge jusqu'à trois heures du matin. Quand tous les invités et les locataires ont enfin quitté la maison, Beck vient nous voir. Quelque chose dans son allure me frappe. J'avais certes remarqué qu'il avait vieilli mais jamais à ce point — au moins autant que nous. Ses cheveux ont grisonné, il a les traits tirés, le front soucieux et l'œil hagard d'une âme perdue. Voilà cinq semaines déjà que les SS habitent chez lui. C'est peut-être cela qui le mine. Et ce matin, il n'a pas l'air d'être de très bonne humeur.

Le récit de sa dernière péripétie achève de me convaincre que, comme les Juifs qui se jettent sur les barbelés électrifiés dans les camps, il a envie d'en finir au plus vite. M. Steckel lui a donné vingt couronnes autrichiennes en or. Il avait calculé que cela permettrait aux Beck de tous nous nourrir pendant un mois, à raison de sept zlotys par jour. Je ne sais pas ce qui a poussé le pharmacien à une générosité aussi soudaine, et moins encore sur quoi il a pu fonder ses calculs. Avec sept zlotys, il n'y aurait même pas de quoi nourrir un chien, étant donné l'envolée du prix du pain. Mais je lui en suis tout de même reconnaissante. Au bout de douze mois, c'est peut-être le fait d'avoir vu la défaillance de Patrontasch, le corps décharné des enfants ou leur visage parcheminé digne d'une vieille sorcière sortie des contes de Grimm qui a fini par éveiller en lui une lueur de compassion. À moins qu'il n'ait jugé plus sûr de nous maintenir en vie que d'avoir à enterrer nos cadavres les uns après les autres dans notre terrier… Toujours est-il que, pour une fois, il a un peu desserré les cordons de sa bourse.

Et Beck n'a rien trouvé de mieux à faire que de vendre ces couronnes au commandant de la milice ukrainienne ! Celui-là même qui a pratiquement saccagé la maison pour nous débusquer ! Il est absolument proscrit d'échanger le moindre gramme d'or. Le commandant aurait pu fusiller Beck sur-le-champ, s'il l'avait voulu, puis démonter la maison planche par planche, brique par brique. Tout le monde sait qu'avant la guerre il n'y avait que les Juifs pour investir dans les couronnes autrichiennes. Mais Beck a l'air sûr de son fait. « Ne vous en faites pas. Zavalinsky m'a dit qu'il ferait fondre l'or pour en faire une bague. » Il n'y a rien à lui répliquer. « Sommes-nous vivants ou non ? Est-ce que tout ce que j'ai fait pour vous maintenir en vie a marché ou non ? »

Comme il fallait s'y attendre, ce soir-là, le commandant vient boire un verre à la maison. Et le lendemain soir, et le surlendemain. Alors que quelques jours plus tôt Hans et lui avaient bien failli s'écharper et se tirer dessus, ce sont maintenant les meilleurs amis du monde et ils devisent gaiement, échangeant leurs faits d'armes. Beck avait raison. En ouvrant grande sa porte à une demi-douzaine de soldats, un lieutenant de la police allemande et le commandant des auxiliaires ukrainiens, il a coupé court à toutes les rumeurs. Qui viendrait soupçonner que cet hôte cordial cache dix-huit Juifs sous son plancher ? Jusqu'à quand la chance insolente de Beck nous protégera-t-elle ?

Vers la fin mai, Norbert nous quitte et est presque aussitôt remplacé par un collègue encore plus antisémite que lui, Georg. Le nouveau venu est désagréable et cassant. Pour l'amadouer, Beck organise une grande fête pour célébrer son arrivée parmi nous. Le culot de Beck ne cessera jamais de m'étonner ! Un ami de Georg apprend à tout le monde à danser. Pendant trois heures, j'ai l'impression d'être à l'intérieur d'une grosse caisse, et je regarde trembler les solives, priant pour que le plancher ne s'effondre pas sur nous.

Les grosses chaleurs de l'été sont déjà là. La nuit, le mercure dépasse les 30° C. Nous profitons des premières heures du jour pour laisser entrer une petite brise fraîche par notre lucarne et dormir un peu. Une chose est sûre : nous ne supporterons jamais un autre été dans ce trou. Si ce n'est pas la faim qui nous emporte, ce sera le typhus, le choléra ou la fièvre miliaire. Dire qu'avant guerre la fièvre miliaire n'était pas plus grave qu'un érythème fessier... Et aujourd'hui, elle peut nous tuer.

Sur le front, il ne se passe plus rien depuis des semaines. Les Alliés ont pris Rome et, mis à part quelques percées en Roumanie, ils patinent. Les hommes n'y comprennent plus rien. Jusqu'à présent, les Soviétiques remportaient victoire sur victoire face aux Allemands. Que se passe-t-il ? Pourquoi ne bougent-ils plus ? Le moindre mètre de terrain gagné sur l'ennemi nous donne quelque chose à quoi nous raccrocher. Même s'ils ne prennent qu'un hameau comme Kulikow, où il n'y a qu'une église et une boulangerie, cela nous suffit. Mais non...

En attendant, les Allemands dansent toujours au-dessus de nous. Leur piétinement prend des allures de danse macabre. C'est une farandole de fous et de démons qui se trémoussent pour célébrer un monde qui touche à sa fin — une fin inéluctable. Longtemps après qu'ils se sont arrêtés, les pas continuent de me résonner dans les oreilles et, tels des *dybbouk*, s'emparent de mon corps. Mon cœur emballé ne se calme pas. Cet enfer ne s'arrêtera donc jamais ? Je sens les larmes me serrer la gorge, mais je les retiens de toutes mes forces. Malgré ce charivari, Zosia a réussi à s'endormir sur mes genoux. Peu à peu, les autres cèdent à leur tour au sommeil. Je ne veux pas fermer les yeux, car je crains que la petite ne se réveille en sursaut et se mette à pleurer.

Après le départ des invités, Hans le policier s'attarde. Beck le charrie pour nous prévenir. « Eh bien, Hans, un grand garçon comme toi ! Ne viens pas me dire que tu as peur de rentrer chez toi dans le noir ? » Tant que Hans est là, le moindre craquement lui mettrait la puce à l'oreille et je crains que, même s'il aime beaucoup les Beck, sa haine des Juifs ne l'emporte sur son sens de l'amitié. Il bavarde avec Beck et, maintenant que le calme est revenu, sa voix me semble si proche que j'ai l'impression de sentir son souffle sur mon visage. Un terrible doute m'envahit : et si Hans soupçonnait Beck ? Et s'il demande à passer la nuit ici ? Mais ce soir, ce ne sont pas les Juifs qui l'intéressent. C'est Ala. Il a appris qu'elle était finalement mutée à Varsovie au lieu de Cracovie, et qu'elle doit partir dans quelques jours.

« Ala devrait rester ici, soupire-t-il. Je vous en prie, réfléchissez bien. Tant que votre famille est à Zolkiew, je me porte garant de votre sécurité et de celle de votre fille. »

Si les Beck sont en sécurité, nous le serons aussi. Notre ennemi, l'homme qui nous mènerait à l'abattoir s'il nous trouvait, est amoureux d'une adorable jeune fille blonde au rire pétillant. Peu lui importe qu'elle ne l'aime pas ou qu'elle en aime peut-être un autre. Notre Cyrano est prêt à tout pour elle. Beck lui promet d'y réfléchir et l'entraîne vers la porte. Mais Hans choisit de rester dormir. Je lutte contre le sommeil pour monter la garde. Je l'entends se retourner dans son lit toute la nuit. Enfin, sur le coup de sept heures du matin, il se lève, sort en chaussettes et enfile ses bottes sur le seuil. Ce tortionnaire aguerri a eu la délicatesse de ne pas réveiller ses hôtes et Ala. Quand j'entends ses semelles cloutées retentir sur le ciment du trottoir, je ferme les yeux et m'endors.

De violents coups de poing sur la trappe me réveillent en sursaut. Patrontasch soulève la plaque de bois et le visage de Beck se penche vers nous. Julia est dans son dos. Ils sont au comble de l'excitation. « Le deuxième front ! Ça y est ! C'est arrivé ! hurle Beck. Dans le nord de la France. Je l'ai entendu à la radio. Seize mille avions. Des centaines de milliers d'hommes ! Quatre mille navires ! » Il disparaît aussi vite qu'il est venu et l'obscurité retombe sur notre abri.

Le deuxième front ! Nous n'osions plus y croire ! L'espace de quelques instants, un vent d'espoir et de bonheur souffle sur notre bunker. Mais les côtes françaises sont à plus de deux mille kilomètres d'ici. Je ne vois pas en quoi une offensive d'Eisenhower en Europe occidentale peut nous arracher à la mort. Si nous sommes sauvés, nous le serons par Beck et par les chars russes au moment où ils débouleront devant nos fenêtres. J'aimerais partager l'enthousiasme des grands, mais je n'y arrive pas. Je ne croirai à notre survie que quand les Allemands auront déguerpi et que nous sortirons à l'air libre pour voir défiler les soldats soviétiques. En attendant, je ne puis que m'en remettre à l'Éternel et lui demander de laisser nos noms inscrits sur le livre de la vie.

Chapitre 16

L'EXODE

Du 6 juin au 24 juillet 1944

Mercredi 28 juin. J'ai vu Hela Ornstein ! Je faisais le ménage en haut et, en guettant le retour des soldats par la fenêtre, j'ai vu deux jeunes filles marcher dans la rue. L'une d'elles était Hela. J'ai eu du mal à la reconnaître tant elle avait l'air sûre d'elle ! On aurait dit une vraie petite Polonaise ! Mais après avoir vu son père et sa sœur embarqués dans un train de la mort, elle ne pourra jamais oublier qu'elle est juive.

J'ai un pincement au cœur en voyant tous ces gens se promener dehors, libres, profitant sans aucune crainte des magnifiques journées de juin. Nous, nous végétons ici dans la peur.

J'ai été réveillée en pleine nuit par le grondement des moteurs. Des camions et des chars défilent depuis des heures. Beck ne comprend pas ce qu'il se passe : il est resté rivé au poste toute la matinée, mais Radio Londres ne dit rien d'une quelconque offensive russe. Ce sont peut-être les nazis qui préparent quelque chose. Nous sommes dans le brouillard total, et nous ne saurons pas ce qui arrive avant que ça nous tombe dessus. Étrangement, alors que nous attendions les Russes comme le messie, l'idée qu'ils puissent maintenant être à nos portes ne fait rien pour apaiser notre angoisse. Au contraire. Car dans notre esprit une libération imminente nous fait aussi craindre une mort imminente. Les deux marchent main dans la main, comme des jumeaux, nous narguant. Et à elle seule, cette pensée évince toutes les autres.

Les cheminots et les SS ont rejoint leurs postes. En leur absence, le bunker entre en effervescence. Nous faisons cuire tout notre stock de pommes de terre, Patrontasch va enfin vider les seaux, et Artek invente un ingénieux système d'aération : il retire plusieurs briques du conduit de cheminée qui passe dans le couloir, juste en face de notre lucarne, et miracle, un courant d'air frais traverse le bunker ! Hélas, son système ne marche que la nuit, car pendant la journée les fumées de cuisine de Julia envahiraient le sous-sol. Mais c'est déjà ça et, dans la chaleur suffocante, le moindre souffle d'air est une victoire.

Ala est partie ce matin. Finalement, elle n'a été mutée ni à Cracovie ni à Varsovie, mais à Czestochowa. Elle n'a malheureusement pas pu venir nous dire au revoir, car les soldats étaient à la maison. Hans, son amoureux transi, a même déniché une voiture à cheval pour l'accompagner à la gare. Je ne sais pas si je la reverrai un jour ou si j'aurai l'occasion de la remercier pour tout ce qu'elle a fait pour nous. Je suis contente pour elle, bien sûr, mais aussi inquiète pour nous : sans Ala pour distraire les SS, les entraîner vers quelque promenade ou les occuper,

Julia aura encore plus de mal à trouver un moment pour venir nous ravitailler.

Hans le policier continue à venir régulièrement chez les Beck. Il s'est lié d'amitié avec Georg. Leur sujet de conversation favori est toujours la chasse aux Juifs. Hans se targue d'avoir personnellement été à l'origine du « transfert » de trente-deux mille Juifs. Je commence à m'habituer à l'entendre se vanter de ses prouesses, mais les chiffres me laissent toujours pantoise. S'il a pu à lui seul exterminer autant de monde, il ne doit plus rester qu'une poignée de Juifs dans toute l'Europe. Nous sommes peut-être les derniers survivants du peuple élu. Beck revient avec un autre policier et le commandant des milices ukrainiennes. La joyeuse compagnie reste vider des bouteilles jusqu'à deux heures du matin. Beck, qui ne manque généralement pas une occasion de faire valoir son antisémitisme notoire, se montre plus mesuré ce soir. De tous les péchés que Dieu réprouve, le plus impardonnable, rappelle-t-il à ses invités, est d'ôter la vie à un autre homme. Richard, le plus jeune et le plus inoffensif des quatre SS, qui appelle les Beck « *Mutter* » et « *Vater* », balaie ces scrupules d'un revers de main : en temps de guerre, dit-il, tuer est non seulement autorisé mais nécessaire. Il se dit par ailleurs persuadé que l'Allemagne va gagner cette guerre. « Si tu écoutais la radio de temps en temps, ajoute-t-il, tu comprendrais pourquoi ! »

Beck allume la radio et tout le monde se tait pour écouter le dernier bulletin : Londres est en train d'essuyer un véritable déluge de missiles V1, les redoutables « bombes volantes » d'Hitler. L'opération a déjà détruit des quartiers entiers de la ville et fait des milliers de victimes civiles. Entre-temps, l'Armée rouge a lancé une vaste offensive sur la Finlande et a attaqué la Roumanie. Le front russe est maintenant passé à l'ouest de Zolkiew, mais les Soviétiques n'ont effectué aucun mouvement de troupes dans notre région depuis des semaines. Visiblement, nous sommes dans une poche de résistance allemande. M. Patrontasch sort sa carte et trace les nouvelles positions du front russe : la ligne contourne très précisément notre petit coin de Galicie ! J'avais espéré que les convois militaires qui continuent de passer devant chez nous seraient une réponse à une offensive russe. Mais si les Allemands bombardent Londres, ce doit être une contre-offensive nazie. Là-haut, les amis de Beck saluent ces bonnes nouvelles en beuglant tous en chœur des chants nazis et l'hymne du Reich, *Deutschland über alles*.

Il y a eu des jours où nous pensions être libérés d'un instant à l'autre ; des jours où nous avons perdu tout espoir. Mais jamais je n'aurais cru que nous resterions terrés dix-sept mois dans cet antre ! Le temps ne signifie plus rien, car si tout compte fait ces mois ont passé relativement vite, paradoxalement, chaque heure nous est une éternité. Et à en croire les dernières nouvelles, la guerre n'est pas près de s'achever. Les chants qui résonnent en haut semblent faire écho au bombardement de Londres. Le speaker de la radio a précisé que les Anglais doivent parfois passer jusqu'à trois heures dans les abris. Sur un coin de mon cahier, je calcule : nous sommes ici depuis 12574 heures. Je suis en train de devenir aussi folle que M. Patrontasch.

Quand les invités sont partis, Richard reste discuter avec M. Beck. Ils parlent à voix très basse et je ne saisis que des bribes de conversation. Richard supplie Beck de rejoindre Ala à Czestochowa. La région, derrière les lignes allemandes, est bien plus sûre qu'ici. Mais Ala serait encore plus en sécurité avec ses parents. Qui sait ce qui peut arriver ? Ils ne pourront peut-être pas se retrouver quand la guerre sera finie. Si tant est qu'ils soient encore tous vivants. Richard est un patriote nazi, mais il n'en a pas moins un cœur. Lui aussi est amoureux d'Ala et il pense d'abord à sa sécurité et à celle de ses parents. Il prêche un peu un convaincu, car les Beck n'ont aucune nouvelle de leur fille depuis une semaine et se font un sang d'encre. Ils doivent se demander s'ils ont bien fait de la laisser partir seule. Tout cela ne plaide guère en notre faveur, et Richard enfonce le clou en rappelant à Beck que les Russes massacrent les *Volksdeutsche* sur leur passage. Il le presse de sauver sa peau, allant jusqu'à lui préciser le nombre de *Volksdeutsche* qui ont déjà trouvé la mort dans chaque ville et village d'Ukraine et de Galicie. L'inquiétude de Richard est sincère, mais ce qu'il ne sait pas, c'est que les Beck ont une bonne raison de ne pas avoir pris le premier train pour l'ouest. Et il se doute encore moins que cette bonne raison se trouve juste sous ses pieds.

Cette conversation a fait son effet, car quand il vient nous voir le lendemain matin, Beck a l'air plus démoralisé que jamais. Il a tout de même une bonne nouvelle : les cheminots sont partis. C'est un grand soulagement, mais rien ne dit que les Allemands n'affecteront pas d'autres soldats chez les Beck. Et s'ils nous envoient des SS de la trempe de Georg, nous ne gagnerons certainement pas au change.

Sans rien en dire aux Beck, Richard entreprend d'essayer de contacter Ala, à la poste de Czestochowa. Les soldats ont un téléphone de campagne dans leur chambre. Ils travaillent pour l'état-major et doivent donc être joignables à tout moment. Je profite d'une petite brise fraîche près de notre lucarne quand j'entends le téléphone sonner et Richard crier : « *Mutter, Vater, Ala ist am Telefon !* » Mon cœur s'emballe. La communication ne dure que quelques minutes. Quand ils raccrochent, Julia pleure à chaudes larmes. Elle n'a pas assez de mots pour remercier Richard. Je suis tout aussi émue qu'elle et aussi heureuse que si j'avais eu des nouvelles de ma propre sœur. Les Beck sont vraiment de ma famille maintenant.

Ce coup de téléphone était en fait une très mauvaise idée. Julia a décidé d'aller voir sa fille. Il ne lui faudra pas moins de trois jours pour arriver à Czestochowa, et autant pour en revenir. Ce qui, concrètement, signifie que Beck devra s'occuper de nous tout seul pendant une semaine. Sans Julia pour nous faire la cuisine et nous apporter à manger pendant que son mari occupe les soldats, tout sera bien plus compliqué. Beck nous assure que tout se passera bien. Il a demandé à Maria, la sœur de Julia, d'assurer l'intérim. Voilà qui nous rassure un peu, mais son air soucieux ne nous a pas échappé.

Il vient tout juste de partir au travail quand Norbert revient et reprend ses quartiers là-haut. Ses collègues l'accueillent dans un brouhaha de vivats et de rires, sortent les bouteilles et montent le son de la radio. Je tremble à l'idée qu'avec Hans et Georg, ses pires acolytes, Norbert se mette en tête de fouiller la maison de fond en comble dans l'espoir d'y trouver des Juifs. Depuis que Julia est partie, et par égard pour elle sûrement, ils ont troqué leurs grosses bottes cloutées contre des chaussons pour marcher sur le plancher. Du coup, nous ne pouvons plus suivre leurs déplacements et nous avons l'impression d'avoir au-dessus de nous une armée d'ombres qui nous traque. Nous ne savons jamais où ils sont. Parfois, Georg éteint la radio et reste planté au milieu du salon pendant plusieurs minutes d'affilée. Je suis sûre qu'il tend l'oreille pour repérer le moindre bruit suspect. Nous bloquons alors notre respiration, en attendant qu'il se lasse. De toute cette clique de tortionnaires, c'est lui que nous redoutons le plus. Il nous met littéralement les nerfs à vif. Son pas, son silence, sa voix, tout chez lui évoque le prédateur. On dirait qu'il nous guette dans le noir, avec la patience d'un léopard qui attendrait sa proie derrière un buisson pour lui bondir dessus en un éclair et la dévorer. Dans ces moments, j'aurais envie de hurler ! Hans et Norbert ne sont pas beaucoup plus recommandables, mais ils sont tellement braillards et crâneurs qu'au moins on les suit à la trace.

Le téléphone de campagne sonne, et c'est aussitôt le branle-bas de combat là-haut. Je n'avais encore jamais entendu nos SS s'agiter autant. Ils courent en tous sens, farfouillent dans leurs affaires, s'interpellent à la cantonade et parlent du front. Richard débranche le téléphone de campagne. Ils plient bagage ! S'ils partent, c'est que les Russes ne sont pas très loin ! Nous n'osons pas y croire, mais nos visages s'illuminent. Nous aurions envie de sauter de joie, mais nous ne bronchons pas. Un faux mouvement, et nous serions perdus. Nous attendons qu'ils débarrassent le plancher, mais ils font durer le plaisir. Ils commencent à faire les cent pas en haut. Les heures passent et ils sont toujours là. Richard est le premier à partir. Je suis en train d'écrire mon journal, les mains poisseuses de transpiration, le front dégoulinant, les bras ruisselants de sueur. La pointe de mon crayon sur le papier, j'attends le signal pour inscrire la seconde exacte de leur départ. Mais Richard revient et annonce aux autres que l'ordre d'évacuation a été différé. Pourquoi faut-il que le sort s'acharne avec tant de cruauté sur nous ? Je maudis les généraux de Berlin, leurs ordres et leurs contrordres, convaincue qu'ils ne font tout cela que pour torturer un peu plus les dix-huit Juifs terrés dans leur abri souterrain à Zolkiew, avant de les exécuter. Cette guerre absurde et sadique se plaît à nous faire de fausses joies pour nous anéantir à petit feu.

Beck panique au moins autant que nous. Plus aucun des SS ne lui fait de confidences. Ils sont soudain devenus très discrets. Même Richard refuse de dire à son « *Vater* » ce que l'armée nazie prépare à Zolkiew. Chaque fois qu'il descend au bunker, il a l'air de plus en plus déprimé. Son temps est compté, comme le nôtre, et la séparation d'avec sa femme et sa fille le vide de son énergie et de sa force. Sans Julia et Ala, Beck n'est plus lui-même. Quand ils sont tous les trois ensemble, une force surnaturelle les porte et les rend invincibles, et ce n'est que maintenant qu'ils sont séparés que je m'en rends compte.

Beck noie de plus en plus souvent son angoisse et sa solitude dans l'alcool. En début de soirée, les soldats sont sortis et il fait monter Klara. Une heure plus tard, Norbert revient à l'improviste. Klara redescend à toute allure et la trappe se referme silencieusement derrière elle. Norbert avait oublié quelque chose et ne faisait que passer en coup de vent. Mais nous n'entendons plus M. Beck. Klara commence à se demander s'il ne lui est rien arrivé. Mais il a tellement bu qu'il a dû s'endormir. Nous allons tous nous coucher. Par la lucarne ouverte, le parfum léger des fleurs d'été porté par la brise du soir vient me chatouiller les narines. Malgré les puces, les punaises et les boutons de fièvre qui me tourmentent, je me trouve presque bien sur ma paillasse, les yeux fermés, Zosia dans les bras.

Vers minuit, des soldats viennent taper à la porte. Personne ne répond. Ils insistent, cognant de plus en plus fort, appellent, encore et encore. Le tapage nous a tous réveillés, mais Beck ne bouge pas.

« Il avait une migraine... une très violente migraine, me chuchote Klara. Je pensais que ce n'était que la vodka. Mais il a dû lui arriver quelque chose. Je le sais ! » Les soldats font le tour de la maison, tapent et appellent à toutes les fenêtres. Leurs cris auraient suffi à réveiller un mort. Mais toujours pas un signe de Beck.

Klara me demande de monter avec elle. Monter maintenant ? Au moment où des SS cernent la maison ? C'est de la folie ! « Même s'ils brisaient la vitre de la chambre, ils verraient simplement qu'il est avec deux femmes brunes et ils n'oseront pas le déranger ! » Moi qui me demandais depuis plus d'un an si Klara éprouvait le moindre sentiment pour Beck, je comprends maintenant qu'elle l'aime beaucoup. J'accepte de la suivre.

Mais papa n'est pas de cet avis. « Personne n'ouvrira cette trappe.

— Il a peut-être eu un malaise, ou pire, une attaque. Nous devons absolument aller voir.

— Il n'en est pas question, tranche Patrontasch. Tu veux tous nous faire tuer, Klara ?

— Ils nous tireront peut-être dessus, à nous. Mais, lui, ils ne lui toucheront pas un cheveu. Même Norbert et Hans ne lui feraient pas de mal. »

Les coups de poing et les cris redoublent d'intensité. S'il avait simplement perdu connaissance, il se serait réveillé depuis longtemps. C'est forcément plus grave que cela.

Nous devons absolument lui venir en aide. Il a risqué sa vie pour nous tous les jours. S'il est en train de mourir et que nous ne levons pas le petit doigt, nous ne nous pardonnerons jamais notre lâcheté. Les soldats cognent maintenant à la fenêtre de sa chambre, juste au-dessus de la trappe. Il est impossible d'ouvrir celle-ci sans se faire repérer. C'est trop tard. Patrontasch se dresse devant Klara, lui barrant le passage. Elle jette à son frère un regard noir, lourd de mépris.

« Doucement, bon Dieu ! Vous allez réveiller tout le quartier ! J'arrive, j'arrive ! » C'est Beck. Nous soufflons. Le lendemain matin, il nous explique qu'il s'est endormi au grenier en attendant les informations à la radio. Il était tellement fatigué qu'il pensait que le martèlement venait du poste. Il nous dit aussi que les soldats partent aujourd'hui. Nous accueillons la nouvelle avec beaucoup de circonspection. Une nouvelle déception nous serait trop douloureuse.

Dès que Beck a tourné le dos, Herr Steckel s'approche de nous : il a quelque chose d'important à nous dire. Son initiative m'intrigue d'autant plus que je ne l'ai jamais entendu nous adresser plus de deux mots. Il faut vraiment qu'il s'agisse de quelque chose de grave.

Il s'éclaircit la voix. « Ma paillasse est juste au-dessous de la chambre des soldats... Une semaine après leur arrivée, Hans le policier a raconté à Norbert qu'il avait tué soixante-douze Juifs de ses propres mains. Le lendemain, en rentrant à la maison, Norbert chantait et sifflait joyeusement comme à son habitude, mais quand Beck est venu lui dire bonjour dans sa chambre, il a vidé son sac. Il était bouleversé, et voilà ce qu'il lui a dit, mot pour mot : "*Vater*, cette ordure de Hans est passé dans mon bureau aujourd'hui. Il m'a serré la main. J'avais l'impression d'avoir son sang sur les mains ! J'ai dû me les laver dix fois tellement je me sentais souillé ! *Vater*, je suis très bien ici. Je ne veux pas savoir ce qui se passe chez toi. Je ne vois rien, je n'entends rien et je n'ai pas non plus trahi les Juifs de Brody[67]." Il pensait qu'en tant que

67 En 1943, les Hassenstein, une famille *volksdeutsch* de Brody qui avait caché des Juifs et en avait aidé beaucoup d'autres à échapper aux rafles, ont été dénoncés à la Gestapo et condamnés à deux ans d'emprisonnement. L'épouse a purgé une partie de sa peine au camp de Ravensbrück.

Volksdeutsch, Beck comprendrait, mais Beck n'a pas compris. »

Richard était aussi dans la pièce quand Norbert a fait cet aveu à M. Beck. Ainsi donc, ces SS sanguinaires savaient depuis le début que nous nous cachions ici ! Nous n'en revenons pas. Mais nous sommes tellement hébétés par la faim, la soif, la fatigue et la maladie, tellement accablés par la chaleur, que nous n'avons même plus la force de réagir. Avec le recul, je comprends mieux l'indignation et la virulence de Norbert quand les miliciens ukrainiens sont venus fouiller la maison. Ce n'était pas un miracle. C'était un ange déguisé en démon qui veillait sur nous. Nous étions bien loin de nous douter que ce SS nous protégeait. Nous étions convaincus que Norbert était le plus dangereux de tous les nazis, et voilà que nous lui devons la vie. Jouait-il, comme Beck, un antisémitisme de façade ? Ce qui est sûr, c'est que ce n'était pas les Beck que Richard et lui cherchaient à protéger. Ils n'étaient là que depuis une semaine quand cette conversation a eu lieu.

Je n'en veux pas à Steckel de nous avoir caché cela si longtemps. Il n'avait même rien dit à sa femme. Elle a l'air encore plus surprise que nous. Tout le monde comprend qu'il a gardé le secret pour accroître nos chances de survie. Si nous avions su, nous aurions sans doute baissé la garde, et la moindre imprudence nous aurait été fatale — à nous, comme aux Beck. Steckel a eu raison de ne rien dire, et je ne suis pas certaine qu'un autre que lui aurait eu autant de sagesse. Ce qui nous dépasse, c'est que Beck n'ait pas compris le gage de confiance de Norbert et Richard.

Les Allemands ont enfin reçu leur ordre d'évacuation. Cette fois-ci, c'est la bonne ! Quand Richard et Norbert font leurs adieux à Beck, ils s'abstiennent scrupuleusement de tout commentaire sur les Juifs cachés dans son sous-sol. Hans le policier est si pressé de déguerpir avant l'arrivée des Russes qu'il ne s'arrête même pas pour dire au revoir à son grand ami Beck. Il klaxonne, passe le bras par la vitre de sa portière et disparaît dans un panache de poussière.

Après leur départ, la maison semble étrangement vide. Nous avons survécu dix-huit mois, échappé aux fouilles, aux cheminots, aux policiers, aux SS, aux miliciens ukrainiens et frôlé tant de fois la catastrophe que je me demande encore pourquoi nous sommes toujours vivants. J'ai peine à croire que nous allons bientôt sortir de notre terrier. Au loin, pourtant, le tonnerre d'artillerie et le fracas des bombes nous confirment que nous voyons le bout du tunnel. Allons-nous vivre, vraiment ? J'ai essuyé tant de désillusions que je redoute encore un coup de théâtre. La trappe reste maintenant ouverte en permanence ; Kuba et Artek sont en train de couper tranquillement du bois à la cave ; M. Beck et M. Patrontasch écoutent ouvertement Radio Londres qui égrène la liste des conquêtes de l'Armée rouge : Minsk, Pinsk, Borosov, Vilnius, Baronowice, Kowel... Tout indique un retour progressif à la normale. Pourtant, je n'ose toujours pas croire à notre chance.

Je n'admets de me rendre à l'évidence que le lendemain, lorsque Julia me fait monter avec Lola pour l'aider au ménage. Elle est rentrée en pleine nuit, épuisée par son voyage, après être restée coincée plus d'une journée à Lvov, sans nulle part où dormir. Elle veut effacer toutes les traces du passage des nazis, et nous fait nettoyer leurs chambres de fond en comble, défaire leurs lits et bouillir leurs draps. Je devrais être heureuse de bavarder en toute sérénité avec elle autour de cette table de cuisine, sans sursauter à la moindre alerte. Mais je suis triste. Car aujourd'hui nous sommes le 11 juillet. C'est l'anniversaire de Mania. Deux ans déjà qu'elle nous a quittés. Elle aurait eu quinze ans. J'ai rêvé d'elle hier soir, comme toutes les nuits ou presque. Quand je regarde notre lucarne, je la vois, là, sous mes yeux. Elle nous attend. Quel droit ai-je d'être en vie alors que ma sœur est morte ? Si Dieu me prête vie, sa mémoire, sa mort, son courage et son absence m'habiteront jusqu'à mon dernier souffle. Je me jure de consacrer chaque jour de ma vie à entretenir sa mémoire.

Cette nuit, nous avons dormi au frais, en laissant la trappe ouverte. Mais le soleil n'est pas encore levé qu'un défilé de camions fait à nouveau trembler le sol. Beck court à la fenêtre et donne l'alerte. « Les nazis ! Ils reviennent ! » Patrontasch n'a que le temps de refermer la trappe avant que des coups à la porte ne retentissent. Quatre SS annoncent sans ménagement à Beck qu'ils s'installent ici et apportent aussitôt leur barda à l'intérieur. Le cauchemar recommence ! La faim, le noir, le silence, la chaleur, la peur... À ce niveau, ce ne peut plus être de la simple paranoïa : il y a bel et bien à Berlin des pervers diaboliques qui conspirent pour nous bercer d'illusions et nous arracher sauvagement nos derniers espoirs de liberté.

Les Russes pilonnent les villages alentour. Ils ne vont pas tarder à survoler Zolkiew. Dès que les SS ressortent, nous nous précipitons à l'étage pour préparer la maison aux bombardements : nous préparons des sacs de sable pour le grenier et les murs extérieurs ; nous emballons tous les objets de valeur dans une caisse, en cas d'incendie ; nous remplissons d'eau la baignoire et les seaux, bassines et récipients qui nous tombent sous la main. M. Beck coordonne les opérations, aboyant ses ordres et ponctuant chacune de ses phrases de jurons. Je retrouve enfin le Beck que j'aime tant, autoritaire, batailleur et résolu. Je me régale de ses jurons et j'en viens même à préférer ce Beck qui se démène en poussant de tonitruants « Je chie sur ta mère ! » au Beck plein de prévenances et d'attentions pour ses protégés.

Les bombardiers se rapprochent dangereusement : les murs vibrent, le plancher trépide, les fenêtres tremblent, les meubles vacillent, les assiettes tombent des étagères. Ma mère s'évanouit et les Beck viennent se réfugier avec nous au sous-sol. Nous ne savons pas ce qui se passe dehors. Pendant tout le bombardement, nous entendons des camions militaires et des blindés filer à toute allure dans les rues.

Le lendemain matin du bombardement, les Beck voient passer sous leurs fenêtres une colonne de militaires allemands blessés et mutilés. La maison se remplit de soldats qui battent en retraite. Le colonel du régiment de Galicie prend ses quartiers au salon avec son état-major. Il exhorte les Beck à partir : les Russes ne sont plus qu'à onze kilomètres de Zolkiew. Malgré la chaleur, nous enfilons les vêtements que nous avions gardés au cas où nous sortirions un jour de ce trou. Le pilonnage se poursuit. Les soldats se sont réfugiés dans la cave où nous rangeons le bois, juste derrière la cloison du couloir.

Julia est en pleurs. Dans la débandade, les nazis sont tombés sur des Juifs qui se cachaient rue Szeroka et ont eu l'imprudence de sortir trop tôt. Ils les ont abattus sur-le-champ. Un paysan polonais qui cachait aussi des Juifs a eu l'idée insensée d'aller porter plainte contre des miliciens ukrainiens qui avaient pillé sa ferme et fait main basse sur des objets de grande valeur. Il a été arrêté et a avoué sous la torture que ces objets appartenaient aux Juifs qui étaient dans son grenier depuis dix-huit mois et tous ont été fusillés. Nous savons que la partie est loin d'être gagnée.

En haut, le colonel de l'armée en déroute est accroché à son téléphone de campagne. Nous avons des nouvelles du front en direct ! S'il savait que des Juifs sont aux premières loges pour écouter les secrets défense de la Wehrmacht ! Visiblement, il s'apprête à prendre la fuite. Nous l'avons entendu confier à Beck que les Russes seront là ce soir, ou demain matin au plus tard.

Tout est tellement confus dans mon esprit que j'ai du mal à me concentrer. Toutes sortes de pensées se bousculent dans ma tête. Je me dis que j'ai de la chance d'être encore vivante, mais l'instant d'après, je me demande si c'est vraiment une chance.

Tant qu'il restera un seul Allemand dans Zolkiew, nous ne bougerons pas d'ici. Les bombardements ont débuté le 21 juillet et ont duré trois jours pleins, ne nous accordant que quelques heures de répit pendant la nuit. Les Allemands ont positionné une batterie de canons juste derrière chez nous. Du coup, les Russes font feu droit sur nous. Un obus a touché la maison et la moitié d'un mur extérieur s'est éboulée. Un autre est tombé sur le toit, qui s'est partiellement affaissé. Les Beck sont partis se cacher dans un bunker que les soldats allemands ont creusé dans le jardin. Les bombes et les obus de mortier sifflent et explosent tout autour de nous, faisant trembler la terre et voler la poussière dans le bunker. Les piliers qui soutiennent le plancher chancellent sur leur base. À chaque détonation, la maison menace de s'effondrer sur nous et de nous enterrer vivants dans notre tombeau.

Tout au long de ces trois jours, Zosia est restée blottie contre moi et Zygush n'a pas quitté les bras de maman. Entre deux pilonnages, Beck trouvait un instant pour venir nous apporter un peu d'eau. Mais nous transpirions tant dans la chaleur étouffante du bunker que ces rations ne suffisaient ni à étancher notre soif, ni à nous réhydrater, ni à écarter le spectre du délire. J'étais dans un état second, épuisée mais incapable de trouver le sommeil, de distinguer le jour de la nuit. Zosia avait les lèvres plus sèches qu'un parchemin craquelé ; assourdie et terrifiée par le chapelet de bombes, elle me demandait sans cesse si elle allait mourir. Bien sûr que non, lui répondais-je en priant l'Éternel de ne pas me faire mentir. Je lisais dans ses yeux qu'elle me croyait et sa confiance me redonnait espoir. Je m'efforçais d'endiguer le flux désordonné des pensées saugrenues qui m'embrouillaient l'esprit et me précipitaient dans la folie. Fermant les yeux, je me répétais comme pour mieux me convaincre : « Je suis heureuse, car je suis vivante. » Heureuse ? Comment aurais-je pu être heureuse, alors que des obus tombaient à chaque minute à quelques mètres de moi et que je sentais mon cœur prêt à éclater dans ma poitrine ? « Je suis heureuse, car je suis vivante. » Mais si je survivais, comment allais-je affronter la vie sans ma sœur ? Quel droit avais-je de vivre ? Pourquoi Mania n'était-elle pas restée avec nous ? Pourquoi n'avait-elle pas fait confiance à papa et maman ? Si elle avait pu contrôler sa peur, ne fût-ce que l'espace d'une minute, elle aurait été ici avec moi maintenant, à encourager les Russes et à prier pour que la dernière bombe lancée sur Zolkiew n'atterrisse pas sur nos genoux. Quel sens pourrai-je désormais donner à ma vie, sans elle ? Du fond de notre bunker, nous aurions eu tout le temps de pleurer sa mort, mais nous étions si occupés à nous cramponner à la vie que nous n'avons pas même commencé à faire notre deuil de Mania. J'aurais voulu attraper mon journal pour consigner nos derniers instants, mais dès qu'une idée se formait dans mon esprit, elle était évincée par une foule d'autres pensées. J'étais de plus en plus convaincue que dehors la fin du monde avait sonné et que nous étions les seuls survivants.

Voilà trois jours que cet enfer se déchaîne sur nous. Je n'ai plus qu'une idée en tête : que les bombardements s'arrêtent ! Obsédée par cette pensée lancinante, je glisse dans l'inconscience. Je ne me souviens plus de rien, jusqu'au moment où Beck tambourine sur le plancher en s'égosillant : « Les Russes sont là ! Ils sont arrivés ! »

Transis d'effroi et d'épuisement, nous nous extrayons un à un du bunker. J'ai encore peur d'affronter le monde extérieur. Ma raison me dit que le danger est passé, que les nazis sont partis, que nous sommes sauvés. Mais chaque muscle de mon corps me retient encore dans les entrailles de la terre. Je rassemble tout mon courage, toute ma volonté pour remonter vers la surface. La lumière crue du soleil d'été nous éblouit. J'ai des papillons devant les yeux et ma vue se brouille devant l'incroyable spectacle du dehors. Les Polonais sont sortis de leurs abris, eux aussi et, comme nous, ils regardent sans y croire les rues défoncées par les cratères de bombes et les maisons calcinées. Des cadavres de soldats allemands jonchent la chaussée et les trottoirs, tandis que les chenilles d'une colonne de blindés russes crissent sur le pavé. Des hommes hagards, un fusil en bandoulière, tirent sur leurs cigarettes en acclamant les libérateurs.

Nous nous étreignons et nous fondons tous en larmes. La joie, l'émotion, le soulagement nous secouent de sanglots irrépressibles. M. Beck arrive avec deux Juifs qu'il a retrouvés. Les frères Bernstein sont vivants ! Nous les serrons dans nos bras et nous pleurons encore. Ils ont été cachés par Mme Ornstein et sa fille Hela qui avaient sauté du train après la rafle du printemps 1942. Elles ont réussi à se procurer de faux papiers et, avec leur type slave, elles pouvaient aisément passer pour des Polonaises. Je me souviens d'avoir vu passer Hela dans la rue, un jour que je faisais le ménage là-haut. À sa démarche assurée, qui aurait pu la soupçonner d'être juive ? Les frères Bernstein s'étaient présentés à leur porte et Mme Ornstein les avait cachés tout ce temps.

Nous échangeons les rares informations que nous avons sur les autres Juifs de notre communauté. M. Bernstein nous parle d'un ami dont la fille de quinze ans est allée chercher de la nourriture la semaine dernière. Les nazis l'ont abattue en pleine rue. À chaque récit, ce sont d'autres vies perdues que nous pleurons. Des morts, connus ou anonymes, qui nous rappellent nos morts. Nous versons des torrents de larmes. Pourquoi Mania n'est-elle pas là, à mes côtés ? Pourquoi Uchka n'est-elle plus là pour ses deux enfants ? La lumière radieuse du jour me rend leur absence encore plus intolérable.

Zygush, Zosia, Igo et Klarunia essaient de courir après les soldats qui distribuent des bonbons aux enfants. Mais ils font quelques pas et tombent. Zygush aide les autres à se relever, et ils tentent de reprendre leur course, mais leurs pauvres petites jambes atrophiées ne les portent plus. Éplorés, ils les regardent, sans comprendre ce qui leur arrive.

Je veux aller vers Zygush, mais mes jambes aussi s'effondrent sous moi. Nous sommes des cadavres ambulants. Dix-huit Juifs rescapés de l'horreur. Combien d'autres Beck y a-t-il eu pour sauver dix-huit Juifs ? Suis-je dans un rêve, ou bien suis-je vraiment là, parmi les vivants ? Je me retourne et je vois mon père et ma mère enlacés, les Beck bras dessus bras dessous, les Patrontasch blottis les uns contre les autres, et Lola qui étreint Artek, Kuba et Mme Melman. Dans la pénombre du bunker, je m'étais habituée à vivre avec des ombres ; mais dans la lumière du soleil et à l'air libre, leurs silhouettes spectrales me bouleversent. Nous avons le teint hâve, la peau diaphane, et nous flottons dans notre propre corps décharné comme dans des vêtements trop grands. Nous sommes plus que des squelettes dont le cœur continue de battre envers et contre tout.

Seuls dans leur coin, les Steckel ont l'air désemparés. Je me relève et rejoins les enfants d'un pas chancelant pour les rassurer et leur expliquer qu'ils retrouveront bientôt leurs jambes et pourront gambader tout leur soûl. Un groupe de soldats russes s'arrête devant nous pour nous distribuer du pain. Nous nous jetons dessus comme des bêtes sauvages affamées. Les soldats, stupéfaits, nous disent de ne pas manger si vite mais, trop heureux d'avoir enfin quelque chose à nous mettre sous la dent, nous restons sourds à leurs conseils.

Ils nous demandent si nous sommes juifs, mais nous avons trop peur de leur répondre. Ils veulent savoir et insistent, en vain, jusqu'à ce que l'un d'entre eux, un garçon au joli visage poupin, nous assure que tout est fini et que nous ne risquons plus rien. Je hoche timidement la tête. Soudain, une clameur s'élève derrière moi. En me retournant, je vois M. Melman ressortir de la maison en flageolant sur ses jambes, serrant la Torah contre lui. Il la tend fébrilement à papa. Papa la déballe soigneusement. La couverture brillante de satin blanc apparaît, les poignées d'or et d'argent et le filigrane doré de l'étoffe étincellent sous le soleil.

J'aide les enfants à se relever et nous rejoignons les grands. Les hommes disparaissent un instant à l'intérieur et ressortent la tête couverte. Tout à notre ferveur, nous récitons nos prières d'action de grâce.

J'aperçois du coin de l'œil les sœurs célibataires qui traversent la rue et viennent vers nous. Elles nous apportent notre boîte en bois sculpté qui contient nos photos. De tout ce que nous leur avons confié, c'est le seul objet qu'elles n'ont pas vendu. Comment leur en vouloir ? Émue aux larmes, maman leur arrache pratiquement la boîte des mains et leur saute au cou. C'est tout ce qu'il nous reste de notre ancienne vie, et il y a surtout dans ce précieux coffret des photos de Mania.

Je m'évanouis et, quand je reviens à moi, mon regard se perd sur les nuages qui flottent dans un ciel bleu azur. Je n'espérais plus avoir un jour le privilège de revoir ce spectacle.

Chapitre 17

ZOLKIEW SANS MANIA

Du 24 juillet à septembre 1944

Avant-guerre, il y avait cinq mille Juifs à Zolkiew. Nous ne sommes plus que cinquante. Parmi les enfants, nous sommes les seuls à avoir encore nos parents. Des familles entières ont été décimées. Il ne reste plus que des célibataires. Nous sommes tous décharnés, nous n'avons rien à nous mettre, nulle part où dormir, pas d'argent pour acheter à manger… C'est à peine si nous pouvons faire quelques pas tant nos pieds nous font mal et tant nous avons perdu l'habitude de marcher… Pourtant, nous sommes de ceux qui ont eu de la chance.

Les soldats russes se pressent autour de nous comme une nuée de petits anges, ne sachant trop que faire de nous mais craignant de nous abandonner. Ils nous font partager leurs rations et nous fournissent des couvertures de l'armée russe.

Papa traverse la rue et va voir notre ancienne maison. Un couple polonais s'y est installé. Nous ne les connaissons pas. Ils lui ont demandé s'ils pouvaient attendre demain pour repartir, et papa a accepté. Les trois familles ont décidé de passer une dernière nuit dans le bunker. Nous sommes totalement désemparés, incapables de prendre la moindre initiative. Le monde d'en haut nous est devenu si étranger que, telle une famille de lutins, nous nous réfugions dans notre tanière humide et sombre.

Le lendemain matin, nous reprenons possession de notre maison. Lola et Klara s'installeront du côté qu'occupaient jadis mes grands-parents. Nos trois familles ont du mal à se séparer. Les Patrontasch resteront chez les Melman, car leur maison a été détruite dans le grand incendie. Celle de la sœur de M. Patrontasch qui a péri avec sa famille dans la rafle de mars 1943, est encore debout, juste derrière l'usine. Au lieu de la récupérer, les Patrontasch l'ont offerte aux Beck. Quant aux Steckel, quelques heures à peine après notre libération, ils ont disparu. Sans un au revoir. Sans un mot. Comme s'ils n'avaient jamais existé.

Nous passons notre première soirée chez nous à errer de pièce en pièce, à chercher des objets qui ne sont plus là, à regarder par les fenêtres, à respirer un air frais, ne sachant pas si notre liberté est bien réelle. Les murs, les sols, les placards, les étagères ont été vidés de tous leurs objets. Mais nous n'y attachons aucune importance. Si la maison nous semble si vide, c'est surtout parce que Mania n'est plus là. Son absence pèse sur chaque pièce, son ombre flotte sur nous. Je retrouve avec amertume la chambre que je partageais avec elle depuis qu'elle avait quitté son berceau. Les rideaux de dentelle ont disparu ; au même titre que presque tous les meubles et accessoires qui étaient fixés aux murs et tous ceux qui ne l'étaient pas. C'est à croire que nous n'avons jamais vécu ici. Notre vie passée, nos souvenirs, nos conversations ont pourtant laissé leur empreinte invisible, dans les recoins, les placards ou les lézardes des murs. Ces traces fugaces ont échappé aux voleurs et aux pillards qui, tels des vols de criquets, ont tant de fois dévasté la maison. Il ne reste qu'elles pour nous accueillir à notre retour.

Dieu sait que j'ai pu pleurer Mania dans l'ombre de notre bunker, mais ce n'est qu'en avalant la première bouchée de notre premier repas à la maison que je prends réellement conscience de sa mort. À table, une place reste désespérément vide. Je regarde papa et je voudrais être Mania pour lui. Je me fais du souci pour mon père. Quand elle est morte, une part de lui est partie avec elle. Je sais qu'il ne se pardonnera jamais de l'avoir laissée s'enfuir. Je voudrais être la fille qu'il a perdue, mais je ne suis pas ma sœur. Papa a réalisé le vœu le plus cher et le plus pressant de ma sœur : que nous survivions. Et nous n'avons survécu que grâce à son courage. Je n'ose pas imaginer ce que les nazis lui ont fait subir dans ses dernières heures, mais je n'arrive pas à écarter son image de mon esprit. Et malgré ma rage de vivre, de profiter de la liberté et du moindre souffle d'air, tout me rappelle que ma sœur n'est plus de ce monde.

Passé les deux premiers jours d'hébétude, nous nous réacclimatons peu à peu à la vie en surface et nous prenons conscience de l'image que nous renvoyons : des va-nu-pieds dépenaillés ! Mis à part les hardes que nous traînons depuis bientôt deux ans, nous n'avons strictement plus rien à nous mettre sur le dos. Les sœurs célibataires ont juré mordicus à papa que tout ce que nous leur avions confié a été volé. Nous ne sommes pas dupes, mais le plus clair de l'affaire, c'est qu'il ne nous reste que les maigres effets qui nous ont suivis dans le bunker : des couverts en aluminium, des assiettes émaillées, quelques draps et serviettes usés jusqu'à la trame. Tels des vagabonds, nous en sommes réduits à écumer les rues pour récupérer tout ce que nous pouvons. Une vieille robe par-ci, un manteau par-là. Je tombe sur une paire de godillots défoncés et pratiquement dessemelés — un trésor ! Nous retournons voir s'il ne reste rien dans le bunker. Nous retrouvons une unique chaussure, oubliée là par Rela quand elle est partie rejoindre Josek au ghetto. C'est un escarpin verni, avec un ruban sur le dessus. Il me va. Nous allons demander au cordonnier de refaire l'autre pied. Il est désolé, mais n'a pas de cuir verni. Du cuir verni ? Mais quel besoin ai-je de cuir verni ? Tout ce que je veux, c'est une chaussure ! Il me confectionne la jumelle dans une chute de cuir épais et m'offre un fond de cirage noir par-dessus le marché. Je la frotte et l'astique tant que je peux, mais rien à faire : elle ne brillera jamais autant que celle de Rela...

Après n'avoir mangé que des pommes de terre pendant dix-huit mois, maman a mal supporté le retour à un régime normal. Au troisième jour, elle se tord de douleur. Papa et Artek l'emmènent aussitôt à l'hôpital, qui est juste derrière notre jardin. Je les suis, car il n'est pas question que je quitte maman d'une semelle. En arrivant, elle est à peine consciente, mais nous sommes bien loin de nous douter qu'elle vient de frôler la mort.

C'est le docteur Lucynski qui la reçoit. Il fond en larmes en nous voyant : il nous a à peine reconnus tant nous sommes amaigris, mais il est sincèrement ému de nous voir tous en vie. Il s'empresse d'examiner maman et revient nous voir, le front soucieux. Ce sont des calculs biliaires, trop gros pour être éliminés. Il ne peut pas faire grand-chose, mis à part lui administrer de la morphine pour soulager la douleur, et la mettre sous perfusion pour l'empêcher de se déshydrater. Il ne nous cache pas qu'il n'est pas très optimiste : l'infection risque de se propager à l'ensemble des viscères. Elle ne pèse plus que quarante kilos et est tellement affaiblie qu'il n'y a que très peu de chance pour que son organisme se remette de cette nouvelle épreuve. Ce verdict me fait l'effet d'un coup de massue. Je suis tout à la fois effondrée et furieuse. Je regarde papa, et je vois soudain combien il a vieilli. Je n'ai pas le choix : je dois être forte pour nous tous.

Nous nous relayons jour et nuit au chevet de maman. Je lui ai cueilli un bouquet de fleurs sauvages dans notre jardin transformé en jungle, mais parce qu'elle est comateuse, c'est à peine si elle les remarque ; elle se plaint surtout du parfum, qui lui donne la nausée.

Le docteur Lucynski demande à nous parler dans le couloir : le pronostic vital est mauvais, nous dit-il. Il fera tout pour la sauver, bien entendu, mais nous devons nous préparer au pire. La sentence est si rude que nous n'avons pas vu le prêtre entrer dans la chambre de maman pendant que l'infirmière lui changeait le goutte-à-goutte.

Au moment où nous retournons dans la chambre, l'homme en soutane noire déballe ses saintes huiles et, esquissant le signe de la croix, place une étole violette sur la poitrine de maman. Nous le regardons faire, abasourdis.

Il trempe un doigt dans son huile et trace un signe de croix sur le front de ma mère. Maman bat des paupières et cligne des yeux, éblouie par la lumière. « Mon enfant, tu vas partir pour un long voyage… Tu dois être préparée… », lui dit le prêtre.

Maman frémit, achève d'ouvrir les yeux et, d'une voix assurée, réplique : « Non, mon père, je ne vais nulle part. Je viens de revenir. »

Le prêtre reconnaît maman et se met à pleurer de joie. « Madame Schwartz ! Madame Schwartz, vous êtes vivante !

— Jusqu'à preuve du contraire, oui », tranche simplement maman.

Salka la Cosaque est ressuscitée ! Papa et moi la couvrons de baisers et l'étreignons, mais elle se demande bien à quoi riment toutes ces simagrées.

Maman rentre très vite à la maison et, au cours des semaines suivantes, tandis qu'elle se remet, les derniers survivants sortent un à un des granges, des greniers, des caves… Certains ont vécu des mois dans les bois. Les anciens propriétaires de la société d'autocars ont passé plusieurs semaines dans une porcherie. Ils ont tous les pieds et les mains crevassés par le froid, le gel et la neige. Une jeune fille émaciée et en guenilles passe devant chez nous et aperçoit papa, assis sur le perron. Elle se retourne, revient sur ses pas, hésite et s'arrête devant lui, les yeux braqués sur son grand nez. « Vous êtes juif, vous aussi ? » lui demande-t-elle timidement. Elle nous raconte son histoire : elle a sauté d'un train et, avec un autre jeune fugitif, a réussi à trouver un abri de fortune dans la forêt. M. Taffet, mon ancien professeur d'hébreu, émerge à son tour des bois, à demi nu, dans un état pitoyable. Les engelures lui ont tellement noirci les pieds que je me demande comment il arrive encore à marcher. Maman l'accueille et lui donne l'une des deux chemises de papa. Puis nous l'emmenons à l'hôpital, qui entre-temps a été repris par les Russes. À notre grande joie, Dudio, qui avait rejoint les partisans, resurgit lui aussi des bois, portant une mitraillette et une bande de cartouches en bandoulière. Nous le serrons dans nos bras comme un frère, et Zygush et Zosia lui sautent au cou, trop heureux de retrouver un oncle !

Épuisée par tant d'émotions, je me suis assoupie un instant, quand j'entends maman hurler dans la cuisine. Je crois tout d'abord à des rôdeurs ukrainiens. Je me précipite. Non, ce n'est pas la peur qui lui a arraché ce cri. La porte du jardin est grande ouverte : Giza Landau et sa mère sont au pied de l'escalier ! Je me jette dans les bras de Giza. Nous nous touchons, nous regardons, entre les rires et les larmes. Retrouver une amie vivante est un miracle. Klara Letzer, Genya Astman et tant d'autres ont péri ! Nous les faisons entrer et elles nous racontent qu'un soldat russe les a ramenées à Zolkiew. Elles voulaient voir s'il restait quelques vestiges de leur vie. En passant devant chez nous, Giza a voulu frapper, mais sa mère l'en a dissuadée, convaincue que c'était inutile. Giza a insisté et elles ont fait le tour par le jardin pour être plus discrètes.

Elle me raconte leur histoire. En tant que membre du Judenrat, son père bénéficiait de certains privilèges. Un soir de mars 1943, il l'a conduite à la gare et l'a confiée à un inconnu, lui disant qu'il s'occuperait d'elle. L'homme, dont elle apprit par la suite qu'il fournissait des armes aux partisans, l'a emmenée chez lui à Lvov. Les deux tantes de Giza étaient déjà là. Le surlendemain, sa mère les a rejoints. Son père n'est jamais arrivé. Il a été massacré quelques jours plus tard, avec tous les autres membres du Judenrat.

En écoutant les récits des survivants, je me rends compte que nous sommes parmi ceux qui ont eu le plus de chance. Des amis qui se cachaient chez des paysans ont été trahis dans les derniers jours de la guerre. Une femme a perdu sa fille, trois jours avant la libération : elle était sortie pour tenter de trouver quelque chose à manger et, dans le sauve-qui-peut général, elle s'est fait surprendre par les derniers SS encore sur place. Zolkiew était assiégée par les troupes russes, mais eux s'obstinaient à traquer les Juifs. Dans les premiers jours qui ont suivi la délivrance de la ville, les rescapés erraient dans les rues, seuls ou par deux, stupéfaits de constater que d'autres avaient survécu. Peu à peu, nous nous sommes tous reconnus et retrouvés.

Sur les cinq mille Juifs que comptait Zolkiew, nous ne sommes plus qu'une petite cinquantaine. Klarunia, Igo et moi sommes les seuls enfants à avoir encore nos deux parents. Notre maison est devenue le point de ralliement des survivants. Nous nous accrochons les uns aux autres, comme des naufragés sur un radeau en plein océan. Artek vient souvent voir Lola. Les Patrontasch, les Melman, les Beck et Lola prennent tous leurs repas à la maison et ne retournent chez eux que le soir.

Il y a quelques jours, nous avons reçu une visite inattendue : c'était Pavluk, le géant ! Il serrait contre lui les oreillers et l'édredon que nous lui avions confiés avant-guerre, impeccablement nettoyés et fleurant bon le frais ; et de l'autre main, il tenait un poulet vivant par les pattes. Droit comme un *i* et fier comme un jeune père, il nous a tendu son cadeau, en rougissant presque. Il était visiblement ému et les larmes qu'il retenait me disaient combien il était heureux de nous voir vivants. En sentant son regard se poser avec tant de tendresse sur moi, j'ai eu l'impression de retrouver toute ma dignité d'être humain. C'était la première fois depuis bien longtemps que je n'étais plus transparente aux yeux du monde et que, loin de me considérer comme la lie de l'humanité, un étranger me dévisageait avec bienveillance. Ce témoignage de sympathie valait à lui seul tous les poulets du monde ! Dissimulant mal son émotion derrière une voix bourrue, il a serré chaleureusement la main à papa en lui assurant qu'il ferait tout ce qu'il pourrait pour nous, et il s'est dépêché de repartir, s'excusant presque de nous avoir dérangés ! Cet homme était bouleversant de sincérité.

Nous amorçons peu à peu notre retour à la normale, mais nous ne nous risquons pas à nous aventurer à plus de quelques mètres de la maison. J'en ai encore peur. Les nazis sont partis, mais la région est toujours infestée d'Ukrainiens, de bandes de maraudeurs et de bandits. Beck continue de nous tenir au courant des derniers événements et nous parle notamment de plusieurs pogroms, dans lesquels des survivants juifs ont été sauvagement massacrés. Je ne quitte plus d'une semelle mes parents ni les enfants, et je ne m'éloigne jamais des soldats russes qui patrouillent dans notre rue. Zosia n'arrête pas de réclamer Uchka. « Où est ma maman ? Je veux voir ma maman ! Quand est-ce qu'elle va rentrer ? » Elle peut rester assise des heures sur les marches, à guetter son retour. Personne ne sait comment lui annoncer la cruelle vérité et nous la laissons espérer. Zygush, lui, sait et serre les dents en nous écoutant mentir à sa petite sœur. Il ne parle jamais de sa mère, ne pose aucune question, ne cherche pas à savoir ce qui lui est arrivé.

Quand maman est totalement rétablie, elle décide de réunir les cinquante survivants chez nous. Je suis ravie de revoir tous ces gens, mais chacun traîne avec lui son chagrin et ses morts. Ces retrouvailles ressemblent à une assemblée de fantômes. J'ai un pincement au cœur en repensant à toutes ces autres fêtes que nous organisions autrefois chez nous, été comme hiver, pour célébrer une occasion quelconque ou pour le simple plaisir de nous retrouver. Il y avait des dizaines de parents, proches et éloignés, d'amis, de connaissances, nous riions, nous bavardions gaiement, nous mangions et buvions sans souci du lendemain. Aujourd'hui, chacun a apporté quelque chose pour le buffet, et nous avons complété avec les rations des soldats russes. Avec les quelques légumes que les Polonais ont laissés dans notre jardin envahi par les herbes hautes, maman réussit à faire une bonne soupe.

Bien que nous ne soyons plus qu'une cinquantaine, notre sens communautaire est intact. Nous sommes toujours les Juifs de Zolkiew, plus soudés que jamais par le malheur. Et comme au bon vieux temps, les invités se dispersent sur les marches, dans le jardin et sous les arbres fruitiers.

À un moment donné, je me demande où est passé Zygush. Je le cherche partout. En vain. Il a disparu ! Maman panique et se met en colère. C'est à moi de surveiller les enfants. Quand a-t-il bien pu échapper à ma vigilance ? Où a-t-il pu filer ? Et surtout, pourquoi ? Il sait très bien que des Ukrainiens rôdent encore dans les parages et que nous ne sommes pas à l'abri d'un pogrom. Il a frôlé assez souvent la mort pour savoir ce qu'il peut faire ou ne pas faire. Nous partons tous à sa recherche. Aucun d'entre nous ne supporterait l'idée de le perdre après tout ce que nous avons vécu. Nous allons voir partout. Chez les Melman. À l'usine. Chez son ancienne amie Hélène, qui habitait à quelques pas de chez nous avant-guerre. Il aurait pu aller la voir, car il ignore qu'elle a été déportée avec toute sa famille. Mais non. Il n'est nulle part. Au parc, peut-être ? Je m'élance. Pourvu qu'il ne lui soit rien arrivé ! Ce serait trop injuste ! Je cours dans les rues jonchées de débris de munitions de l'artillerie et des chars allemands, passant devant des maisons bombardées, les levées de terre et les barricades qui protégeaient la grand-place et soudain, une pensée me coupe dans mon élan : mon Dieu ! Il est reparti chez lui ! Je ne sais pas d'où me vient cette intuition, mais je fais demi-tour et je me précipite chez Uchka avec la certitude de l'y trouver.

Derrière la maison, la nature a repris ses droits et le verger, oublieux de la guerre, croule sous de belles pommes rouges et juteuses. Je ne prends pas le temps de m'émerveiller. Une vieille *babouchka* sarcle tranquillement le jardin. Je lui demande si elle n'a pas vu passer un petit garçon. « Mais si. Il cherchait du travail. Il s'est fait embaucher à la ferme, là-bas, pour garder les vaches », me répond-elle en m'indiquant un grand champ qui s'étire derrière la maison. Du travail ? Il a huit ans ! Et il ne nous a rien dit ! Ni à moi, ni à papa, ni à maman. Je traverse le champ à toute allure et j'aperçois enfin mon Zygush, à quatre cents mètres de moi. Il a retiré sa chemise et son petit torse a déjà retrouvé son joli hâle cuivré. Une badine en main, il s'amuse à dessiner des huit dans l'air. Quand il m'entend hurler son nom, il se retourne et me fait un signe de la main, tout content de me voir et visiblement fier de lui. Dès que j'arrive à sa hauteur, mon bras part tout seul et je lui flanque une gifle mémorable. Je suis aussi stupéfaite que lui, mais, entre le soulagement et la colère, je ne me contrôle plus. Je pleure, je peste, je l'incendie et je le roue de coups. Quand enfin je retrouve mes esprits, je me rends compte de ce que je viens de faire. Je n'ai jamais frappé qui que ce soit de ma vie, et Zygush, mon petit cousin si courageux qui n'a jamais pleuré, est en larmes. Il ne se défend pas, mais ses larmes m'ont fait l'effet d'un électrochoc. Je le serre dans mes bras et, entre deux sanglots, implore son pardon. Il passe ses petits bras bruns autour de mon cou, et c'est lui qui me console.

« Zygush ! Mais qu'est-ce qui t'est passé par la tête ? Tu as envie de te faire tuer ? Nous étions fous d'inquiétude ! Ne quitte jamais la maison sans moi, tu m'entends ? Jamais ! » Encore horrifiée par la violence de ma réaction, je le berce tendrement contre moi. « Pardon, pardon ! Nous ne te retrouvions plus. Nous avons eu tellement peur !

— Je pensais que tu serais fière de moi. Nous aurions eu du lait. Et même du beurre et du fromage. » Il n'en dit pas plus. Bien sûr que je suis fière de lui. Zygush a compris qu'il était maintenant l'homme de la famille, et il a fait ce que tout homme doit faire : s'occuper des siens. J'ai envie de lui dire qu'il n'est qu'un enfant et je voudrais qu'il reste un enfant. Mais à huit ans, il a déjà perdu son père et sa mère, et passé le plus clair de sa vie terré dans un bunker. Ce n'est plus un enfant. Mon regard se perd sur ces champs, qui semblent n'avoir jamais connu la guerre. Les vaches broutent paisiblement et le seigle, le maïs et le blé achèvent de mûrir sur les coteaux dorés. Au loin, la brume d'été estompe la silhouette de la colline du Paradis. Je reste avec mon cher Zygush jusqu'à la tombée du jour et l'aide à rentrer les vaches. Il récupère son bidon de lait et le ramène fièrement à la maison.

Comme tous les autres survivants, nous devons maintenant nous reconstruire et, pour ce faire, amorcer un véritable travail de deuil de tous ceux que nous avons perdus. Les Melman et les Patrontasch nous accompagnent dans notre pèlerinage au cimetière. Nos trois familles se sentent plus fortes ensemble et, si nous commençons à redécouvrir le goût de la liberté, nous avons encore peur de nous déplacer seuls. Nous voulons tous voir l'endroit où reposent les nôtres. En passant devant la synagogue, nous jetons un regard à l'intérieur ; entre les plâtres noircis par le feu et les fenêtres brisées, le sol est jonché de tas de foin moisi et de détritus. Au cimetière, les stèles ont disparu et les vaches paissent l'herbe qui recouvre les tombes anonymes et les charniers. Un frisson me parcourt l'échine à l'idée que Mania est ensevelie là, quelque part. Pour n'être plus qu'une prairie, le vieux cimetière juif n'en reste pas moins un sol sacré où, trop tardivement hélas, nous récitons le kaddish des endeuillés. Nous voudrions aussi retrouver la trace de Tilzer et Schitling, les deux garçons qui ont trahi Mania. Nous demandons à des dizaines de gens, mais en vain : personne ne sait ce qu'ils sont devenus. Ils ont sans doute suivi les Allemands et les autres *Volksdeutsche* dans le grand sauve-qui-peut vers l'ouest. Nous ne comprendrons donc jamais pourquoi ma sœur est morte. Mais nous sommes dans la vie et nous cherchons aussi à renouer avec les vivants : Rosa, Manek, Babshia. Avec Dudio, ils sont désormais notre seule famille. Nous leur avons écrit plusieurs lettres, mais pour l'heure, nous n'avons encore reçu aucune réponse.

Nous réapprenons petit à petit à vivre normalement par toutes sortes de gestes anodins que nous avions presque oubliés : faire le tour de la maison, parler à voix haute, préparer le repas, mettre la table...

Maman a si bien récupéré que nous retrouvons Salka la Cosaque. Fidèle à elle-même, elle a ressorti ses grandes marmites et prépare de la soupe qu'elle m'envoie apporter à l'hôpital à M. Taffet et aux autres rescapés. Dans les décombres de la guerre, l'Europe de l'Est se peuple d'exilés qui errent de ville en ville, cherchant leurs proches, espérant retrouver au moins un parent qui aurait survécu, ou essayant simplement de rentrer chez eux dans le fol espoir de récupérer des bribes de leur ancienne vie. En général, ils ne retrouvent rien ni personne. Je comprends pourtant ce qui les pousse à revenir : leurs souvenirs sont leur dernière patrie. Nous les voyons arriver à Zolkiew, épuisés et affamés. Comme il fallait s'y attendre, la réputation de maman a déjà fait le tour de la région : « Si vous passez par Zolkiew, allez chez les Schwartz. Il y aura toujours un repas et un lit pour vous. » Nous avons effectivement installé dans l'entrée un matelas pour les Juifs de passage. C'est un peu notre « place du pauvre » et, comme nos hôtes sont tous infestés de poux, maman a rebaptisé l'entrée « la suite des poux ». Zygush et Zosia ont également trouvé une vraie mère en elle, ce qui les aide à retrouver un semblant d'équilibre et de joie de vivre. Zygush est redevenu le petit garçon espiègle qui multiplie les bêtises, et il me faut à nouveau m'armer de ma chaise et mon fouet pour le mater. Zosia quant à elle, est sage comme une image. Trop sage peut-être ; elle a repris des couleurs mais n'a pas vraiment retrouvé sa langue, et elle s'accroche à nos jupes, comme si elle craignait d'être abandonnée une fois de plus par les êtres les plus chers qui lui restent au monde.

Les autorités russes sont venues voir papa, M. Melman et M. Patrontasch pour leur demander de remettre leur ancienne usine en route. Ce travail tombe à point nommé pour papa, qui commençait à sombrer dans la mélancolie. Il ne se remettra jamais de la mort de Mania, et la petite étincelle qui luisait dans ses yeux s'est définitivement éteinte. Par chance, l'huilerie l'occupe à plein-temps : en cette fin d'été, les paysans commencent à moissonner et apportent leurs céréales par tombereaux entiers à l'usine. Papa a proposé un emploi à M. Beck, mais celui-ci a refusé. Ces années de guerre l'ont épuisé et il est trop heureux que nous nous occupions de lui comme il s'est occupé de nous. Maintenant que les trois hommes gagnent de l'argent, ils veillent à ce que les Beck n'aient plus à travailler pour vivre. Il manque toutefois quelque chose au bonheur de nos bienfaiteurs : ils n'ont aucune nouvelle d'Ala. Ils ne savent pas où elle est, ni même si elle est encore en vie. Les combats se poursuivent en Pologne orientale et la poste ne fonctionne plus. Parfois, M. Beck vient évoquer avec nous les moments les plus forts de notre réclusion, mais même quand il essaie de rire aux bons tours qu'il a pu jouer aux nazis ou aux innombrables fois où nous avons frôlé la catastrophe, ses yeux ne pétillent plus comme avant. La seule personne avec laquelle il aurait aimé partager ces souvenirs n'est plus à ses côtés. À chaque fois que les hommes lui donnent un peu d'argent, il répète la même chose : « C'est pour Ala. Je le garde pour Ala. »

Depuis la libération, les convois de camions et de chars russes n'ont pas cessé de traverser Zolkiew. Ils se dirigent vers le front. Chaque soir, des soldats bivouaquent sur la grand-place. Ils sont parfois plusieurs milliers à monter leurs tentes autour d'un grand feu de camp. Dans la nuit, nous entendons leur musique s'élever dans les rues. Leur cantonnement est devenu la grande attraction de la ville — et l'une de nos rares distractions.

Poussés par la curiosité, nous allons voir ces troupiers pleins d'allant qui ressemblent davantage à de jeunes pionniers en colonie de vacances qu'à des soldats en manœuvres. Tous les soirs ou presque, les différents bataillons organisent des concours de chant. Chaque compagnie a sa propre chorale et à la nuit tombée, chacune entonne sa partition. Des ballades, des chansons folkloriques, des chants d'amour, des hymnes patriotiques ou des chants militaires se mêlent à des airs d'opéra de Borodine et de Chostakovitch, et de cette cacophonie émerge un chœur étonnamment puissant et harmonieux. Lorsque nous nous promenons parmi les soldats, il m'arrive de reconnaître certaines de leurs chansons et de me joindre à leur chorale. Ces garçons, dont beaucoup ont quitté leur famille pour la première fois, semblent touchés qu'une petite Juive de Pologne connaisse si bien leur répertoire et m'encouragent d'un grand sourire. Je n'avais jamais encore chanté devant des inconnus, et je me rends compte que j'ai une assez jolie voix. Dans ces instants, les blessures de la guerre se fondent dans les ombres et Zolkiew semble renaître dans toute sa splendeur, dominée par la silhouette imposante du château, les flèches et les dômes des églises et les élégantes arcades de la place.

Les cris et les rires des enfants ukrainiens qui s'ébattent et jouent autour de la fontaine de la Vierge égaient la place. Ils n'ont plus de camarades juifs pour partager leurs jeux et tous les petits Polonais ont fui avec leur famille. En chantant avec les soldats, j'aperçois une ancienne camarade d'école, Nina. Elle est un peu plus âgée que moi et je ne la connais pas vraiment, mais elle s'est toujours montrée gentille à mon égard. Tout le monde la connaît à Zolkiew, car son père, un colonel de l'Armée rouge, a été nommé gouverneur militaire de la ville. Les adultes l'entourent de tous les égards et cherchent à s'attirer ses bonnes grâces, mais Nina n'en a cure et n'a rien changé à son comportement. Je suis tout de même très surprise de la voir avancer vers moi et engager la conversation, aussi naturellement que si nous nous connaissions depuis toujours. Je viens de gagner une nouvelle amie.

Prise dans le tourbillon de ce va-et-vient permanent des troupes, Zolkiew vit dans un climat d'anarchie plutôt agréable. Les soldats qui assurent la sécurité sont tellement sympathiques que nous avons tout oublié de l'occupation d'avant-guerre et du redoutable NKVD. Dans cette ambiance de renouveau, nous goûtons chaque instant de notre liberté et reconstruisons peu à peu notre vie.

Mais la réalité ne tarde pas à nous rattraper. Quelques semaines avant la rentrée des classes, une limousine se gare devant chez nous. Dans un frémissement de terreur, nous voyons un officier du NKVD en descendre. La police secrète est de retour ! Mais ce n'est que le camarade Dupak qui est venu prendre de nos nouvelles. Il nous salue chaleureusement et semble sincèrement soulagé et heureux de nous voir en vie. Il a apporté un cadeau à papa : une bicyclette. Je ne reconnais pas les galons accrochés à ses épaulettes, mais à en juger par sa voiture et son uniforme, il a dû monter en grade pendant la guerre.

Le lendemain, aux premières heures du jour, une voiture s'arrête à quelques pas de chez nous, devant la maison qu'occupent les Beck. Tout le monde dort encore et, avant que nous n'ayons eu le temps de réagir, le NKVD les arrête pour les conduire à la prison municipale. La nouvelle de leur arrestation se propage comme une traînée de poudre dans le quartier. Tout Zolkiew sait maintenant que Julia et son mari sont des héros qui ont sauvé la vie à dix-huit Juifs. Mais la police a trouvé des armes chez eux et les accuse d'être des espions à la solde des Allemands, de préparer des actes de sabotage pour le compte des nazis et de diriger un réseau de partisans *volksdeutsche* ! Ils seront bientôt transférés à la prison de Lvov pour subir un interrogatoire en règle. Nous sommes effondrés. Ces accusations sont un tissu d'inepties !

Il est vrai que Beck avait tenu à garder ses fusils après la libération, malgré l'interdiction formelle des autorités. Papa l'avait supplié de s'en débarrasser, car la détention d'armes était assimilée à un crime de haute trahison. Mais comment aurions-nous pu imaginer que les choses en arriveraient là ? Que les Beck risqueraient d'être fusillés ou déportés en Sibérie pour si peu, après tout ce qu'ils ont fait pour nous ? Est-ce donc là le dernier pied de nez que nous réservait cette guerre absurde ? Cette idée nous est intolérable. Nous ferons tout ce que nous pourrons pour les sortir de ce mauvais pas, quoi qu'il nous en coûte. Papa et M. Melman se rendent presque tous les jours à Lvov pour raconter notre histoire aux responsables militaires, au NKVD, à l'administration civile. Ils dépensent pratiquement tout ce qu'ils gagnent pour glisser des enveloppes aux fonctionnaires susceptibles d'intercéder pour les Beck. Mais c'est peine perdue. Aux yeux des Soviétiques, les Beck sont des *Volksdeutsche* et donc des criminels. En attendant d'être jugés, ils seront envoyés dans un camp de prisonniers. Nous ne vivons plus. Nous n'avons pas le droit de les abandonner à ce destin tragique. Tous les matins en nous levant, nous cherchons une nouvelle solution, quelqu'un qui puisse nous aider. Et tous les soirs, nous nous couchons dépités, sans avoir rien pu faire pour eux. Je prie pour Julia et Beck avec la même ferveur que je mettais à prier pour Mania, Uchka et les enfants dans le bunker. Si les Beck avaient été notre planche de salut pendant dix-huit mois, ils restaient un pilier essentiel de notre vie depuis notre libération. Je me sentais plus en sécurité, plus heureuse et plus confiante à savoir Beck près de nous. Je n'imagine pas un avenir sans ses yeux rieurs et malicieux et son aplomb à toute épreuve. Les semaines passent et nos espoirs s'amenuisent. Moi qui attendais la rentrée avec tant d'impatience, c'est le cœur lourd que je reprends le chemin de l'école. Être libres alors que les Beck ne le sont pas n'a plus aucun sens.

Chapitre 18

LE JOURNAL

Septembre 1944

Je suis assise sur un banc du parc, près de la rivière, le dos au château. J'aperçois d'ici les fenêtres de ma classe. Le parc n'est plus entretenu depuis longtemps et les herbes folles le disputent aux détritus. Sur les hauteurs, au-dessus de la gare et des vergers, la colline du Paradis toise la ville bombardée de son indifférence altière. Je ne gravirai plus ses sentiers escarpés, trop chargés des souvenirs de Mania et d'Uchka. En face de moi, se dresse l'ancienne résidence du gouverneur. C'est la plus grande maison de la rue du Chemin-de-Fer et, depuis le début de la guerre, elle est réquisitionnée par les forces d'occupation. C'est de ce balcon que la femme du chef de la Gestapo hurlait au châtiment divin, le jour où les nazis poussaient notre famille et nos amis vers les wagons à bestiaux. Aujourd'hui, c'est la famille de Nina qui y habite. Derrière le portail de fer forgé, les massifs de pivoines blanches ont séché et le jardin a disparu sous un tapis de branchages et de feuilles mortes. Seule sur mon banc, je pleure à chaudes larmes : les Beck ont bel et bien été transférés dans un camp de prisonniers des environs de Lvov. Autant dire que leur sort est scellé.

En effet, papa a appris qu'ils seront jugés pour haute trahison et déportés en Sibérie. Une fois qu'ils seront là-bas, il n'y aura plus aucun espoir de les sauver. Même à supposer qu'ils survivent au voyage, ils ne résisteront pas longtemps aux terribles conditions de vie d'un camp de travail. Est-ce donc ainsi qu'ils seront récompensés de leur courage et de leur générosité ? C'est trop injuste ! Nina a dû me voir pleurer depuis son balcon, car elle descend me rejoindre et me demande ce qui m'arrive. Je ne sais pas par où commencer. Je n'ai jamais parlé des Beck ni du bunker à personne, car personne ne peut comprendre ce que nous avons vécu et ce qui nous lie désormais aux Beck. Et quand nous en parlons entre nous, les larmes sont superflues, tant nous en avons déjà versé dans notre sous-sol. Je n'ai aucune envie de me confier à une étrangère. Je ne trouverai d'ailleurs pas la force de remuer tant de souvenirs douloureux.

Et pourtant, les mots sortent tous seuls, à demi étouffés par les sanglots et les hoquets. Mania. Uchka. Les enfants. Et les innombrables fois où, alors que tout semblait perdu, les Beck ont joué leur dernière carte pour nous sauver. Je suis lancée et plus rien ne peut arrêter ce terrible récit. Je raconte à Nina l'arrestation des Beck, les voyages presque quotidiens de papa et M. Melman à Lvov. Ils ont écumé tous les bureaux, ils ont expliqué, plaidé, imploré, soudoyé... en vain. Nous sommes libres et en sécurité, et nos sauveurs vont être envoyés en Sibérie !

Immobile à mes côtés, Nina écoute sans rien dire. Elle est assez intelligente pour savoir qu'aucune parole ne saurait me réconforter. Puis elle pousse un gros soupir et murmure à mi-voix :

« Clara, je vais te dire quelque chose, mais je t'en supplie, n'en parle à personne. Mon père me tuerait, et ils le tueraient peut-être, lui aussi.

— Tu peux compter sur moi.

— Le procès ne changera rien, tu le sais aussi bien que moi. Hier soir, le nouveau secrétaire du parti est venu dîner à la maison. Je crois que c'est quelqu'un de bien. Tu devrais lui porter ton journal. Il faut que tu le lui remettes personnellement. Fais exactement ce que je vais te dire : il est très sensible au charme féminin. Mets ta plus belle robe, coiffe-toi, maquille-toi. Il lira peut-être ton journal. »

Je rentre à toutes jambes raconter à papa et maman ce que Nina vient de me suggérer. Je décide d'y aller avec Lola, car, même si ses cheveux ont blanchi, c'est toujours une très belle femme. J'emmènerai aussi Zygush et Zosia. Ils peuvent faire fondre un cœur de pierre. Ce soir-là, Lola nous confectionne à toutes les trois de jolies robes. Le lendemain matin, maman me lave les cheveux, me les démêle et me les brosse comme elle ne l'a plus fait depuis bien longtemps. Zosia a droit au même traitement. J'enfile ma nouvelle robe et je m'admire devant la glace. Depuis notre libération, j'ai repris de bonnes joues et le soleil m'a bruni la peau. Sous sa crinière brillante, Zosia a le teint rose des poupées de porcelaine de la vitrine de Mme Melman.

Lola arrive, un bouquet de fleurs à la main. « Alors, comment me trouvez-vous ? » demande-t-elle, radieuse. Elle a déniché quelque part du rouge à lèvres et du fard à joues. N'importe quel homme aurait été fier de marcher à son bras. Je ficelle les quatre cahiers de mon journal dans du papier kraft, j'embrasse mes parents et nous partons, main dans la main, vers le bureau du secrétaire du parti. L'administration soviétique s'est installée juste en face de l'opéra, dans l'un de ces immeubles cossus construits sous le règne de l'empereur François-Joseph. La bâtisse me paraît presque avenante aujourd'hui. L'entrée est gardée par des soldats, dont certains ne doivent pas être beaucoup plus âgés que moi. Ils nous arrêtent au portail : l'entrée est interdite aux civils.

Je leur explique que nous devons absolument rencontrer le secrétaire du parti. Je lui apporte des documents hautement confidentiels et d'une extrême urgence. L'un des gardes se propose de les lui transmettre.

« Non, vous pouvez me tuer après si vous le voulez, mais je veux les lui remettre en mains propres ! »

Les soldats regardent notre petite troupe d'un air très embarrassé. Je sais qu'ils n'ont aucune intention de nous tuer, mais ils craignent de déroger aux ordres. Je dois forcer cette porte.

« Je vous en prie, c'est important ! Un homme et sa femme risquent d'être injustement condamnés. Ils nous ont sauvé la vie à tous les quatre, et à quatorze autres personnes. Ce sont des héros, pas des criminels ! » Mes yeux embués de larmes semblent les émouvoir. L'un d'eux regarde Lola et les enfants, hausse les épaules et soupire. « C'est bon, je vous accompagne. »

Jusque-là, les conseils de Nina ont fait leur effet et je prie pour que le secrétaire soit aussi affable que les soldats. Je suis en train de jouer notre va-tout et je n'ai pas le droit à l'échec. Je dois trouver les mots pour convaincre cet homme d'arrêter la redoutable machine de la justice soviétique qui menace de broyer deux vies innocentes. En arrivant devant la grande porte de chêne du bureau, je suis terrifiée à l'idée de ne pas être à la hauteur de ma mission. Nous pénétrons dans une grande pièce lambrissée de bois sombre ; assis derrière un grand bureau d'acajou, le secrétaire mâchonne un cigare. Nina avait raison. Il a l'air sympathique et, à ma grande surprise, je ne suis pas intimidée par ce haut responsable qui est sans doute l'homme le plus puissant que j'aie rencontré de ma vie.

« Eh bien, qu'avez-vous de si important à me dire, jeune fille ? » demande-t-il d'un petit air goguenard.

D'un seul souffle, je lui parle des Beck, du bunker, des risques insensés qu'ils ont pris pour nous sauver, envers et contre tout, de ces gens qui auraient pu partir cent fois mais ont choisi de rester parce qu'ils avaient juré de ne jamais nous abandonner. Je brandis mon paquet maladroitement emballé. « Tout est là, lui dis-je, consigné au jour le jour. Lisez-le ! » Je lui tends mon journal et il le pose sur son bureau.

« Vous n'êtes pas sans savoir que les Beck ont été arrêtés pour possession illégale d'armes. Ce sont des espions.

— Je ne vous demande pas de me croire, ni même de me faire confiance. Lisez simplement mon journal. Tout y est. Tout. »

Lola, Zosia et moi sommes en larmes. Seul Zygush est aussi stoïque qu'à son habitude, mais son expression grave tranche sur la jeunesse de ses traits.

« Quand nous sommes arrivés dans le bunker, ma mère m'a dit que je devais écrire, pour témoigner de notre histoire au cas où nous n'en sortirions pas vivants. Je n'aurais pas pu inventer tout ce que les Beck ont fait pour nous sauver. M. Beck était tout à fait conscient de ce qui l'attendait si les Allemands nous découvraient. Il le savait parfaitement et pourtant, il est resté. Ne me croyez pas. Je vous en prie, lisez ce journal »

Le secrétaire regarde mes cahiers, puis me fixe droit dans les yeux. « Entendu. Je lirai votre journal. Je vous le promets. »

Il nous remercie d'être venus le trouver et demande à son assistant de donner un gâteau aux enfants avant de nous laisser repartir.

Le secrétaire du parti n'a pas dit qu'il essaierait d'intervenir. Mais je veux croire qu'il nous a entendus et qu'il va bel et bien lire mon journal. Tout espoir n'est pas perdu. En attendant, comme pour tromper l'angoisse, papa et M. Melman continuent d'aller à Lvov, d'écumer les bureaux de l'administration, d'acheter des fonctionnaires. Ils savent que tout cela ne sert à rien, qu'ils jettent leur argent par les fenêtres. Mais ils ne peuvent pas rester les bras croisés pendant que les Beck croupissent misérablement dans un camp en attendant un simulacre de procès qui les enverra à une mort certaine. Quelques jours plus tard, l'assistant du secrétaire nous ramène le journal sans un commentaire. Il exécute un ordre. Point. Les cahiers ont été soigneusement repliés dans leur emballage de papier kraft. Il n'y a pas le moindre petit mot, pas l'ombre d'une carte de visite. Rien.

Si le secrétaire était prêt à aider les Beck, il l'aurait écrit. Il a lu mon journal. Il ne peut plus faire semblant de prendre Beck pour un espion. Le courage de ce couple n'a pas pu le laisser de glace. Et pourtant... Je m'en veux d'avoir placé tous mes espoirs en cet homme au visage souriant. Comment ai-je pu croire qu'il se laisserait fléchir ? Comment ai-je pu penser une seconde que je sauverais les Beck ? Et qui a dit que la vie était juste ? Que le courage, la générosité, la fidélité et l'altruisme devaient trouver récompense dans un monde qui a tout oublié des valeurs humaines ? L'héroïsme vrai est suspect par les temps qui courent. Je suis accablée, plus découragée encore qu'aux heures les plus noires de notre réclusion. Comment tolérer que les Beck qui sont des saints soient éliminés pour une broutille, après tout ce qu'ils ont fait ? Je ne puis ni comprendre ni affronter cette terrible réalité. Je ne veux qu'une chose : que les Beck rentrent à la maison.

Quelques jours plus tard, le bruit du heurtoir sur la porte me tire de ma lecture. Je regarde par la fenêtre. Un couple hagard attend sur le perron, un faible sourire accroché sur les lèvres. Je n'en crois pas mes yeux : M. Beck et Julia ! Ils sont épuisés, pâles et amaigris.

« Maman ! C'est eux ! » Inutile de préciser. Tout le monde a compris. Depuis tous ces jours, nous ne pensons plus qu'à eux. Folle de joie, je cours leur ouvrir. Beck lève un sourcil étonné et me sourit comme s'il m'avait quittée la veille. Je lui saute au cou, me blottis contre Julia et maman s'empresse de les faire entrer en me criant d'aller chercher les hommes. Je m'élance vers l'usine en hurlant : « Ils sont là ! Ils sont revenus ! » Je n'ai pas le temps de traverser la rue que papa, M. Melman et M. Patrontasch, alertés par nos cris de joie, arrivent déjà en courant. En l'espace de quelques minutes, la nouvelle a fait le tour du quartier. Nos quatorze compagnons d'infortune déboulent aussitôt dans notre salon, suivis d'autres rescapés que Beck a aidés et de ses rares amis qui n'ont pas quitté la ville. Des plats et des bouteilles de vodka surgissent de nulle part et un vent de bonheur souffle sur notre petite maison. Depuis notre sortie du bunker, c'est notre première vraie fête. Les Beck, émus aux larmes, passent de bras en bras et ne savent plus où donner de l'accolade.

Notre famille a été décimée, mais nous avons gagné une nouvelle famille. Les Beck, les Schwartz, les Melman et les Patrontasch sont désormais unis par des liens plus forts que les liens du sang, par un mariage devant Dieu qu'aucun homme ne pourra jamais défaire. Quoi que l'avenir nous réserve, nous resterons étroitement solidaires, accrochés les uns aux autres comme le lierre se cramponne à l'arbre qui le soutient. Notre arbre à nous, ce sont les Beck. Julia a oublié sa bouche édentée et sourit comme elle n'a jamais souri. Beck me prend à part et me regarde en secouant la tête. « Ils m'ont parlé de ton journal, Clarutchka. Finalement, tu as trouvé quelques petites choses gentilles à raconter sur mon compte, si je comprends bien… »

Épilogue

LA VIE CONTINUE

Septembre 1944 à aujourd'hui

Je suis aujourd'hui une vieille dame de quatre-vingt-un ans, et j'habite une petite ville résidentielle tranquille du New Jersey. J'ai un mari merveilleux, Sol, et deux grands garçons formidables, Philip et Eli, qui m'ont donné cinq petits-enfants : Micki, Tracy, Brian, Jamie et Mindy. J'aurais tellement aimé que Mania les connaisse ! Ma sœur me manque toujours autant. Il ne se passe pas un jour sans que je pense à elle. Je me demande quelle femme elle serait devenue, si la vie lui en avait laissé l'occasion.

Je regarde souvent les photos de mon enfance, seuls objets de valeur qui aient réchappé aux ravages de la guerre. Ma sœur et moi dans notre costume marin d'écolières ; maman et Mania devant une forêt de sapins géants dans les Carpates, avec quelques nuages moutonneux accrochés dans le ciel ; Mania, Zygush, Zosia et moi, des gamins tout maigrichons qui s'efforcent de ne pas plisser les yeux face au soleil ; tante Giza dans son costume de scène, avec ses yeux de panda, tellement elle a forcé sur le khôl ;

les fiançailles d'Uchka et Hersch Leib, deux complices qui se ressemblent tant qu'on dirait des jumeaux ; mes grands-parents, engoncés dans leurs vêtements austères, et bien différents du couple exubérant dont je me souviens, qui riait, discutaillait et se houspillait du matin au soir.

J'ai aussi récupéré quelques photos des Beck. Julia qui esquisse un sourire timide pour cacher ses dents gâtées ; M. Beck, quelques années à peine après la guerre, qui fait vingt ans de plus que son âge sous ses cheveux gris ; Lola très élégante dans son tailleur et son chapeau parisien, posant dans une rue ; Ala avant-guerre, pétillante de malice du haut de ses seize ans, avec ce sourire qui a charmé des dizaines de nazis et nous a tant de fois sauvé la mise. En feuilletant cet album, un étranger qui ne saurait rien de notre histoire ne verrait qu'une famille heureuse et unie. Mais c'était avant l'horreur de la Shoah…

À l'époque, le clan Schwartz-Reizfeld revendiquait plus d'une cinquantaine de membres. Après la guerre, nous n'étions plus que douze, en comptant Manek, Babshia, Rosa et sa famille, exilés à Aktioubinsk. Par bonheur, ces douze rescapés ont eu une nombreuse descendance et quand nous nous sommes retrouvés il y a quelque temps pour un mariage à Tel-Aviv, nous étions une bonne soixantaine ! Quand je songe à l'Holocauste, ce n'est pas tant aux six millions de morts que je pense, qu'aux cinquante millions d'enfants qui n'ont jamais eu la chance de voir le jour.

Avec le recul, et en relisant mon journal, le fait que douze d'entre nous aient survécu me paraît relever du miracle. En toute logique, nous n'aurions pas dû réchapper à l'implacable machine d'extermination nazie. Ce n'est pas notre seule volonté qui nous a sauvés. Bien d'autres ont péri, malgré leur rage de vivre. Nous avons eu de la chance, c'est vrai, mais cela non plus n'explique pas tout. Nous avions en main une carte maîtresse, que les autres n'ont pas eue : les Beck. Tout ce que je sais de l'amour, de l'honneur et du courage, c'est des Beck que je l'ai appris. Leur exemple m'a fait comprendre que rien dans la vie n'est impossible. Il y a soixante ans, quand j'ai émergé du bunker pour retrouver le monde des hommes, je savais que dorénavant chaque minute de ma vie devrait être à la hauteur du miracle de ma survie.

La Seconde Guerre mondiale a pris fin le 8 mai 1945. Un mois plus tôt, les Beck étaient allés s'installer dans le sud de la Pologne. Les Ukrainiens avaient tout fait pour hypothéquer l'avenir des Polonais et du dernier carré de *Volksdeutsche* à Zolkiew, et les Russes n'ont pas levé le petit doigt pour les en empêcher. Les Beck ont dû se résoudre à partir avant de se faire lâchement assassiner. Dès que l'interdiction de voyager a été levée, ils ont sauté dans le premier train en partance pour le sud. Le gouvernement polonais leur avait promis une magnifique ferme qui avait appartenu à des paysans juifs happés par la guerre. Nous espérions qu'ils trouveraient là-bas un peu de paix et de sécurité. Nous sommes tous allés les accompagner à la gare. Pendant plus de vingt-huit mois, nous nous étions vus tous les jours. Ils avaient été notre bouée de sauvetage et faisaient désormais partie intégrante de notre famille.

Leur départ fut un terrible déchirement pour nous, mais nous savions qu'ils n'avaient plus le choix. Comment faire ses adieux à des gens à qui on doit absolument tout ? Je leur ai dit combien je les aimais, combien ils comptaient pour moi ; je leur ai juré que tout ce que je pourrais réaliser dans ma vie serait en leur honneur et en leur nom. Mais rien ne suffirait jamais à leur dire notre immense gratitude.

Au cours de l'hiver, nous avons compris que Zolkiew n'avait plus rien à nous offrir. La ville que nous aimions tant n'était maintenant plus qu'un souvenir que la réalité ne parvenait plus à entretenir. Il n'y avait plus de communauté juive. Les Ukrainiens n'avaient rien perdu de leur antisémitisme viscéral. Nous ne pouvions pas pratiquer librement notre religion et nous gagnions à peine assez d'argent pour vivoter. Les Patrontasch et les Melman avaient déjà rejoint les Beck. Mes parents ont décidé de suivre le mouvement. Nous avons quitté Zolkiew sans nous retourner, dans les mêmes wagons à bestiaux que ceux qui, quelques années plus tôt, avaient convoyé des milliers de Juifs vers Belzec et Auschwitz. Personne n'a fait le moindre commentaire, mais nous avions tous la chair de poule.

Juste avant notre départ, nous avions enfin reçu une lettre d'Ala. Elle était vivante et habitait à Cracovie. En arrivant, notre premier souci fut de remettre cette lettre aux Beck. Nous n'avions pas osé l'envoyer par la poste, de peur qu'elle ne se perde dans le courrier. Beck, tremblant d'émotion, s'est confondu en remerciements, comme si nous avions sauvé sa fille.

Nous étions à nouveau tous ensemble, mais le pays avait du mal à se relever de la guerre. Dans ce climat de crise, papa n'avait aucune perspective d'avenir. Nous avons dû nous résoudre à refaire notre baluchon pour aller chercher fortune ailleurs. Nous allâmes tout d'abord nous installer à Legnica, une ville de Basse-Silésie, non loin de la frontière allemande. Après la conférence de Potsdam, la ville avait été rattachée à la Pologne et quatre-vingt-quinze pour cent de la population germanophone avait été refoulée vers l'Allemagne. Mon père trouva une huilerie à reprendre. Nous retrouvions une vie normale. Je retournai au lycée, et Zygush et Zosia firent leur première vraie rentrée scolaire. À la sortie des classes, les autres enfants couraient vers leur mère en piaillant : « Maman ! Maman ! » Dès le premier jour d'école, Zosia les imita et se précipita vers ma mère en criant joyeusement : « Maman, Maman ! » Jusqu'à présent, elle l'avait toujours appelée « tatie », mais à compter de ce jour, elle redevint une petite fille comme les autres en se donnant une nouvelle mère. Cet instant magique fut de ceux qui restèrent à jamais gravés dans ma mémoire.

L'entreprise de papa était florissante et j'étais plutôt bonne élève. Nous avions toutes les apparences d'une famille normale et heureuse, mais nous savions que derrière cette façade le danger continuait de nous guetter. Entre les pogroms qui continuaient à sévir dans la nouvelle Pologne et la mainmise du régime communiste sur le pays, les Juifs n'avaient plus leur place. Début 1946, de jeunes militants du réseau Berihah (« la fuite », en hébreu) sont arrivés à Legnica. Ce mouvement avait été créé par d'anciens partisans juifs et des survivants du ghetto de Varsovie et opérait sous la houlette de la Brigade juive de Palestine, qui s'était battue aux côtés de l'armée britannique. Ses membres sillonnaient toute l'Europe orientale pour encourager les Juifs à émigrer en Palestine. S'il y avait eu un État juif en 1939, la communauté internationale n'aurait pas pu fermer les yeux sur l'extermination de six millions de Juifs. La perspective d'avoir un pays à nous était exaltante. Les émissaires de la Berihah se montrèrent toutefois très francs et ne nous cachèrent pas qu'il faudrait sans doute encore des années avant de voir apparaître un État juif sur la carte du monde, car la Palestine, alors administrée par les Britanniques, était fermée aux Juifs d'Europe. Ils ne firent aucun mystère des épreuves qui nous attendaient : si nous tentions l'aventure, nous devrions passer les frontières clandestinement ; si nous nous faisions arrêter, nous risquions d'échouer dans un camp de concentration ; rien ne garantissait que nous arriverions sains et saufs en Palestine. Malgré toutes ces mises en garde, ils n'eurent aucun mal à nous convaincre. Nous achevâmes de régler nos affaires et, à l'été 1946, nous nous sommes retrouvés à l'arrière d'un vieux camion recouvert d'une bâche de l'armée, chantant à pleins poumons des chansons sionistes pour nous donner du courage. Zygush était surexcité. C'était l'aventure de sa vie. Quand j'y repense, j'étais au moins aussi survoltée que lui. Seul mon père ne partageait pas l'enthousiasme ambiant. Je me faisais du souci pour lui. Il n'était plus l'homme que j'avais connu avant la guerre. Je craignais qu'il ne trouve plus jamais la paix. La mort de Mania lui avait enlevé toute joie de vivre.

Le camion nous déposa dans une gare, en plein milieu d'une forêt, sur la frontière tchécoslovaque. Les passeurs nous ordonnèrent de détruire nos papiers d'identité et tout ce qui risquait de nous trahir, car l'immigration des Juifs d'Europe de l'Est était soumise à une politique de quotas très stricte. Officiellement, nous étions des ouvriers turcs en route pour l'Allemagne. Je sortis mon journal de ma valise et m'apprêtai à le jeter, mais ma mère m'arrêta. « Moi vivante, tu ne jetteras jamais ces cahiers ! » Elle m'entraîna vers les toilettes de la gare pour en cacher la moitié sous ses vêtements, et l'autre sous les miens. On nous fit embarquer dans un train de marchandises qui traversa toute la Tchécoslovaquie et nous conduisit en Autriche, jusqu'à un camp de réfugiés installé près de la frontière allemande. Nous devions passer près de deux ans dans ce camp. La saga des Juifs apatrides dans les camps de réfugiés, souvent derrière des clôtures de fil de fer barbelé, mériterait à elle seule un livre, et j'espère qu'un autre auteur s'en chargera. Le monde ne savait tout simplement pas que faire de nous.

La plupart de ces camps étaient d'anciennes usines dans lesquelles avaient été dressés à la va-vite des baraquements pour nous accueillir. Ils étaient gardés par des soldats américains ou britanniques. Les réfugiés se pressaient autour des panneaux d'affichage, où étaient punaisés des milliers d'avis de recherche et d'appels à témoins. Comme tous nos compagnons, nous lisions minutieusement chacune de ces notes, espérant découvrir la trace d'un proche, d'un parent ou d'un ami. C'est ainsi que nous avons retrouvé une cousine éloignée de M. Melman, Inka, une jeune femme très belle qui avait été sauvée par des religieuses.

Nous étions un peuple traumatisé, déraciné, et nous aspirions tous à reconstituer un semblant de normalité dans ce cadre maussade. La plupart des baraquements étaient construits sur des dalles en ciment, mais l'une avait un plancher de bois. Une bande de jeunes gens a eu l'idée de faire fondre des bougies pour cirer le parquet afin d'en faire une piste de danse digne de ce nom. Il fallait voir avec quelle ardeur ils frottaient à quatre pattes ! Leur effort surhumain a payé.

Au premier bal, un jeune homme m'a invitée à danser, tandis que son frère entraînait Inka sur la piste. Le cavalier d'Inka, Sol Kramer, était un joli garçon, grand, charmant et séducteur. Après quelques danses, il s'est tourné vers son frère et lui a demandé : « Elle sait danser la petite grosse ? » Il m'a prise dans ses bras et, dès la première valse, nous tombâmes éperdument amoureux.

Notre relation s'annonçait plutôt mal. Mon père me demanda si je tenais vraiment à ce garçon. La question n'était pas là : Sol s'apprêtait à émigrer en Amérique et j'étais résolue à suivre ma famille en Palestine. Nous n'avions pas survécu à ce calvaire pour nous séparer maintenant de nos parents.

Bientôt, nous dûmes partir pour un autre camp de réfugiés, dans les environs de Munich, en zone d'occupation américaine. Ce camp était le tremplin de l'immigration illégale vers la Palestine. La mort dans l'âme, je fis mes adieux à Sol, et la Brigade juive nous fit passer la frontière autrichienne. La Berihah avait mis au point un système ingénieux pour camoufler ce trafic : quand elle exfiltrait vingt Juifs d'un camp, la Brigade juive en faisait discrètement entrer vingt autres et leur donnait les papiers des candidats à l'émigration qui venaient de partir. Mon père, ma mère, Zygush, Zosia et moi nous sommes ainsi retrouvés avec chacun des papiers d'identité de trois familles différentes. J'étais une Weiss, ma mère une Rosenberg, et je ne me souviens même plus du nom de mon père et des enfants !...

Mais Sol n'avait aucune intention d'en rester là. Il paya des passeurs privés pour lui faire traverser la frontière entre l'Autriche et l'Allemagne afin de me rejoindre. Nous nous aimions, mais j'avais trop conscience de compter parmi les rares privilégiés qui avaient la chance d'avoir encore leurs parents pour songer à les quitter. Je n'étais pas prête à aller m'établir à l'autre bout du monde et à laisser un océan et dix mille kilomètres s'installer entre nous. Ni Sol ni moi n'aurions un instant envisagé de décevoir les grands espoirs que nos parents plaçaient en nous.

Voyant mon désarroi, papa écrivit au père de Sol. Ils échangèrent plusieurs courriers, et M. Kramer finit par céder : puisqu'il avait tous ses autres enfants auprès de lui, Sol avait sa bénédiction pour me suivre en Palestine. Nos fiançailles furent aussi simples qu'expéditives : mon père me demanda si je souhaitais épouser Sol et me donna à son tour sa bénédiction.

Les camps de réfugiés étaient très propices aux histoires d'amour. On y célébrait pratiquement un mariage par jour. Mais nous vivions dans des conditions si précaires qu'il n'y avait qu'une paire de draps dans tout le camp. C'étaient les draps des mariés : on les prêtait aux nouveaux couples pour leur nuit de noces et, en guise de lune de miel, on leur réservait une chambre privée. C'est ainsi que nous nous sommes mariés. Mais les draps étaient un luxe bien superflu : notre plus beau cadeau était d'être vivants.

Vers l'été 1948, quelques mois après la proclamation d'indépendance de l'État d'Israël, nous pûmes enfin embarquer pour la Palestine. Les Melman et les Patrontasch, avec qui nous étions restés en contact, émigrèrent presque en même temps que nous. Après avoir vécu plusieurs mois dans les tentes des camps de transit, les trois familles trouvèrent des appartements sur la même rue. Nous avons ainsi reconstitué un petit bout de Zolkiew en Terre sainte et nous étions en permanence fourrés les uns chez les autres. À cette époque, tout Juif d'Israël avait le sentiment de participer à l'édification d'une nation. C'était le parfait antidote au traumatisme de la Shoah. Tous les émigrés d'Europe de l'Est créaient des associations en hommage à leur *shtetl* ou à leur ville d'origine. La nôtre ne faisait pas exception, et nous avons consacré plusieurs années à réunir des histoires et des anecdotes de notre ancienne communauté et à retracer le destin de nos cinq mille concitoyens. Riches de notre passé, nous regardions désormais vers l'avenir et nous prenions le parti de la vie. Mon fils Philip est né en 1950, et Eli en 1954.

Tout au long des années 1950, nous avons entretenu une correspondance régulière avec les Beck.

Nous glissions toujours quelques dollars dans nos lettres, car nous savions combien il était difficile de joindre les deux bouts dans la Pologne de l'après-guerre. Bâillonné par la censure implacable du régime communiste, Beck ne pouvait pas beaucoup s'étendre sur ses états d'âme, mais je savais à quel point cet homme, plus épris de liberté qu'il ne pouvait le dire, était malheureux dans ce pays. La guerre l'avait révélé à lui-même et son esprit de rébellion avait sauvé dix-huit vies. Désormais, dans l'hiver gris de la Pologne communiste, il en était réduit à peser chacune de ses paroles, à mesurer tous ses faits et gestes pour ne pas s'attirer les foudres des autorités. J'aurais tant aimé qu'il puisse nous rejoindre ! Il aurait adoré le soleil d'Israël et le bleu éclatant de la mer Méditerranée. Il se serait senti tout à son aise dans l'atmosphère trépidante des cafés où les hommes engageaient d'interminables discussions en polonais ou en hébreu et élevaient la polémique au niveau du grand art. Quand nous avons reçu une lettre gentille nous demandant de ne plus leur envoyer d'argent, nous avons compris que cela les mettait en danger et, pendant les vingt années qui suivirent, nos échanges furent brefs et ponctuels. Un beau jour, Julia écrivit pour nous annoncer le décès de Beck. Nous étions effondrés. Le monde venait de perdre l'un de ses trente-six Justes.

Peu à peu, Manek, Rosa, sa famille et tous nos parents survivants nous rejoignirent en Israël. Avant la guerre, nous vivions en meute, et nous redevenions une meute en Israël. Arrivé à l'âge adulte, Zygush s'engagea dans l'armée de l'air ; Zosia devint une très belle jeune femme et se maria. Sol fut nommé intendant en chef de la police israélienne. Nous étions heureux en Israël, mais au bout de quelques années, Sol voulut revoir sa famille qui lui manquait terriblement. Avec nos petites économies, il s'offrit le voyage à Brooklyn. À son retour, je compris qu'il ne pourrait plus vivre en Israël. Il avait envie de rejoindre ses parents en Amérique. Émigrer à nouveau ? Je n'étais pas très chaude, mais je savais que Sol ne s'engageait pas dans cette nouvelle aventure à la légère. Pendant dix ans, il avait sacrifié sa famille pour ne pas m'enlever aux miens et nous permettre de panser nos blessures et de prendre un nouveau départ. Son amour si généreux força ma décision. Il me fut très pénible de quitter les miens, surtout Zygush et Zosia. Je les avais pratiquement élevés et, plus qu'un frère et une sœur, ils étaient un peu mes enfants.

Nous débarquâmes à New York en 1957. Sol trouva rapidement un emploi. Sam et Arie Halpern, deux frères réchappés de la Shoah, lui confièrent l'une de leurs deux épiceries à Brooklyn. À l'époque, il ne parlait pas un traître mot d'anglais, mais les frères Halpern avaient bien trop envie de l'aider pour s'arrêter à ce genre de détails ! Sam épousa ma cousine Giza Landau (qui, comme toutes les Giza et les Genia d'Amérique, se faisait désormais appeler Gladys !). Personne n'a jamais pu remplacer Mania dans mon cœur, mais Gladys s'est efforcée chaque jour de sa vie d'être la sœur que j'avais perdue. Elle est la première personne que j'appelle tous les matins en me levant et je l'aime autant qu'une vraie sœur.

En 1959, nous avons reçu une bien triste lettre d'Ala : Julia était décédée. Nous étions d'autant plus peinés que nous ne pouvions même pas aller assister à ses obsèques pour lui rendre un ultime hommage.

Trois ans après notre arrivée, nous avions économisé suffisamment d'argent pour ouvrir un petit snack-bar à Brooklyn. Quand Sol m'avait fait part de ce projet, je n'étais absolument pas convaincue. À l'époque où nous nous étions mariés, il avait été tellement couvé par sa mère qu'il n'était même pas capable de beurrer ses tartines ! « Et tu comptes ouvrir un restaurant ? » lui avais-je dit. « Ne t'en fais pas, j'ai appris à travailler à l'épicerie. Je n'aurais aucun mal à gérer un snack », m'avait-il répondu. Avec son comptoir et ses cinq tables, l'endroit n'avait rien d'un palace. Sol peignit fièrement l'enseigne à son nom, et se mit aux fourneaux ! Je regrette de n'avoir pas pris de photos quand il s'échinait à retourner les œufs frits ! Comme il fallait s'y attendre, il me céda rapidement son tablier pour se consacrer à la gestion et aux « relations clientèle »... Je préparais les plats que nous mitonnait maman avant la guerre. Les Juifs de Brooklyn se pressaient chez nous, ravis de retrouver les saveurs du pays et de leur jeunesse. Ma grande spécialité était le *petcha*, le pied de veau en gelée. Les habitués en redemandaient et se régalaient tout autant de mes pirojki. Ces recettes exigeaient beaucoup de préparation, mais cela ne me dérangeait pas. Les ingrédients étaient bon marché et nous réalisions une excellente marge. J'adorais mon snack-bar, avec son atmosphère familiale et son menu inscrit à la craie sur une ardoise. À l'heure du coup de feu, quand les habitués voyaient que j'étais trop occupée pour répondre au téléphone, c'est eux qui décrochaient pour prendre les commandes à livrer.

Vers 1965, les frères Halpern lancèrent une entreprise de construction dans le New Jersey et demandèrent à Sol de s'associer à eux. Ils travaillent ensemble depuis quarante-deux ans. Nous avons eu beaucoup de chance dans notre pays d'adoption et nous sommes reconnaissants à tous ceux qui ont croisé notre chemin, notamment aux Halpern, qui font maintenant partie intégrante de notre famille.

En 1989, après la chute du mur de Berlin, le régime communiste s'est effondré en Pologne. Le pays s'ouvrait et ses habitants redécouvraient le goût de la liberté. Nous nous sommes empressés de reprendre contact avec Ala et de l'inviter aux États-Unis. Elle avait deux fils ; Philip et Eli m'avaient donné cinq petits-enfants ; Zygush et Zosia étaient eux aussi parents. Nous nous sommes tous réunis. La première fois que nos enfants se sont rencontrés, ils pleuraient au moins autant que nous tant ils étaient émus de rencontrer les gens à qui eux aussi devaient la vie. Nos familles étaient soudées par une histoire commune plus forte que les liens du sang et ne formaient désormais plus qu'un seul et même clan. Depuis lors, nous nous sommes toujours retrouvés pour fêter tous les grands événements de la vie, des mariages aux anniversaires en passant par les bar-mitsva des enfants.

En 1995, l'État d'Israël a rendu un vibrant hommage à Julia et Valentin Beck au mémorial de Yad Vashem, leur conférant à titre posthume la dignité de Justes parmi les nations. Bien entendu, nous étions tous là pour cette cérémonie émouvante :

Ala est venue de Pologne ; notre famille au grand complet a fait le voyage depuis les États-Unis ; Lola, Artek et leurs deux fils ont fait le déplacement depuis Montréal. Ala a planté un arbre en souvenir de ses parents dans le Jardin des Justes. Plus que l'arbre proprement dit et l'honneur qu'il représente, ce sont les générations qu'ils ont protégées par leur héroïsme qui incarnent le plus beau monument à leur mémoire. Au dîner que nous avons organisé en leur honneur, entre les Juifs de Zolkiew et leur descendance, nous étions plus de deux cents.

En me retournant sur ma vie, j'ai la satisfaction de me dire que je me suis efforcée de mener une existence digne des Beck et de ma sœur. J'ai consacré ma vie à sensibiliser le grand public à la tragédie de la Shoah. En 1982, j'ai contribué à fonder le Centre de documentation de l'Holocauste qui, en association avec l'université Kean, forme chaque année mille deux cents enseignants à l'histoire de la Shoah et à la lutte contre les préjugés raciaux. Ces dernières années, j'ai activement milité pour lutter contre les génocides aux quatre coins du monde. Je prononce encore entre cinquante et cent conférences par an sur ma vie et mon journal. À moins qu'il n'y ait une fête familiale, je ne refuse jamais les invitations à m'exprimer devant un public curieux. J'ai fait don de mon journal au Musée américain de l'Holocauste à Washington, où il est conservé dans les archives. Je m'étonne encore d'avoir pu remplir tous ces cahiers avec l'unique crayon bleu que Beck m'avait offert en décembre 1942.

Au cours des quinze dernières années, je suis revenue trois fois à Zolkiew en compagnie de membres de ma famille. Zolkiew est aujourd'hui en Ukraine et s'appelle Jovkva. Pour ces pèlerinages, les petits-enfants des Beck se joignent systématiquement à nous. Notre dernier voyage remonte à 2005. J'accompagnais trente survivants, ainsi que leurs enfants et petits-enfants, qui tous voulaient savoir et voir de leurs propres yeux d'où ils venaient. Notre autocar a été bloqué plus de six heures à la frontière ukrainienne. Pour tromper l'attente, quelqu'un m'a demandé si je me rappelais les chansons que nous entendions depuis notre bunker. J'étais assise à côté de la fille de Rosa, Mania. Nous avons entonné un couplet ensemble. Soixante-cinq ans plus tard, je me rappelais toujours les paroles et la mélodie. Mes duos silencieux avec Norbert étaient restés imprimés au fond de ma mémoire. C'était la première fois que je chantais ces airs à voix haute.

Plus d'un demi-siècle plus tard, notre maison est toujours debout et a gardé son joli jardin, où l'on a replanté des arbres fruitiers. L'usine a été reconstruite sur le même emplacement. J'ai également retrouvé mon école, l'orphelinat, les murailles de la ville, le château, et les églises — à commencer par celle devant laquelle Mania a été arrêtée. La *schule* Sobieski est toujours là, elle aussi, mais ce n'est plus qu'une synagogue désaffectée et ses façades miteuses font peine à voir. La route de Lvov a été bitumée et élargie. Le cimetière juif où repose Mania était occupé par un marché en plein air à l'époque soviétique ; c'est maintenant un terrain vague où, entre des tas de vieux pneus à demi enterrés, les jeunes de la ville viennent jouer au football. Quelqu'un a tenté d'y bâtir une maison, mais le chantier s'est arrêté aux fondations. Le propriétaire était convaincu que le terrain était hanté et a préféré aller construire ailleurs. Dans les marais, les survivants ont fait ériger un monument commémoratif sur le site des fosses communes. Là, le temps semble s'être arrêté. Comme autrefois, seul le chant des merles bleus dans les saules et les ajoncs vient troubler le repos de nos morts. Rien n'est plus émouvant que de dire le kaddish à cet endroit, en laissant le vent emporter vers d'autres ailleurs notre psalmodie immémoriale. Il ne reste pas un seul Juif à Zolkiew pour dire une prière, ne fût-ce qu'une fois par an.

En face de chez moi et de la vieille église médiévale dont les jardins sont méticuleusement entretenus par la même famille depuis cinq générations, la maison des Melman n'a pratiquement pas changé. C'est la véritable destination de notre pèlerinage. Les cicatrices et les stigmates de la guerre ont été recouverts par de nouveaux bardages de bois et des enduits de ciment. Elle appartient maintenant à un couple d'Ukrainiens, qui nous a accueillis à bras ouverts. Ils nous attendaient. Le mari nous a précédés dans le couloir, puis nous l'avons suivi jusqu'à la pièce du fond, à droite : la chambre des Beck. Il est allé derrière le lit, s'est penché et a soulevé une trappe en bois découpée dans le plancher. Le bunker était toujours là.

Remerciements

Ce livre n'aurait jamais pu voir le jour sans l'aide et l'inspiration que m'ont apportées de nombreuses personnes. *La Guerre selon Clara* a pris corps dans le cadre d'un projet de film sur les journaux d'enfants, la Shoah et le génocide à l'époque contemporaine. Artur Brauner qui, à l'âge de 90 ans, continue de porter témoignage sur l'expérience des Juifs pendant la Seconde Guerre mondiale, m'a permis de travailler sur son vingt-troisième film et a collaboré à nos projets de films sur la Shoah. Dee Dee Witman, qui ne recule devant aucun défi, a relevé l'immense tâche qui consistait à créer la fondation qui soutient mon travail depuis plusieurs années ainsi que l'infrastructure du projet « Journaux d'enfants ». Je suis aussi très reconnaissant à son mari, le docteur Gary Witman, et à leurs enfants Samantha, Zachary et Amanda Rose pour leur tolérance et l'affection qu'ils m'ont témoignées. Alan Hassenfeld a été le premier à prendre conscience du potentiel du projet ; son immense générosité et ses qualités d'organisateur ont été notre phare. Je voudrais aussi remercier le Centre pédagogique et documentaire sur l'Holocauste de Rhode Island, et en particulier Selma

Stanzler, Ellie Frank et Arthur Fixler. Notre travail n'aurait pas été possible sans la mobilisation des gens de Rhode Island et le dévouement de tant d'autres personnes disséminées aux quatre coins des États-Unis.

Agnieszka Holland a eu la gentillesse de lire le premier jet du présent ouvrage et ses remarques ont contribué à camper l'histoire dans la réalité de sa Pologne natale. C'est grâce à la complicité de Zlata Filipovic et de Melanie Challenger, auteurs du magnifique livre sur les journaux d'enfants, *Paroles d'enfants dans la guerre*, qu'il m'a été donné de rencontrer nos merveilleux agents et collègues de l'agence Susanna Lea. En particulier, Mark Kessler, Jon Broadbridge et Susanna Lea, guide éclairée et engagée qui a l'art de mener ses protégés vers les prairies les plus vertes. Je tiens tout particulièrement à rendre hommage à Katrin Hodapp, Muse avec un grand M et amie qui a suivi l'écriture de ce livre avec dévouement, talent et sincérité, et qui a souvent eu à plonger dans des fourrés épineux pour sortir l'auteur d'un mauvais pas. Aux éditions Ebury Press, je voudrais remercier notre éditrice Charlotte Cole, dont la foi a insufflé un souffle de vie à *La Guerre selon Clara*, et dont la main délicate et légère a donné corps au livre. Et aussi à Mari Roberts, notre correctrice, qui nous a tant de fois sauvé la mise.

Mes remerciements vont encore à Michlean Amir, Vincent Slatt, Caroline Wadell, Nancy Hartman et Andy Hellinger, du Musée commémoratif de l'Holocauste de Washington. À Shimon Samet, compilateur de l'anthologie *Sefer Zolkiew*, et à tous les survivants, notamment à Joseph Rosenberg dont le récit est un témoignage factuel émouvant de la ville et de ses habitants avant et pendant la Shoah. À Gershon Taffet, le professeur d'hébreu de Clara sous l'occupation allemande, dont l'ouvrage *The Annihilation of the Jews of Zolkiew* retrace l'histoire de Zolkiew avant et pendant la guerre. À Andrew Maximov, mon guide à Lvov et à Zolkiew qui n'a pas son pareil pour faire revivre le passé. À Konbay Mykhajlo, directeur de la Société historique de Zolkiew, pour sa prodigieuse connaissance de l'histoire et de l'architecture de la ville. À Zygush et Zosia pour leurs souvenirs. À Lola Patrontasch qui m'a généreusement laissé lire et utiliser son journal, afin de mieux ramener à la mémoire certains dialogues et événements cruciaux à Zolkiew. À son fils Solly Patrontasch pour nous avoir ouvert son album de famille. Aux Dobrik, le couple qui habite aujourd'hui la maison des Melman et qui ouvre fièrement sa porte à tous ceux qui demandent à voir le bunker. Au docteur Bruce et à Reba Evenchick, à Margo et Erik Egan, à John et Dawn Toole, pour leur amitié et leur hospitalité. À Ryan, Jena, Johnny, Justin, Nathan et Garret du Lennox Coffee où a été rédigée une grande part de ce livre, pour leur bonne humeur et le bon millier de tasses de café parfaitement dosé qu'il a fallu pour achever ce travail. Et à Charisse Charbonneau, propriétaire du Lennox Coffee, qui m'a gracieusement autorisé à monopoliser pendant si longtemps ma table fétiche. Au mari de Clara, Sol, qui m'a laissé interrompre son dîner presque tous les soirs pendant deux ans sans jamais un mot de reproche. À mon frère et à ma sœur, Morton Glantz et Freyda Winick-Zeiff et à leurs conjoints Mary Ann et Norton pour le soutien enthousiaste qu'ils m'apportent depuis de nombreuses années. Et à mes enfants, Jack et Harper, qui chaque jour entretiennent la capacité d'émerveillement de leur vieux père.

Et bien entendu, à Clara. Les mots me manquent. Vous avez été plus qu'une inspiration. Pouvoir vous aider à raconter votre histoire a été l'un des grands privilèges de ma vie. Merci.

Stephen GLANTZ

Isabelle D. Taudière, la traductrice, souhaite ici adresser ses remerciements les plus vifs à Alexandre Kaczorowski, premier lecteur du manuscrit français, qui a porté un regard attentif, exigeant et acéré sur le texte au fil de son écriture, et a su l'enrichir de ses suggestions judicieuses.

Table des matières

Impression réalisée par

CPI
Brodard & Taupin

La Flèche
en août 2009
pour le compte des éditions Calmann-Lévy
31, rue de Fleurus 75006 Paris

N° d'éditeur : 14700/01
N° d'imprimeur : 53677
Dépôt légal : septembre 2009
Imprimé en France